다문화 생활세계와 사회통합 연구

사회통합 총서 1
다문화 생활세계와 사회통합 연구

2019년 1월 10일 초판 인쇄
2019년 1월 15일 초판 발행

지은이 | 김영순 · 조영철 · 김정희 · 정지현 · 박봉수 · 오영훈 ·
　　　　손영화 · 박종도 · 이미정 · 정경희 · 박미숙
교정교열 | 정난진
펴낸이 | 이찬규
펴낸곳 | 북코리아
등록번호 | 제03-01240호
주소 | 13209 경기도 성남시 중원구 사기막골로 45번길 14
　　　 우림2차 A동 1007호
전화 | 02-704-7840
팩스 | 02-704-7848
이메일 | sunhaksa@korea.com
홈페이지 | www.북코리아.kr
ISBN | 978-89-6324-616-1(94300)
　　　 978-89-6324-636-9(세트)

값 25,000원

* 이 저서는 2017년 정부(교육부)의 재원으로 한국연구재단의 지원을 받아 수행된 연구임(NRF-2017S1A5B4055802).
* 이 도서의 국립중앙도서관 출판예정도서목록(CIP)은 서지정보유통지원시스템 홈페이지(http://seoji.nl.go.kr)와
　국가자료종합목록시스템(http://www.nl.go.kr/kolisnet)에서 이용하실 수 있습니다. (CIP제어번호 : CIP2018042176)

사회통합 총서 1

다문화 생활세계와 사회통합 연구

김영순 · 조영철 · 김정희 · 정지현 ·
박봉수 · 오영훈 · 손영화 · 박종도 ·
이미정 · 정경희 · 박미숙

북코리아

서문:

『다문화 생활세계와 사회통합 연구』를 시작하며

이 책은 2017년 한국연구재단의 인문사회토대연구지원사업에서 선정된 연구과제 '글로벌 시대 에스노그래피를 활용한 다문화가정 구성원의 디지털 아카이브 구축 및 지속 가능한 다문화사회를 위한 사회통합 연구'의 일환으로 집필된 것이다.

이 연구과제는 글로컬 다문화 시대를 살아가고 있는 한국 사회의 사회통합을 위해 문화적으로 다양한 구성원의 생활세계에 나타나는 문화적응과 이에 따른 정체성 협상 현상들을 수집하여 분석하고, 이를 바탕으로 다문화 생활세계 디지털 아카이브를 구축한다. 그뿐만 아니라 아카이브를 구축하는 과정에서 수집된 자료들을 바탕으로 이주민 생애사와 문화적응에 관한 사례연구를 총서로 집필한다.

이러한 디지털 아카이브 구축과 총서 작업은 한국 사회가 국제화시대를 맞아 국제이주로 발생하는 문화의 충돌을 예방하고, 문화 다양성을 유지하면서 외국인과 내국인의 사회통합을 지향할 수 있는 방안이 절대적으로 필요한 상황에서 이루어졌다.

현재 한국 사회에서 실시되고 있는 사회통합정책과 사회통합프로그램 운영은 결혼이민자에게 치중되어 있을 뿐만 아니라, 이민자의 국가별 또는 문화별 특성을 고려하지 않고 일방적인 형태로 진행되고 있는 것이 현실이다. 따라서 한국 사회는 주류사회 중심의 일방향적이고 일시적인 동화 형태의 사회통합이 아니라, 이민자를 정주민과 동일한 위치에서 공존과 상호문화적 소통이 가능한 다문화사회를 만들어나가기 위한 양방향적 사회통합정책이 필요한 시점이다. 이를 위해 이주배경과 한국 사회에서의 적응 양상에 따라 유형을 구분하여 개인 및 집단별 맞춤형 사회통합정책이 필요하며, 이주민뿐만 아니라 정주민을 포함한 모두를 아우를 수 있는 사회통합정책이 필요하다. 왜냐하면 사회통합의 대상은 이주민만을 제한적으로 한정하는 것이 아니라, 이주민을 포함한 한국 사회 시민 모두가 그 대상이기 때문이다. 따라서 본 총서 발간의 목적은 이주민만을 대상으로 한 제한적 사회통합 대안 마련이 아닌, 이주민을 포함한 한국 사회 시민 모두를 위한 것이다.

그동안 한국의 다문화정책은 이주민을 주류사회로의 통합 대상으로 간주하여 그들의 문화적 맥락까지 동일한 시각으로 간주하려는 데서 문제점이 제기된다. 이주민을 이주국가의 주류문화집단에 동화시키고자 그들이 가진 다양한 정체성을 강제로 획일화하여 통합하려는 단일접근법은 다문화사회의 문화 다양성이라는 강점을 소거시키는 부정적인 결과로 이어질 수 있다. 이는 소수종족에 대한 사회적 포용을 거부하는 분위기를 초래할 뿐 아니라, 다양성 존중을 기반으로 하는 민주주의 체계를 위협하는 요인이 되고 있다. 또한 이주민의 집단적 특성이나 개별적 내러티브를 간과하고 그들을 단지 주류와 다른 이질적 집단으로 한데 묶어서 이해하려는 것은 바람직한 문화이해의 태도가 아니다. 그들이 지닌 문화 다양성에 대한 그릇된 이해는 지속 가능한 다문화 사회를 위한 사회통합 실천의 방해요인이 될 수 있다.

현재 한국의 사회통합정책은 이주민이 가지고 있는 문화를 무시한 채 한국 문화를 주류문화로 설정하여 한국문화이해 교육을 강조하고 있다. 따라서 한국 사회의 바람직한 다문화사회 진입을 돕기 위한 새로운 사회통합의 패러다임이 필요한 상황이다.

우리보다 먼저 다문화사회로 진입한 국가의 다문화정책도 대부분 동화주의정책에서 다문화주의정책으로 방향을 선회하고 있다. 다문화주의정책은 이민, 노동력의 국제적 이동, 국제결혼, 난민, 외국인 유학생 등 다양한 문화집단의 구성원에 따라 발생하는 여러 사회적 갈등을 극복하고자 하는 정책이다. 다시 말하면, 상이한 문화적 배경을 지닌 이민자 집단에 대한 이해와 적응 기회를 마련하고, 모든 이민자와 내국인이 다 함께 공존하는 사회를 지지하고자 하는 것이다.

다문화주의정책이 모든 문제를 해결할 수 있는 만능의 방법이라고 말하려는 것은 아니다. 이 정책 또한 한계점을 지니고 있다. 다문화주의는 주류사회의 관점에서 소수자 집단의 문화를 이해하고 공존하려는 정책이다. 이에 비해 상호문화주의는 주류사회뿐만 아니라, 소수자 집단의 관점에서 합의에 의한 문화적 공존을 지향한다. 따라서 최근에는 상호문화주의를 기반으로 한 사회통합정책이 확산하고 있다. 하지만 아직까지 한국의 사회통합정책은 '다문화주의' 정책이라기보다는 '다문화 지향' 정책에 가까우며, 동화주의적 정책의 성격을 띠고 있어 지속 가능한 다문화사회를 형성하는 데 걸림돌이 되고 있다. 다문화사회의 새로운 사회통합을 논의하기 위해서는 다문화 구성원을 하나의 집단으로 바라보는 관점을 넘어 그들의 개별적·집단적 생활세계를 이해할 필요가 있다. 다문화 구성원이 만들어나가고 있는 생활세계는 이주에 의해 만들어지는 문화다양성에서 파생된 생활세계이기 때문이다. 본 연구팀이 이주민의 생활세계를 강조하는 이유가 바로 여기에 있다.

본 연구의 사회통합정책은 이러한 상호문화적 의사소통의 공간 형성을 목표로 한다. 따라서 본 연구를 통해 주류사회로부터 각종 사회제도에서 소외되고 타자화되어 있는 다문화 구성원의 근원적인 삶과 고통을 이해하고, 더 나아가 이들 역시 우리 사회의 일원으로서 공존할 수 있는 미래 지속 가능한 사회를 위한 새로운 패러다임으로서의 사회통합 모형을 추구한다.

이에 본 연구는 이주민과 정주민 모두를 포함한 다문화 구성원의 사회통합 문제를 다층적으로 진단했다. 더 나아가 다문화 구성원이 현실적으로 직면하고 있는 생활세계 형성 과정의 구체적인 문제를 이해할 수 있도록 생활세계 디지털 아카이브 구축과 사회통합 총서 발간에 필요한 이론적 논리를 체계적으로 정리했다. 그리고 생활세계 디지털 아카이브 구축과 그 과정에서 얻은 자료들을 집필 자료로 활용하여 사회통합 총서를 구성했다. 이 사회통합 총서는 사회통합정책의 방향성을 제시할 것이며, 다문화 구성원을 접하는 현장에서 이를 응용하여 활용할 수 있을 것이다.

이 책은 앞서 소개한 연구과제 수행에서 첫 번째 연구결과물이라고 할 수 있는 사회통합 총서 1권으로『다문화 생활세계와 사회통합 연구』라는 제목을 붙였다. 이 책은 총 4부로 구성되어 있다. 1부에서는 전 지구적 현상으로서 초국적 이주라는 사회적 흐름에 대해, 다문화 생활세계 형성과 이주민의 문화적응, 정체성 협상 과정에 대해 개념적으로 정의했다. 2부에서는 이주로 인해 형성되고 있는 다문화 사회 공간의 형성과 변천 과정을 기술하고, 이에 따른 다문화사회 사회통합정책의 이론과 방향에 대해 서술했다. 3부에서는 미국·캐나다 등 북미, 영국·독일·프랑스 등 유럽, 중국·일본·베트남·우즈베키스탄 등 아시아의 사회통합정책 사례를 고찰하여 한국의 사회통합정책을 제안하기 위한 시사점을 도출했다. 4부에서는 1부, 2부, 3부를 통해 도출된 시사점을 바탕으로 한국 사회의 사회통합정책을 인지정서적 영역과 사회제도적 영역으로 구분하여 모형을 제안했으며, 아울러 이주민 생애사 기반 문화적응 연구방법과 다문화 생활세계 디지털 아카이브 구축 모형을 제안했다. 각 부와 각 장의 내용을 간략히 제시하면 다음과 같다.

1부는 초국적 이주와 다문화 생활세계를 이해하기 위한 3개의 장으로 구성되었다. 1장에서는 전 지구적 현상으로서 초국적 이주를 다루고, 초국적 이주에 따른 철학적 기반으로서 다문화성과 상호문화성에 대해 고찰했다. 2장에서는 초국적 이주로 인해 형성되고 있는 다문화 생활세계의 모습을 기술했고, 다문화 생활세계 형성 과정에서 발생하는 이주민의 문화적응과 정체성 협상의 경험에 대해 서술했다. 3장에서는 다문화 생활세계를 형성해가고 있는 이주민의 유형을 법 제도권 내에서 고찰한 후 실제 이주민의 문화적응 양상에 따라 새롭게 유형을 정의했다.

2부는 다문화사회와 사회통합을 이해하기 위한 2개의 장으로 구성되어 있다. 4장에서는 다문화사회의 이주 현상과 이론에 대해 고찰하여 한국 사회의 다문화 공간 형성과 변천 과정을 다루었다. 5장에서는 다문화사회로 이행하기 위한 사회통합정책 이론을 고찰한 후, 한국 사회 사회통합정책의 역사적 과정과 미래 방향을 제시했다.

3부는 해외의 사회통합정책을 이해하기 위한 3개의 장으로 구성되었다. 6장에서는 미국과 캐나다 등 북미의 사회통합정책 사례를 다루었으며, 7장에서는 영국과 독일, 프랑스를 중심으로 유럽의 사회통합정책 사례를, 8장에서는 중국과 일본, 베트남, 우즈베키스탄을 중심으로 아시아의 사회통합정책 사례를 고찰했다. 이를 바탕으로 한국의 사회통합정책 모형을 제시하기 위한 시사점을 도출했다.

4부에서는 한국형 사회통합정책 모형을 제시하기 위해 3개의 장을 구성했다. 9장에서는 다문화 생활세계를 언어, 문화, 여가, 진로 등을 포괄하는 인지정서적 영역과 교육, 경제, 인권, 복지, 미디어 등을 포괄하는 사회제도적 영역으로 구분하여 한국형 사회통합정책 모형을 제안했다. 10장에서는 한국 사회가 다문화사회로 올바르게 이행하는 것을 돕기 위한 연구방법으로서 이주민 생애사 기반 문화적응 연구방법에 대해 그 필요성과 방향을 제시했다. 11장에서는 다문화사회의 사회통합정책 모형을 제시하고, 지속 가능한 다문화사회 연구를 위해 필요한 필드 데이터 공유의 장을 제공하기 위한 방법으로서 다문화 생활세계 디지털 아카이브 구축 모형을 제안했다.

이 책 총서 1호 『다문화 생활세계와 사회통합 연구』를 집필하는 데 본 연구과제의 전임연구원인 조영철 박사, 김정희 박사, 공동연구원이신 정지현 박사, 박봉수 박사, 오영훈 교수, 손영화 교수, 박종도 교수, 이미정 교수, 정경희 교수, 박미숙 교수가 수고해주셨다. 또한 집필을 위한 연구과제 수행 과정에서 연구보조원 역할을 충실하게 해주신 최희 박사, 오영섭 선생, 윤현희 선생께도 감사함을 전한다.

이 책은 본 연구과제를 수주한 인하대학교 아시아다문화융합연구소의 공동연구 팀워크와 협동 작업으로 집필이 수행된 만큼 함께해준 모든 연구진의 책임감 또한 크다고 생각한다. 우리 연구진이 생각하고 구상한 '다문화 생활세계 사회통합 모형'이 결코 이상이 아니라 현실적인 대안임을 다시 한 번 강조하고 싶다. 그리고 이 책에서 제시한 개선책들이 지속 가능한 다문화사회를 구현해나가는 데 작은 보탬이 되었으면 하는 마음이다.

2018년 12월
연구책임자 겸 대표 집필자
김영순

CONTENTS

서문: 『다문화 생활세계와 사회통합 연구』를 시작하며   5

연구개요   15

1부   초국적 이주와 다문화 생활세계

1장.   초국적 이주와 상호문화 이해   33

　　1. 전 지구적 현상으로서 초국적 이주   34

　　2. 다문화사회와 다문화성   48

　　3. 다문화성을 넘어 상호문화성으로   56

2장.   다문화 생활세계와 이주민의 정체성   61

　　1. 다문화 생활세계의 형성   62

　　2. 다문화사회와 문화적응   72

　　3. 이주민의 정체성 협상   90

3장.   다문화사회의 이주민 유형   99

2부   다문화사회와 사회통합

4장.   이주와 다문화사회 형성   119

　　1. 다문화사회의 이주 현상   120

2. 다문화사회의 이주 이론   127

3. 다문화 공간의 형성과 변천   145

5장.   **사회통합과 사회통합정책 이론**   **153**

1. 다문화사회와 사회통합   154

2. 사회통합정책 이론   164

3. 국내의 사회통합정책   177

3부   국외의 사회통합정책 사례

6장.   **북미의 사회통합정책**   **207**

1. 미국   209

2. 캐나다   221

7장.   **유럽의 사회통합정책**   **235**

1. 영국   237

2. 독일   249

3. 프랑스   265

8장.   **아시아의 사회통합정책**   **277**

1. 중국   279

2. 일본   292

3. 베트남   307

4. 우즈베키스탄   317

CONTENTS

4부   사회통합정책 모형

9장.   생활세계 기반 사회통합정책 모형　　　　　　　　335
　1. 인지정서적 사회통합정책 모형　　　　　　　　342
　2. 사회제도적 사회통합정책 모형　　　　　　　　370

10장.   이주민 생애사 기반 문화적응 연구방법　　　　401
　1. 생애사 연구의 필요성　　　　　　　　　　　402
　2. 생애사 서술 모형의 필요성　　　　　　　　　406
　3. 생애사 서술 모형의 실제　　　　　　　　　　408

11장.   다문화 생활세계 디지털 아카이브　　　　　　427
　1. 서론　　　　　　　　　　　　　　　　　　428
　2. 디지털 아카이브와 에스노그래피　　　　　　430
　3. 디지털 아카이브 구축 요건 및 과정　　　　　433
　4. 연구절차와 수집자료(컬렉션)의 종류　　　　441
　5. 후속연구　　　　　　　　　　　　　　　　443

참고문헌　　　　　　　　　　　　　　　　　　445
찾아보기　　　　　　　　　　　　　　　　　　470

연구개요

연구의 필요성 및 목적

교통통신 등 첨단과학기술의 발달은 시간적·공간적 이동의 틈을 좁혀 그간의 일국주의적 세계화의 흐름을 변형시키고 있다. 곧, 일방향적으로 이루어지던 국가 간, 지역 간 이주가 이제 국가와 지역의 경계를 가로지르는 초국적 이주로 변화했으며, 초국적 이주는 그간의 사회통합 패러다임도 바꾸어놓고 있다. 1990년대 이전의 이주민 문제는 송출국과는 별개로 정주국 내에서 사회통합 문제로 분석할 수 있었던 반면, 현대 사회의 초국적 이주와 함께 벌어지고 있는 이주민 문제는 그들의 모국과 정주국을 넘나드는 사회공간적 변화를 만들어내는 복잡다변성을 띠고 있다.

이러한 초국적 이주를 통한 글로컬 다문화사회 형성이라는 현대사회의 세계화 흐름은 한국 사회에서도 같은 양상으로 진행되고 있는 사회적 현상이다.

이에 본 연구는 현재 초국적 이주와 이로 인한 새로운 글로컬 다문화 사회공간이 창출되고 있는 한국 사회가 직면한 다문화 관련 사회적 이슈들을 효과적으로 해결하고, 다문화 구성원(결혼이민자, 외국인 노동자, 외국인 유학생, 재외동포 등)의 문화적응 양상을 살펴보며, 사회통합 과정을 탐색하고자 한다. 이를 위해 다문화 구성원의 생활세계에서 일어나는 인지정서적 영역에서의 일상의 적응과 사회제도적 영역에서의 구조적 적응에 대해 그 구체적인 실태를 조사하여 사회통합을 위한 총서를 발간하는 것이 목적이다. 아울러 총서 집필을 위해 수집한 기초자료와 내용들, 즉 다문화 구성원의 생활세계에서 나타나는 다양한 적응 현상들에 대한 관찰과 심층면담 자료들을 디지털 아카이브로 구축하고자 한다.

이를 통해 주류사회로부터 각종 사회제도에서 소외되고 타자화되어 있는 결혼이민자를 비롯한 다문화 구성원의 구체적인 삶의 과정과 그 안에서 겪고 있는 고통을 이해하고, 더 나아가 이들 역시 우리 사회의 일원으로서 공존할 수 있는 미래 지속 가능한 사회를 위한 새로운 패러다임을 확립하여 사회통합을 실천하고자 한다.

캐슬스와 밀러(Castles & Miller, 2003), 최병두(2012b)에 따르면 초국적 이주는 이들이 정주하고 있는 지역과 국가, 이주해온 지역 및 국가, 그리고 전 세계에 큰 영향을 미치고 있다. 이러한 초국적 이주의 전 세계적 영향 중 경제 영역을 보더라도 이주노동자의 경우 모국과 이주국 모두 경제성장 효과를 창출하고 있으며, 인구학적 측면에서도 이주민은 저출산의 대안이 되고 있어 초국적 이주는 긍정적인 영향을 끼치고 있음이 사실이다. 하지만 이주민에 대한 차별과 편견, 열악한 처우, 이주민가정 자녀를 대상으로 한 정책과 교육 방안, 그리고 미등록 외국인 등 다양한 문제가 산적해 있다.

최병두(2012b)는 교통·통신기술의 발달과 이에 따른 시·공간적 단축으로 인한 초국적 이주를 '지구-지방화' 과정으로 정의하고 있으며, 공간적 측면에서 그 중요성을 내포하고 있는 '다문화 공간' 형성으로 이해한다. 이주민은 더 나은 삶의 추구라는 목적 아래 정주국의 다양한 생활세계 영역에서 통합, 동화, 주변화 등의 모습으로 적응해나가고 있다.

　　초국적 이주와 함께 한국 사회에 정주하고 있는 이주민은 다양한 국적의 배경을 가지고 있다. 그중 중국계 이주민이 큰 비중을 차지하고 있는데, 통계청에서 제공하는 「2017년 인구총조사」 자료에 따르면, 2017년 9월 기준으로 한국 전체 이주민 31만 7,118명 중 중국 국적이 17만 4,168명으로, 그다음으로 많은 베트남 국적 6만 6,231명에 비해 3배 이상 차이가 날 만큼 다른 나라에 비해 현저히 높은 비중을 차지하고 있다. 또한, 통계청에서 제공하고 있는 「2017년 이민자 체류실태 및 고용조사」를 보면, 이민자 중 외국인 노동자가 전체 중 43.6%를 차지하고 있고, 그다음으로 결혼이민자가 10.2%를 차지하고 있어 외국인 노동자와 결혼이민자의 비중이 과반수를 넘고 있다. 법무부에서 실시한 「2016년 체류외국인통계」를 보면 결혼이민자 중 중국계 결혼이민자가 5만 6,930명으로 가장 많았고, 여성이 4만 5,301명으로 남성에 비해 다수를 차지하고 있다.

　　이처럼 한국 사회의 다문화사회 형성은 중국계 이주민이 주를 이루고 있으며, 그중에서도 결혼이주여성이 두 번째로 큰 비중을 차지하고 있다. 하지만 결혼이주여성을 비롯한 이주민에 대한 한국 사회의 차별과 편견, 체류자격 및 복지 등의 사회구조적 문제로 생활세계 정착에 많은 어려움을 겪고 있는 것으로 나타나고 있다(김태원, 2012; 설동훈·윤홍식, 2008; 윤인진, 2008; 최병두, 2012).

　　본 연구에서는 이러한 이주민 현황을 토대로 하여 출입국관리소에 등록한 외국인 중 가장 높은 비율을 차지하는 7개 국가(중국, 베트남, 필리핀,

캄보디아, 우즈베키스탄, 인도네시아, 러시아)의 이주민을 주요 연구대상으로 선정했다. 다문화 구성원으로 러시아계를 포함한 것은 한국에 체류하고 있는 재외동포 중 중국동포 다음으로 러시아 재외동포, 즉 고려인이 많기 때문이다.

현재 한국 사회는 이와 같은 이주민의 증가로 인해 발생하는 문화의 충돌을 예방하고, 문화 다양성을 유지하면서 외국인과 내국인의 사회통합을 이룰 수 있는 방안이 절대적으로 필요한 상황이다. 하지만 현재 이루어지고 있는 사회통합정책과 사회통합프로그램 운영은 결혼이민자에게 치중되어 있을 뿐만 아니라, 이민자의 국가별 또는 문화별 특성을 고려하지 않고 일방적인 형태로 진행되고 있는 현실이다. 따라서 한국 사회는 주류사회 중심의 일방향적이고 일시적인 동화 형태의 사회통합이 아니라, 이민자를 정주민과 같은 위치로 상정하여 공존과 상호문화적 소통이 가능한 다문화사회를 만들어나가기 위한 양방향적 사회통합정책이 필요한 시점이다. 이를 위해 이주의 배경과 한국 사회에서의 적응 양상에 따라 유형을 구분하여 개인과 집단별 맞춤형 사회통합정책이 필요하며, 이주민뿐만 아니라 정주민을 포함한 모두를 아우를 수 있는 사회통합정책이 필요하다. 사회통합 대상은 이주민만을 제한적으로 한정하는 것이 아니라 이주민을 포함한 한국 사회 시민 모두가 그 대상이기 때문이다.

그동안 한국의 다문화정책은 이주민을 주류사회로 통합시킬 대상으로 간주하여 그들의 문화적 맥락까지 동일하게 조정하려고 한다는 데서 문제점이 제기된다. 이주민을 이주국가의 주류문화집단에 동화시키고자 그들이 가진 다양한 정체성을 강제로 획일화하여 통합하려는 단일접근법은 다문화사회의 문화 다양성이라는 강점을 소거시키는 부정적인 결과로 이어질 수 있다. 이는 소수종족에 대한 사회적 포용을 거부하는 분위기를 초래할 뿐 아니라 다양성 존중을 기반으로 하는 민주주의 체계를 위협하는 요인이 되고 있다(김용신, 2011: 98: 설동훈·이병하, 2012: 180: 장인실·박영진, 2015: 96).

이주민의 집단적 특성이나 개별적 내러티브를 간과하고 그들을 단지 주류와 다른 이질적 집단으로 묶어 이해하려는 것은 바람직한 문화이해의 태도가 아니다. 그들이 지닌 문화다양성에 대한 그릇된 이해는 지속 가능한 다문화사회를 위한 사회통합 실천의 방해요인이다. 한국의 사회통합정책 또한 이주민이 소유한 문화를 무시한 채 한국 문화를 주류문화로 설정하여 한국 문화 이해교육을 강조하고 있다. 따라서 한국 사회가 바람직한 다문화사회로 진입하는 것을 돕기 위한 새로운 사회통합 패러다임이 필요하다.

우리보다 먼저 다문화사회로 진입한 국가의 다문화정책도 대부분 동화주의정책에서 다문화주의정책으로 그 방향을 선회하고 있다. 다문화주의정책은 이민, 노동력의 국제적 이동, 국제결혼, 난민, 외국인 유학생 등 다양한 문화집단의 구성원에 따라 발생하는 여러 사회적 갈등을 극복하려는 대안이다. 다시 말하면 다문화주의적 사회통합정책을 통해 상이한 문화적 배경을 지닌 이민자 집단에 대한 이해와 적응기회를 마련하고, 모든 이민자와 내국인이 다 함께 공존하는 사회를 지지하고 있다는 것이다.

다문화주의정책 또한 한계점을 지니고 있다. 다문화주의는 주류사회의 관점에서 소수자 집단의 문화를 이해하고 공존하려는 정책이다. 이에 비해 상호문화주의는 주류사회뿐만 아니라 소수자 집단의 관점에서 합의에 의한 문화적 공존을 지향한다. 따라서 최근에는 상호문화주의를 기반으로 한 사회통합정책이 확산하고 있다.

하지만 아직까지 한국의 다문화(사회통합)정책은 '다문화주의' 정책이라기보다는 '다문화 지향' 정책에 가까우며, 동화주의적 정책의 성격을 띠고 있어 지속 가능한 다문화사회를 형성하는 데 걸림돌이 되고 있다(박성혁·성상환, 2008: 58; 윤인진, 2008: 72; 박성혁·모경환·김명정, 2009: 5).

김영순 외(2017)에 따르면, 기존의 서구 및 한국 사회의 사회통합정책은 일방향적인 정책으로 동화주의 입장에서 이민자를 내국민화하고자 하는 반쪽짜리 다문화사회통합정책이다. 따라서 올바른 다문화사회로 이행하기 위한 새로운 사회통합정책으로서 이주민의 문화권 보장, 다문화적 역량을 계발할 수 있는 다양한 문화적 주체들의 가치와 이해, 존중 기반 상호문화적 문화실천 프로그램 확산 등 사회적 포용을 넘어선 사회적 응집성을 실현할 수 있는 정책이 요구된다. 설동훈(2017)도 이주노동자, 결혼이민자, 이주민 자녀 등 다문화 구성원의 차별과 편견을 없애고, 그들의 권리를 보장하기 위해 동화주의를 넘어설 수 있는 '사회적 소수자 존중', '외국인·이민자와 더불어 사는 열린 공동체' 사회를 만들어나가기 위한 시민윤리의 정립과 실천을 주장했다.

이에 본 연구는 다문화 구성원의 개별적인 내러티브 분석을 통해 그들을 입체적으로 이해하고, 생활세계 영역별로 문화적응 생애담 자료수집 및 분석을 통해 진일보한 새로운 한국적 사회통합 모형을 제시하고자 한다. 아울러 한국 사회의 사회통합정책 연구의 지속과 실천을 위해 본 연구의 결과물을 포함한 기존의 연구결과물을 정리하여 '다문화 생활세계 디지털 아카이브'를 구축하여 서비스를 제공하고자 한다.

다문화사회의 새로운 사회통합을 논의하기 위해서는 다문화 구성원을 하나의 집단으로 바라보는 관점을 넘어 그들의 개별적·집단적 생활세계를 이해할 필요가 있다. 다문화 구성원이 만들어나가고 있는 생활세계는 이주에 의해 만들어지는 문화다양성에서 파생된 생활세계이기 때문이다.

하버마스(Habermas, 1987)도 사회통합을 생활세계 문제로 이해했다. 생활세계 통합의 필수적인 조건으로 '왜곡되지 않은 이상적인 의사소통'을 이야기한다. 다문화 생활세계에서의 이상적인 의사소통은 바로 의사소통에 참여하는 이주민과 정주민 모두의 동등한 관계와 합의를 전제로 이루어지는 의사소통을 말한다. 곧, 이주민과 정주민의 양방향적 의사소통이 이루어질 수 있는 상호문화적 의사소통 공간을 형성하는 것이 바로 본 연구에서 추구하는 다문화 생활세계 공간이다.

본 연구의 사회통합정책은 이러한 상호문화적 의사소통의 공간 형성을 목표로 한다. 따라서 본 연구를 통해 주류사회로부터 각종 사회제도에서 소외되고 타자화되어 있는 다문화 구성원의 근원적인 삶과 고통을 이해하고, 더 나아가 이들 역시 우리 사회의 일원으로서 공존할 수 있는 미래 지속 가능한 사회를 위한 새로운 패러다임으로서의 사회통합 모형을 제시하고자 한다.

본 연구는 사회통합 문제에 대해 단순히 사회문화적 동화에서 더 나아가 하버마스(1987)가 사회통합에서 다루고 있는 생활세계 영역, 즉 언어, 교육, 인권, 상담복지, 미디어, 종교 등의 영역에서 다문화 구성원의 '합의된 이상적인 의사소통 구현'을 위한 국가별 · 유형별 · 영역별 생활세계 디지털 아카이브를 구축하고, 각 국가별 사회통합 총서 발간을 목적으로 한다. 이를 위한 접근방법으로 생활세계에 기반을 둔 이주민의 문화적응 생애사 방법을 활용하고자 한다.

이를 통해 다문화사회로 진입하는 가운데 한국 사회가 직면하고 있는 다문화 관련 사회적 이슈들을 효과적으로 해결하고, 다문화 구성원(결혼이민자, 외국인 노동자, 외국인 유학생, 재외동포, 내국인)의 사회통합을 이루고자 한다. 이에 본 연구는 한국 사회에서 발생하고 있는 다양한 문화의 충돌을 예방하고 상호 공존하는 공동체를 지향하여 지속 가능한 다문화사회를 구현하는 데 이바지할 수 있을 것이다.

본 연구를 통해 지향하고자 하는 지속 가능한 다문화사회를 위한 '사회통합' 개념은 모든 사회구성원의 다양성에 기초한 갈등과 타협의 변증법에 따른 사회 발전의 원심력을 부정하고, 한국인이라는 일체감의 구심력만 강조하는 인위적 통합을 의미하지는 않는다.

헤이트마이어(Heitmeyer, 1997)는 사회통합 문제를 두 가지로 구분한다. 첫 번째는 규제적 위기(Regulationskrise)로, 가치와 규범이 다양화·다원화되어 사회구성원의 상호이해와 의미전달이 어려워지는 상황을 말한다. 규제위기의 결과로 가치의 필연성은 하락하고 규범을 정당화하기란 더욱 어려워진다. 예를 들어, 다양한 가치와 규범이 등장하여 이에 기초한 행동에 대한 규제가 어렵게 되어 여러 문제가 발생하게 되는데, 특히 여기에서 주목하는 사회문제는 폭력의 만연이다. 두 번째 사회통합 문제는 응집의 위기(Kohäsionskrise)다. 응집의 위기는 모든 사회구성원을 사회, 단체, 공동체로 결합하는 사회적 응집력이 감소하게 되는 상황을 지칭한다. 이 위기는 사회적 생활세계가 개인화되어 나타나며, 사회구성원 간의 인정(Anerkennung), 결합력 및 소속감의 상실을 만들어낸다. 규제적 위기와 응집의 위기는 사회통합을 저해하는 전형적인 사회갈등 문제다.

이러한 두 가지 위기는 본 연구가 지향하는 지속 가능한 다문화사회를 구현하는 데 나타나는 문제들과 무관하지 않다. 한국 사회에서 나타날 수 있는 이러한 규제적 위기와 응집의 위기를 해결하기 위해서는 사회통합 개념을 재정립할 필요가 있다.

노대명(2009)은 기존의 사회통합을 다음의 3가지 층위로 설명한다.

첫째, '사회적 포용(Social Inclusion)'으로, 여기에서 사회통합은 좁은 의미에서는 사회보장제도의 적용을 받지 못하는 사람들에 대한 보호를, 넓은 의미에서는 모든 국민을 대상으로 빈곤과 실업을 포함한 사회적 위험으로부터 보호하는 것을 의미한다.

둘째, '사회적 융합(Social Integration)'으로, 모든 사람에게 동등한 기회와 권리를 제공함으로써 통합적 목표를 지향하는 사회통합을 말한다.

셋째, '사회적 응집(Social Cohesion)'으로, 여기에서 말하는 사회통합은 공동체 구성원이 공동체에 대한 소속감을 갖고 공동의 비전을 공유하며, 다양한 배경을 가진 구성원이 동등한 기회를 누리도록 하고, 다양한 배경을 가진 개인들이 강력하고 긍정적인 관계를 발전시켜나가도록 하는 것을 말한다.

본 연구에서 추구하는 다문화 구성원과 내국인의 사회통합은 이러한 3가지 층위를 포괄하는 의미로서 모든 사회구성원을 한 공동체의 틀에 맞게 조정하려는 노력이 아니라, 한 공동체가 다양한 개인을 수용하려는 노력을 그 지향점으로 삼고자 한다. 즉, 한 공동체의 사회규범에서 동떨어진 소수자일지라도 그들이 사회규범을 수용하고 잘 적응하도록 하는 것이 아니라, 공동체가 그들의 문화를 인정하고 구성원 간의 '왜곡되지 않은 이상적인 의사소통' 과정을 통해 합의점을 도출해나가는 것이 바로 사회통합이 추구해야 할 방향이다.

이와 같은 3가지 사회통합의 개념적 층위를 모두 아우르는 '현지조사를 통한 생활세계 디지털 아카이브와 사회통합 총서'는 사회 내 갈등과 협상의 변증법으로 인한 원심력과 구심력 간의 긴장과 타협을 통해 일종의 '전체 사회를 새롭게 재구성하는 상호작용 과정'(고상두·하명신, 2012: 236)의 결과물이라고 볼 수 있다.

다시 말하면, 한국 사회가 추구해야 할 사회통합은 이주민 집단 내부의 민족적 동질성이 사라지고, 민족 간의 차이나 경계가 더 이상 존재하지 않는 '단선적인 동화 과정'이 아닌, 이주민 집단 내부의 민족적 동질성을 유지한 상태에서 공동체가 다양한 문화적 배경을 가진 개인을 수용하려는 노력을 의미하는 것으로, 결국에는 문화 다양성의 가치를 지향하는 것을 그 이상향으로 삼아야 한다.

이에 본 연구는 이주민과 정주민 모두를 포함한 다문화 구성원의 사회통합 문제를 다층적으로 진단했다. 더 나아가 다문화 구성원이 현실적으로 직면하고 있는 생활세계 형성 과정의 구체적인 문제를 이해할 수 있도록 생활세계 디지털 아카이브 구축과 사회통합 총서 발간에 필요한 이론적 논리를 체계적으로 정리했다. 그리고 이러한 생활세계 디지털 아카이브와 사회통합 총서는 사회통합정책의 방향성을 제시할 것이며, 다문화 구성원을 접하는 현장에서 이를 응용하여 활용할 수 있을 것이다.

연구내용 및 방법

실제 현장에서 현실화할 수 있는 생활세계 디지털 아카이브와 사회통합 총서의 적용 및 응용 가능성을 논의하기 위해 관련 전문가 세미나 및 학술대회 개최, 현장 전문가 라운드테이블 논의, 국제학술대회 발표 및 국내외 학술저널에 논문을 게재할 계획이다. 또한 다문화 구성원의 요구지점을 명확히 이해하기 위해 연구 대상자 국가를 방문하여 이들의 생활세계에서 이루어지고 있는 사회문화들을 비교문화학적 관점에서 적시할 것이며, 각 연구 단계에서는 국가별·유형별·영역별로 더욱 정교한 내용의 생활세계 디지털 아카이브 구축과 사회통합 총서를 본 1권을 포함해 8권까지 발간할 계획이다.

따라서 본 연구는 다문화 구성원의 에스노그래피를 활용한 생활세계 디지털 아카이브 구축과 사회통합 총서 발간을 위해 1차 연도에서는 우리보다 먼저 다문화사회를 경험한 국가들의 사회통합정책 동향과 문화다양성 이론들을 분석한 후 이에 대한 총서 2권을 발간한다. 더불어 이민자 중 우리나라에 가장 많은 중국계 다문화 구성원(한족과 조선족)을 대상으로 에스노그래피에 대한 파일럿 연구를 진행했다. 2차 연도에서는 국내외 사회통합정책의 동향에 관한 총서와 파일럿 모형을 바탕으로 베트남계, 필리핀계, 캄보디아계, 네팔계, 미얀마계 등 동남아시아계 다문화 구성원의 생활세계 디지털 아카이브를 구축하고 사회통합 총서를 발간할 것이다. 3차 연도에서는 1차 연도와 2차 연도에 개발한 이론과 생활세계 디지털 아카이브에 근거하여 그 외 국가(우즈베키스탄, 인도네시아, 러시아 등) 배경의 다문화 구성원의 생활세계 디지털 아카이브 구축과 이들에 대한 사회통합 총서를 발간할 예정이다.

이러한 총서의 발간을 위해 본 연구는 아래와 같은 연구방법을 사용하고자 한다.

1차 연도 연구의 첫 번째 단계에서는 우리보다 앞서 다문화사회를 경험한 북미(캐나다, 미국), 유럽(영국, 프랑스, 독일, 이탈리아), 아시아(중국, 일본, 베트남, 필리핀, 우즈베키스탄) 등과 한국의 사회통합정책 동향에 관한 체계적 문헌고찰(Systematic review), 파일럿 조사를 위한 현지조사(Fieldwork), 심층인터뷰(In-depth interview), 표적집단면접법(focused group interview; 이하 FGI)을 주요 연구방법으로 활용했다. 또한, 다문화 구성원의 사회문화적 속성에 대한 사례와 연구성과를 광범위하게 수집하고 분석했다. 수집된 자료들을 영역과 범주에 따라 구분하고 분석했으며, 그동안 간과해온 문제점들을 추출하여 구체적인 사회통합정책의 연구방향을 제시했다.

기존에 주로 다루어진 문헌연구 중의 하나인 서술적 고찰은 전문가의 식견을 중심으로 문헌을 고찰하고, 주관적인 관점에서 결론이 내려질 수 있어 광범위한 영역과 주제를 다루는 데 문헌 선정과 방법이 체계적이지 않아 오류의 가능성이 있다. 반면, 본 연구팀에서 진행할 체계적 문헌고찰은 기존 연구자료를 활용하지만 과학적이고 객관적인 절차에 따라 특정한 주제에 대해 선정 기준에 맞는 근거를 수집하여 분석하는 연구방법이다.

다문화 구성원에 대한 사회통합정책을 고찰하고, 사회통합 이론 및 문화다양성 이론을 살펴보기 위해서는 체계적 문헌고찰이 더욱 필요하다. 이와 같은 체계적 문헌고찰 연구방법을 통해 도출될 국내외 사회통합에 관한 쟁점과 이론은 파일럿 연구의 방향 설정과 생활세계 디지털 아카이브 구축 및 사회통합 총서 발간을 위한 기초 자료로 활용했다.

다음으로 다문화 구성원의 사회통합 모형을 개발하기 위해 중국계 다문화 구성원(한족과 조선족)을 대상으로 한 파일럿 연구에서는 현지조사와 심층면담을 활용했다. 현지조사는 다문화 구성원의 생활세계에 대한 문화를 이해하기 위해 개인적 차원에서 이들의 삶의 경험과 정서는 물론, 그와 관련된 공동체적인 문화적 배경에 대한 인식과 경험을 심도 있게 살펴볼 수 있다. 중국계 다문화 구성원이 사회, 정치, 행정, 법 등의 영역에서 겪는 문제들은 직접 현장에서 대면하여 이야기를 구술하는 과정에서 구체적으로 드러났다.

현장 전문가의 심층인터뷰를 위한 중국 현지답사를 통해 파일럿 연구는 더욱 타당성 있고 생생한 현장감을 살릴 수 있었다. 중국계 다문화 구성원의 파일럿 연구를 통한 생활세계 디지털 아카이브는 다른 이주배경을 가진 다문화 구성원의 자료를 수집하고 분석하는 롤모델로 작용할 것이다.

2차 연도의 연구에서는 1차 연도의 연구결과를 경험적·실증적으로 검증·확인하기 위해 사회구성원의 국가에 대한 현지조사와 이들에 대한 심층인터뷰를 주요 연구방법으로 사용할 예정이다. 1차 연도의 국가별·유형별·영역별 생활세계 디지털 아카이브의 파일럿 연구를 보완하기 위해 구체적인 생활세계 영역을 인지정서 영역 및 사회제도 영역으로 구분하여 국가가 아닌 생활세계 영역별 사회통합정책의 현장을 관찰하고 다문화 구성원의 심층인터뷰 및 전문가 FGI를 진행할 것이다.

현지조사는 연구대상자의 삶에 참여하고 그들과 관계를 맺어서 그들의 문화를 이해하는 연구방법이다. 연구자는 현지조사 과정에서 체험적인 연구를 수행하면서 현지 주민과의 직접적·대면적 접촉과 상호작용을 통해 얻고자 하는 자료를 수집한다(윤택림, 2004). 자료 수집은 일관되게 연구문제와 현장의 맥락에 종속된다. 또한, 연구자는 현지 문화를 이해하는 과정에서 직접 문화현상의 참여자(emic)가 됨과 동시에 관찰자(etic)로서의 역할도 하게 된다. 즉, 연구자가 참여자와 관찰자라는 입장을 동시에 가지면서 연구대상이 되는 사회의 문화에 대해 현실에 가깝고 깊이 있는 기술을 할 수 있게 된다(조성남 외, 2011). 따라서 2차 연도에서는 국내에 거주하는 많은 다문화 구성원 나라 중 베트남, 필리핀, 캄보디아, 네팔, 미얀마 등의 국가에서 현지조사를 하고자 한다.

심층인터뷰는 사회공동체 내에서 개인이 느끼는 생활세계의 생생하고 깊이 있는 삶의 사례들로부터 의미 있는 요소들을 도출하게 해준다는 장점을 지닌다. 이러한 심층인터뷰를 기반으로 한 질적 연구를 통해 발간될 사회통합 총서는 국가별 사회통합정책의 방향성을 구체적으로 제시해줄 것이다.

　　연구 참여자들의 문화적 의미를 발견하기 위해 현지에 참여하고, 관찰하고, 질문하고, 또 기록한다. 이후 수집한 자료와 현지에서 기록한 노트와 일지를 토대로 문화기술적 연구방법을 사용하여 문화적 의미의 요소를 발견하고, 그것들이 생활세계에서 어떻게 작용하는지를 파악할 것이다. 이를 바탕으로 국가별·유형별·영역별 에스노그래피를 활용한 생활세계 디지털 아카이브를 구축함으로써 사회통합정책 모형을 제시하고 베트남계, 필리핀계, 캄보디아계, 네팔계, 미얀마계 등 동남아시아계 다문화 구성원에 대한 사회통합 총서를 발간할 것이다.

　　3차 연도에서는 1차 연도와 2차 연도의 연구결과를 바탕으로 우즈베키스탄계, 인도네시아계, 러시아계 다문화 구성원의 생활세계 디지털 아카이브를 구축하고 사회통합 총서를 발간할 것이다. 국가별·유형별·영역별 사회통합 총서 발간을 위해 국내의 현장 전문가와 관련 학자들을 심층인터뷰하여 세 국가에 대한 사회통합정책의 방향성을 구체적으로 제시할 예정이다.

　　전문가 심층인터뷰 방법을 채택한 이유는 사회통합 총서와 관련된 깊이 있는 분석을 위한 정보를 제공하는 집단이 현실적으로 관련 분야 전문가들이므로 본 연구를 위한 효과적인 연구방법으로 볼 수 있다. 특히, 이들 전문가 집단은 사회통합 관련 정책 결정에 참여했거나 관련 연구를 시행한 연구자들로 구성될 것이며, 정부 산하의 다문화 관련 실무 담당자, 그리고 학계와 연구 기관의 연구자들이 포함될 예정이다. 이들 인터뷰 대상자들은 분야별로 약간의 차이가 있으나 사회통합정책의 주요 행위자 특성, 사회통합정책의 목표와 성과, 주요 한계와 그 원인을 논의하고 전반적인 사회통합정책의 평가와 방향에 관한 의견을 진술할 것이다.

심층인터뷰 대상자인 전문가들을 사회통합 관련 학술대회에 초청하여 다문화 구성원과의 논의를 통해 현장에 대한 실질적인 피드백을 반영하고자 한다. 이렇게 함으로써 국가별·유형별·영역별로 제작된 사회통합 총서들도 국내 현장 전문가와 학자들의 의견을 적극적으로 수렴하여 수정·보완작업을 거쳐 완성할 예정이다. 또한 본 연구대상 국가인 7개 국가의 사회문화적 속성을 비교 분석함으로써 공통점과 차이점을 구분하여 국가별 사회통합정책의 방향성을 제시할 수 있는 7개국 사회통합 총서를 발간할 것이다. 본 연구의 결과물인 에스노그래피를 활용한 생활세계 디지털 아카이브 구축과 사회통합 총서는 이론과 구체적인 사례를 제공함으로써 글로벌 시대의 지속 가능한 다문화사회를 위한 사회통합정책에 유용한 시사점을 제시할 것이다.

1부

초국적
이주와
다문화
생활세계

1장.   초국적 이주와 상호문화 이해

2장.   다문화 생활세계와 이주민의 정체성

3장.   다문화사회의 이주민 유형

1장

초국적 이주와
상호문화 이해

1.
전 지구적 현상으로서 초국적 이주

1) 글로벌리제이션에서 글로컬리제이션으로

교통, 통신, 기술 등 첨단과학기술의 발달은 국경을 넘나드는 정치·경제·사회 영역의 활발한 교류를 증진시키고 있다. 이로 인해 기존의 문화가 변화하고 있으며, 새로운 문화가 창출되고 있다. 이렇게 국가의 경계를 넘나드는 초국적 이주는 기존의 일국주의적 가치관과 규범을 새롭게 바꿔놓고 있다. 이러한 현상을 '글로벌리제이션(Globalization)'이라 일컫는다. 글로벌리제이션이라는 용어는 1983년 『Harvard Business Review』 5월호에 나온 'Globalization of Markets'에서 시작된 것으로, '세계화' 또는 '지구화'로 번역된다.

그 기원을 찾으면, 글로벌리제이션이라는 용어는 1960년대부터 쓰기 시작했으며(Held, 2000: 1), 1993년 우루과이 라운드 협상 이후 본격적으로 사용되었다.

글로벌리제이션은 정치학과 경제학에서 본격적으로 다루어지고 있는 개념이다. 월러스타인(Wallerstein, 1979)은 정치·경제학적 시각에서 세계체제이론과 종속이론으로 글로벌리제이션을 정의한다.

이인성(2009)에 따르면 세계화는 정치, 경제, 사회, 문화 등 모든 사회영역에 걸친 다중적이고 복합적인 현상이며, 새로운 가치규범과 행동준칙의 작동원리에 따라 하나의 공통적인 질서 체제 및 기능적 통합을 추구하는 현상이다. 신현종(2001)에 의하면 세계화는 국가를 서로 긴밀하게 연결하고 인간의 삶을 전 지구적으로 상호 의존관계 혹은 상호 결합시키는 상호 연결성의 의미를 지니고 있다. 곧, 세계화는 시간과 공간의 벽을 허물어 전 세계를 하나로 연결하는 초국적 관계와 네트워크를 형성하고 강화한다.

글로벌리제이션은 새로운 문화를 형성시키는데, 이는 문화수용 담론으로 설명할 수 있다. 문화수용 담론은 두 가지로 정의할 수 있는데, 첫째는 미국 중심의 '근대화 이론'이며, 둘째는 근대화 이론에 대한 비판으로서의 '종속이론'이다. 기든스(Giddens, 2011)는 글로벌리제이션으로 인해 세계가 연결되어 곳곳의 문화적 정체성을 융성시킬 수 있다는 데서 근대화 이론을 긍정적으로 바라본다. 하지만 스레베르니(Sreberny, 2000)는 종속이론을 통해 글로벌리제이션의 문제를 지적하고 있으며, 문화제국주의, 문화식민주의 개념을 통해 문화의 균질화와 동시화에 대해 경고한다. 곧, 종속이론은 서구의 근대 문화에 대한 맹목적 수용으로 인한 전통문화의 근절과 문화적 종속의 문제를 논의한다.

이처럼 글로벌리제이션은 국가 간 시공간의 물리적 틈을 좁혀 국가의 경계를 넘나드는 인류와 국가의 새로운 문화적 정체성을 요구한다. 하지만 다른 한편으로는 국가가 가지고 있던 고유의 정체성을 소멸시켜 '세계'라는 동일성을 지닌 하나의 거대국가 개념을 형성하여 선진국 중심으로 세계를 통일시키고자 하는 새로운 폭력의 위험성을 갖고 있기도 하다.

김채수(2012)는 글로벌리즘에 대한 본질을 20세기 후반 인간의 우주 진출로 인한 우주적 시각의 사고와 냉전체제 종식으로 형성된 후기 구조 주의 사상으로 정의한다.

그러나 이러한 글로벌리제이션 현상의 확장은 이제 '글로컬리제이션'의 개념으로 옮겨가는 추세다.

손수연(2017)은 글로벌리제이션은 세계화된 콘텐츠의 공유를 가지고 왔으나, 이로 인해 획일화되어가는 세계를 위해 새로운 담론이 필요하며, 이것이 글로컬리제이션이라고 말한다.

'글로컬리제이션'이라는 용어는 일본 '소니(SONY)'의 창업자인 모리타 아키오(盛田昭夫)가 '글로벌 로컬리제이션(global localization)'을 기업의 슬로건으로 내세우며 본격적으로 사용되었다. 이는 다국적 기업이 시장으로 삼고자 하는 다른 나라 지역의 문화, 기호 등 현지 상황에 적합한 전략을 수립하는 토착화 전략이라 할 수 있다. 다시 말해, 글로컬리제이션은 한 나라를 넘어 지역과의 소통을 통해 시장을 확대하고자 하는 기업의 전략으로 시작된 개념이다. 하지만 이제 글로컬리제이션이라는 용어는 이러한 기업의 전략적 개념을 넘어 경제, 정치, 사회학에서도 관심을 갖는 다학제적 용어가 되었다.

글로컬리제이션에서 '글로컬'의 개념은 1900년대 초 패트릭 게데스(Patrick Geddes)가 내세운 구호인 "생각은 세계적으로, 행동은 지역적으로(Think globally and Act locally)"에서 시작된 개념이다. 김성수(2014)는 패트릭 게데스의 이러한 구호의 의미를 "대영제국이 세계의 다양성을 품어야 한다는 것으로, 세계 체제 속에서도 지역의 중요성을 간과해서는 안 된다는 것"이라고 해석했다. 배은석(2010)은 글로컬을 "그동안 세계적 가치의 지역으로의 유입이 사고를 넘어 세계와 지역의 가치가 서로 영향을 주고 받아 새로운 가치가 창출되는 문화적 가치"로 정의한다.

또한, 글로컬리제이션에서는 문화의 로컬리티, 곧 지역정체성을 강조한다. 리처드(Richard, 2007)는 지역정체성을 문화적, 정치적, 사회경제적, 역사적 등의 측면에서 개개인이 동질성을 느끼는 모든 지역을 아우르는 지리적 영역으로 정의한다. 김용규(2013)도 이러한 문화적 특성을 지역주의로 정의했다.

글로컬리제이션은 두 가지로 설명될 수 있다. 하나는 "세계적인 회사의 상품이나 마케팅이 어떻게 지역에 맞도록 변화하고, 수정하고, 적응하느냐" 하는 것이고, 다른 하나는 "지역적인 것이 어떻게 세계성을 가질 수 있도록 변화하고 적응하느냐"라는 것인데, 글로컬리제이션은 두 가지가 모두 포함된 것이다(박치완·김성수, 2009: 9).

코헨과 케네디(Cohen & Kennedy, 2007)는 글로컬리제이션을 "전 지구적 압력들과 수요들이 어떻게 지역의 상황에 맞춰지는가를 설명하는 용어"로 정의하면서 "지역의 수용자들은 전 지구적 가능성으로부터 다양한 요소를 선택하고, 수용하고, 그것들을 변형시켜 지역적인 것과 세계적인 것에서 민주적이며 창조적인 참여를 이끌어낸다"고 했다.

홍순권(2010)과 이종욱(2016)에 따르면 글로컬리제이션은 1987년 민주화 이후 지역문제가 정치적·사회적 어젠다로 대두되면서 1995년 지방분권시대의 시작과 함께 지역의 정치와 경제의 자율성 강조와 함께 국내에서도 관심이 증대되고 있는 개념이다.

정리하면 세계화는 문화의 공유와 확산이라는 긍정적인 면을 가지고 있으나, 서구와 선진국 중심의 문화 획일화를 낳았다. 이러한 문화의 획일화는 지역의 문화적 정체성을 간과하여 또 다른 세계인 거대국가라는 일국주의적 강조의 폭력을 양산하게 되었다. 따라서 이러한 글로벌리제이션을 대체할 수 있는 새로운 패러다임으로 글로컬리제이션으로의 전환이 요구되며, 각 지역이 가지고 있는 문화적 정체성의 유지 또는 발전을 새로운 문화의 창조 및 확산과 함께 추구해야 한다.

동일한 맥락에서 홍종열(2011), 이호영(2012), 문상현(2012)도 글로컬리제이션 사회의 프레임 안에서 문화 수용자들은 점차 그들의 문화 리터러시 역량의 필요성을 강요받고 있으며, 능동적인 문화 수용과 창조의 행위자로 변화하고 있다고 보았다.

임준철(2012)은 이러한 글로벌리제이션과 글로컬리제이션의 개념을 다음의 〈표 1-1〉과 같이 비교하여 정리했다.

〈표 1-1〉과 같이 글로벌리제이션과 글로컬리제이션은 같은 맥락선상에 위치하면서도 차별성을 가지고 있는 개념이다. 이 둘의 개념은 보편과 개별의 관계에서 글로벌리제이션은 주로 보편성을 추구하지만, 글로컬리제이션은 보편과 개별의 관계성을 추구하는 측면이 강하다. 세계화를 수용하는 데서도 글로벌리제이션은 전적으로 세계화의 수용을 지향하지만, 글로컬리제이션은 세계화를 선택적으로 지향한다. 또한 글로벌리제이션은 이념적으로 무한경쟁적 신자유주의를 표방하며 자본주의를 추구한다. 반면 글로벌리제이션은 자유와 자본주의를 추구하지만 상대적으로 제한을 설정하고, 물질 이외의 자연과 문화적 자본 또한 중시하는 개념이다. 문화정체성 측면에서 글로벌리제이션은 자국문화를 강조하는 본질주의적 측면이 강하며, 글로컬리제이션은 문화의 대화·변화를 강조하는 구성주의 측면이 강하다. 이에 문화융합과 혼종 측면에서 글로벌리제이션은 강대국 또는 자국 중심의 변형이 가능하지만, 글로컬

<표 1-1> 글로벌리제이션과 글로컬리제이션의 개념 비교

구분	글로벌리제이션	글로컬리제이션
국제와 세계	국제화 추진주의	국제화인 동시에 지역화 추진주의
보편-개별	보편성 추구	보편-개별 관계성 추구
세계화 수용	전면적인 세계화 수용	세계화 상황을 선별적으로 수용
이념	신자유주의	자유를 추구하나 제한도 설정
자본요소	금전적 자본 위주 경향	금전 외 자연 · 문화적 자본도 중시
문화정체성	본질주의	구성주의
문화융합과 존중	강대국(자국) 중심의 변형은 가능	궁극적으로는 제3의 문화 창출
활성화의 결과	빈부 양극화, 지역문화 쇠퇴	균등 발전, 지역문화 중요성 환기
문화적 성향	문화식민주의화 통일적 성향	지역문화의 변형과 보존 개념
문화교류	신자유주의 경제 논리 근거	균형적 교류에 의한 지역 활성화
공시성 · 통시성	공시성	공시성과 통시성의 결합
문화의 다양성	다양화 아래 실질적 획일화	실질적 다양화 추구
국가중심성	중심국가 헤게모니 중심주의	지역국가 안배주의
복지 · 사회 안전망	쇠퇴에 의한 통합 · 흡수는 필연	복지주의, 사회적 안전망 확충
세계통합	국가 힘의 논리에 의한 세계통합	범세계주의(세계시민주의)적 통합
현실주의/이상주의	현실주의	현실주의와 이상주의의 결합

자료: 임준철(2012: 15) 참조

리제이션에서는 이보다 제3의 문화를 창출하고자 하는 방향성을 갖는다. 같은 맥락에서 글로벌리제이션은 문화식민주의, 통일성 강조, 우파, 공시성, 획일화, 국가중심주의, 강대국 중심의 세계통합 등의 가치관을 추구한다. 반면에 글로컬리제이션은 지역문화의 중요성을 환기하며, 중도

우파적 · 중도 좌파적 성향, 공시성과 통시성의 결합, 다양화 추구, 지역 국가 안배주의, 복지주의, 세계시민주의적 범세계주의 등의 가치관을 추구한다. 결국 글로벌리제이션으로 인한 빈부의 양극화, 지역문화 쇠퇴, 획일화, 강대국 중심의 세계통합, 지나친 현실주의라는 결과를 낳았다. 하지만 세계화의 흐름은 인류의 역사적 흐름으로 당연시되는 현상을 보이고 있다. 따라서 세계화의 바람직한 방향으로서 글로컬리제이션은 이러한 글로벌리제이션의 한계를 극복하고자 대두된 균등 발전, 균형적 교류와 접촉, 복지주의와 사회적 안전망 확충, 현실주의와 이상주의를 적절하게 결합하고자 하는 세계화의 방향이라 하겠다.

글로컬리제이션은 서구와 선진국 중심의 신자유주의 논리에 대한 비판으로 전 지구적 세계화와 동시에 지역화를 강조하는 개념이다. 따라서 글로컬리제이션은 글로벌리제이션의 일국주의적 한계를 극복하고자 하는 문화의 지역적 정체성을 존중하며, 현실주의와 이상주의를 적절하게 결합하고자 하는 세계시민주의적 범세계주의로 정의할 수 있다.

2) 초국적 이주의 등장

이러한 글로컬리제이션으로서의 세계화는 과거의 이주 양상과 다른 새로운 이주 형태를 보인다. 글릭-실러 외(Glick-Schiller et al., 1995)는 과거의 이주민은 모국과 단절되어 자아가 뿌리째 뽑힌 사람으로 정주국에서의 새로운 삶을 영위했지만, 이러한 이주의 패러다임은 이제 변화하고 있다고 말했다. 바슈 외(Basch et al., 1994)는 국가의 경계를 넘나드는 사회적 관계망이 유지되고 확장되는 '초국적 이주(transnational migration)'라는 새로운 개념으로 이러한 이주 현상을 설명한다.

파이스트(Faist, 2010)에 따르면, 이주민은 국가 간의 경계를 넘나드는 행위를 통해 모국과 정주국 사이에서 주체성의 혼종성, 복수적 소속감을 갖는다. 이처럼 현대사회의 이주민은 과거의 영토 개념을 무너뜨리고, 새로운 확장적 · 연결적 영토 개념을 만들어내고 있다.

브루노(Bruneau, 2010)에 따르면, 과거의 이주는 모국과 정주국 사이에서 어느 곳에도 속하지 못하는 주변적 위치의 이주민을 만들어내는 것을 의미했으나, 현재의 이주는 모국과 정주국의 경계를 가로지르는 새로운 연결망을 구축하고 있다.

바슈 외(1994)는 초국적 이주를 모국과 정주국을 연결하여 두 사회를 하나의 사회적 장으로 만들어나가는 과정으로서 초국주의에서 파생한 개념으로 정의했다.

브리세손과 부렐라(Bryceson & Vurela, 2002)에 따르면 초국적 이주민은 모국과 정주국과의 유대감을 지속적으로 유지하며 모국과 정주국의 경계를 넘나드는 '초국적 가족' 형태를 띤다.

동일한 맥락선상에서 구본규(2013)는 초국적 이주민은 모국과 정주국 사이의 다양한 사회적 관계망을 통해 모국과 정주국 모두의 정치 · 경제 활동에 적극적으로 참여하며 복수의 로컬 시민으로서 살아간다고 보았다.

이렇게 초국적 이주민은 경계를 넘나드는 행위를 통해 모국과 정주국을 연결하는 이중적 삶을 살아가며, 협상 과정을 통해 끊임없이 자신의 정체성을 형성해나간다. 그리고 이러한 초국적 이주민의 증가는 새로운 문화와 종족 정체성을 받아들이도록 하여 과거와는 다른 새로운 초국적 이주의 공간을 만들어낸다. 이주민은 더 나은 삶을 위해 자발적으로 모국과 정주국 사이의 이중적인 사회 관계망을 형성하여 새로운 형태의 사회적 공간을 만들어냄으로써 전통적 공간의 변화를 불러일으키고 있다.

과거 이주민은 타자화된 집단으로 간주되어 기존 사회(정주국) 또는 주류사회로의 동화주의적 편입을 강요받았다. 그리고 이러한 정주국의 주류사회로의 성공적인 진입 여부가 적응의 성공 여부를 평가할 수 있는 잣대였다. 하지만 이제 이러한 구시대적 글로벌리즘의 신자유주의적·동화주의적 이주 집단 또는 이주 공간 형성의 패러다임을 뛰어넘을 수 있는, 그리고 초국적 이주 공간의 형성을 정당화할 수 있는 새로운 패러다임이 요구된다. 곧, 현대사회의 초국적 이주는 이주민에게 복수의 국가적 사회 관계망과 정체성을 요구하고 있으며, 이러한 복수의 로컬을 가로지르는 다층적인 사회 관계망의 형성은 과거와는 다른 새로운 다문화 생활세계 공간을 만들어내고 있다.

이에 대해 김영순 외(2014)는 기존의 본국과 타국으로 규정되었던 국제이주의 현상으로 정의되던 이주 공간은 이제 초국적 이주를 통해 국가 간의 경계를 가로질러 형성되는 초국적 사회 공간으로 새롭게 정의되어야 함을 강조한다.

3) 초국적 사회 공간의 철학: 상호문화

린드퀴스트(Lindquist, 2009)는 초국적 공간에서의 인간의 이동과 시공간을 구성하고 있는 사람들의 경험과 삶을 이해하기 위해 에스노그래피의 렌즈를 통한 깊이 있는 질문이 필요하다고 했다.

이수안(2013)은 초국적 공간을 만들어내는 초국적 이주는 두 문화의 만남을 촉구하며, 두 문화가 만날 때 문화 간 교섭이 일어난다고 보았다. 이러한 문화 간 교섭을 통해 병렬적인 상태인 다문화 단계에서 상호침투를 통한 변용을 일으키는 상호문화의 단계로, 상호문화를 넘어서 새로운 문화로 발전하는 초문화 단계로 넘어간다.

지멜(Simmel, 1992)은 이주민의 문제를 이방인의 개념으로 이해하는데, 여기에서 이방인은 '오늘 와서 내일 떠나는 자가 아닌, 머무르는 자'다. 그는 19세기 말부터 20세기 초까지의 유럽과 아메리카의 이주 흐름을 직시하면서 이방인의 유입은 일시적·우연적 사건이 아니라 필연적 상황으로 인해 도래한 것이기에 이들에 대한 철학적·인식론적 접근이 필요함을 주장했다. 그러나 지멜의 이방인 이론은 당시 독일에서 주목받지 못했다. 그의 타자인식론은 1920년대 미국의 유대계 사회학자들에 의해 수용되면서부터 다시 주목받기 시작했다. 'intercultural'이라는 용어는 미국의 상호문화교육국(Bureau of Intercultural Education)에서 그 유래를 찾을 수 있다. 상호문화교육국은 미국이 그 이전에 추진한 동화주의 문화변용 정책을 대체하기 위해 설립되었다. 그 배경 중 하나는 1920년대 미국 이민연구의 주된 관심인 트랜스내셔널(transnational)이다. 이 연구경향은 이주민이 가진 사회적 자본과 네트워크를 통해 고국뿐 아니라 제3국 동포집단들과 지속적 관계를 맺는 구체적 현실로부터 출발한다.

미국에 이주한 다양한 이주민이 정착지를 넘어 고국과 교류하면서 국가적 경계 개념으로 규정하기 어려운 그들의 초국적 활동영역들, 즉 '트랜스내셔널 사회장(transnational social field)' 또는 '트랜스내셔널 사회적 공간들(transnational social spaces)'을 만들었기 때문이다. 당시 미국은 국가라는 구획된 공간을 넘어선 유무형의 이주민 네트워크가 가지고 있는 트랜스내셔널 상호작용과 상호연결에 주목했다. 그리고 이러한 사회적 현상을 이해하기 위해 지멜의 아이디어와 타자인식론을 이주민 정책의 철학적·이론적 기초로 삼았다(박영자, 2012: 306).

이러한 1920년대 미국의 트랜스내셔널 상호작용과 상호연결 상황은 현재 우리나라의 이주민에게서 나타나는 상황에 비견할 수 있다. 그 때문에 우리도 지멜의 이방인 이론과 타자인식론에 주목할 필요가 있다. 마찬가지로, 김범춘(2014)은 다문화사회를 맞이하기 위한 인간 이해의 문제에서 다문화 타자의 문제를 제기한다. 그에 따르면 다문화 타자의 문제는 자유와 평등이라는 권리문제를 넘어 인간에 대한 이해에 바탕을 둔 '인간적' 삶에 대한 것이자 '바람직한' 사회상에 관한 것이다.

김범춘(2014)은 다문화 타자의 문제를 독립적이고 자유로운 자아라는 관점에서 바라보는데, 그에 따르면 자유를 누리고 있는 개인과 동일한 자유를 누리고자 하는 낯선 개인 사이의 대칭적 경쟁이 갈등의 핵심에 등장하게 된다. 반면에 타자에게 관심을 갖고 타자를 받아들이는 소통적 자아라는 관점에서 문제를 바라보면, 혼자서 자유를 누리고 있는 무책임한 자아와 자유를 누리지 못하면서 상대방에게 호소하는 자아가 비대칭적으로 등장하게 된다. 내가 부자이고 강자일 때 타자가 약하고 가난한 자라면, 사회적 관계는 비상호적이고 비대칭적인 것이다. 이러한 비상호성과 비대칭성은 다문화 타자의 문제가 갖고 있는 가장 두드러진 특징이다. 그래서 다문화사회가 지향해야 할 가치가 사회적 약자인 다문화 타자와의 공존과 소통이라면, 철학은 그러한 공존과 소통을 가능하게 하는 조건을 다문화사회를 살아가는 주체인 인간 자체에서, 그리고 인간적 삶을 가능하게 하는 바람직한 사회상에서 찾아야 한다.

이렇게 소통적 자아를 강조하는 타자성은 상호작용을 필요로 하는 다문화사회를 살아가기 위한 철학적 기본 토대가 된다. 이용일(2009)은 타자성을 지멜로부터 이야기하는데, 지멜은 이주 흐름의 필연성을 제기하고 지속적으로 함께 살아가야 하는 존재로서의 타자에 대한 인식과 다양성의 인정을 주장하며, 이방인의 긍정성을 주장했다고 했다. 호네스(Honneth, 1992)에 의하면, 인간 사이에서 일어나는 상호인정은 사랑, 권리, 연대의 세 단계에서 일어난다. 이 세 단계에서 인정투쟁은 '주격인 나'와 '목적격인 나'의 갈등으로 진행된다. 곧, 상호주관적 정체성은 나에 대한 타인의 관점을 내면화하는 한편, 그에 대해 지속적으로 '나'의 요구를 주장함으로써 이루어진다. 주체들은 이러한 인정투쟁을 통해 그들에게 주어진 권리를 확대하고 새로운 규범을 창조해나간다(조영철, 2018).

또한, 인간의 정체성은 타자와의 관계 속에서만 유지되는데(Ricoeur, 2006), 다문화사회에서 소수문화에 속한 사람들은 분명히 타자다. 자신과 타인 혹은 타문화와의 역동적 관계를 중시하는 상호문화교육에서 타자의 문제는 더욱 중요한 의미를 가진다(이화도, 2011: 184-185).

이러한 타자의 문제에서 레비나스(Levinas, 1979)는 근대적인 자아중심적 주체관을 비판하면서 주체성을 '타자', '타자를 받아들임', '타자를 대신하는 삶'으로 정의했다. 이러한 레비나스의 '환대'* 개념은 다문화사회의 공존을 넘어설 수 있는 상호문화적 의사소통이 가능하게 할 수 있는 소통의 패러다임이 될 수 있다.

---

* 환대: 레비나스(1979)는 타자를 내 집으로 초대하여 환대함으로써 구체적 윤리성이 시작되며, 비로소 전체성의 틀을 깨고 참된 무한의 이념이 자리할 수 있는 공간이 열릴 수 있다고 주장하며 인간 존재의 의미를 타자를 통해 새롭게 규정했다. 그는 타자성을 자아를 우선하는 독립적이고 자유로운 인간이 타자에 대한 책임을 우선하는 관계적이고 윤리적인 인간으로 탈바꿈할 수 있게 하고, 그러한 변화를 통해 사회정의를 실현할 수 있게 하는 철학적 근거로 정의했다.

이러한 타자와의 소통 문제는 타자와의 연대 문제와 관계가 있는데, 이화도(2011)는 다문화사회에서 타자와의 연대는 단순히 여러 문화의 공존을 통한 외적인 연대가 아니라 윤리성과 타자에 대한 절대적 책임의식을 바탕으로 한 내적 소통으로서의 연대여야 한다고 주장했다.

결국, 더불어 존재할 수밖에 없는 인간의 문제는 '관계(사이)'의 문제다. "인간의 다른 이름은 관계"이며(Buber, 1962: 281), 인간은 서로 "연결되어 있다"(Buber, 1964: 22). 부버(Buber, 1964)는 나와 타자는 대화적 관계를 통해 '나'와 '너'의 만남이 이루어지는 것이라고 주장하면서 교육적 관계 또한 대화적 관계로 설명했다. 대화적 관계는 물리적인 대화에서만 이루어지는 것이 아니라 두 사람이 서로 침묵하는 것도 대화이며, 공간적으로 분리되어 있어도 대화는 지속될 수 있다. 또한, 한 사람을 위한 다른 한 사람의 지속적·잠재적 현재성으로 설명할 수 없는 교제로서도 가능하다. 즉, 모든 대화는 포용의 요소들과 관계될 때 그 진정성을 획득한다. 그것이 추상적 현상이든, '그렇게 있음'의 '인정'으로든 상대편의 경험에서 나올 때만 실제적이고 효과가 있다(Buber, 1964: 32).

부버(1979)는 인간 사이에서의 문제를 관계의 문제로 파악하면서 인간의 자기 상실과 원자화를 인간과 인간 사이의 관계의 단절에서 찾는다. 인간은 객체화될 수 없는 주체이며, 인격으로서 '나'와 '너'로 공존해야 한다고 주장했다. 참된 삶은 만남을 통해 가능하다. 이와 더불어 참된 공동체는 사람들이 서로를 위하는 감정에 더해 모든 사람이 생동적 상호관계를 맺을 때 시작된다(Buber, 1979: 61).

정리하면 과거의 이주와 달리 현대사회의 초국적 이주 현상은 이주민으로 하여금 인정투쟁과 정체성 협상의 문제를 만들어내고 있다. 이제 한국 사회도 이러한 초국적 이주로 인한 상호문화적 공존의 문제를 타자에 대한 올바른 인식과 상호문화성의 문제로 귀결시켜 바람직한 사회통합의 대안을 제시할 수 있어야 할 것이다. 그래야만 초국적 이주의 주인공이라 할 수 있는 다문화 구성원이 형성해나가고 있는 생활세계가 주변화되거나 분리되지 않고 진정한 통합의 방향으로 나아갈 수 있을 것이다.

2.
다문화사회와 다문화성

　　다양한 인종과 민족의 유입으로 인해 한국 사회는 2000년 이후 본격적으로 다문화사회로의 진입 현상이 시작되었다. 이미 2005년 12월 5일 자「한국일보」뉴스 보도에 따르면, 2050년 한국 사회의 전체 인구 대비 외국인의 비율을 절반 이상으로 예측했다. 이러한 다문화 인구의 증가 추세는 지금까지 우상향으로 진행되고 있으며, 앞으로도 지속될 것으로 전망된다. 동 뉴스 보도에서 한국 사회의 고령화로 인해 2050년 경제활동참가인구 비율을 유지하기 위해 2050년까지 65세 이하의 외국인 인구 1,092만 명이 유입되어야 하는 것으로 추정됐다. 따라서 다문화사회 진입 현상은 한국 사회가 직면하고 있는 당위적 현상이다.

1) 다문화사회의 철학적 논의: 다문화성, 상호문화성, 초문화성

이처럼 한국 사회는 외국인 노동자, 결혼이주민, 외국인 유학생 등 이주민의 증가로 인해 다문화사회로 진입하고 있다. 그리고 우리보다 앞서 다문화사회를 경험한 북미(미국, 캐나다)와 유럽(영국, 프랑스, 독일 등) 사례를 통해 다문화사회로의 진입이 결코 긍정적인 결과만을 가져오는 것이 아님을 알 수 있다. 따라서 한국 사회의 다문화사회로의 올바른 진입을 돕기 위해 사회, 경제, 정치, 문화 등 사회의 다양한 영역에서 다문화적 대안을 제시해야 한다. 다음에서는 사회 형성의 기반이라 할 수 있는 철학적 기반을 형성하기 위해 다문화사회의 철학으로서 다문화성과 상호문화성, 초문화성에 대한 이론적 논의를 하고자 한다.

최현덕(2009)은 문화를 경계 지음과 관련하여 국가 또는 민족, 종족을 경계로 문화를 구분하는 것과 경계를 초월하는 초문화성으로 문화를 규정한다.

최현덕(2009)의 문화의 경계적 구분은 울리히 벡(Ulrich Beck, 1997)에 의해 주장된 것인데, 그는 '컨테이너'에 비유될 수 있는 사회를 전제로 문화의 경계를 설명한다. 한 국가 또는 민족, 종족이 바로 문화의 경계가 된다. 곧 한국, 일본, 중국 등 국가를 구분 짓는 이름의 기저에 깔려 있는 문화관으로서 사회는 하나의 '컨테이너'로 비유할 수 있다. 문화는 바로 내부적 동일성을 기반으로 형성되는 하나의 독립적 실체로서 '컨테이너'에 비유되어 그 정체성을 갖고 있다.

포르네-베탕쿠르(Fornet-Betancourt, 2001)는 이렇게 분명한 경계를 특성으로 한 문화관에 대해 다음과 같이 비판한다. 첫째, 한 민족 또는 종족,

국가가 공통적이며 통일된 문화를 갖는다는 것은 허구에 불과하다. 한 지역 또는 국가 내에서 다양한 문화가 교차되는 오늘날의 상황에서도 그렇고 과거에도 없는 사실이다. 둘째, 문화의 통일을 주장하며 경계를 구분하는 것은 반드시 특정 문화를 배제할 수밖에 없다. 대부분 권력 관계에 의해 지배세력의 문화를 그 민족의 문화로 인정하는 과정 속에서 그 이외의 문화는 배제된다. 셋째, '민족 문화' 개념은 정태적 개념으로서 통일을 강조하는 전통의 당위성을 주장한다. 앞서 이야기한 단일의 통일적 '민족 문화'가 허구이듯 통일적 '전통' 역시 허구일 뿐이다. 사회는 단일한 전통의 통일성만이 아닌 '전통'과 '혁신' 사이의 변증법적 역동성에 의해 변화·발전하는 것이며, 기존의 문화의 계승과 함께 끊임없이 새로운 문화가 창조된다.

이러한 컨테이너적 문화관과 달리 '초문화성'은 교통·통신·기술 등 첨단기술의 발달로 인한 세계화에 따라 폭발적으로 급증하는 이주 현상이 우리의 삶에 미치는 영향에 주목한다. 즉, 국가 또는 민족 등으로 대표되던 문화적 경계의 의미를 축소시키고 있는 세계화의 흐름에 초점을 맞춘다. '초문화성'이란 한 사회 내에서도 다양한 문화가 공존하고 있으며, 사회 간의 경계를 넘어 문화가 결합하고 섞이고, 새롭게 형성되는 현상을 의미한다. 이러한 현상은 거시적 차원(사회적 차원)뿐 아니라, 미시적 차원(개인의 차원)에서도 발견할 수 있다. 현대사회의 '초문화성' 흐름은 정태적인 문화적 경계로 구분되는 사회공간이 아니라 역동적인 문화 형성 과정을 통해 사회공간이 새롭게 형성되는 것이다. 따라서 '나'와 '이방'의 구분이 사라진다(Welsch, 2000).

하지만 이러한 문화의 경계를 강조하는 문화관과 초문화성을 강조하는 문화관의 두 극단은 문화와 문화가 만나는 관계 맺음 속에서 문화가 유지되기도 하며, 새로운 문화가 창조되기도 하는 계승과 만남을 통한 문화의 공존과 상호문화적 침투의 과정이 간과된다. 곧, 앞선 문화관의 두 극단 사이에 '다문화성'과 '상호문화성' 개념이 자리한다.

최현덕(2009)은 '다문화성'을 한 사회 속에 존재하는 토착민과 이주민 그룹으로 인해 형성되는 다양한 문화 병존의 현상을 기술하는 개념으로 정의한다.

다문화성은 다문화주의와 공통적인 맥락성을 갖고 있다. 킴리카(Kymlicka, 2002)에 따르면, 물론 다문화주의는 이러한 다문화성의 개념을 바탕으로 하고 있으나 이와는 구분된다. 하지만 다문화성을 이해하기 위해 다문화주의를 고찰해볼 필요가 있다.

다문화주의에서 다문화에 대한 정의는 미국 메릴랜드대학의 다양성에 관한 연구에 의해 한 사회 내에서의 다문화, 인종, 관습, 의견을 존중하고 인정하려는 사회적 실천으로 정의된다(조영철, 2018). 다문화주의는 토착 인디언과 유럽계 백인으로 시작된 미국의 건국 배경과 다양한 이주민(남미계 히스패닉, 아시아계 등)에 의해 형성되고 있는 다문화사회의 역사적 흐름 속에서 자연스럽게 나온 개념이다. 정확히 말하자면, 다문화주의는 유럽계 백인이 미국 건국 이후의 절대적 권위를 유지하기 위해 전략적으로 선택한 사회통합 이론의 기조다.

다문화주의 정책 실행 국가로는 미국과 함께 캐나다도 대표적이다. 안희은(2015)에 따르면 캐나다의 경우 1971년 공식적으로 다문화주의 사회통합정책을 받아들여 지금까지 실행하고 있다.

하지만 1960년대까지 북미의 다문화주의 사회통합정책은 주류사회의 권력 유지를 위한 동화를 강조하여 이민자의 언어, 문화, 사회적 특성을 주류사회로 통합시키면서 소멸시켰다.

그러나 다문화주의는 문화적 다수집단이 소수집단을 동등한 가치를 가진 집단으로 인정하는 승인의 정치다. 이러한 정의에는 사회문화적 다양성을 존중하고 소수집단에 대한 사회평등과 보장 등의 국가 정책이 포함된다. 이렇게 다문화주의는 주류사회의 전통이나 관습 문화에 기반을 둔 다수집단의 정체성과 이에 포함되지 않는 다른 소수집단의 정체성 간의 평화스러운 공존을 추구한다. 따라서 다문화주의는 다양성과 차이의 중요성을 인식하여 소수집단의 정체성을 존중하고, 그들의 고유문화가 독자적으로 지속될 수 있도록 인정하고 수용하는 것이다(Taylor, 1992).

이처럼 다문화주의는 차이와 인정 그리고 수용을 강조하는 긍정적인 측면이 있지만 비판을 받기도 한다. 변종헌(2013)에 따르면 다문화주의는 다양한 문화의 상대성을 존중하고 문화 간 차이를 공간적 차이로 구분 짓는 경향이 있다. 이러한 특징은 다양한 집단의 하위문화 간 차이와 특수성을 지나치게 강조함으로써 모든 문화에 내재한 보편성을 간과하는 오류를 범할 수 있다. 또한, 집단의 정체성이 개개인의 독특한 정체성보다 우선시되므로 개인은 그가 속한 집단의 일부로 간주된다. 이러한 이유로 다문화주의정책은 소수민족의 정체성을 약화시키거나 개개인의 특성이 집단의 특성에 가려질 우려가 있으며, 지나친 다양성 존중은 사회통합에 오히려 부정적일 수 있다는 비판을 받고 있다(임동진, 2011; 신현태 외, 2012).

따라서 다문화주의는 각각의 국가들에서 상황에 맞게 본질적인 의미를 해석하고 현실에 맞는 정책적 융통성이 필요하다. 다문화주의란 좁게는 이주 문제의 적절한 해법을 모색하기 위한 시도이지만, 넓은 의미에서는 국가체제나 사회구성이 탈근대성으로 전환된다는 측면을 포함하므로 명료하게 규정하거나 쉽게 합의할 수 있는 개념이 아니다(조현상,

2009: 59-60). 구견서(2003)는 선진국의 강한 인종이 후진국의 약한 인종에 대한 우월성을 공식화하는 결과를 낳을 수 있다고 비판하기도 했다. 한경구·한건수(2007)는 다문화주의가 하나의 민족은 하나의 문화를 갖고 있다는 전제를 가지고 있음을 지적하면서 다양한 개인과 집단의 문화적 다양성의 가능성을 고려하지 않는 부분을 비판했다. 월처(Walzer, 1999)는 다문화사회의 성격을 바로 알기 위해서는 정체성, 문화적 특이성의 문제를 다루는 다문화주의를 넘어 사회가 가지고 있는 다양한 불평등의 문제를 비판적인 시각으로 통찰할 수 있어야 한다고 주장했다.

압달라-프릿세이(Abdallah-Pretceille, 2004)는 다문화주의에 대해 다음과 같이 그 한계를 지적한다.

첫째, 다문화주의는 거부와 배제 행동을 부각시켜 구성원이 속한 집단의 문화를 몇 가지 특성으로 묶어 범주화하려는 경향이 있다. 둘째, 다문화주의는 개인을 집단에 예속시킴으로써 사회적 유동성을 제한한다. 집단의 정체성이 개인의 정체성보다 우선시되므로 구성원 개개인의 역동성이 자신이 속한 집단의 특성에 갇히게 될 위험을 내포하고 있다. 셋째, 집단의 문화가 점점 더 세분화되고 다양화된다는 사실을 은폐한다. 집단의 개별 구성원은 여러 가지 다른 집단에 속할 수 있고 다양한 하위문화를 동시에 향유할 수 있다. 하지만 개인이 특정 집단에 속해 있다는 사실만 강조한다면 그의 행동과 특성을 제대로 이해할 수 없다. 넷째, 다문화주의는 문화적 변인만 과대하게 주목함으로써 상대적으로 다른 변인을 경시하게 된다. 우리가 살아가는 사회현실은 문화적 측면 외에도 사회적·심리적·역사적·경제적 측면 등 다양한 변인이 복합적으로 작용한다. 하지만 여러 변인 중 문화적 측면만 지나치게 강조한다면 현실 세계의 다원성과 복잡성을 무시하고 문화주의적 파행을 일으키게 된다.

다섯째, 다문화주의는 개인의 자율성을 부정한다. 개인의 다채로운 특징을 무시하고 특정 집단에 소속된 개인으로만 판단하여 개별성이 모두 용해되고 만다.

이렇게 '다문화주의'는 소수집단의 다양성과 차이에 관용을 베풀며, 그들의 권리를 인정해줌으로써 사회통합을 이루고자 하는 것이다. 그렇기 때문에 동질적인 단일문화적 표상에 근거하여 차이를 억압하고 동질성을 강요하여 사회통합을 하고자 하는 '동화주의'에 비해 진일보한 것임에는 틀림없으나, 여전히 문화적 경계의 벽을 허물고 상호문화적 만남과 관계에 대해 그 당위성을 설명하기에는 부족한 부분이 있다.

이러한 '다문화주의'의 한계처럼 동일한 맥락에서 '다문화성'은 동질적인 단일문화적 모델의 문제점을 본질적으로 해결하지 못한다. '다문화성' 모델은 한 사회 안에 존재하는 여러 문화를 인정하고 있으므로 한 사회 내에 존재하는 문화들을 각기 다른 하나의 문화적 단위로 취급해버린다. 이는 문화를 정의하는 데 컨테이너적 발상을 축소한 것에 불과하다. 여전히 주류문화와 하위문화의 구분을 만들어 집단 속에 존재하는 권력관계에 따른 차이, 내부적 경계, 불평등 문제를 해결하지 못한다. 문화적 집단의 인정에 대한 권리 주장은 암묵적으로 그 집단의 구성원 모두에게 적용되는 일종의 규격화된 속성과 행위 방식을 강요하는 것이다. 이는 다른 문화에 대한 차별로서의 폭력을, 구성원에게 동질성을 강요하는 또 다른 폭력으로 대체하는 것일 뿐이다(Appiah, 1994).

정리하면 다문화성은 다문화사회 현상에 따라 다양한 문화가 서로 관계하고 접촉하게 되면서 문화 간 이해와 존중을 바탕으로 공존을 추구하는 개념이다. 그리고 이러한 다문화성을 기본으로 다문화주의는 각각의 문화를 동등한 관계로 상정하여 개별적 문화의 차이를 인정하며 문화 간 동등한 권리와 그 경계에 대한 이해와 존중을 강조한다. 하지만 각 문화 안에 존재하는 구성원에게 문화의 동질성을 강요하게 되는 또 다른 폭력을 양산할 수 있으며, 여전히 문화의 경계를 가로지르는 상호문화적 침투를 간과한다.

다문화주의에 대한 비판의 결과 상호문화주의가 등장한다. 이정은(2017)은 다문화주의를 극복하기 위해 동등한 쌍방향 대화에 초점을 맞추고 새로운 통합의 시도로서 상호문화주의 이론의 등장을 설명했다.

조해정(2006)은 다문화성과 상호문화성 모두 중심주의에서 벗어나 동등한 문화들의 공존을 지향하지만, 상호문화성은 관계성의 개념을 전제하지 않는 다문화성을 극복하여 상호침투와 변화를 강조해야 함을 주장했다.

이제는 다문화적 공존을 넘어 상호 가로지르기와 침투를 통한 새로운 다문화사회를 형성해나가기 위한 상호문화성으로 다문화의 방향을 재설정해야 한다. 인종과 민족, 국가의 경계를 넘나드는 초국적 이주의 시대를 올바로 이해하기 위해서는 단순한 병존을 넘어설 수 있는 상호문화적 의사소통을 통한 역동적인 만남의 관계를 강조하는 상호문화를 이해할 필요가 있다.

3.
다문화성을 넘어 상호문화성으로

    앞 절에서 논의한 '다문화성'은 여러 문화의 존재를 현상적으로 기술하지만, 상호문화성은 다문화성에서 이야기하는 다문화 구성원의 병존을 넘어 관계성을 강조하는 공존을 추구하는 개념이다. 장한업(2016)에 따르면 이미 다문화사회 현상을 경험한 유럽은 다문화주의로부터 상호문화주의로의 전환을 꾀하고 있으며, 이는 유럽평의회와 유네스코가 강조하는 상호문화교육을 통해서도 인지할 수 있다. 최현덕(2009)도 상호문화성을 상호문화철학으로서 다문화사회라는 변화 현상에 대처할 수 있는 근본 개념으로 제안했다.

    '다문화성'은 다문화적 존재에 대한 관용적 인정에 주안점을 두고 있으므로 상대주의에 빠질 위험이 있다. 반면에 '상호문화성'은 이들 간의 대화 등을 통한 상호작용에 주안점을 두고 있으므로 소통과 대화로 규제적 역할을 발전시켜갈 수 있는 여지를 갖고 있다. '다문화성'은 이론적으로나 실제적으로나 여러 문화 간의 연결고리 없이 단지 병존하고 있는 상태의 기술에 머무르고 있다. 반면, '상호문화성'은 서로를 변화시켜

가며 살찌우는 소통과 문화 간 존재하는 경계와 장애물을 극복하려는 과정에 대한 적극적 표상을 함축하고 있다(Antor, 2006).

다문화가 하나의 사회 내에서 다양한 문화가 공존하고 있는 현상으로서의 사회적 구조를 서술하는 것이라면, 상호문화는 다문화적인 사회에서 문화적 배경이 다른 사람들이 함께 살아가는 과정에서의 역동적인 상호작용에 의해 생겨나는 것을 의미한다(정기섭, 2011: 138). 상호문화성에서 주목해야 할 현상은 하나의 문화가 다른 문화와 관계를 맺고, 각자가 또 다른 문화와 관계함으로써 상이한 문화 간 수평적 관계의 형성이다(최재식, 2006: 4). 상호문화성은 단순한 접촉이나 교류의 차원을 넘어 문화 속에 내재하는 보편적 특성과 문화 사이에 존재하는 내적 연관성을 드러내는 개념이라고 할 수 있다(김태원, 2012: 199). 상호문화는 사람들이 개인 차원에서뿐 아니라 사회 차원에서 타인과 맺는 관계 속에서, 그리고 세계라는 개념 속에서 참조하는 상징적 표상, 생활방식, 가치 등이 내포됨을 의미한다(Carlo, 1998: 50).

'상호문화성'은 "어떤 문화도 전체 인류를 위한 유일한 문화가 될 수 없다는 통찰 혹은 신념"이다. 이러한 관념이 철학, 진리, 문화, 종교 등과 같은 용어의 보편적 적용을 해체하지 않을까 하는 우려는 근거가 없다. 그러나 '상호문화성'은 이러한 용어들의 절대적이고 배타적인 용법을 해체한다(조영철, 2018).

이러한 맥락에서 상호문화적 사유가 파생한다. 상호문화적 사유는 자문화중심주의를 지향하고 있는 유럽 중심주의이건, 중화주의이건, 아프리카 중심주의이건 간에 모든 종류의 중심주의로부터의 해방 과정을 뜻한다. 상호문화적 사유가 함축하는 질서라는 차이 속에서 차이를 통해 차이와 더불어 존재하며, 상이한 목소리들의 합창을 위한 공간을 만드는 질서다(Mall, 1999).

'상호문화성'에 대한 개념 정의의 공통적인 맥락은 소수이건 다수이건 간에 사회에 존재하는 모든 문화는 그 권리를 동등하게 존중받아야 할 평등한 관계라는 것이다. 우리가 사는 세계에는 보편성과 개별성, 그리고 상이성과 동질성이 혼재한다. 그러므로 다양한 문화 안의 개인들의 차이점과 공통점을 항상 균형 있게 바라보는 시각이 중요하다(조영철, 2018). 최승은(2015)은 상호문화성을 특정한 문화를 흡수하거나 다른 문화를 지배하여 획일화시키려는 것이 아닌, 관용적 태도와 다원적 세계관을 바탕으로 상호 간에 동시에 문화적으로 인정하는 것으로 정의했다.

동일한 맥락에서 홀츠브레허(Holzbrecher, 2004)도 상호문화성을 문화화 안에 존재하는 각 개인의 '만남'과 '관계'가 역동적으로 이루어지는 것으로 정의했다. 이러한 역동성은 '나의 것'과 '낯선 것'을 동시에 표현하며, '낯선 것'과의 접촉은 언제나 나 자신에 대한 지각모델에 따라 성찰이 이루어진다는 것을 보여준다.

최승은(2015)에 따르면 이렇게 상호문화적 관점으로 타자를 바라보는 것은 다문화사회를 살아가는 우리에게 필요한 것으로, 자아와 타자 사이의 개인의 문제를 넘어서는 문화와 문화 간에 역동적으로 이루어져야 하는 성찰의 과정으로 행해져야 한다. 그렇기 때문에 '상호문화성'은 문화 간 경계를 허물고, '초문화성'과 '다문화성'을 극복할 수 있는 문화적 침투와 상호작용을 허용하는 다문화사회의 기본 철학이다.

압달라-프릿세이(1999)는 상호문화주의의 핵심을 상호작용이라고 했다. 다문화주의가 단순히 타문화 간의 다양성을 인정한 데 그쳤다면 상호문화주의는 문화 간의 상호작용에 중점을 두고 있다. 또한 집단성이 아닌 개별성을 기반으로 두고 있으며, 서로 다른 문화보다는 그 안에 있는 각 개인이라는 입장을 취하고 있다. 이때 각 개인은 문화의 산물이 아닌 문화 생산자로, 이들이 문화를 이해한다고 하는 것은 상호 간의 이해와 존중, 그리고 그러한 절차를 실행하는 것이다.

정영근(2006)과 이경수(2014), 장한업(2014)도 같은 맥락에서 단순한 관용을 넘어서는 상호작용을 강조하는 상호문화주의에 주목했다. 상호문화주의의 목표는 보편적인 서구 문명에 기초한 공동의 사회적 가치를 신장시키는 데 있다(장한업, 2014: 119).

이정은(2017)은 상호작용을 문화와 문화가 만나 새로운 문화가 창조되는 동력으로 작용하는 힘으로 정의하기도 했다.

조영철(2018)도 공동의 가치를 신장시키기 위해 타자와 다양한 문화에 대한 이해와 존중, 활발한 상호작용이 이루어져야 하며, 이러한 상호작용은 상호문화주의의 핵심임을 주장했다.

이제 한국 사회는 기존의 동화주의적 다문화주의를 탈피하여 상호문화주의로의 전환이 필요하다. 이를 통해 다문화 구성원이 형성해나가는 생활세계를 통해 만들어지는 새로운 다문화 공간이 상호 역동적 만남을 통해 다름과 차별을 넘어설 수 있는 새로운 제3의 문화가 탄생하는 공간이 될 수 있도록 해야 할 것이다.

본 연구에서도 한국 사회의 다문화사회 초기 철학으로서의 다문화주의와 다문화성의 한계를 넘어설 수 있는 상호문화주의와 상호문화성을 지향한다. 곧, 초국적 이주를 통해 본국과 정주국을 가로지르며, 상호문화적 침투를 통해 새로운 상호문화적 다문화 생활세계를 형성하고 있는 다문화 구성원의 개인적 내러티브를 분석하여 상호문화 사회로서의 다문화사회 형성을 돕기 위한 새로운 사회통합 모형을 제시하고자 한다.

2_장

다문화 생활세계와
이주민의 정체성

1.
다문화 생활세계의 형성

오늘을 살아가는 우리는 이러한 세계화의 흐름을 거역할 수 없게 되었다. 세계화는 초국가적 공동체의 출현을 강구하는 대신 국민국가의 권한을 축소시킴으로써 우리가 경험하는 문제들도 어느 한 국가나 국민의 문제가 아닌 초국가적·초국민적 성격을 갖게 되었다. 오지섭(2008)은 세계화로 인한 문화적 측면에서의 변화는 정치나 경제 문제만큼이나 인류 전체의 삶 저변에 상호 영향을 미치고 있으며, 이러한 현상은 서로 다른 문화가 병존하는 다문화적 상황을 가속화시키고 있다고 주장한다.

세계화는 개별국가의 영역을 초월하여 전 지구적 차원으로 진행되면서 자본의 이동과 노동시장의 국제화를 가속화시켰다. 세계 곳곳에서는 국가 간의 이동이 빈번하게 발생하고 있으며, 더 나은 삶의 조건을 찾아 새로운 국가로 이동하는 사람들의 국제이주가 증가하게 되었다. 이러한 현상은 서로 다른 문화와의 접촉을 통해 전례 없는 갈등을 초래하기도 하고, 새로운 문화를 창조하기도 한다. 즉, 국제이주는 서로 다른 문화와의 접촉을 통해 대립의 양상을 나타내기도 하고 독특성과 다양성을 만들기도 하며 조화와 동질성을 만들어내기도 한다.

문화적 배경이 다른 사람들의 국제이주로 인해 유출국은 자국 노동력이 해외시장으로 이동하면서 사회구조 및 경제적 환경의 변화를 겪는다. 반면 유입국은 이주민에 대한 법제와 정책을 요구받아 다양한 이주정책을 실시한다.

세계화 시대에는 다원성과 다양성을 바탕으로 여러 가지 정체성이 공존하고 혼성적인 자아를 형성하게 되어 독특성과 다양성을 만들어내기도 한다. 그럼에도 국가의 정치·문화적 정체성 측면에서 통합을 추구함으로써 보편화와 획일화를 초래할 수 있다. 따라서 세계화 시대의 산물인 보편화와 획일화에 주의해야 한다. 다양한 층위의 정체성과 문화다양성과의 조화와 공존을 위해 생활세계 기반 사회통합정책이 요구된다. 이를 통해 지속 가능한 다문화사회를 실현할 수 있을 것이다.

초국적 이주로 인한 글로컬리제이션의 흐름은 민족국가의 의미와 개념을 소거하여 새로운 다문화사회를 창출한다. 김태원(2014)도 오늘날 민족국가의 의미 퇴색을 설명하면서 우리 사회가 다문화사회로 이행해 가고 있다고 말했다.

다문화사회로의 진입은 인구학적 변동만을 언급하는 것이 아니라 한국 사회의 정치, 경제, 사회, 문화 등 모든 사회 영역에서의 급격한 변화를 의미한다. 김태원(2014)은 민족적 배타성을 유지해온 과거 한국 사회의 차별과 편견을 넘어설 수 있는 다문화에 대한 비판적 수용과 새로운 사회통합의 필요성을 제기한다.

글로컬리제이션이라는 세계화의 흐름 가운데 서 있는 한국 사회는 이제 새로운 생활세계, 곧 다문화 생활세계가 형성되고 있다. 신자유주의적 세계화의 확산과 상호문화성과 타자성이 요구되는 다문화주의 시대를 살고 있는 지금 우리는 글로컬 다문화 생활세계 형성의 바람직한 방향을 되짚어볼 필요가 있다.

글로컬 다문화 생활세계는 새로운 시간적 · 공간적 생활세계를 의미한다. 일상의 생활세계로서 이주민과 정주민, 개인과 다양한 집단, 집단과 집단 사이에 새로운 생활세계가 형성되고 있다. 이는 과거의 폐쇄적 생활세계를 탈피하여 새로운 융 · 복합적 생활세계의 새로운 모색이 요구되는 상황이다.

김태원(2014)은 오늘날 한국 사회의 일상세계를 글로컬 생활세계로서의 다문화사회로 규정하고 있다.

이처럼 오늘날의 다문화사회는 주류사회의 다수자와 이주민 소수자의 고유한 문화와 가치가 새로운 생활세계를 형성해나가고 있다(신난희, 2015). 특히 이질적이고 다양한 문화를 가진 이주민은 정착지에서 주류문화와 상호 소통하고 관계 맺음을 실현하고 갈등을 최소화하면서 공동체를 만들어간다. 또한 이들은 낯선 정주국에서 새로운 타자들과 끊임없이 대면하면서 그들이 처한 사회의 생활양식을 변화시키면서 주체적이고 역동적으로 자신의 생활세계를 재구성한다.

보편성과 객관성을 추구하는 현대사회는 과학적인 방법에 따라 인간 존재와 생활세계의 가치를 망각하게 한다. 특히 이질적이고 다양성을 가진 이주민의 삶은 더 이상 망각되거나 경계인으로 대상화해서는 안 될 것이다. 이들에게는 의미와 가치가 충족되는 새로운 형식의 삶이 필요하다. 이주민은 출신국의 문화와 정주국의 문화 사이에서 다양한 문화적 접촉을 통해 새로운 경험을 생산하면서 자신들의 삶의 지평을 확대함과 동시에 자신의 생활세계를 끊임없이 확장시키는 존재다.

한 사회의 구성원으로서 정체감을 가지고 살아가는 이주민은 사회·문화적 동기나 내적 동기에 의해 이주한 자율적 존재로서 삶의 형식적 변화를 통해 더 나은 삶을 추구하고 있다. 다문화사회의 구성원으로서 이들은 새로운 사회적 관계와 사회적 소통을 통해 새로운 생활세계를 형성하고 있다.

다문화 구성원이 형성해나가는 생활세계는 다문화사회 형성의 기본 단위가 되어야 한다. 본 연구에서 다루고자 하는 생활세계는 다음의 철학적 탐색을 토대로 그 개념을 규정하고자 한다.

김태원(2014)은 자연과학적인 방법을 사용하여 분석하고 규정하는 대상으로서의 세계가 아니라, 인간의 삶을 이끌어가고 각 개인이 경험하는 일상으로서의 세계를 생활세계로 정의한다. 이러한 생활세계가 지속되는 것은 일상세계의 이면에 있는 어떤 구조나 법칙에 의해서가 아니라, 생활세계를 구성하는 행위자들의 실천적 행위가 있기 때문이다. 따라서 생활세계를 이해하기 위해서는 자연과학적 분석이나 수학적인 법칙이 아니라, 행위자들의 내적 가치나 삶의 관점을 이해하는 것이 필요하다.

후설(Husserl)은 유럽의 근대 세계를 자연과학적 전통에 의해 규정된 세계로 보고, 이러한 자연과학적 법칙에 따라 규정된 세계라는 오류를 제거하기 위해 생활세계의 개념을 도입했다(김태원, 2014). 근대 자연과학적 법칙을 통해 규정된 세계는 보편화되고 객관화된 세계이며 과학적 이념에 의해 구성된 세계다. 이에 비해 생활세계는 인간이 자연스럽게 삶을 영위해나가는 현실세계다.

후설에 의하면 생활세계는 선험적 감성의 자연적인 세계다. 생활세계는 직관적 경험의 세계이고, 행위 하는 주체의 주관이 개입되어 형성된 의미의 형성물이다(김태원, 2011). 생활세계는 보편적이고 객관적인 세계

이기보다는 주체의 주관적 타당성에 의해 형성된 것이며, 역사적 삶 속에서 이루어지는 정신적 형성물이다. 그럼에도 생활세계는 보편적인 구조를 가지고 있다. 그 이유는 개인적 행위가 보편적인 행위의 규범 양식을 가지고 있으며, 이에 따라 개인들 간을 소통할 수 있게 하기 때문이다.

후설의 생활세계 개념은 두 가지 의미를 지닌다(박인철, 2006). 첫 번째 생활세계는 선소여된(vorgegeben) 세계라는 점이다. 선소여성은 능동적 사유나 판단에 앞서 수동적으로 주어져 있다는 의미다. 두 번째 생활세계는 주관 연관적인 세계(subjekt-relative Welt)라는 점이다. 주관 연관적인 세계는 오직 주관과의 관계 속에서만 그 의미를 가진다는 것이다.

또한 후설의 생활세계는 주체의식의 지향성(Intentionalität)에 의해 구성된 세계다. 그러므로 주체인 '나'와 객체인 '타자'가 두 주체로서 공존하는 상호주관적 세계다. 즉, 주체로서의 나와 주체로서의 타자 사이에 대립이 존재하기보다는 새로운 의미를 생산하는 관계다. 이러한 후설의 생활세계는 두 문화 사이에서 상호 조정되고 만들어지는 것으로 문화적 다양성이 공존하는 가운데 새롭게 발견되는 가치 생산의 원동력이 된다.

슈츠(Schütz, 1944)는 후설의 현상학(Phänomenologie)과 베버(Weber)의 사회학을 결합하여 새로운 현상학적 사회학의 길을 열었다. 베버는 인간의 행위는 행위자가 주관적으로 의미를 부여하는 목적 지향적 행위이며, 따라서 행위자에 대한 이해는 개인의 주관적 동기를 이해함으로써 가능해진다고 보았다.

후설과 더불어 생활세계 연구에 공헌한 슈츠는 베버의 사회적 행위자로서의 개인의 행위에 대한 이해를 일상세계와 연관 지었다. 이해(Verstehen)는 단순한 외적 관찰을 이해하는 것이나 개인의 성찰을 의미하는 것이 아니라, 생활세계를 해석하는 것이다(김태원, 2011). 일상생활에서 개인들은 타자를 의미와 목적을 지닌 인간으로 파악하고, 그들의 생활세계를 공유하고 동기와 의도를 이해함으로써 자신들의 자아 일부로 받아들인다.

슈츠의 생활세계는 후설의 생활세계와 마찬가지로 자연적인 삶의 세계를 의미한다. 생활세계는 개인의 욕구와 가치가 서로 교차하고 사회적 상호작용이 일어나는 세계로 개인에 앞서 존재하는 사회다. 개인은 생활세계 내에서 사회구성원과 가치를 공유하며 스스로 삶의 지평을 확장해나간다. 즉, 생활세계는 다양한 가치와 문화가 공존하며 선소여된 세계상과 현실적 실천이 뒤섞이는 사회다(김태원, 2012).

비판적 사회이론가인 하버마스(Habermas)는 후설의 생활세계 개념을 비판적으로 수용해서 자신의 사회이론의 이론적 토대로 삼고 있다(서도식, 2001). 그는 의사소통적 합리성과 생활세계를 연결시켜 의사소통적 행위의 배경으로서의 생활세계 개념을 부각시켰다. 사회학적 행위 이론가이기도 한 하버마스는 거시적인 사회질서의 구조에 대한 과정을 고찰함에 있어 미시적인 인간 행위, 인간의 사회적 상호작용에 대한 분석을 출발점으로 삼았으며 여기에 의사소통의 행위를 채택했다.

하버마스는 사회의 구성을 '체계'와 '생활세계'로 분류했다. 사회를 정치 · 경제 · 사회 · 문화의 네 하위체계로 나누었을 때, 체계에는 정치와 경제가, 생활세계에는 사회와 문화가 구성된다고 했다. 체계는 강제적이고 억압적이며 사회구성원의 의사로부터 독립되어 있고 효율성을 기준으로 하여 목적합리성에 따른 사회적 행위의 공간이다. 반면에 생활세계는 사회구성원의 의지와 의사소통적 행위에 따라 합의를 도출하고 사회 규범을 구성해나가는 사회적 행위의 공간이다.

하버마스는 체계와 생활세계의 개념을 가지고 역사의 과정을 기술한 바 있다. 인류 역사의 초기에는 생활세계만이 존재했다. 그러나 생산력이 발달하면서 경제적 부를 관리하기 위해 정치적 권력 같은 체계의 규모가 커지게 되었고, 이에 따라 거대해진 체계가 생활세계로부터 분리되었다. 하버마스는 체계가 분리되는 과정을 사회진화론으로 파악하고, '체계의 생활세계로부터의 분리', '체계에 의한 생활세계의 식민화' 등으로 기술하고 있다(김동규, 2010).

하버마스는 사회진화론의 역사 과정에 나타나는 체계의 확장은 사회구성원의 의사에 따라 사회를 만들 수 있는 기회를 줄어들게 하는 과정으로 파악했다. 그는 체계에 의한 생활세계의 식민화에서 벗어나 생활세계의 부활을 사회적인 처방으로 제시하고, 의사소통 합리성의 발견을 통해 생활세계의 부활이 가능하다고 보았다.

하버마스는 생활세계에 진행된 의사소통적 합리성이 체계의 효율성 구조를 변화시킴으로써 정당성을 상실한 경제와 행정에 대해 의사소통적 합리성이 체계의 부당성을 수정해나가야 함을 주장했다(김동규, 2016).

하버마스의 의사소통적 합리성은 주류집단이 소수집단을 자신들의 이념적 틀 속에 효율적으로 동화시키려는 동화주의(assimilation)의 대안으로서 설득력을 갖는다. 하버마스의 의사소통적 합리성은 타자의 이성을 목적달성을 위한 수단이나 도구로 전락시키는 근대의 주체중심주의를 와해시키는 효과를 지닌다(김영필, 2013). 하버마스는 자문화중심주의를 넘어서기 위해 언어가 갖는 상호문화성을 강조한다. 언어는 주체의 생활세계를 결정하는 것으로 언어를 통한 의사소통행위는 다수자와 소수자의 연대와 화해를 정당화시켜줄 수 있을 뿐만 아니라 상호문화주의의 보편적 기반을 설정해준다.

그럼에도 하버마스의 의사소통적 합리성을 기반으로 하는 생활세계는 후설의 현상학적 생활세계와 비교하여 많은 비판을 받고 있다. 후설과 하버마스의 생활세계 개념의 차이점을 살펴보면 다음과 같다(박인철, 2006).

첫째, 하버마스의 생활세계는 '언어'라는 매체에 의해 재구성됨으로써 후설 본래의 생활세계가 지니고 있는 선소여성을 상실하고 있다. 후설이 말하는 생활세계는 언어와 의사소통에 앞서 경험되는 원초적 세계다.

둘째, 하버마스는 생활세계의 주체를 합리적인 의사소통 행위자로 한정함으로써 후설이 이해하려는 비합리적 영역에서 합리적인 영역까지 인간의 가능한 전 영역을 포괄하지 못한다.

셋째, 하버마스의 생활세계는 후설의 현상학적 맥락에서 주장하는 직접적 경험을 통해 주어진 우연적인 세계라는 생동적 의미에서 벗어나 정형화된 규범적 세계라는 형식의 의미로 고착된다.

넷째, 하버마스의 생활세계는 정형화된 규범적 세계로서 규범성과 합리성에 배치되는 차이, 우연성, 이질성 등이 배제되어 다양성을 설명하지 못한다. 후설의 현상학적 생활세계는 모순되거나 이질적인 것도 하나의 현상으로서 포괄된다.

하버마스는 상호문화주의를 정당화하기 위해 생활세계의 의사소통적 행위에 대한 가능성을 제시했다(이진우, 2000). 생활세계는 동질성과 다양성을 매개시킨다. 즉, 생활세계는 문화적 다양성으로 발생할 수 있는 분리를 차단하고 문화적 동화로 인한 동질성을 제약한다. 생활세계는 의사소통 행위를 통해 주제화될 수 있고, 의사소통 행위는 상호문화주의를 통해 발현될 수 있다.

본 연구에서는 후설과 하버마스의 생활세계 정의를 토대로 하여 다음과 같이 정의하고자 한다. 다문화 구성원이 형성해나가고 있는 생활세계는 주류문화에 편입되는 생활세계가 아닌 정주민과 이주민이 함께 만들어나가는 공동의 생활세계다. 이러한 생활세계 속에서 만들어지는 관계는 주체로서의 나와 주체로서의 타자 사이에 대립이 존재하기보다는 새로운 의미를 생산하는 관계로서 정주민과 이주민은 동등한 입장으로 상호문화적 의사소통을 통해 협력해나가는 관계여야 한다. 이러한 생활세계는 세계시민으로서의 공동체적 동질성과 다양성을 기본으로 형성되어야 한다. 한국 사회가 다문화사회를 맞이하며 새롭게 형성되는 다문화 생활세계는 역동적 상호관계가 상정되며, 다름 이상의 공존의 사회통합을 추구해야 한다.

이렇게 생활세계를 정의할 때 다문화 생활세계는 정주민과 이주민을 이분법적으로 구분하는 것이 아니라, 나와 타자를 동시에 주체로 상정하여 동등한 입장에서 나와 타자가 상호문화적 의사소통을 통해 협력해나가는 과정을 통해 형성되는 생활세계를 의미한다.

이러한 다문화 생활세계를 본 연구에서는 다음과 같이 구분하여 분석하고자 한다.

첫째, 인지정서적 영역으로서의 다문화 생활세계다. 인지정서적 다문화 생활세계 영역은 하버마스와 후설이 설명한 다양한 생활세계 영역 중 언어, 문화, 여가, 진로 등을 포괄하는 영역으로, 사회통합에서 말하는 문화적응과 구조적 적응의 두 영역 중 문화적응의 영역과 그 맥락을 같이한다.

둘째, 사회제도적 영역은 인지정서적 영역과 달리 사회통합의 구조적 적응의 영역과 맥락을 같이하는 영역으로 교육, 경제, 인권, 복지, 미디어 영역 등을 포괄하는 개념으로 정의하고자 한다.

본 연구는 한국 사회를 새로운 글로컬 다문화사회로 진입시키고 있는 다문화 구성원이 인지정서적 영역과 사회제도적 영역으로 대표되는 다문화 생활세계의 구체적인 영역 속에서 어떻게 그들의 생활세계를 정주민과 함께 만들어나가고 있는지에 관해 그 과정을 각각의 생활세계 장면에서 구체적으로 분석하고자 했다.

따라서 다문화사회 구성원의 생활세계에 대한 본 연구는 이주민의 새로운 가치관과 개인적 욕구의 변화에 대한 이해를 바탕으로 사회통합 정책을 효율적으로 입안하는 데 중요한 역할을 할 수 있을 것이다.

2.
다문화사회와 문화적응

　　기존의 사회통합 관련 연구들은 이주민에게 초점을 맞춘 사회통합 연구로, 정주민과 이주민을 이분법적으로 구분하여 경계를 설정하고, 동화주의적 다문화주의의 관점으로 접근한 연구가 주를 이루었다. 본 연구는 이러한 기존 연구의 한계를 극복하여 이주민과 정주민을 동일한 나와 타자라는 대상으로 상정하여 상호문화적 관점으로 이주민의 정착 문제를 분석함으로써 진일보한 사회통합의 방향성을 제시하고자 했다.

　　이러한 문제의식은 현재 한국에서 일어나고 있는 초국적 이주 현상과 다문화 생활세계 형성에 관한 탐색적 연구로 이어졌으며, 그 결과 이주민에게만 초점을 맞추고 있는 사회통합에 관한 프레임은 이제 이주민뿐만 아니라 정주민을 포함한 한국 사회 모든 시민에게 적용해야 함을 인식하여 프레임 확장이 필요하다.

　　다문화사회란 하나의 국가 혹은 사회가 다인종·다문화로 이루어진 사회를 의미한다(김영순, 2014). 김남국(2010)은 단일문화사회가 다문화사회로 전환된 사례를 프랑스, 영국, 독일 등의 유럽 유형과 미국, 캐나다 등의 북미 유형으로 구분한다. 유럽의 다문화사회 진입은 상대적으로 동질적 문화를 가진 나라들이 자본이나 노동의 세계화로 인해 다문화사회로 전환된 경우로 한국과 흡사하다. 북미의 경우는 건국 초기부터 이민자에 의해 나라가 형성된 경우로, 이주민의 수용이 곧 국가 형성의 기반이었다. 김영순 외(2013)에 따르면, 북미의 경우처럼 국가 건립 자체가 이주민으로 구성되어 다양한 문화를 수용하는 데 용이한 구조로 되어 있는 경우 다문화사회 진입과 대처가 상대적으로 용이했으나, 주류문화를 강조하여 문화의 통일성(공통성)을 중요시하는 유럽의 경우 다문화사회 진입에 많은 혼란을 겪고 있다.

이러한 다문화사회 진입으로 인해 정주민과 이주민은 개인적 · 집단적 문화접촉과 적응을 해나간다. 문화란 한 사회구성원이 습득 · 공유 · 전달하는 행동양식 및 생활양식을 말한다(Uba, 1994). 또한 적응은 주어진 환경조건에 맞추어 자신을 변용시켜나가는 일련의 과정으로서 개인의 주체적 의지와 능동성이 강조된 개념이다(김귀옥, 2000). 이러한 개념에서 문화적응은 기존의 문화에서 새로운 문화로의 적응과정을 의미한다(Birman & Tyler, 1994). 이는 새로운 문화적 환경에 접촉하고 적응해야 하는 사람들에게 적용되며, 문화 간 접촉의 결과로 발생하는 사회문화적이고 심리적인 변화과정이라고 할 수 있다(Berry, 2003: Coll & Patcher, 2002). 문화적응에 대한 개념은 사회학자인 레드필드, 린턴, 헤르스코비츠(Redfield, Linton, Herskovits, 1936)로부터 정의되기 시작했다(이은정, 2012). 이들은 문화적응을 다른 문화를 가진 개인이나 집단이 또 다른 집단과 접촉하게 되면서 개인이나 집단에서 원래 문화 패턴에 변화가 있게 되는 것이라고 정의했다(Berry, Poortinga, Segall & Dasen, 2002).

이 장에서는 다문화사회 진입으로 인해 이주민과 정주민이 만들어나가고 있는 다문화 생활세계 형성이라는 새로운 다문화 공간의 형성을 돕기 위해 사회통합 관점에서 이주민과 정주민의 문화적응과 정체성 협상의 과정에 관해 이론적으로 논의하고자 한다.

먼저 다문화사회 문화적응의 이론을 고찰하고자 한다. 한국 사회의 다문화사회 진입과 올바른 다문화 생활세계 형성을 돕기 위해 먼저 문화 수용과 관련하여 문화적응 이론에 대한 탐색이 필요하다.

1) 문화적응의 유형

세계화는 이제 경제 논리로 일관되는 노동이주 등의 일국주의 중심의 단방향적 이주를 넘어 국가와 지역의 경계를 가로지르는 초국적 이주로 변화되고 있다. 이에 이주의 문제는 경제뿐만 아니라 사회, 정치, 문화 등 모든 영역의 상호침투를 의미하며, 특히 문화의 이동과 접촉이 빈번히 발생하고 있다.

정진경·양계민(2004)은 이러한 문화의 접촉과 관련한 연구의 본격적인 시작을 1980년대로 보고 있으며, 1980년대 이후 문화접촉 연구는 양적·질적으로 성장하여 그 이론적 프레임이 자리 잡기 시작했다.

이렇게 이주의 시대에 중요한 개념인 문화적응과 관련한 연구의 주요 이론을 살펴보면 문화접촉과 문화적응의 개념을 살펴볼 수 있다. 먼저 문화접촉을 보면 다음과 같다.

오베르크(Oberg, 1960)는 문화접촉과 관련하여 문화충격 이론을 제시했는데, 이 이론에서 이주민은 문화접촉을 하는 과정 속에서 다음의 문화충격 단계를 거치며 문화적응을 해나간다. 첫째, 밀월 단계다. 이 단계는 이주 초기 단계로, 이주국에서 새로운 문화를 접하며 황홀함, 감탄, 열정 등을 느끼는 단계다. 둘째, 좌절과 불안을 느끼는 단계로, 이주국에 적응하는 가운데 문화접촉으로 인해 충격적 상황을 마주하는 단계다. 셋째, 좌절과 불안의 단계를 거쳐 이제 서서히 회복하는 단계로, 이주국 문화에 적응하고 익숙해지는 단계다. 마지막은 적응의 완성 단계로, 이주국 문화에 완전히 적응하여 유능감을 갖게 되는 단계다.

보흐너(Bochner, 1982)는 이러한 문화접촉을 두 가지로 구분하는데, 이주민과 정주민의 만남은 문화접촉을 발생시키며, 이러한 문화접촉은 사회 내에서 이루어지는 집단 내 다양한 하위문화 간 접촉인 사회 내 접촉과 이주로 인해 발생하는 사회 간 문화의 접촉을 말하는 사회 간 접촉으로 구분된다.

정진경·양계민(2004)에 따르면, 문화 간 접촉에 대한 연구는 사회 간 접촉에 관한 연구로서 주로 이주로 인해 형성되는 이주민 집단인 이주노동자, 외국인 유학생, 여행자 등의 증가 추세로 인한 사회문화적 문제 해결을 위해 필요하다. 그리고 이러한 문화적응의 연구는 다문화주의 사회 적응 문제에 대한 연구의 진행과 관련성을 갖고 있다(Ward, Bochner & Furnham, 2001).

이렇게 다른 문화를 접촉한 모든 사람은 문화적응 과정을 경험하면서 정서적·행동적·인지적 변화를 경험한다(Sam & Berry, 2010; Ward et al., 2001).

앨바와 니(Alba & Nee, 2009)는 문화적응을 "서로 다른 문화적 배경을 가진 사람들의 접촉으로 인한 문화적 경계의 틈을 좁혀나가는 과정"으로 정의했다. 변화는 집단과 개인 수준에서 모두 일어난다. 문화적응은 사회의 문화적 관행, 제도, 구조 등의 범위에서 변화를 일으킨다(Redfield, Linton & Herskovits, 1936).

문화적응 과정 중에 개인이 감당하기 어려운 사건을 경험한 이주민은 불안, 분노, 우울 등의 감정으로 나타나는 문화적응 스트레스에 시달리게 된다(Sam & Berry, 2010). 문화적응 스트레스는 이주민의 문화적응에 매우 부정적 영향요인이지만, 경험한 사건에 대한 관점의 전환을 견인할 수 있는 개인의 특성 및 사회적 지지로 말미암아 완화될 수 있다(Sam & Berry, 2010). 이러한 문화적응에 영향을 미치는 주요 요소들로는 언어, 문화적 정체성, 사회적 네트워크 구성, 음식과 방송 선호도 그리고 문화적 가치와 전통에 대한 애착관계 등이 있다(Oh et al., 2002; Jang, Kim & Chirinoga, 2005).

이처럼 문화적응은 이주민에게 그 자체가 매우 큰 스트레스이지만, 초국적 이주가 활발하게 이루어지고 있는 현대사회에서는 비단 이주민만의 문제가 아닌 정주민을 포함한 전체 사회의 문제로 인식해야 한다.

이러한 문화접촉과 문화적응에 대한 이론적 개념 정의를 통해 볼 때, 결혼이민자, 이주노동자, 외국인 유학생, 난민 등 소수집단에게서 문화접촉으로 인한 큰 변화가 일어난다. 곧 문화적응은 언어, 문화, 대인관계, 법적 권리 등 다양한 영역에서 이주민이 도전하고 성취해나가는 인정투쟁 과정이다.

바이저와 휴(Beiser & Hou, 2006)의 문화적응 이론에 따르면 적응이란 개인이 타문화를 받아들이고 자신의 문화와 동화 및 변화를 겪으며 나타나는 스트레스를 관리하는 방식을 이해하는 중요한 개념이다.

문화적응의 대표적인 이론으로는 베리(Berry)의 문화적응 이론을 들수 있다(곽금주, 2008; 김미숙 · 김유경 · 김안나 · 김효진 · 성수미, 2011; 이현주 · 강현아, 2011;

정정희, 2006). 베리의 문화적응 이론은 다차원 모형 문화적응으로서 한 사회 안에서 다양한 문화가 공존할 수 있는 다문화주의를 가능하게 한다는 점에서 주목받게 되었다(Berry, 2001).

베리(1990)는 개인이나 집단이 새로운 문화를 접할 때, 기존의 고유문화에 대한 정체성을 유지하는 데 가치를 두는지와 새로운 주류사회의 문화를 얼마나 수용하는지 여부에 따라 문화적응을 통합(integration), 동화(assimilation), 분리(separation), 주변화(marginalisation)의 4가지 유형으로 범주화했다. 베리(2005)는 문화적응 과정에 대해 문화접촉에 직면한 사람들은 자신의 성격과 자원, 사회직 맥락을 종합직으로 고려하어 다음과 같이 문화적응 전략(acculturation strategies)을 선택한다고 했다. 문화적응 전략의 유형을 구체적으로 살펴보면 다음과 같다.

첫째, 통합 유형은 이주자의 고유한 문화와 정체성을 유지함과 동시에 주류사회의 문화에 능숙하다. 또, 이주자 집단과 주류사회 집단 모두와 접촉하고 활발하게 교류한다. 이들은 양쪽 문화에 모두 능통하고 활발한 사회활동을 하는 집단으로서 다수의 선행연구는 베리의 통합 모형을 가장 바람직한 문화적응 유형으로 여긴다(김연수, 2013; 송지현 · 이태영, 2014; 김렬, 2011; Berry, 2001: 623; Berry & Sabatier, 2010; Piontkowski et al., 2000; Sam & Berry, 2010: 477). 왜냐하면 양쪽 문화에 대한 경쟁력을 모두 갖추었기 때문이다.

둘째, 동화 유형은 이주자의 고유한 문화와 정체성을 유지하기보다는 정주국의 문화에 완전히 흡수되기를 선호하는 집단으로서 주류사회에 뿌리내리는 것에 관심을 둔다. 통합과 동화 유형 중 어떤 유형이 정주국의 삶에 유리하게 작용하는지 학계의 의견은 일치되지 않았다. 이주자가 정착한 사회마다 이주자에게 요구하는 문화적응 유형이 다르기 때문이다(Bourhis et al., 1997; Navas et al., 2005).

셋째, 분리 유형의 이주자는 고유한 문화와 정체성을 유지하는 데만 관심이 있다. 이들은 경제적 자립을 이룬 경우에도 주류사회와 접촉하고 그들과의 관계에 참여하는 데 관심이 없다. 이것은 차별과 강한 관련이 있는데, 주류사회가 자신을 받아주지 않는다고 느끼므로 자신도 주류사회와 관계 맺기를 거절한다(Sam & Berry, 2010: 479). 자신이 주류사회에서 소외된 이주자이며, 따라서 많은 사회적 기회로부터 배제된다는 것을 인식할수록 더욱 강하게 이주자 고유의 문화와 정체성을 고수하는 경향이 있다(Dimitrova et al., 2013: 2).

넷째, 주변화 유형은 고유한 문화와 정체성을 유지하는 것은 물론이고 정주국의 문화에도 관심이 없다. 이들은 민족 공동체와 주류사회 모두와 관계를 맺지 않고 주변화된 집단으로서 가장 위험한 문화적응 유형이다. 주변화 유형은 그 원인에 따라 다시 개인주의형과 아노미형으로 세분할 수 있다(Bourhis et al., 1997). 개인주의-주변화 유형은 개인주의 성향이 강한 이주자가 스스로 양쪽 집단과 접촉하지 않을 것을 선택한 것이다. 그러나 아노미-주변화 유형은 이주자의 고유한 문화와 정체성을 유지하는 것이 인정되지 않고, 차별과 사회적 배제가 심한 사회적 맥락에서 문화적응 스트레스를 이기지 못함으로써 낮은 자존감과 정체성 혼란을 경험하는 집단이다(Bourhis et al., 1997; Sam & Berry, 2010: 476).

사포츠니크(Szapocznik, 1993)의 문화적응 이론은 '사람과 환경 사이의 상호작용으로 변화하는 세상 속에서 변화하는 개인을 설명하고 이해하는' 맥락주의 관점에서 나온 이론이다. 이처럼 사포츠니크의 이론은 가족 맥락과 문화 맥락 내에서의 개인을 다루고 있다. 즉, 개인은 가족 맥락 안에서 이해되어야 하고 가족은 문화 맥락 안에서 이해되어야 한다는 개념이 포함된 것이다. 이처럼 가정과 문화를 하나의 맥락으로 바라보게 된 이유는 쿠바 난민가정에 대한 관찰연구에서 비롯되었다. 난민가정 내 어린아이들은 높은 비율의 품행 문제를 보였는데, 가정 내 상호작용하는 방법에 문화적인 힘이 영향을 미친다는 것과 가정역학의 변화들이 이민 아동 청소년의 품행 문제 속에 내재한다는 것을 알아냈다.

중요한 사항은 문화적 힘이 가정에 미치는 영향을 이해하는 것이다. 가정 내에서의 변화나 역동을 단순히 가정 내 맥락으로만 본다면 설명할 수 없는 부분이 많다는 것이다. 그래서 사포츠니크는 단순히 가정문화라는 틀 안에서 가정 역동을 살펴보는 것이 아니라 문화적으로 다원적인 환경이 가정에 미치는 영향을 포함해서 보아야 한다고 주장하게 되었다.

사포츠니크는 이민가정에서 세대 간 문화적응 차이의 부정적인 영향으로 가족의 일부 구성원인 아동·청소년이 자율성을 위해 싸우고, 다른 구성원인 어른은 가족의 연결성을 위해 애쓰는 가정의 투쟁을 확인했다. 이런 투쟁은 보통 사춘기의 아동이 있는 가정에서 발생하며, 투쟁의 규모는 세대 간의 문화적응 차이가 있는 만큼 커질 수밖에 없고, 부정적인 결과로 아동들은 그들의 가족으로부터 감정적·사회적 지원을 잃고, 부모들은 아동에게 지도자 위치를 잃게 된다고 했다.

이민자 부모와 자녀 간 격차가 커질 경우 부모와 자녀의 관계는 소원해지게 된다. 그러한 가정에서 문화적응이 덜 된 부모와 문화적응이 더욱 많이 된 자녀 사이에 다툼이 발생하는데, 이 문제를 해결하기 위해 부모들은 아동기 자녀의 스트레스나 행동 문제를 발생시키는 문화적응 과정을 제한하게 되는 악순환이 일어난다(Paschetal, 2006). 이러한 문제를 방지하기 위해 가정이 문화적으로 다양한 맥락 안에 맞물려 있다는 것을 인정하고 문화 그대로의 중요성을 이해해야 한다.

이처럼 다문화 맥락에서 떠오르는 문제를 다루기 위해 사포츠니크는 이중문화 효과성 훈련(BET) 접근법을 12단계로 개발했다. 이 접근법은 가정에 구조적 변화를 주기 위해 가정치료법 개념에서 파생한 두 가지 변화 전략이 관여한다(Szapocznik, Santisteban, Kurtines et al., 1984: Szapocznik, Santisteban, Rio et al., 1986). BET의 변화 전략은 일시적으로 부모·자녀 사이의 문화 간 차이의 초점을 간접적으로 문화적 갈등으로 전달하는 것이다.

이러한 우회적 표현은 부모·자녀 간에 새로운 상호작용 양상을 생성하는데, 이러한 전략은 가족 구성원 간 문화의 차이가 새로운 교차동맹을 만들 수단을 제공하며, 문화와 관습 간의 조화를 이룰 수 있고, 문화적으로 다양한 사회가 될 수 있다.

지금까지의 논의를 종합하면 이주민에 대한 정주국의 태도는 이주자 개인 요인과 더불어 이주민의 문화적응 유형 선택에 매우 중요한 영향요인이다. 정주국의 사회적 맥락이 이주민의 문화를 상호존중하고 환대하는 친밀한 분위기일 경우 이주민은 문화적응 유형을 능동적으로 선택할 수 있다. 이런 맥락에서 다수의 이주민이 통합 유형을 선택한다(Berry, 2001: Hui et al., 2015). 그러나 정주국의 태도가 지배적이거나 적대적일 경우 일방적으로 동화를 강요받음으로써 이주민은 오히려 주변화 유형을 선택할 가능성이 높다(Berry, 2005: Navas et al., 2005: Portes & Zhou, 1993: Sam & Berry, 2010: 473). 이처럼 이주민의 문화적응에 매우 중요한 영향을 끼치는 정주국의 태도는 이주민에 대한 사회통합 기조, 정책, 이주민과 다문화에 대한 관용 및 차별 등으로 표현되며, 자국의 경제적 상황, 이주민 공동체의 규모와 구조, 이주민 모국과의 역사적·정치적 관계에 따라 달라질 수 있다(Portes & Rumbaut, 2001: Portes & Zhou, 1993: 82).

결국 문화적응은 집단적 소수자나 옮겨간 사람들만의 문제가 아니라 새로운 집단을 받아들인 주류사회인 역시 문화적응이 필요하다(정진경·양계민, 2004). 곧, 사회통합을 위한 문화적응을 논의하는 데 이주민에게만 시선을 고정시키는 단방향적 문화적응을 넘어 이주민과 정주민 모두의 문제로 인식할 수 있는 상호문화적 관점이 요구된다.

2) 문화적응 영향요인

(1) 개인 요인

문화적응에 공통으로 영향을 주는 개인 요인은 나이, 언어, 민족 정체성, 사회경제적 지위, 사회적 관계, 차별의 경험 등이다. 일반적으로 새롭게 정착한 국가에 빠르게 적응하는 사람일수록 나이가 어리고, 정주국의 언어에 유창하며, 교육을 많이 받은 경향이 있다(Allen & Turner, 1996: Dow, 2011; Sung et al., 2013; Papadopoulos et al., 2015). 그러나 장기적 관점에서 문화적응 유형과 수준을 결정하는 데는 사회경제적 요인의 영향이 크게 작용한다. 서로 유기적으로 연계되어 있는 각각의 요인과 문화적응 간의 관계는 다음과 같다.

① 나이

베리(2001)는 나이가 어릴수록 문화적응에 유리하다고 했다. 이주민은 이주한 나이가 어릴수록 정주국의 언어와 문화를 빠르게 흡수함으로써 주류사회에 진입할 수 있는 경쟁력을 갖추게 된다(Barker, 2015). 일반적으로 인간은 나이가 어릴수록 환경 변화에 유연하게 대처하는 경향이 있기 때문이다. 그리스에 정착한 알바니아 이주자의 경우, 나이가 많을수록 문화적응 과정에서 더 많은 어려움을 경험함으로써 분리 유형에 속할 가능성이 높았다(Papadopoulos et al., 2015).

② 언어

정주국의 언어는 이주자가 정주국의 문화를 배우고, 정보를 얻으며, 관계를 확장하는 등 일련의 문화적응 과정에서 기본적으로 반드시 갖춰야 할 자원이다. 일반적으로 이주자의 언어능력은 이주한 시점으로부터 약 3년 6개월 안에 집중적으로 성장하지만(Chiswick et al., 2006: 442), 기관에서 제공하는 언어교육의 질과 본인의 교육 수준, 나이, 이주 목적, 출신 국가, 언어 노출 환경 등에 따라 편차가 있다(Derwing & Waugh, 2012: 5). 정주국의 주류사회에 진출해 온전한 적응을 이루기 위해 이주자에게 필요한 언어 역량은 겨우 의사소통만 가능한 수준을 넘어 상황과 맥락에 맞는 대화가 가능할 정도로 경쟁력을 갖추는 것이다(Derwing & Munro, 2013; Derwing & Waugh, 2012; Masgoret & Ward, 2006).

③ 민족 정체성

민족 정체성은 문화적응 유형의 핵심 영향 변수다(Berry, 2005). 왜냐하면 정주국의 삶의 양식을 수용하고 주류사회와 교류하려는 마음의 동기에 영향을 주기 때문이다(Dimitrova et al., 2013: 2; Tartakovsky, 2012: 86). 민족 정체성이란 집단과 문화에 대한 소속감, 의무감, 애착 등의 요소로 구성된 개념으로서 문화적응 과정의 일부다(Dimitrova et al., 2013: 2; Phinney & Ong, 2007). 이주민의 민족 정체성은 고정된 것이 아니라 그들이 평생에 걸쳐 배우고 경험하는 것에 영향을 받아 변한다(Phinney & Ong, 2007: 272). 개인마다 정도의 차이가 있지만 이주민은 민족 고유의 정체성과 정주국의 정체성을 모두 가지고 있으며, 각 정체성 사이의 관계는 독립적이다(Berry, 2003).

선행연구에 따르면, 다른 요인을 통제한 경우에도 민족 정체성은 문화적응 유형의 중요한 영향요인이었다(Tartakovsky, 2012). 민족 정체성이 강한 이주민은 분리 유형에 속힐 가능성이 높은 반면(Berry et al., 1989), 성주국 정체성이 강한 이주민은 동화 유형에 속할 가능성이 높았다(Ben-Shalom & Horenczyk, 2003). 한편, 민족 정체성과 정주국 정체성이 모두 강한 이주 청소년은 통합 유형에 속할 가능성이 높았다(Berry et al., 2006). 어느 쪽으로든 확고한 민족 정체성을 형성한 이주민은 다른 사람이 자신의 소속 집단에 대해 생각하는 것을 내재화하고 그것에 좌우되는 것이 아니라 독립적으로 평가할 수 있기 때문이다(Phinney & Ong, 2007: 273).

④ 사회경제적 지위

이주민의 사회경제적 지위는 문화적응과 매우 밀접한 관계가 있다. 지금까지 논의한 요인들이 주로 문화적응 유형과 관련이 있었다면, 이주민의 사회경제적 지위는 문화적응 수준에까지 지대한 영향을 미치는 요인이다. 왜냐하면 고학력, 전문직, 고소득 등으로 평가되는 사회경제적 지위는 이주민의 적응에 필요한 기회의 문을 여는 열쇠이기 때문이다. 이주 이후 정주국에서 취득한 인적자본(정주국의 언어, 학력, 기술 등)은 이주민의 사회경제적 지위 변동에 도움을 주고, 궁극적으로는 문화적응에 영향을 준다(Allen & Turner, 1996).

이주민의 학력은 문화적응에 유의미한 긍정적 영향요인이다(Berry, 1997: 22). 고학력일수록 경쟁력 있는 인적자본으로서 문화적응의 선행요건인 정주국의 언어와 문화에 익숙할 가능성과 문제해결 능력이 높은 경향이 있기 때문이다. 또한, 학력은 직군, 소득, 사회적 관계 등과 밀접한 상관관계가 있다. 고학력 이주자는 고소득 전문직종에 종사하며 주류사회 구성원과 긴밀한 사회적 관계를 갖게 됨으로써 통합 또는 동화 유형에 속할 가능성이 높다(Negy & Woods, 1992).

그러나 저학력 이주민은 저소득 비전문직종에 종사하며 정주국의 주변화 집단과 접촉하고 사회적 관계를 맺게 될 가능성이 크다. 이때, 이주민은 그들이 노출된 사회적 맥락인 정주국의 주변화 집단에 문화적응을 함으로써 개인적 노력에 상관없이 구조적으로 자연스럽게 주변화 유형에 포함될 가능성이 높다(Portes & Zhou, 1993). 또한 이주민의 낮은 사회경제적 지위는 문화적응 스트레스를 발생시킴으로써 문화적응에 부정적인 영향을 준다(Rudmin, 2009: 116).

⑤ 사회적 관계

사회적 관계(social network)는 이주민의 적응과 유의미한 상관관계가 있다. 사회적 관계는 사람들이 관계에 대한 의무와 기대를 지속적으로 수행함으로써 유지되고 발전한다. 관계는 사람들이 그 관계에서 바라는 의무와 기대의 강도에 따라 결속형 관계(bonding network)와 교량형 관계(bridging network)로 구분된다. 이주민은 정주국에 적응하기 위해 모국인과 현지인 모두와 사회적 관계를 맺는다. 관계 안에는 이주민의 적응에 필요한 지식, 정보, 실질적 지원, 정서적 지지 등의 유용한 자원이 잠재하는데, 이주민이 그것을 실제로 사용할 때 문화적응에 유효한 영향요인으로 전환된다(Kao, 2004: 173; Lin, 2002: 31). 결속형 관계는 실질적 지원, 정서적 지지와, 교량형 관계는 지식, 정보 획득과 좀 더 강한 관계가 있는 것으로 알려져 있다.

잉글하르트와 벨첼(Inglehart & Welzel, 2005)은 사회경제적 발전 수준이 높은 국가일수록 사람들의 사회적 관계는 결속형보다 교량형이 많고, 더 중요하게 여겨진다고 지적했다. 이것은 사회경제적 발전 수준이 높은 국가로 이주한 이주민에게도 동일하게 적용된다. 캐나다에서 이주자는 다양한 모임에 자주 참여할수록 자신의 배경과 상관없이 다채로운 사회계층의 주류집단 사람들과 관계를 맺을 가능성이 높았다(Fong & Shen, 2016). 모임의 성격이 사회참여 지향적이면, 이주민은 시민사회에 더욱 활발하게 참여하는 유형으로 적응하게 된다(Voicu & Rusu, 2012). 이와 같은 교량형 관계는 정주국에 대한 더욱 다양한 양질의 정보를 얻는 통로가 되며, 실제로 이주민이 좋은 일자리에 취업할 가능성을 높인다(Kanas et al., 2011).

⑥ 차별 경험의 인식

차별 경험의 인식은 문화적응에 치명적으로 작용하는 부정적 영향요인이다(Berry et al., 2006). 차별받았다는 인식을 경험하는 것은 이주자의 심리사회적 자원인 정체성을 위협함으로써 사회에서 거부당한다는 느낌을 받도록 만든다. 이와 같은 거부감은 이주민이 모국에서 경험한 적 없는 충격적인 경험으로서 정주국에 적응하고자 하는 이주자의 동기를 위축시키고 우울감에 빠뜨리기도 한다. 결과적으로 차별을 많이 인식하는 이주민일수록 분리 또는 주변화 유형을 선택할 가능성이 높다(Berry & Sabatier, 2010: 192; Rudmin, 2009: 116; Tartakovsky, 2012: 87).

이주민은 자신의 외모, 언어, 문화, 종교 등이 정주국의 것과 차이가 날수록 더 많은 차별과 문화적응 스트레스를 경험하지만(Barker, 2015; Safi, 2008: 9), 문화적응 스트레스를 어떻게 극복하느냐에 따라 이주민의 문화적응 결과는 달라진다(Berry, 1997: 13). 문화적응 과정은 필연적으로 문화적응 스트레스를 수반하지만, 민족 정체성(이지연 외, 2014; 이혜림·조민효, 2014), 자기 효능감(김연수, 2013), 자기 통제감(김렬, 2011; 이지연 외, 2014), 자아 존중감(송지현·이태영, 2014) 같은 이주민의 심리적 자원은 문화적응 과정에서 경험하는 충격을 완화하는 역할을 한다.

(2) 가족 요인

가족은 결혼제도와 혈연으로 결속된 강한 연대 관계로서 이주자에게 문화적응 스트레스가 있음에도 정주국에 성공적으로 적응하기 위해 부단히 노력하게 만드는 강력한 이유다. 대부분의 이주민은 가족 삶의 웰빙(well-being) 증진을 목적으로 이주를 결행하기 때문이다(Massey et al., 2002). 사회자본으로서 가족과 적응의 관계는 가족의 구조적 측면과 기능적 측면으로 나누어 살펴볼 수 있다.

① 가족의 구조

가족의 구조는 부부를 중심으로 부부와 자녀로 구성된 핵가족 구조, 부부와 자녀 그리고 부부의 부모 3세대가 함께 사는 확대가족 등으로 구성된다. 가족 중 자녀(특히, 미취학 자녀), 노부모 등 돌봄이 필요한 가족 구성원의 존재는 기혼 이주 여성의 취업 같은 외부 활동에 유의미하게 부정적 영향을 준다(강혜정·이규용, 2012; Kanas et al., 2011). 가사 돌봄에 많은 시간을 할애하게 됨으로써 기혼 이주 여성이 가족 외에 다른 사람들과 의미 있는 관계를 맺을 수 있는 접촉 기회가 감소함에 따라 문화적응이 지연될 수 있기 때문이다(Fong & Shen, 2016).

② 가족의 기능

가족 단위의 이주민은 개인 단위의 이주민보다 유용한 자원이 더 많으므로 문화적응에 유리한 편이다(Dow, 2011: 224). 문화적응 맥락에서 가족은 서로에 대한 강한 의무감과 신뢰도가 있는 결속형 관계로서 실질적 지원, 정서적 지지, 정주국의 문화적 지식과 각종 정보 등을 주고받을 수 있는 자본이기 때문이다(Kao, 2004). 그러나 정주국의 문화에 적응하는 속도와 유형은 각 가족 구성원의 개인 특성에 따라 각양각색이다(Portes & Rumbaut, 2001: 53). 문화적응 선행연구에서 가족 관계 만족도는 종종 이주민의 문화적응 측정 지표로 사용된다(Portes & Rumbaut, 2001). 가족 구성원 간의 문화 차이로 빈번하게 발생하는 가족 갈등은 문화적응 스트레스 요인으로서 이주민의 가족 관계 만족도와 문화적응에 부정적 영향을 줄 가능성이 높기 때문이다(Berry, 2001: 627; Dow, 2011: 225).

(3) 정책 요인

　정책과 이주민의 적응은 매우 밀접한 관계가 있다. 이주민 문제를 다루는 정부의 공식적인 태도가 반영된 국가의 정책은 이주민의 문화적응 유형 선택에 매우 큰 영향을 주는 문화적응의 사회적 맥락을 조성한다(Berry, 2005; Portes & Zhou, 1993). 이주민에게 친화적인 사회적 맥락은 이주자가 거주하는 근린환경에 담겨 있는데, 정부의 정책이 다문화 지향적일수록 이주자는 통합 또는 동화 유형을 선택할 가능성이 높았다(Berry et al., 2006; Berry & Sabatier, 2010; Hui et al., 2015; Sam & Berry, 2010). 왜냐하면 정책 기조에 따라 이주민이 문화적응 과정에서 경험하는 차별과 기회의 양과 질이 달라지기 때문이다.

　이것은 이민정책 기조의 차이 외에 국가 간 유사성이 높은 캐나다와 프랑스에서 실행된 이주 청소년의 문화적응 유형 비교연구에서도 확인되었다(Berry & Sabatier, 2010). 다문화정책을 지향하는 캐나다의 이주 청소년은 동화 정책을 지향하는 프랑스의 이주 청소년에 비해 통합 유형을 더 많이 선택했고, 이 차이는 통계적으로 유의미했다. 한편, 이주민과 주류 집단의 문화적 차이가 크지 않을 때도 이민정책 기조는 이주민의 문화적응 유형에 유효한 영향을 주었다(Hui et al., 2015). 그것은 정책이 지역사회의 이주민에 대한 관용 수준에 영향을 주기 때문이다(Portes & Zhou, 1993). 다문화정책으로 말미암은 홍콩인의 본토 중국인 이주민에 대한 높은 관용 수준은 본토 중국인 이주민과 홍콩인의 관계에서 차별을 축소함으로써 본토 중국인 이주민의 통합 유형 결정에 유의미한 영향을 주었다(Hui et al., 2015).

　이처럼 다문화 생활세계를 형성하는 데 이주민과 정주민의 문화적응이 필수적인 부분이다. 문화적응은 개인과 개인, 개인과 집단, 집단과 집단의 만남과 접촉에 의해 발생하는 사회적 통합의 과정이다. 이러한 문화적응은 어느 한 개인 또는 집단을 주류로 상정하여 일방향적으로 한 문화만을 강조하는 것이 아닌, 나와 타자의 이해와 존중을 바탕으로 동등한 책임과 권한을 부여한 사회적 상황 속에서 상호문화적 침투의 과정을 통해 새로운 문화를 창출해나가는 과정이다.

이러한 문화적응은 언어, 문화, 여가, 진로 등의 인지정서적 영역과 교육, 경제, 인권, 복지 등의 사회제도적 영역 모두에서 이루어지고 있다. 이에 다문화 구성원이 형성하고 있는 다양한 생활세계 영역에서 문화적응의 양상과 문제를 분석하여 올바른 다문화사회 진입을 도와야 한다.

3.
이주민의 정체성 협상

　이주민은 문화적응 과정에서 다양한 문화충돌 현상을 겪고 있으며, 특히 정체성의 수준에 따라 다른 문화적응 양상을 보인다. 초국적 이주 속에서 이주민은 정체성 협상 과정을 통해 정주국에 적응해나가며 다문화 생활세계를 형성한다.

　윤인진(2012)은 이러한 이주민의 정체성 문제를 '디아스포라' 개념으로 설명한다. 윤인진(2012)에 따르면 디아스포라에 대한 개념은 이주의 성격, 모국과의 연계, 그리고 종족 정체성을 기준으로 나눈다. 셰퍼(Sheffer, 1986)는 주로 디아스포라의 구조적·역사적 요인을 강조했다. 그는 디아스포라의 조건을 집합적 정체성의 유지, 모국의 자민족 집단과 거주국의 타민족 집단과의 구분, 모국과의 지속적인 접촉의 3가지로 규정하고 특히 모국과의 연계와 거주국과의 분리에 주목했다. 사프란(Safran, 1991)은 디아스포라의 특징을 기원지로부터 외국의 주변적 장소로의 이동, 모국에 대한 집합적 기억, 그리고 거주국에서의 소외와 격리, 모국을 후손들이 회귀할 이상향으로 여기고 모국에 대해 정치경제적으로 헌신하며, 모국과의 지속적 관계를 유지하는 것으로 보았다. 이들은 모국과의 분리와 애착, 지속적인 관계 유지를 핵심으로 했다.

한편 코헨(Cohen, 1997)은 본인의 의사와 관계없이 이주당하고 또 이주한 지역에서 비참하게 차별과 핍박을 당하는 존재로만 디아스포라를 보던 고전적 의미에 덧붙여서 자발적이고 적극적인 선택으로 이주하여 그들을 관용하는 이주사회에서 자신들만의 독특한 문화를 만들어내는 존재로 그 의미를 좀 더 확장했다.

디아스포라의 개념은 1990년대 이후부터 '국제이주, 이주노동자, 문화적 차이, 정체성' 등의 의미로 쓰이고 있다(윤인진, 2012: 5). 캐슬스와 밀러(2009: 2013)*는 사람들이 더 나은 삶을 찾아 국경을 넘는 국제이주 현상은 앞으로도 지속될 것으로 예측했다. 따라서 이 현상은 일시적이 아니라 장기적 과정인 동시에 둘 이상의 지역이나 국가 등 사회 전반에 영향을 미치는 집합적 행동**으로 나타나고 있다.

신지원(2015: 14)은 디아스포라를 "모국을 떠나 정주국에 살면서도 자신의 정체성을 유지하고 동족과의 국제적 유대관계도 지속하는 소수민족집단의 행동"이라고 정의했다. 디아스포라는 자신의 정주국뿐만 아니라 자신의 모국과도 관계를 지속해 정주국과 모국이라는 이중정체성을

---

* 캐슬스와 밀러(2009)는 국경을 넘는 이주의 급격한 증가와 이로 인한 개방화를 '이주의 시대'라고 규정했다.

** 캐슬스와 밀러(2009)는 국제이주의 일반적 경향을 다음과 같이 설명하고 있다. 첫 번째로 이주의 흐름에 결정적인 영향을 받는 나라들이 점점 더 많아지고, 이로 인해 이주민의 배경과 특성이 매우 다양하다. 두 번째로 국제이동의 규모가 어느 특정 지역에서만이 아닌 거의 모든 지역에서 점점 커지고 있다. 또한 이주 유형은 여러 개의 다양한 유형이 동시에 일어나며, 하나의 이주 유형이 여러 다른 이민 유형으로 이어지고 있다. 세 번째로 여성의 특수성이 모든 이주 유형에서 점점 더 부각되고 국내의 정치, 이주국과 본국의 관계, 안보정책 등에서 국제이주가 정치쟁점화되었다. 마지막으로 많은 국가가 이민을 보내거나 거쳐 가는 나라에서 이민자를 받아들이는 나라로 변화하는 등 다양한 이민단계를 겪고 있다.

형성하게 된다(이병창 · 김혜련, 2011).

이제 이러한 디아스포라의 개념은 비단 유대인 등의 일부 민족에만 적용하는 것을 넘어 초국적 이주의 시대 도래에 따른 전 세계적 현상으로 이해해야 할 시점이다.

다음에서는 한국 사회의 초국적 이주로 인해 다양한 인종, 민족, 국가 배경을 지닌 디아스포라로서 이주민을 바라보는 관점에서 이들의 정체성 협상에 대해 이론적으로 논의하고자 한다.

1) 정체성 시도

개릿(Garrett, 1998)은 정체성에 대한 철학적 논쟁을 인간의 개성과 동일시에 관한 대상과 관점의 차이로 설명한다. 박아청(1995)에 따르면 정체성의 어원은 라틴어로 '같은 것'이라는 의미인 idem에서 유래한 'identitas'다. 사전적으로는 두 가지 의미, 즉 'A1이 B2가 아닌 A2에 대해 유사하다'는 것에서처럼 대상들의 유사함이나 '시간에 걸쳐 어떤 대상의 확실성과 독특성을 확고하게 해주는 일관성과 지속성'을 의미한다.

전통주의 관점에서 정체성을 정의할 때, 실체(substance)의 개념이 중요하다. 여기서 실체란 시간의 흐름이나 외관의 변화와 상관없이 변하지 않는 속성을 말한다. 에릭슨(Erikson, 1968)은 정체성이란 시간이 지나도 자기 자신을 지금까지의 자신과 같은 존재로 지각하고 받아들이는 것이며 그 특성을 불변성, 독자성, 연속성으로 인식했다. 이는 "계급, 성, 인종 같은 모든 역학이 일관성 있고, 통일되고, 고정된 정체성을 만들어내기 위해 동시에 작동하는 것"(Sarup, 1996: 14)으로 보는 것으로 본질주의 관점이다.

한편, 구성주의적 관점에서 정체성을 정의하면 다음과 같다.

양운덕(1992)에 따르면, 데리다(Derrida)는 현전의 형이상학을 해체하기 위해 차이(difference)를 변형시켜 '차연(differance)'이라는 신조어를 만들어낸다. 이것은 '다르다'와 '지연시키다'라는 두 개의 의미를 하나로 결합한 것으로, 공간과 시간적 구별 작용을 하나로 표현하는 용어다. 데리다는 기표는 자신이 아닌 다른 기표와의 차이를 가리키며, 다른 기표 역시 그 자신이 아닌 또 다른 기표를 가리킨다고 했다. 즉 기표는 한 기표에서 다른 기표로 지속적으로 운동하는 의미화 '작용'으로 타자와의 차이를 가리키며, 그 자체는 가리키는 바가 서로 다른 기표들의 연속된 운동에 의해 무한히 내용이 지연되는 운동, 곧 차연 가운데 있다.

타즈펠(Tajfel, 1974)은 정체성을 내재적인 실체가 아닌 사회적 관계를 통해 형성되는 것으로 보았다. 그는 정체성이란 "자신이 소속되어 있는 사회적 집단(혹은 집단들)에 대한 소속감에 덧붙여진 정서적 중요성과 더불어 소속감에서 유래된 개인적 자기개념의 일부"라고 정의했다. 노튼(Norton, 2000)은 "사람들은 다양한 정체성을 동시에 소유하게 되는데, 이 과정은 상호보완적이며 지속적으로 변화하는 특성이 있다"고 했다. 젠킨스(Jenkins, 2004)는 정체성이란 "상호작용을 수반하는 과정이며, 역동적으로 확립되는 것"이라 정의했다. 베이커(Baker, 2006)는 사람들이 자신의 정체성을 사회적 역할, 즉 지위나 사회경제적 계층 혹은 성별, 나이, 국적 등 세상과 자신의 관계를 통해 이해한다고 보았다. 캠벨(Campbell, 2010)은 정체성을 "스스로 자신을 바라보는 방식이면서 타자가 자신을 바라보는 방식이며, 서로 융합되고 사회적인 역할과 더불어 성장하는 것"이라 했다. 정혜승(2010)은 정체성을 "사회적 맥락에 따라 유동적으로 변화하는 다중적인 자아로 사람들과의 관계 속에서 형성되는 자신의 역할에 대한 개념"이라고 주장했다.

이처럼 구성주의적 관점에서 정체성은 고정된 실체가 아니라 인간의 관계와 만남에 의해 재구성되는 복잡다변성을 가진 유동적인 것이다.

본질주의와 구성주의를 통합한 관점을 보면 다음과 같다.

기든스(1991)는 정체성이 특정한 서사를 지속하는 속성을 가지고 있으므로 인간은 성찰로 자신에 대한 이야기를 만들어내는 과정을 통해 정체성을 형성한다고 이해하고 있다. 맥애덤스(McAdams, 1997)는 정체성의 지속성과 유동적인 측면을 인정하면서도 정체성은 일관적이면서 통일된 부분도 가지고 있다고 했다. 사루프(Sarup, 1996: 15)는 정체성을 "계급, 국가, 인종, 민족, 성, 종교 같은 사회적 역학들의 영향력에 대한 선택, 강조, 고려라는 과정을 통해 구성되는 하나의 서사"로 정의한다. 즉, 정체성을 다양한 사회적 관계와의 상호작용 과정에서 형성되는 것으로 정의했다.

통합적 관점에서 정체성을 정의하면, 정체성은 지속적으로 변화하며 유동적인 속성과 함께 특정한 서사를 지속하는 등의 일관되고 지속적인 속성도 있다. 동일한 맥락으로 고미숙(2003)도 정체성의 통합적 관점을 설명하며, 정체성 형성에 타자와의 관계가 필수적임을 주장했다. 곧, 인간의 정체성은 단독자로서의 정체성 측면과 함께 사회적 관계 속에서 형성되고 변화하는 관계적 특성도 있다.

특히, 초국적 이주의 시대를 맞이하여 끊임없이 변화되는 개인, 사회, 문화와 부딪치며 새로운 다문화사회를 형성해나가고 있으므로 통합적 관점에서 정체성 형성의 과정을 분석해볼 필요가 있다.

조진경(2016)은 이러한 초국적 이주 가운데 이주민은 새로운 사회적 환경에서 극심한 정체성의 혼란을 경험한다고 했다. 이와 함께 이주민은 정체성을 재구성하는 과정을 거치는데, 정체성 간의 이질성이 클수록 충돌이나 갈등이 커질 수 있다고 지적했다. 사회는 개개인이 모여 이루어지는 집단이며, 그 때문에 개개인 사이의 인간관계는 중요한 부분이다. 따라서 한 개인의 정체성과 집단과 사회의 정체성이 개인과 개인, 개인과 집단, 집단과 집단 사이의 만남과 관계를 통해 형성된다고 가정할 때 정체성 협상 문제는 상당히 중요한 문제다.

따라서 개인이 정체성 혼란 중에 있는 자신의 현실을 자각하면서 정체성 재구성을 위해 여러 개의 정체성을 거치는 과정으로서의 정체성 시도(Campbell, 2010; 김영순 외, 2012)는 다문화사회 형성에서 중요한 경험이자 과정이다.

2) 정체성 협상

정체성 시도를 통해 개인과 집단은 끊임없이 새로운 정체성을 형성해나가는데, 이러한 과정에서 다양한 상황에서 권력관계에 의해 형성된 선택 가능한 정체성들(Commins, 2000)은 협상 과정을 거친다. 고프먼(Goffman, 1983)에 의하면 개인들은 일상적인 상황 속에서 타자와의 상호작용을 통해 제시와 반응이라는 협상 과정을 통해 정체성을 형성한다. 정체성 협상 과정은 이해관계의 충돌로 인한 갈등을 조정하기 위한 과정이다. 젠킨스(2004)에 따르면 이러한 정체성 협상 과정은 둘 이상의 대상에게서 나타나는 상호작용 과정이며, 이 과정을 통해 개인 또는 집단은 정체성 시도를 한다.

존슨과 존슨(Johnson & Johnson, 2002)은 모든 개인은 사회의 일원으로서 그 사회의 주요 인물들의 행위, 신념, 태도를 내면화하는 동일시의 과정을 겪는데, 바로 이 과정은 정체성 협상 과정이자 정체성 시도 행위의 한 예다.

타즈펠(1974)에 의하면 동일시는 사람들이 자신을 어떤 집단의 구성원으로 범주화하여 그 집단의 특성을 자신에게 적용하는 것이다. 미드(Mead, 1934)는 동일시를 역할습득 과정으로 설명하면서 자아 형성을 문화화 및 사회화로 정의한다. 그리고 사회는 개인들 간의 상징적 상호작용에 의해 구성되므로 지속적으로 변화 가능성을 가지고 있어 끊임없이 재구성된다고 했다. 또한, 이수진(2007)에 따르면 사람들은 이러한 동일시를 통해 소속감을 느낀다. 그리고 소속감은 사람의 정서나 행동에 영향을 미치므로 대인관계에 중요한 역할을 한다.

[그림 1-1]과 같이 오크스(Oakes, 2001)는 사회정체성 이론을 통해 개인이 사회 안에서 정체성을 형성하는 과정을 사회적 범주화, 사회적 정체성, 사회적 비교, 심리적 구분이라는 단계로 구분했다.

젠킨스(2004)는 모든 정체성을 사회 정체성으로 설명하는데, 이러한 사회 정체성은 일치와 불일치, 전통과 혁신, 의사소통과 협상 같은 상호작용을 수반한다. 동일한 맥락으로 기든스(1991)는 사회적 상황은 개인의

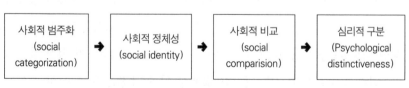

[그림 1-1] 사회정체성 이론(Oakes, 2001: 35)

삶과 분리할 수 없으므로 개인들은 일상생활에서 마주하는 사회적 문제 상황을 해결하여 사회를 재구성하는 능동적 행위를 하는 존재다. 또한, 캠벨(2010)에 따르면, 인간은 문화 안에서 정체성을 학습하므로 문화보다 다양한 정체성의 선택이 존재한다.

이렇게 개인과 개인, 개인과 집단, 집단과 집단이 마주하게 되는 사회적 상황 속에서 다양한 정체성 협상 과정을 통해 정체성이 형성된다. 하지만 정체성 형성은 이질성을 지닌 다양한 정체성 가운데 하나의 정체성으로 귀결되는 것이 아니라 정체성 협상 과정을 통해 확장이라는 다양한 정체성 형성으로 이어진다. 김영순(2015)에 따르면 정체성 협상 과정을 통해 정체성은 또 다른 새로운 정체성으로 재구성되며, 이를 통해 A와 B라는 정체성이 만나 A, B, C 등 다양한 정체성이 형성된다.

결국 초국적 이주의 시대를 살아가고 있는 한국 사회 내 정주민과 이주민은 어느 한쪽의 정체성을 강요하거나 동화를 강조하는 대신 각각의 정체성 유지와 함께 새로운 다문화사회 정체성을 형성해나가야 한다. 한 개인 또는 집단의 정체성 A와 정체성 B가 만나 정체성 협상 과정을 통해 새로운 다문화사회로서의 정체성 A1, B1, C가 형성되며, 새롭게 형성되는 정체성은 기존의 정체성 A, B와 공유할 수 있는 속성과 새로운 속성 모두를 포괄하게 된다.

오늘날 한국 사회의 이주 현상도 초국적 활동을 강조하는 초국적 이주라는 세계의 흐름과 동일선상에 있다. 그렇기 때문에 캐슬스와 밀러(2013)는 국가 차원의 의사결정조차 초국적 요소를 소홀히 해서는 안 됨을 강조한다. 국가는 이주민을 구성원으로 받아들임으로써 자연스럽게 이전과는 다른 새로운 행위공간과 행위환경을 발생시킨다(Beck, 2011: 28).

초국적 이주를 통해 이주해오는 새로운 다문화 구성원은 과거의 일국적·단절적 이주와는 다른 모국과의 네트워크를 유지한 채 사회, 경제, 문화 등 다양한 영역에서 초국적 활동을 해오고 있다. 이러한 초국적 활동을 하는 데 그들의 정체성 문제는 중요한 부분이다.

사루프(1996)는 인간의 정체성을 계급, 국가, 인종, 민족, 성, 종교 등의 사회적 역학들의 영향력에 대한 선택과 강조, 고려 과정을 통해 구성되는 하나의 서사로 정의한다. 곧, 인간의 정체성은 다양한 문화 영역에서의 정체성 선택, 협상 과정을 통해 재구성된다.

이 연구에서는 이처럼 다양한 문화 영역의 정체성 선택을 이주민이 초국적 활동을 통해 다문화 생활세계를 형성하는 문화적응 과정으로 이해한다.

타즈펠(1974)은 사회정체성 이론을 통해 문화적응의 인지적 측면을 강조했다. 그에 따르면 사람들은 자신을 한 집단의 구성원으로 범주화하여 그 집단의 특성을 자신에게 적용시킨다. 그렇기 때문에 정체성은 자신이 속한 사회집단과의 동일시를 통해 형성된다. 그리고 자신이 속한 내집단과 외집단과의 비교우위를 통해 내집단의 정체성에 긍지를 부여하고, 그 정체성을 지속적으로 유지하려고 노력하게 된다.

코민스(Commins, 2000)는 정체성을 개인의 정체성과 다양한 사회적 권력관계와의 사이에서 협상 과정을 통해 형성되는 산물로 규정했다.

이주민은 정체성 협상 과정을 통해 모국과 정주국 사이에서 다양한 문화적응 양상을 보인다.

3 장

다문화사회의
이주민 유형

본 사회통합 총서 1권에서는 현재 한국 사회에서 법적 지위에 따라 구분되고 있는 유형 중 다수를 차지고 있는 결혼이민자, 외국인 노동자, 외국인 유학생, 재외동포 유형을 중심으로 그들의 다문화 생활 세계 형성 과정을 고찰했다. 이에 상기 유형을 다시 정리해보면 다음과 같다.

1) 결혼이민자

한국 사회에서는 1980년대 후반부터 본격적으로 국제결혼이 이루어 지기 시작했다. 그 후 국제결혼가정, 이중문화가정, 혼혈인가정, 다문화가 정 등 다양한 용어가 사용되어왔으며, 「다문화가족지원법」 제정 이후 '다 문화가족' 또는 '다문화가정'이라는 용어를 공식적으로 사용하고 있다.

한국 사회에서 다문화가정을 정의하자면, 통상 국제결혼과 외국인 가정으로 정의할 수 있다. 국제결혼가정은 대한민국 국적자와 그 이외의 국적을 소유한 자가 결혼이라는 제도를 통해 구성된 가정이다. 외국인가 정은 대한민국 이외의 국적을 소유한 자들로 이루어진 결혼가정을 의미 한다.

김수연(2010)에 따르면 2000년대 이후 다문화가정은 다음과 같은 특 성을 가지고 있다. 첫째, 국제결혼이 일반적이다. 둘째, 국제결혼이 일반 화되고 있는 반면, 국제결혼 이혼 비중 또한 증가하고 있다. 셋째, 국제 결혼의 경우 한국 국적을 가진 남성에 비해 여성이 다수를 차지하고 있 다. 넷째, 이러한 국제결혼은 아시아권 현상이라는 특수성을 가지고 있다. 다섯째, 국제결혼이 점차 농촌화 현상으로 대표되고 있다.

권오상·강혜정(2011)은 이러한 국제결혼을 포함한 인구의 국가 간 이동 현상을 다음과 같이 분석했다. 역사적으로 국가 간 인구의 이동은 국가들 간의 경제, 사회, 정치, 문화적 상황과 맥락 속에서 발생하고 있다. 그리고 라틴아메리카 및 아시아인의 미국으로의 이주, 아프리카계 인구의 유럽 이주가 대표적이다. 이에 유럽과 미국을 중심으로 이러한 국제적 이주에 관한 연구가 활발하게 진행되고 있다.

김주희(2012)는 이러한 국제이주의 현상으로 가까운 중국의 사례를 드는데, 중국의 경우 다인종·다민족이라는 오랜 다문화사회의 역사를 가지고 있다. 한편 미국 또한 건국 시기부터 다양한 인종과 민족으로 시작되었고, 역사 자체가 다문화적이며, 지금까지 국가이익을 최고의 선으로 하는 정체성을 확립해오고 있다. 이렇게 중국과 미국은 일찍부터 문화적 다양성과 소수민족의 문화를 인정하는 다문화사회를 경험했으므로 이 국가들의 경험을 한국에 반추해볼 수 있다.

송형주(2015)와 김경아(2012)는 한국 사회 결혼이주의 경우 여성화 현상이 두드러진다고 분석한다. 이는 1980년대 아시아 지역 여성의 이주화 현상과 동일선상에 있으며, 이러한 여성의 이주화 현상은 경제적 빈곤국 여성들이 더 나은 경제 상황을 가지고 있는 일본, 한국, 대만 등으로 이주하는 현상으로 대표될 수 있다.

본 연구에서도 이러한 여성의 이주화 현상에 따라 결혼이민자 유형 중에서도 특히 결혼이주여성을 중심으로 연구를 진행했다.

출입국·외국인정책본부(2018)에 따르면, 결혼이주자는 2018년 3월 기준으로 15만 6,439명이 한국에 거주하고 있으며, 이 중 남자가 2만 5,617명(16.4%), 여자가 13만 822명(83.6%) 거주하고 있어 여성이 다수를 차지하고 있는 것으로 나타났다. 국적별로는 중국이 7만 9,540명(37%), 베트남이 4만 2,292명(27%), 필리핀이 1만 1,845명(7.6%), 캄보디아가 4,489명(2.9%)을 차지하고 있다. 이에 본 연구에서는 1차 연도에는 중국계를 중심으로, 2차 연도에는 베트남과 필리핀, 캄보디아 등 동남아시아계를 중심으로, 3차 연도에는 러시아 등 중앙아시아계를 중심으로 연구를 진행하고자 한다.

결혼이주여성은 한국에 이주해온 이후 지속적으로 거주하고 있으며, 이는 출입국·외국인정책본부(2018)의 2018년 3월 혼인귀화자 12만 2,933명의 통계 수치에서도 짐작할 수 있는 부분이다. 그렇기 때문에 결혼이주여성을 비롯한 결혼이민자 대상 다문화 생활세계 연구는 중요한 부분이다.

2) 외국인 노동자

이른바 선진국이라 불리는 경제 발전 국가를 중심으로 저출산·고령화 현상이 일반화되고 있으며, 한국의 경우도 마찬가지다. UN DESA(2017)에 따르면, 한국도 이주민이 없었다면 노동인구가 감소했을 것으로 추산된다.

이에 한국은 다른 OECD 국가와 마찬가지로 국가 운영과 발전을 위해 외국인 노동자를 「외국인 노동자의 고용 등에 관한 법률」 등과 같은 법적 근거를 마련하여 수용하고 있다. 이에 한국은 주로 저숙련·저임금 외국인 노동자가 유입되고 있다.

현대경제연구원(2016)도 이러한 의미에서 외국인 노동자를 "경제적 수입을 목적으로 국내에서 근로활동을 하고 있는 자"로 정의한다.

　'외국인 노동자'의 법적 근거는 2003년 8월 제정·공포된 「외국인 노동자의 고용 등에 관한 법률(이하 외국인고용법)」과 「출입국관리법」이라 할 수 있다. 외국인고용법은 "외국인 노동자를 체계적으로 도입·관리함으로써 원활한 인력수급 및 국민경제의 균형 있는 발전을 도모함"을 목적으로 한다고 명시하고 있다. 또한 「출입국관리법」에는 "대한민국에 입국하거나 출국하는 모든 국민 및 외국인의 출입국관리를 통한 안전한 국경관리와 대한민국에 체류하는 외국인의 체류관리 및 난민의 인정절차 등에 관한 사항을 규정함"이라고 그 목적이 명시되어 있다. 「외국인고용법」제2조에 따르면 외국인 노동자는 "대한민국의 국적을 가지지 아니한 사람으로서 국내에 소재하고 있는 사업 또는 사업장에서 임금을 목적으로 근로를 제공하고 있거나 제공하려는 사람"이다. 「외국인고용법」은 고용허가제에 의해 도입되는 비전문취업(E-9), 선원취업(E-10)의 일반외국인 노동자와 특례고용허가제에 의한 방문취업(H-2) 자격의 외국 국적 동포 외국인 노동자에게 적용된다. 그리고 「출입국관리법」은 취업자격 외국인 노동자의 국내 취업 여부를 결정하는 법이다. 이러한 「출입국관리법」의 취업활동에 따른 체류자격을 보면, 단기취업(C-4), 교수(E-1), 회화지도(E-2), 연구(E-3), 기술지도(E-4), 전문직업(E-5), 예술흥행(E-6), 특정활동(E-7), 비전문취업(E-9), 선원취업(E-10), 방문취업(H-2)이 있다.

　일반적으로 외국인 노동자는 기술수준에 따라 숙련자와 미숙련자로 구분된다. 한국 사회는 점차 선진국의 반열에 오르며 미숙련 노동을 기피하는 현상이 확산되고 있다. 이에 미숙련 노동자인 외국인 노동자가 그 공백을 메우고 있는 실정이다. 서한석(2013)은 이러한 노동이주 형태가 지속될 것으로 예측하고 있다.

출입국 · 외국인정책본부(2018) 통계월보에 따르면, 실제로 2018년 3월 말 기준으로 한국 내 취업자격으로 체류하고 있는 외국인 노동자 수는 58만 2,535명으로 전체 장기 체류 외국인 160만 5,991명 대비 36.27%를 차지한다. 외국인 노동자는 기술수준별로 다음 〈표 1-2〉와 같이 전문 인력과 단순기능 인력으로 구분된다. 이들은 한국 정부로부터 공식적인 취업자격을 받고 입국하여 국내 노동시장에서 경제활동을 하는 외국인 노동자다. 이 중 「출입국관리법시행령」 제23조 기준에 의해 전문 인력으로 분류되는 외국인은 4만 6,748명인 반면, 단순기능 인력으로서 「외국인고용법」을 기반으로 고용허가제 및 특례고용허가제에 의해

〈표 1-2〉 취업자격 외국인 노동자 현황

(단위: 명)

구분	전문 인력		단순기능 인력	
자격 및 인원	단기취업(C-4)	1,573	비전문취업(E-9)	274,239
	교수(E-1)	2,472		
	회화지도(E-2)	13,942	선원 취업(E-10)	16,029
	연구(E-3)	3,283		
	기술지도(E-4)	180		
	전문직업(E-5)	613	방문 취업(H-2)	245,519
	예술흥행(E-6)	3,639		
	특정활동(E-7)	21,046		
총계	계	46,748	계	535,787
				582,535

자료: 출입국 · 외국인정책본부(2018) 통계월보 3월호를 재구성함.

허가받은 외국인 노동자는 53만 5,787명으로 전체 외국인 노동자의 약 92%에 해당한다.

전체 외국인 노동자의 국적별 분포는 중국(238,220명), 베트남(47,705명), 캄보디아(37,961명), 우즈베키스탄(33,695명), 인도네시아(33,673명), 네팔(31,502명), 필리핀(29,078명), 태국(24,276명), 스리랑카(23,913명), 미얀마(23,452명), 방글라데시(10,710명), 미국(9,778명), 몽골(6,948명), 파키스탄(3,908명), 키르기스스탄(2,623명), 캐나다(2,394명), 영국(2,140명), 티모르민주공화국(1,840명), 일본(1,164명), 러시아(579명), 기타(16,976명) 순이다.

전문 인력 체류자격 중 체류 규모가 가장 큰 특정활동(E-7-1)은 전문 인력, 준전문 인력, 숙련기능 인력으로 구성되어 있으며, 국적별 현황은 다음 〈표 1-3〉과 같이 중국이 가장 많고, 베트남, 미국, 인도, 태국 순이다.

한태희(2016)는 전문 인력과 비전문 인력의 체류 특성을 비교한 연구를 진행했다. 이 연구에서 전문 인력에 속하는 외국인 노동자의 체류자격 특성을 '근무처변경 및 추가'에서의 신고제 적용, 가족동반권이 있다

〈표 1-3〉 특정활동(E-7-1)의 국적 및 지역 현황

(단위: 명)

구분	국적					
	중국	베트남	미국	인도	태국	기타
전문 인력	1,360	756	1,559	550	67	3,974
준전문 인력	10,190	205	10	368	353	869
숙련기능 인력	1,734	779	0	18	124	663
총계	13,284	1,740	1,569	936	544	5,506

자료: 출입국·외국인정책본부(2018) 통계월보 3월호를 재구성함.

는 것과 영주자격 부여 등 정주가 가능한 체류자격으로 분석했다. 반면 비전문 인력에 속하는 외국인 노동자 체류자격 특성은 '근무처변경 및 추가'가 원칙적으로 제한되며, 가족동반권이 없고, 영주자격 취득 가능성이 낮은 체류자격이라 했다. 즉, 체류자격 면에서 비전문 인력의 경우 한국 내 노동의 자유 및 재고용 가능성이 제한적이다.

이처럼 한국 내에 체류하고 있는 외국인 노동자의 경우 비전문 인력이 다수를 차지하고 있다. 그리고 국적은 중국이 가장 많으며, 미국을 제외하고 아시아가 다수를 차지한다. 전문 인력의 경우 대부분 중국과 미국 국적이며, 그 외의 나라는 소수다.

외국인 노동자로서 취업자격을 가지고 한국에 체류하고 있는 이주민 외에도 다양한 유형의 이주민이 노동하고 있으며, 그 때문에 경제활동에 참여하고 있는 외국인은 통계와는 별도로 더 많은 수가 있을 것으로 예상된다.

본 연구는 결혼이민자와 함께 외국인 노동자의 생활세계 면면을 살펴보려고 한다. 유엔(UN)에서는 외국인 노동자를 "본인의 국적국가가 아닌 나라에서 경제활동에 종사할 예정이거나 종사 중이거나 종사해온 사람"으로 정의하고 있다. 또한 ILO(국제노동기구)에서는 「불법이주 및 이주노동자의 기회 및 처우 균등의 촉진에 관한 협약」(제143호) 제1부 제11조에서 외국인 노동자를 "타인을 위해 고용될 목적으로 출신국에서 타국으로 이동하는 자"로 정의한다. 본 연구에서는 "국제 이주를 통해 한국에 거주하며 경제활동을 하고 있는 자"를 '외국인 노동자'로 정의하고자 한다. 그렇기 때문에 합법적 체류, 불법 체류자를 모두 아우르는 개념으로 외국인 노동자를 정의하여 이들의 실생활에 근접한 사회통합 모형을 제시하고자 한다.

3) 외국인 유학생

법무부(2015)에 따르면 외국인 유학생은 "유학 또는 연수활동을 목적으로 대학에 재학 중인 외국 국적의 학생"이다. 이들은 대학에서의 학업을 마친 후 모국 또는 제3국으로 출국하거나 국내에 취업하거나 상위과정에 진학하기도 하는 열려 있는 정주 목적을 가지고 있는 자들이다. 최윤곤(2003)은 외국인 유학생을 "한국보다 교육 혜택이 적은 국가들로부터 유입된, 한국에 대한 관심과 함께 한국의 대학 및 대학원에 입학하여 학업과 학위 취득을 목적으로 하는 학생"으로 정의하기도 한다. 이재모(2008)는 "타국에서 학업에 대한 계획된 목적으로 한국의 대학으로 입학하는 학생"으로 외국인 유학생을 정의함과 동시에 이들의 인간으로서 존엄성과 사회복지서비스의 필요성에 대해 주장하기도 했다. 한편, 「출입국관리법」 및 같은 법 시행령에서는 "전문대학 이상의 교육기관 또는 학술연구 기관에서 정규과정의 교육을 받거나 특정의 연구를 하려는 사람〔유학(D-2)〕과 법무부 장관이 정하는 요건을 갖춘 교육기관이나 기업체, 단체 등에서 교육 또는 연수를 받거나 연구 활동에 종사하려는 사람〔일반연수(D-4)/단, 연수기관으로부터 체재비를 초과하는 보수를 받거나 유학(D-2), 기술연수(D-3) 체류 자격에 해당하는 사람은 제외〕"으로 외국인 유학생을 규정한다.

초국적 이주 시대의 도래와 함께 이러한 외국인 유학생이 급증하고 있으며, 과거 학문적 목적을 넘어 현대의 유학은 학문, 경제, 문화 등 다양한 영역에서 상호문화 교류를 부추기고 있다. 같은 맥락으로 김대현·김아현·강이화(2007)는 "유학생의 형태가 제2차 세계대전 이후 후진국의 경제발전을 위한 목적으로 기술자, 과학자, 교사 등 전문가 파견의 형태로 변모하고 있다"고 주장했다.

하지만 이러한 국가 경제 규모의 비교우위에서 낙후된 국가에서 온 유학생들은 차별을 겪고 있기도 하다. 나임순(2006)도 이러한 외국인 유학생은 타국에서의 생활에 따른 사회적 변화와 문화적 변화에 대처하며 적응하는 데 어려움을 겪고 있다고 했다.

출입국·외국인정책본부(2010)에서는 외국인 유학생 유치는 경제적 효과와 함께 고용 확대, 우수 인적자원 유치로 인한 글로벌 국가경쟁력 강화와 국가 간의 가교 역할이 가능한 인적자본의 네트워크 형성 및 대학의 국제화를 통한 내국인 학생의 타 국가와 타 인종 및 타 문화와의 소통 및 공동체 형성 등의 다방면에서의 도움을 주는 것으로 평가한다. 하지만 이러한 긍정적 효과에도 아직까지 한국 사회의 외국인 유학생에 대한 인식 수준이 낮아서 문제가 되고 있다.

다음 〈표 1-4〉와 같이 한국 내 외국인 유학생의 경우 자비 유학생이 2015년 7만 8,845명에서 2016년 9만 703명으로 1만 1,858명 증가하여 전년 대비 약 15%의 증가 폭을 보였다. 이러한 결과에 대해 정상화(2018)

〈표 1-4〉 유학 형태별 외국인 유학생 수

(단위: 명)

유학 형태	2015년	2016년	증감
자비 유학생	78,845	90,703	11,858
정부 초청 장학생	2,901	2,734	-167
대학 초청 장학생	6,802	7,266	464
자국 정부 장학생	1,178	1,070	-108
기타	1,606	2,489	883
총계	91,332	104,262	12,930

자료: 교육부(2016), 국내 외국인 유학생 현황정보 참고

는 한국의 IT 강국으로서의 국가 이미지 상승과 관계가 있으며, 이를 국제 교육시장에서 유학생 유치에 대한 한국 교육시장의 경쟁력 확보와 교육의 국제화에 대한 정부와 각 대학의 관심과 노력의 결과이며 국가 위상 제고의 결과로 분석했다.

이에 본 연구에서도 결혼이민자, 외국인 노동자와 함께 한국 사회의 다문화사회로의 올바른 이행과 지속 가능한 다문화사회 형성 및 발전을 위해 외국인 유학생도 연구의 대표 유형으로 선정했다.

4) 재외동포

역사학자들의 의견에 따르면 한국 사람들의 본격적인 해외 이주는 19세기 중반부터다. 최영(2011)의 연구에 따르면 한국 사람들의 이주는 다른 국가에 비교하여 역사가 길지는 않지만, 그 규모는 상당히 큰 편이다.

한국의 이주를 한반도에 거주하던 사람들의 이주로 보면, 해외로의 이주 역사는 삼국시대로 거슬러 올라간다. 그러나 한국인으로서의 정체성 여부를 기준으로 삼을 때 구한말 이전의 이주는 이주국으로의 동화적 측면이 강하며, 구한말 이후의 이주에서부터 한국인으로서의 정체성을 유지하는 모습을 보인다. 국제문제조사연구소(1996)에 따르면 조선 말기 삼정문란, 북부지방 흉년 등의 경제적 사정과 중국의 청나라 말 국경 지역 경계 소홀 문제가 복합적으로 작용하여 조선인의 대대적인 이동이 시작되었다.

또한, 일본의 경제적인 수탈과 정치적 압제로 1920년대 이후 중국,

러시아, 동남아시아, 북미 등으로의 강제이주가 발생했다.

최영(2011)에 따르면 해외 이주자는 1935~1940년 사이에 급격히 증가하여 한국인 전체의 4%에 해당하는 90만 명가량이 해외로 이주했다. 이것은 이전 시기인 1930~1935년 사이 해외 이주자의 세 배나 되는 규모로, 당시 주요 이주지역은 중국의 일본 점령지인 만주였다. 그리고 1940년부터 1945년 사이 전체 인구의 2.5%에 해당하는 약 63만 명의 한국인이 해외로 이주했다. 이는 1935년부터 1940년까지 해외 이주자 수의 70%에 해당하는 수치다. 대한민국 독립 후에는 한국전쟁으로 인한 국제결혼, 해외입양, 유학생 등의 유형으로 해외 이주가 지속되었으나, 이전만큼의 대규모 이주는 없었다.

이후 1965년 미국의 「이민법」 개정이 기폭제가 되어 해외 이주가 증가하게 되면서 새로운 전환기를 맞는다. 이에 1970년대 이후 연간 약 3만명의 한국인이 미국으로 이주했다. 하지만 한국의 사회, 정치, 경제적 위상이 격상되며 점차 해외 이주가 감소폭을 보인다.

재외동포의 국적별 체류 현황은 〈표 1-5〉와 같다. 이렇게 한국 사회의 해외 이주로 인해 지금까지 외국에 거주하고 있는 재외동포 수를 외교부(2017) 재외동포 현황을 통해 살펴보면 동북아시아(일본, 중국), 남아시

〈표 1-5〉 재외동포의 국적별 체류 현황

(2018년 3월 31일 현재, 단위: 명)

계	중국	미국	우즈베키스탄	러시아	캐나다
	709,741	45,036	31,394	22,116	15,959
850,007	카자흐스탄	오스트레일리아	키르기스스탄	뉴질랜드	기타
	9,859	4,590	2,478	2,389	6,445

자료: 출입국·외국인정책본부(2018) 통계월보 3월호를 재구성함.

아 · 태평양, 북미(미국, 캐나다), 중남미, 유럽, 아프리카, 중동 등 세계의 다양한 국가에 740만 명 이상의 재외동포가 거주하고 있다. 또한, 초국적 이주 시대의 도래와 함께 국내로 귀환하는 재외동포가 점차 증가하고 있는데, 출입국 · 외국인정책본부(2018) 통계월보 3월호에 따르면, 2018년 3월 말 기준으로 85만 명 이상이 한국에 귀환하여 거주하고 있다.

한국의 국격 향상과 더불어 재외동포는 점차 한국인으로서의 정체성에 대해 자부심을 갖고 있으며, 한국으로의 귀환을 시도하고 있다. 하지만 아직까지 한국의 재외동포를 위한 법제적 정비가 미흡하여 재외동포에 대한 처우개선이 요구되는 상황이다.

따라서 본 연구에서는 한국 내에 거주하고 있는 재외동포로 한정하여 한국 내에서의 안정적인 정착과 바람직한 다문화 생활세계 형성을 돕기 위한 사회통합 모형을 제시하고자 한다.

5) 문화적응에 기반을 둔 이주민 유형 분류

이처럼 현재 한국은 사회에 정착하고자 하는 이주민을 이주 형태(노동, 결혼, 유학, 난민 신청 등)와 법적 지위(단기 또는 장기 체류 외국인 등록자, 미등록 외국인, 재외동포, 대한민국 국적 취득자, 북한이탈주민 등)에 따라 그 유형을 규정하고 있다. 하지만 벡(Beck, 2011)에 의하면, 현재의 이주 현상은 과거 국가 간 교류와 경계를 구분 짓던 일국주의 체제 아래 이루어지던 이주와 달리 국가의 경계를 넘나드는 초국주의적 특성을 지닌 초국적 이주로 변화되고 있다. 이와 같은 초국주의의 등장은 일국주의의 한계를 뛰어넘기 위한 초국적 차원의 시민권을 요구한다. 곧, 한 지역, 한 국가의 문제는 이제 단편적인 문제가 아니라 전 지구적 협력과 공존을 통해 해결해야 하는 문제가 되었다.

캐슬스와 밀러(2013)에 의하면 이제 개인과 지역, 국가의 문제는 초국적 요소를 고려해 해결해나가야 할 문제다. 벡(2011)은 이러한 초국적 이주로 인해 새로운 공간과 환경의 변화가 나타나고 있다고 했다. 파레나스(Parrenas, 2009)에 의하면, 이주민은 모국과 이주국 사이의 상호연결망을 통해 국경을 넘나드는 삶을 살아가는 다층적 정체성을 가지고 있는 존재다. 이들은 가족관계, 사회적 네트워크, 공동체 등의 다양한 영역에서 초국적인 사회의 장을 만들고 있다.

부버(1947)는 이주민을 출신 사회와 이주 사회의 맥락을 공유하며 살아가는 새로운 유형으로서 '사이존재(inter-being)'로 정의했다. 바바(Bhabha, 2002)는 탈식민주의 이론을 통해 제국과 식민지 사이에서 이주민을 통해 형성되는 '사이에 낀(in-between)' 공간을 이야기한다. 이 공간은 혼종의 문화가 공존하는 혼합적 정체성이 창조되는 공간이다.

현재 한국 사회에서 이주민에 의해 형성되고 있는 다문화 생활세계 공간은 바로 이러한 혼종의 문화가 공존하면서 변형되거나 새롭게 생겨난 혼합적 정체성의 공간이다. 이주민은 출신국, 정주국, 그리고 그 경계라는 시간과 공간 속에서 새로운 다문화 생활세계를 만들어나가고 있다. 바바(2002)는 이러한 사이 영역에서 살아가고 있는 사이존재인 이주민이 만들어나가는 공간은 닫힌 공간이 아닌 새로운 자아정체성과 영역이 재구성되는 공간이라고 했다. 유발-데이비스(Yuval-Davis, 2012)는 이주민에 대한 동화주의적 입장을 비판하며, 이주민을 능동적으로 새로운 정체성을 형성해나가는 혼종적 주체로서 바라보아야 한다고 강조한다.

곧, 이주민을 동화주의적 사회통합과 지원의 대상으로 바라보는 기존의 이주민 유형의 구분을 그들의 정체성과 적응 양상을 통해 새롭게 재구성할 필요가 있다.

아렌트(Arendt, 2006)는 근대사에서 이주민의 권리를 설명하며 독일 나치 정부의 유대인 이주민에 대한 처우를 분석하고 유대인 소수민족을 국가 없는 유령으로 만들어버린 일국주의 정책에 대해 비판하면서 이주민의 인권 상실의 문제에 대해 말했다. 아렌트(2006)는 이들 유대인 소수민족의 추방 문제를 적시하며, 그들의 고향과 국가 상실의 문제를 통해 보편적 인권의 중요성에 대해 주장했다.

현재 한국 사회의 초국적 이주 문제는 이러한 소수민족의 보편적 인권을 넘어선 타자의 권리 문제로 받아들여야 한다. 벤하비브(Benhabib, 2008)는 국민은 선험적으로 주어지는 것이 아니라 포함과 배제의 의식적인 투쟁을 통해 형성되는 통일체로 이해해야 함을 강조하면서 초국적 시대의 타자의 권리로서 인권으로서의 권리를 가질 권리(성원권)를 주장했다. 벤하비브(2008)는 이주민을 정주국의 제도 및 문화전통을 재해석하기도 하는 해석학적 동반자로서 이해해야 한다고 주장했다. 결국 초국적 이주의 시대를 살아가고 있는 국민은 상호문화적 의사소통을 통해 상호작용 과정으로 형성되는 세계시민의 개념으로 정의할 수 있다.

한국 사회도 이러한 초국적 이주로 인해 다문화 구성원의 생활세계가 형성되고 있다. 따라서 다문화 구성원의 생활세계 기반 사회통합 모형을 제시하기 위해서는 기존의 법제적, 체류자격별로 이주민의 유형을 구분하기보다 이주민의 정체성과 적응 양상을 중심으로 구분하여 그들의 생활세계를 입체적으로 분석함으로써 사회통합 모형을 새롭게 적용할 필요가 있다. 이에 기존의 문화적응과 정체성 협상 이론을 바탕으로

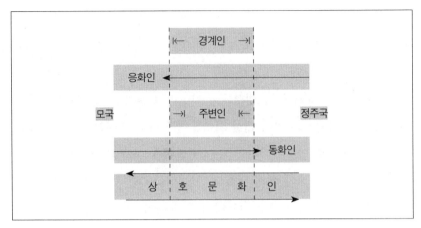

[그림 1-2] 다문화사회의 이주민 유형

이주민의 유형을 새롭게 범주화하면 위의 〔그림 1-2〕와 같다.

〔그림 1-2〕와 같이 다문화사회의 문화적응과 정체성 협상의 수준에 따라 이주민의 유형을 구분하면 다음과 같다.

첫째, 경계인은 이주 초기 단계의 이주민으로, 정주국에 정착하기 위해 문화적응과 정체성 협상을 시작하는 단계에 있는 유형이다. 경계인의 개념은 오베르크(1960)가 제시한 문화충격 이론에서 차용한 개념이다. 이 이론에 따르면 이주민이 문화접촉을 하는 첫 단계로 밀월단계를 거치며 이주 초기에 이주국에서 새로운 문화를 만나 기대와 열정을 갖는 시기로 정착을 준비하고 적응을 시작하는 단계를 말한다.

둘째, 응화인은 경계인 다음 단계 중 외국인 유학생이나 외국인 가정처럼 정주국에 일정 기간 정주 후 다시 모국으로 돌아갈 계획을 갖고 있는 이주민 유형이다. 이 경우 정주국에 머물고 있지만, 정주국에서의 목적 달성을 위해 동화될 뿐 실제로는 모국의 정체성을 유지하고 있는 유형이다. 응화인 유형은 이주민이 내적으로 고유의 문화와 정체성을 유지하고 그리워한다는 점에서 샘과 베리(Sam & Berry, 2010)가 주장한 분리 유형의 이주민과 공통적인 특성이 있기도 하다. 하지만 응화인은 정주국의 차별과 편견으로 인해 생겨나는 부정적 이주민 유형인 분리 유형과는 달리 이주민의 이주 전부터 선택된 의지적 유형으로 표면적이기는 하나 정주국에 동화하고자 하는 양상을 보인다. 하지만 응화인의 경우 반드시 모국으로 돌아가는 것은 아니므로 모국에 돌아가지 않고 정주국에 지속적으로 정착하고자 하는 경우 동화인 또는 상호문화인으로 넘어가기도 한다.

셋째, 동화인은 이주민이 더 빠른 시간 안에 이주 수용국에 정착하고자 할 때 주로 선택하는 전략으로, 베리(2005)는 이러한 동화 전략을 이주민이 정주국의 주류문화에 완벽하게 동화되어 주류사회에 뿌리내리기 위해 선택하는 전략으로 보았다. 하지만 이러한 동화 전략은 초국적 이주 시대의 도래와 함께 이주민 정착의 마지막 단계가 아니며, 이주민만이 주류문화에 동화되어야 하는 것이 아니라 정주민 또한 이주민 문화에 동화되어야 한다. 또한 문화적 정체성 협상 과정에서 동화인이 때로는 경계인 또는 주변인으로 퇴보하기도 하며, 상호문화인이라는 발전적 단계로 전진하기도 한다.

넷째, 주변인은 정주국에 정착 또는 일정 기간이 지난 후 다시 모국으로 돌아가고자 했으나, 정주국에서의 문화충돌로 인해 모국의 정체성과 정주국의 정체성 어디에도 속하지 못하고 주변화되는 유형이다. 부르히스 외(Bourhis et al., 1997)가 제시한 개인주의형(이주민의 개인주의적 성향이 원인)과 아미노형(주류사회의 차별과 배제가 원인)의 유형이 있으며, 이들은 심각한 문화적응 스트레스로 인해 모국과 정주국 어디에도 속하지 못하고 정체성의 혼란을 겪는다.

마지막으로, 상호문화인은 초국적 이주 시대가 요구하는 이주민과 정주민의 유형이다. 앨바와 니(2009)는 문화적응을 다양한 문화적 배경을 가지고 있는 사람과 문화가 관계를 맺고 접촉하는 가운데 서로의 문화적 경계의 간극을 좁혀가는 과정으로 이해한다. 그리고 레드필드, 린턴과 헤르스코비츠(Redfield, Linton & Herskovits, 1936)에 따르면 이러한 과정은 개인과 집단 수준 모두에서 일어나는 과정이며, 이 과정은 인지적·정서적·행동적 변화의 경험이다. 상호문화인은 모국과 정주국을 가로지르는 상호침투적 사고와 행위를 통해 상호문화적 정체성을 소유하게 되는 유형이다. 초국적 이주의 시대는 이렇게 상호문화적 소통을 할 수 있는 상호문화인을 요구한다. 이러한 상호문화인은 세계시민으로 정의될 수 있으며, 문화적 정체성 협상의 마지막 단계로 비단 이주민만 선택해야 하는 것이 아니라 이주민과 정주민이 모두 추구해야 할 이상향이다.

하지만 이러한 이주민의 유형은 고착되어 있는 것이 아니라 이주민이 처한 상황적 맥락에 따라 정체성 협상 과정을 통해 끊임없이 변화한다. 따라서 본 연구는 초국적 이주의 글로컬 다문화 생활세계를 형성해나가고 있는 다문화 구성원(이주민과 정주민을 모두 포함)이 처한 맥락적 상황 속에서 다양한 정체성 협상 과정을 통해 상호문화인으로 어떻게 발전적으로 변해가고 있는지 분석하고자 했다. 이와 함께 역행하는 다문화 구성원은 왜 그러한지에 관해 그들의 구체적인 생활세계의 장을 입체적으로 분석했다. 곧, 본 연구는 이주민의 다문화 생활세계를 인지정서적 영역과 사회제도적 영역으로 구분하여 입체적으로 분석하는 과정을 통해 이주민이 상호문화인으로서의 정체성을 소유할 수 있도록 사회통합정책 모형을 제시하고자 한다.

2부

다문화사회와 사회통합

4장. 이주와 다문화사회 형성

5장. 사회통합과 사회통합정책 이론

4장

이주와
다문화사회 형성

1.
다문화사회의 이주 현상

인류는 오랜 이주의 역사를 가지고 있다. 종족 간 영토 개척, 유목, 전쟁, 노예 등 다양한 배경으로 개인 또는 집단 단위로 이주를 계속해오고 있다. 하지만 이주의 역사 초기 모국과는 단절된 채 정주국에서의 새로운 삶을 개척하던 모습과 달리 현대사회의 이주는 다른 양상을 보이고 있다.

전형권(2008)에 의하면 1960년대 중반 이후부터 국제이주의 사회적 · 경제적 패턴은 그 이전 시기와 현저하게 구별되는 특성을 갖고 있다. 그 이전 시기의 이주가 경제, 종교, 정치적 핍박으로 인한 단방향성 · 일회성 이동이었다면, 1960년대 중반 이후부터의 국제이주는 국가의 경계를 초월한 다방향의 급격한 이동이 이루어지고 있다.

최병두(2011)는 1980년대 이후 본격화된 지구화 · 지방화 과정과 더불어 촉진된 초국적 이주와 이에 따른 다문화사회로의 전환에 대해 이전과는 전혀 다른 '초국적 이주의 시대', '다문화주의 시대'로 명명했다.

이러한 현대사회의 초국적 이주 현상은 사회, 경제, 정치, 환경 등 다양한 영역에서의 배경을 가지고 전 세계적으로 나타나고 있으며, 교통과 통신 등 첨단 과학기술의 발달로 더욱 가속화되고 있다. 또한, 현대사회의 문제인 저출산 및 고령화 현상은 지속 가능한 사회를 위한 국제이주(이주노동자 유입 등)를 요구하고 있다. 캐슬스와 밀러(2013)도 현대사회의 초국적 이주는 이전의 이주와 다른 양상으로 국가의 경계를 넘나드는 네트워크 형성으로 송출국과 수용국 모두에 변화를 일으키고 있으며, 저출산·고령화 같은 인구 문제를 비롯하여 빈부의 격차 등 다양한 사회문제로 인해 이주의 시대가 지속될 것이라 예측하고 있다. 캐슬스와 밀러(2013)는 이러한 초국적 이주는 다음의 두 가지 도전을 제기한다고 주장한다. 첫 번째 도전은 불법체류의 전 세계적 확산이며, 두 번째 도전은 초국가주의에 의한 것으로, 이주가 점차 쉬워지면서 이주로 인해 둘 이상의 개인과 국가 간의 정치적·경제적·사회적·문화적 관계가 새롭게 형성된다는 것이다.

이러한 도전들은 활발한 경제 교류와 인간관계 형성, 사회학적 인구문제 해결 등의 초국적 이주로 인한 긍정적 효과를 가져다주는 한편, 2005년 파리 교외 소요사태에서부터 2010년 독일 앙겔라 메르켈 총리의 독일 다문화사회 실패 발표 등 각종 반이민 사건과 사회통합정책 실패로 부정적인 사태가 발생하기도 한다. 이와 같은 맥락에서 한건수(2012)는 한국 사회의 다문화 열풍을 지적하며 다문화사회와 다문화주의에 대한 불명확한 규정과 무분별한 호혜적 다문화사회통합정책으로 인해 다문화 혐오증을 불러일으켰다고 주장하기도 했다. 따라서 초국적 이주의 시대에 직면하고 있는 한국 사회는 우리보다 앞서 다문화사회를 맞이한 유럽과 북미, 아시아의 사례로부터 이주의 역사와 이에 따른 정책과 경험을 반면교사의 사례로 삼아야 할 것이다.

한국 사회가 마주한 초국적 이주와 다문화사회 진입이라는 현실을 직시하고 분석하여 지속발전이 가능한 한국 사회를 만들어나가기 위해서는 이주의 역사에서부터 한국형 사회통합정책과 실천에 이르기까지 더욱 탄탄한 학문적 토대가 뒷받침되어야 할 것이다.

먼저 초국적 이주 현황을 전 세계적으로 살펴보면 다음의 〈표 2-1〉과 같다.

UN DESA(2017)가 발표한 『The International Migration Report 2017』에 따르면 〈표 2-1〉과 같이 출생 국가 이외의 국가에 거주하고 있는 이주민 인구는 2억 5,771만 5천 명으로 2000년 이후 49%가 증가했다. 이는 전 세계 인구의 3.4%가 이주민으로 구성되어 있음을 보여준다. 특히, 높은 경제력을 가지고 있는 고소득 국가에 거주하는 이주민의

〈표 2-1〉 전 세계 이주민 현황

국가	이주민 현황 (단위: 천 명)		국가 전체 인구 대비 이주민 비율 (%)		여성 이주민 비율 (%)		이주민 평균 나이 (세)	
	2000년	2017년	2000년	2017년	2000년	2017년	2000년	2017년
전 세계	172,604	257,715	2.8	3.4	49.3	48.4	38.0	39.2
아프리카	14,800	24,650	1.8	2.0	46.9	47.1	27.6	30.9
아시아	49,198	79,587	1.3	1.8	46.2	42.4	36.5	35.1
유럽	56,314	77,895	7.7	10.5	51.6	52.0	41.1	42.6
남아메리카	6,579	9,508	1.3	1.5	50.1	50.4	38.8	35.8
북아메리카	40,352	57,664	12.9	16.0	50.5	51.5	38.4	44.7
오세아니아	5,360	8,411	17.2	20.7	50.1	51.0	44.6	43.9

자료: UN DESA(2017), 『The International Migration Report 2017』 참고

증가폭이 2000년 9.6%에서 2017년 14%로 크게 늘어났다. 또한, 전 세계 이주민 중 60% 이상이 아시아와 유럽에 거주하고 있다. 특이한 점은 2017년 전 세계 이주민 중 1억 6천만 명이 아시아 지역에서 태어났고, 유럽이 두 번째로 많았으며, 다음으로 남아메리카, 아프리카가 그 뒤를 이었다. 이주민의 성비를 보면 유럽과 아시아(서아시아 제외)의 경우 여성 이주가 남성에 비해 많았으며, 북아메리카, 남아메리카, 오세아니아, 서아시아의 경우 남성의 이주가 여성에 비해 많았다. 평균연령을 보면 2017년 전 세계 이주민의 평균연령은 39세였다. 그러나 일부 지역(아시아, 중남미, 카리브해, 오세아니아)에서는 이주민의 평균연령이 낮아지고 있다.

UN DESA(2017)의 발표에 따르면 이러한 국제이주는 인구학적 측면에서 볼 때 북아메리카, 오세아니아, 유럽의 인구 감소에 대한 대안으로 작용하여 인구 증가에 기여한 것으로 나타났다. 유럽의 경우 이주민이 없었다면 전체 인구가 1% 감소했을 것으로 나타났다.

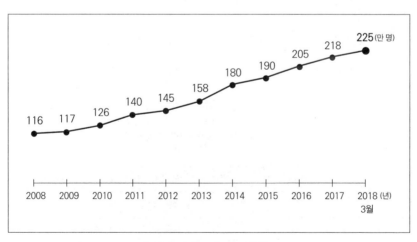

[그림 2-1] 체류 외국인 증감 추이

자료: 출입국 · 외국인정책본부(2018) 통계월보 3월호 참고

이러한 전 세계적 이주 현상은 이미 한국 사회에서도 더 이상 낯선 현상이 아니며, 전 세계의 초국적 이주와 그 흐름을 같이하고 있다. 위의 〔그림 2-1〕과 같이 한국 사회의 이주 규모가 급속도로 팽창하고 있으며, 이주민의 국적 또한 다양해지고 있다.

한국 사회의 이주민 현황을 보면 다음 〈표 2-2〉와 같이 2018년 3월 말 현재 체류 외국인은 225만 4,085명으로 2014년 179만 7,618명 보다 25.4%(456,467명) 증가했다. 국적별로 보면 체류 외국인은 중국 45.7%(1,030,606명), 베트남 7.9%(177,615명), 태국 7.4%(165,711명), 미국 6.7%(151,363명), 우즈베키스탄 2.9%(65,361명) 등의 순이었다. 2018년 출입국 · 외국인정책본부 통계월보에 따르면 외국인등록자는 118만 7,988명, 외국국적동포 국내거소 신고자는 41만 8,003명, 단기체류자 는 64만 8,094명이었으며, 외국인 유학생은 15만 1명인 것으로 집계되 었다.

이주민 현황을 통해 볼 때 한국 사회는 이미 다문화사회로 진입해 있으며, 증가 추세는 앞으로도 계속될 것으로 전망된다.

이와 같은 한국 사회의 초국적 이주 현상은 이제 낯선 일이 아니 다. 최병두(2011)에 따르면 초국적 이주는 새로운 지구–지방적 과정을 배

〈표 2-2〉 체류외국인 연도별 · 국적(지역)별 현황

(2018년 3월 31일 현재, 단위: 명)

구분	2014년	2015년	2016년	2017년	2018년 3월
총계	1,797,618	1,899,519	2,049,441	2,180,498	2,254,085
중국	898,654	955,871	1,016,607	1,018,074	1,030,606
한국계	590,856	626,655	627,004	679,729	687,389

구분	2014년	2015년	2016년	2017년	2018년 3월
베트남	129,973	136,758	149,384	169,738	177,615
태국	94,314	93,348	100,860	153,259	165,711
미국	136,663	138,660	140,222	143,568	151,363
우즈베키스탄	43,852	47,103	54,490	62,870	65,361
필리핀	53,538	54,977	56,980	58,480	61,236
캄보디아	38,395	43,209	45,832	47,105	46,046
몽골	24,561	30,527	35,206	45,744	47,258
러시아(연방)	14,425	19,384	32,372	44,851	49,178
일본	49,152	47,909	51,297	53,670	51,057
인도네시아	46,945	46,538	47,606	45,328	42,042
네팔	26,790	30,185	34,108	36,627	36,363
(타이완)	31,200	30,002	34,003	36,168	38,417
스리랑카	26,057	26,678	27,650	26,916	26,402
캐나다	24,353	25,177	26,107	25,692	26,805
미얀마	15,921	19,209	22,455	24,902	25,624
방글라데시	14,644	14,849	15,482	16,066	16,246
파키스탄	11,209	11,987	12,639	12,697	13,093
인도	10,196	10,414	10,515	11,244	11,856
오스트레일리아	12,468	12,303	13,870	13,008	10,549
영국	7,398	7,275	7,180	6,727	7,772
(홍콩)	10,762	13,506	16,728	13,303	22,359
뉴질랜드	4,593	4,744	4,906	4,884	4,115
기타	71,555	78,906	92,942	109,577	127,011

자료: 출입국. 외국인정책본부(2018) 통계월보 3월호 참고

경으로 전개되어 다양한 결과를 초래한다. 봄므와 모라브스카(Bommes & Morawska, 2005)는 초국적 이주와 다문화사회로의 전환은 과거와 구분되는 새로운 시대로서, 이러한 시대를 분석하기 위한 새로운 이론적 패러다임 개발이 요구된다고 했다.

본 연구도 이와 같은 맥락에서 초국적 이주로 인해 벌어지는 다문화사회 공간 형성과 관련한 다양한 문제 양상을 분석하여 이에 대한 대안을 제시하고자 다문화사회 이주 이론을 고찰해보고자 한다.

2.
다문화사회의 이주 이론

1) 국외

　캐슬스와 밀러(2013)는 국제이주에 대한 연구를 다음의 두 가지 범주로 구분한다. 첫째는 이주의 결정 요인, 과정, 유형에 관한 연구이며, 둘째는 이주자가 이민을 받아들인 사회에 어떻게 통합되는가에 관한 연구다. 특히, 두 번째 범주는 이주가 이민자 송출국과 수용국 모두에 변화를 일으키는 방식에 대한 연구로 발전되어야 한다(Castles & Miller, 2003: 53).

　이주과정이란 국제이주를 유발하고 그러한 방향에 영향을 미치는 다양한 요인과 상호작용의 집합이다. 이러한 점에서 이주에 대한 연구는 정치학, 경제학, 역사학, 지리학, 사회학, 심리학, 인구학, 문화연구, 법학 등이 모두 관련되어 있는 학제적인 연구라 할 수 있다. 최근 이주 연구의 이론적 접근들이 상호작용하여 복합적으로 이해할 수 있게 되었다.

　최근 들어 전 지구화(globalization) 이론과 초국가주의(transnationalism) 이론을 이주 연구에 적용하고 있는데, 브레텔과 홀리필드(Brettell & Hollifield,

2007)는 사회과학의 제반 학문 분야에서 이루어지고 있는 이주 이론의 주요 내용을 다음 〈표 2-3〉과 같이 정리하고 있다.

〈표 2-3〉 학제적 연구로서 이주 이론

학문	연구 문제	분석 수준 /단위	지배적 이론들	가정(예)
인류학	이주는 문화변동과 민족정체성에 어떤 영향을 주는가?	미시/ 개인, 가구, 집단	관계, 구조주의, 초국가주의	사회관계망이 문화적 차이를 유지하는 데 도움이 됨
인구학	이주는 인구변화에 어떤 영향을 주는가?	거시/ 인구	합리주의	이주는 인구 크기에 영향을 미치나 나이 구조에 미치는 영향은 적음
경제학	무엇이 이주의 경향과 그 영향을 설명하는가?	미시/ 개인	합리주의: 손익분석, 효용극대화 행동	사회통합은 이주자의 인적자본 수준에 따라 다름
지리학	무엇이 이주의 공간적 패턴을 설명하는가?	거시, 중간, 미시/ 개인, 가구, 집단	관계, 구조주의, 초국가주의	사회통합은 민족네트워크와 거주패턴에 달려 있음
역사학	이주경험을 어떻게 이해할 수 있는가?	미시/ 개인, 집단	이론과 가정의 검증을 회피함	해당사항 없음
법학	법은 이주에 어떤 영향을 주는가?	거시, 미시/ 정치 및 법체계	제도주의, 합리주의	권리는 이주와 사회통합의 동기를 만듦
정치학	왜 국가는 이주를 통제하기 어려운가?	거시/ 정치 및 국제적 체계	제도주의, 합리주의	국가들은 이민우호적 관심에 사로잡힘
사회학	무엇이 사회통합과 배제를 설명하는가?	거시/ 민족 집단과 사회 계층	구조주의, 제도주의	사회통합은 사회적 인적자본에 따라 다름

자료: 브레텔과 홀리필드(2007: 3-9) 참고

(1) 신고전경제학 이론(Neoclassical Economics)

매시 외(Massey et al., 1993)에 따르면 신고전학파 이론은 이주 연구에서 가장 오래된 이론으로 지배적인 패러다임을 제공한다. 이 이론의 선구자는 라벤슈타인(Ravenstein)으로, 이주의 통계적 접근을 통해 이주에 대한 체계이론(systemic theory)을 제시했다(Ravenstein, 1885: 1889).

신고전학파 이론의 대표적인 유형으로 거시이론과 미시이론을 들 수 있다.

거시이론은 노동력의 수요와 공급의 지역 간 차이가 이주의 근본적인 원인으로 본다. 이러한 접근은 '배출–흡인 이론(push-pull theory)'이라고도 불린다. 사람들을 출생지에서 떠나게 하는 배출요인은 높은 인구밀도, 낮은 경제적 수준, 높은 실업률, 정치적 억압 등이며, 사람들을 특정한 국가로 끌어들이는 흡입요인은 높은 노동수요와 고용 기회, 정치적 자유 등이 있다.

미시이론은 이주를 인적자본 투자의 한 형태로 본다(Massey et al., 1993: 석현호, 2000에서 재인용). 미시이론은 비이주와 이주 사이에 상대적 비용과 이익에 대한 비교에 기반을 둔 개인의 합리적 결정을 강조하므로 개인적이며 비역사적이다.

그러나 구체적인 이주경험에 대한 연구들은 신고전주의 이론에 대한 반론을 제기한다. 신고전주의에 따르면, 가장 낙후된 국가에서 가장 부유한 국가로 이주해야 하지만, 실제로는 중간 정도의 사회적 지위를 가지고 있는 사람들이 더 많이 이주하고 있다. 인구밀도가 높은 국가에서 낮은 국가로 이주해야 하지만, 인구밀도가 높은 국가들이 이민유입국이 되기도 한다. 또한 특정 집단의 사람들이 특정 국가로 이주하는 것에 대해 설명하지 못한다. 그리고 국가 간의 임금 차이가 없더라도 이주가 지속되는 현상을 설명하지 못한다. 이 이론의 한계는 미래의 이동을 예측하지 못한다는 비난을 받기도 했다(Sassen, 1988: Boyd, 1989: Portes & Rumbaut, 2006: 16-17). 이주자가 경제적 판단에 사용하는 정보는 제한적이며, 이주를 방해하는 다양한 제약이 존재한다. 실제로 이주자는 문화자본과 사회자본을 통해 이러한 제약에 대응하고 있으며, 개인적인 이주 결정을 넘어서 가족공동체의 결정으로 이루어지며, 역사적인 경험에 따라 이주를 결정한다.

(2) 신경제학 이론(New Economics of Migration)

신경제학 이론은 신고전주의경제학 이주이론에 대한 반론으로서 1980년대에 등장한 개념이다(Stark, 1991). 신고전경제학은 이주 결정이 한 개인에 의해 내려지는 것으로 설명하지만, 신경제학 이론은 이주 결정이 가족이나 가구, 공동체에 의해 내려진다고 주장한다. 또한, 신고전경제학은 이주가 국가 간의 임금 차이에 의해 발생하는 것으로 설명하지만, 신경제학 이론은 가족이나 가구가 수입의 원천을 다양화하고 투자의 재원을 마련하고 장기적으로 위험을 관리하기 위해 이주를 결정하는 것으로 설명한다. 국가 간의 임금 차이가 없더라도 이주는 중단되지 않을 수 있다. 이 이론의 분석단위는 개인이 아니라 사회집단이다. 이민 송출국의 보험과 신용시장, 투자기회에 도움을 주는 정책들은 이주 결정에 영향을 주는 것으로 보고 있다.

하지만 석현호(2000)에 따르면, 신경제학 이론은 신고전경제학 접근과 마찬가지로 이주를 개인과 가족의 합리적 의사결정으로 한정하여 경제구조적인 요인을 고려하지 못한다는 한계를 가지고 있다.

(3) 이중노동시장 이론 · 노동시장분절 이론
(Dual labor or segmented market theory)

신고전학파의 연구에 광범위한 요인을 도입하기 시작하면서 이중노동시장 이론 · 노동시장분절 이론이 등장하는데, 이 이론은 이주와 관련된 노동시장이 분화하는 데 제도적 요인의 중요성을 강조한다. 대표적인 학자는 피오레(Piore)로, 이주가 선진국 경제구조의 영구적인 노동 수요로부터 발생한다고 주장했다. 곧, 이민유입국의 흡인요인에 의해 이주가 발생한다는 것이다.

피오레(1979)에 따르면, 선진국의 생산 및 서비스산업이 고숙련 노동자 시장(자본 집약적인 1차 노동시장)과 저숙련 노동자 시장(노동 집약적인 2차 노동시장)으로 분할되지만, 선진국의 국민은 2차 노동시장에서의 고용을 기피하고 1차 노동시장에서 고용되기를 기대한다. 그러므로 2차 노동시장에서 노동 수요는 이주노동력으로 충원할 수밖에 없다. 이러한 노동시장의 분화로 인해 인종과 젠더에 기초한 구분이 발생하게 된다.

이처럼 이 이론은 사용자와 정부가 이주에 미치는 영향과 국제적인 임금 차이가 적을 때도 발생하는 이주를 설명하는 데 도움이 된다.

(4) 역사-구조적 접근 이론과 세계체계 이론(World Systems Theory)

이주를 정치, 경제, 사회, 문화, 역사 등의 다양한 요인이 복합적으로 작용하여 발생하는 과정으로 재개념화할 필요가 있다. 졸베르크 외(Zolberg et al., 1989)는 배출 및 흡입 요인을 동시에 결정하는 초국가적 자본주의 경제의 역동성으로 이주하는 노동자의 이동을 통해 노동이주를 분석하는 역사-구조적 접근 이론을 제시했다.

역사-구조적 접근은 1970~1980년대에 등장한 이론으로, 그 이론적인 뿌리는 마르크스주의 정치경제학이며, 대표적으로 1960년대 남미에서 유행한 종속이론이다. 이 이론은 강대국들의 식민지배와 불공정한 무역 구조로 인해 제3세계의 국가들에 많은 영향을 미쳤으며, 경제적 종속현상이 심화되는 부작용을 낳기도 했다.

세계체계 이론은 1970~1980년대에 발전했으며, 역사-구조적 접근보다 포괄적인 접근이다. 중심부의 자본주의 국가들이 발전되지 않은 주변부의 국가들을 편입하는 방식에 주목했으며, 특히 다국적기업들이 저개발국가에 진출하여 촌락의 변화, 빈곤, 노동자의 이주, 도시화 등을 야기하는 현상에 대해 관심을 가진다.

이러한 이론들은 1990년대에 등장한 전 지구화 이론의 선구자라 할 수 있다.

노동의 국제적 이동은 자본과 상품의 국제적 이동과 반대 방향으로 일어나는데, 이주는 과거의 식민지와 강대국 사이에 더 많이 일어나는 경향이 있다. 이는 언어, 문화, 투자, 행정, 통신 및 교통의 연결이 일찍부터 형성되었기 때문이다. 이주는 국가 간의 임금 차이에 기인하지 않으며, 세계 경제의 구조로부터 기인한다.

하지만 1980년대에 역사-구조적 접근에 대한 비판이 등장하기 시작한다. 역사-구조적 접근은 이주에 압도적인 영향을 미치는 자본 이해관계의 논리임에도 일시적인 이주, 이주정책 붕괴 등의 복잡한 현상에 대해서는 설명하지 못하기 때문이다. 또한 인간의 행위 주체성에 대해서도 설명하지 못한다.

(5) 이주체계 이론(Migration Systems Theory)과 이주네트워크 이론(Migration Network Theory)

이상의 신고전경제학 이론, 신경제학파 이론, 이주노동시장 이론, 세계체계 이론은 이주를 발생시키는 원인에 대한 이론들이라고 할 수 있다. 매시 외(1993)는 이러한 이주의 발생 원인을 넘어 이주를 영속화시키는 조건에 대해 고민했다. 곧, 이주에서 발생 원인과 이주 영속화 원인은 다를 수 있다는 것이다. 이에 영속화 이론으로서 이주체계 이론, 이주네트워크 이론을 제시한다.

이주의 영속화 이론에는 지리학에 기반을 둔 이주체계 이론과 사회학과 인류학에 기반을 둔 이주네트워크 이론이 있는데, 1990년대 이후로 사회과학 분야의 학제적 대화를 선도적으로 시도하고 있는 이론들이다.

이주체계는 이주자를 교환하는 둘 이상의 국가들로 구성되는데, 이주체계 이론은 이러한 이주 흐름의 양쪽 끝을 모두 검토하면서 관련된 장소들 간의 모든 연계를 연구하는 이론이다. 이주체계 이론의 기본 가정은 첫째로 이주체계 안의 국가들이 반드시 지리적으로 가까울 필요는 없다는 것이며, 둘째로 다극화된(multipolar) 체계가 가능하다는 것이다. 셋째, 국가들은 하나 이상의 이주체계를 가질 수 있으며, 이민수용국보다는 송출국에서 다중 멤버십을 가질 수 있다. 넷째, 국가들은 정치경제적 변화에 따라 체계에 가입할 수도 탈퇴할 수도 있다.

캐슬스와 밀러(1994)에 따르면, 이주체계접근의 기본원리는 이민의 흐름을 거시 구조, 중위 구조, 미시 구조가 상호작용한 결과다. 거시 구조는 대규모의 제도적 요인이며, 미시 구조는 이주자의 개인적인 네트워크, 관행, 신념 등이다. 중위 구조는 일련의 중간 단계 메커니즘이다. 거시-미시 구조를 포괄하는 이론은 다차원적 구조론이라고 할 수 있으며, 기존의 단차원적 구조론보다 국제이주의 흐름을 더욱 포괄적으로 이해하는 데 도움을 준다(석현호, 2000: 27).

거시적 구조는 세계시장이라는 정치-경제적 관계, 국가 간의 관계, 이민 송출국과 이민 수용국 간의 이민 통제를 위한 법률, 구조, 관행 등의 개념이다. 이는 역사-구조적 접근의 주제로, 세계 경제의 생산 · 분배 · 교환이 이주를 결정하는 주요 요인이었으며, 국제관계 및 국가들의 역할이 이주를 촉진하는 과정에서 중요하다(Dohse, 1981; Bohning, 1984; Cohen, 1987; Mitchell, 1989; Hollifield, 2000, 2004).

미시적 구조는 이주자들이 이주 및 정주의 과정에서 발전시킨 비공식적인 사회 네트워크다. 예를 들어, 프라이스(Price, 1963)가 언급한 연쇄이주(chain migration)에서 이주자의 가족 및 연고 관계는 이주를 결정하는 중요한 요인이다(Portes & Bach, 1985).

이주를 시작하고 유지하는 과정에서 이주자는 이주국에 대한 지식, 경제적 기회를 발굴하고 적응하는 능력인 문화자본을 활용한다. 그뿐만 아니라, 이주자가 형성하는 비공식적 네트워크는 사회자본(Bourdieu & Wacquant, 1992: 119)으로, 개인적 친분 관계, 가족 유형, 친교 및 공동체, 경제적·사회적 문제를 해결하는 상호부조 등을 포함한다.

전형권(2007)은 이러한 이주네트워크 이론을 개인주의에 기초한 신고전경제학 이론의 인적자본론에 대비되는 사회적 자본론이라고 했다.

신경제학파의 주장처럼 가족과 공동체는 이주네트워크에서 매우 중요하다. 특히, 아시아인의 이주 결정은 대부분 개인보다는 가족에 의해 이루어지는데, 노동시장분절 이론의 주장처럼 젊은 남성이나 여성이 이주하게 될 것으로 예측한다.

가족은 이주 자체를 가능하게 해주는 문화자본, 금융자본, 사회자본을 제공한다. 또한 젊은 남성이나 여성이 이주를 선도적으로 시작하여 일단 이주가 시작되면 후속 이민자가 "이미 지나간 경로"를 답습하고(Stahl. 1993), 이주지역에 이미 이주하고 있는 친지나 친구의 도움을 받게 된다. 매시 외(1998)는 이러한 현상을 누적적 인과 이론(theory of cumulative causation)으로 설명하면서 이주의 행위가 후속적인 이주가 결정되는 사회적 맥락을 변화시키고, 미래의 이주 가능성을 높이는 인과적 작용을 한다고 주장한다.

한편, 중위 구조는 최근에 주목받기 시작한 개념으로, 이주가 지속적으로 증가하고 더 나아가 산업화되면서 이주를 중개하는 개인, 집단 그리고 제도의 등장을 의미한다. 이것은 이주를 통제하거나 중지시키려는 정부의 노력에 반해, 이주의 민영화 경향이 확대되고 있음을 의미한다(King, 2002: 95). 이러한 부분을 설명하는 이론을 '제도적 이론(institutional theory)'이라고 부르기도 한다(Massey et al., 1993).

거시 구조, 중위 구조, 미시 구조는 이주 과정에 얽혀 있으며, 서로가 명확히 구분되는 경계선이 존재하지 않는다. 즉 이주의 원인은 한 가지로만 설명할 수 없으며, 모든 구조에서 이주 과정의 모든 측면을 이해하기 위한 노력이 필요하다.

신고전경제학의 접근에서 시작된 이주 이론과 그에 대한 반론들로 구성된 이론적 논의들은 개별적인 이주 현상들에 대해 설명하는 장점이 있으나, 한 가지 이론이 다차원적인 이주 현상을 설명하지 못하는 단점이 있다. 이에 이주를 포괄적으로 설명할 수 있는 이론적 논의에 대한 필요성이 제기되고 있다(Massey et al., 1998 : Castles & Miller, 2003 : Boyle et al., 1998 : 이용승, 2014 : 120–121 : 석현호, 2000 : 26–27). 캐슬스와 밀러(2013)는 이주체계 이론을 통해 이러한 시도를 하고 있다.

석현호(2000)는 이주 현상을 행위체계론적으로 접근해야 한다고 주장한다. 이주행위를 모든 상황, 즉 정치적 · 경제적 · 사회적 · 문화적 상황과 연계해서 총체적으로 분석해야 한다는 것이다.

최병두(2017)는 기존의 이주 이론들 또는 연구방법론은 행위 이론과 구조 이론을 연계시키는 관계 이론으로 구분되는데, 기존 관계 이론의 한계를 극복하는 대안적 방법론으로 행위자-네트워크 이론을 제시한다.

(6) 초국가주의(Transnationalism) 이론

최근 들어 초국가주의와 초국가적 공동체에 관한 이론들이 등장하고 있다.

'초국가적(transnational)'이라는 용어는 1916년 랜돌프 본(Randolph Boune)이 처음 사용했는데, 그는 이주자가 거대한 용광로인 미국에 순응하기보다는 이주자의 다양한 삶이 존중받는 의미에서 '초국가적 미국(transnational America)'을 주장했다(이현주, 2017). 초국가적이란 비제도적 행위자에 의해 일어나는 국가의 경계를 넘나드는 활동으로서, 인간행위자의 실천적 활동에 주목하는 개념이다(Portes, 2001; Castles & Miller, 2003; 이용균, 2013에서 재인용).

초국가주의(transnationalism)는 이주자가 지리적 · 정치적 · 문화적 국경을 넘나들면서 사회적인 장을 형성하고 출신국과 정착국 사이에서 다양한 사회적 관계를 형성하고 유지하는 현상이다(Basch et al., 1994; 이용균, 2013에서 재인용).

초국가주의는 새로운 현상이라기보다는 새로운 관점을 재현하는 것인데(Portes, 2003; 이용균, 2013에서 재인용), 이는 과거의 이주자도 초국적 활동을 했음을 보여준다. 그러므로 초국가주의는 초국가적 렌즈(transnational lense)를 통해 초국가적 삶을 인식하게 하는 관점이라고 할 수 있다(Smith, 2003).

파이스트(Faist, 2000)는 초국가적 사회적 공간을 다음의 3가지로 유형화했다. 첫째, 초국가적 집단(groups)은 송금 및 투자를 통한 가족이나 친척의 연결을 의미한다. 둘째, 초국가적 순환(circuits)은 상품과 서비스의 교환과 같은 무역 활동이다. 셋째, 초국가적 공동체(communities)는 디아스포라와 같이 공유된 문화로 이주자를 결속한다.

다힌덴(Dahinden, 2010)은 초국가적 형성의 역동성을 제시하면서 이동성과 지역성의 두 가지 축이 교차하는 4가지 이념형을 만들었다. 포르테스 외(Portes et al., 1999)는 초국가적 활동이 이루어지는 영역을 경제, 정치, 사회-문화의 3가지 영역으로 정리했다.

이용균(2013)은 이러한 초국가주의가 등장한 배경을 다음과 같이 설명한다. 첫째, 초국가주의는 전 지구화(globalization)의 진전과 함께 등장했다(Basch et al., 1994). 바슈 외(1994)는 "탈영토화된 국가주의"가 등장한다고 주장하면서 초국가주의에 대한 논쟁을 촉발시켰는데, 초국가주의는 전 지구화가 간과하고 있는 국가와 영역성을 보완할 수 있다. 둘째, 이주자에 대한 차별은 초국가적 활동을 확산시키는 계기를 마련해주었다. 이는 미국, 캐나다, 유럽 등에서 발생한 인종차별적 사례로 인한 초국가적 활동에서 알 수 있다(Schiller, 1995; Anderson, 1991; Wessendorf, 2010, Veronis, 2006). 이용일(2009)에 따르면, 초국가주의는 중심에 대한 주변부의 인종 투쟁에서 발생한다. 셋째, 해외에 거주하는 자국민을 위한 디아스포라 정책 같은 국민강화 프로그램은 초국가적 활동을 자극한다.

베르토벡(Vertovec, 1999)은 초국가주의의 연구주제를 다음의 6가지로 구분한다. 첫째, 사회적 형태학으로서의 초국가주의다. 이는 초국가적 사회 형성에 관한 것으로, 초국가적 사회가 이주자의 정착국가에서 형성되고 작동되는 것에 관심을 갖는다. 둘째, 인식 형태로서의 초국가주의다. 이것은 이주자의 이중 또는 다중 정체성, 탈중심화된 소속감에 관심을 갖는다. 셋째, 문화적 재생산 양식으로서의 초국가주의다. 이것은 이주자가 경험하고 있는 하나 이상의 문화적 유산과 문화적 혼성에 관심을 갖는다. 곧, 초국가적 실천에서 세대, 젠더, 종교의 차이에 주목한다. 넷째, 자본 통로로서의 초국가주의다. 이것은 경제적인 영역으로서, 이주자의 송금과 출신국 지역개발에 관한 개념이다. 민족경제(ethnic economy) 네트워크를 통한 초국가적 경제 활동은 이주자에게 사회적 자본을 제공하고, 소속감과 정체성을 형성하는 요소로서 작용한다는 것이다. 다섯째, 정치적 활동 장으로서의 초국가주의다. 여기에서 이주자는 선거참여, 정당의 회원활동, 로비활동을 통해 정치에 참여하는 존재다. 여섯째, 장소 혹은 로컬리티 재구성으로서의 초국가주의다. 초국가적 실천은 국경을 넘나드는 이동성(mobility)과 정착지에서의 지역성(locality)에 동시에 영향을 미친다(Dahinden, 2010). 이러한 현상의 전제는 초국가적 실천을 위해 이주자가 정착국가에 뿌리를 내린다는 것이다.

구아르니조와 스미스(Guarnizo & Smith, 1998)는 초국가주의를 다국적기업과 국가들 같은 제도적 행위자들이 수행하는 '위로부터의 초국가주의'와 이주자들이 풀뿌리 수준에서 수행하는 '아래로부터의 초국가주의'로 구분한다.

글릭-실러(1999)는 초이주자(transmigrant)를 "초국가적 공동체에 참여하는 사람들"로 정의했으며, 베르토벡(2004)은 초국가적 실천을 "사회문화적·정치적·경제적 영역 등 최소한 세 개의 기본적인 영역에서 인식 가능한 형태의 실천"이라고 정의했다.

레빗과 글릭-실러(Levitt & Glick-Schiller, 2004)는 국경 내의 이주자의 삶을 관찰하는 것만으로는 그들을 이해하기 어렵다고 주장하면서 가족, 시민권, 국민국가 등의 사회제도에 관한 기본 가정들을 재고하고, 사회라는 개념을 재구성할 것을 요청했다.

구아르니조 외(Guarnizo et al., 2003)는 '초국가적'이라는 용어의 남용에 대해 지적하는데, 이러한 초국가주의도 초국적 이주를 설명하는 데 한계를 가지고 있다. 이용균(2013)은 초국가주의에 대한 비판을 인식론적 비판과 방법론적 비판으로 구분한다.

인식론적 비판을 보면, 첫째, 초국가주의는 초국가적 연결과 이동성을 강조하는 반면, 지역성과 고착성을 간과하는 경향이 있다는 것이다. 둘째, 초국가적 실천을 지속적으로 유지하는 이주자는 실제로 많지 않으며, 이주자의 초국가적 실천이 보편적인 현상인 것처럼 과장하는 경향이 있다. 셋째, 초국가주의는 이주자에 의한 탈영토화를 강조하는 반면에, 이주를 강요하는 글로벌 자본주의의 영향을 간과하는 경향이 있다. 이러한 점에서 초국가주의는 한계를 갖는다.

한편, 방법론적 비판을 보면, 초국가주의에서는 이주를 개인보다는 국가 단위에서 해석하므로 방법론적 국가주의(methodological nationalism)의 오류에 빠질 수 있다(Schiller & Caglar, 2009). 방법론적 국가주의의 오류는 첫째, 이주자를 국가 정체성을 공유하는 주체로만 간주하는 경향이 있다. 즉 이주자의 계급, 젠더, 종교 등의 개인적인 차이를 무시한다. 둘째, 이주자의 지역성을 제한하는 경향이 있다. 이주자의 초국가적 실천을 대도시를 중심으로 분석하면서 소도시와 농촌에 거주하는 이주자의 특성이 무시된다. 셋째, 일반화의 오류로, 특정 지역 이주자의 특성을 정착국가 전체 이주자의 특성으로 일반화시키는 경향이 있다. 넷째, 특정 민족집단의 특성을 전체 이주자의 특성으로 간주하는 경향이 있다.

이와 같은 국외의 이주 이론을 정리하면 다음과 같다.

첫째, 실러 외(Schiller et al., 1992)는 새로운 형태의 이주자는 국가의 경계를 넘나들며 출신국과 정주국을 하나의 사회적 장으로 형성하므로 새로운 분석틀로서 초국가주의를 처음으로 주장했다. 이러한 이주자집단을 '초이주자(transmigrants)'로 표현하는데, 그들은 방법론적 국가주의(methodological nationalism)를 하나의 국민국가를 통해 수행하는 연구 경향이라고 규정하면서 방법론적 국가주의를 뛰어넘는 인식론적인 변화를 주장했다.

둘째, 포르테스(Portes)는 미국 내 이주민의 초국가적 모국정치 참여가 거주국 내의 통합을 방해하지 않는다는 점을 밝히고 있다. 또한, 그는 초국가주의의 이론적 틀이나 분석이 미약하다고 비판하면서 다음과 같은 초국가주의의 개념적 가이드라인을 제안한다. 곧, 초국가적 연구의 5가지 측면으로, ① 현상의 확립, ② 현상의 한계, ③ 분석단위의 정의, ④ 초국가적 실천의 유형, ⑤ 필요조건이 있다.

2) 국내

국내의 이주 관련 연구 동향은 다음과 같다. 외국에 비해 양적인 측면에서는 부족하지만, 최근 들어 초국적 이주와 초국가주의의 관점으로 이주에 대해 분석하는 연구가 늘어나고 있다.

윤인진(2012)은 국내의 초국가주의 연구는 국내에 체류하는 외국인 이주자 집단과 해외에 체류하는 한국인 이주자와 재외 한인집단을 중심으로 진행되어왔다고 분석했다.

국내 체류 이주자의 경우 이주노동자, 결혼이주자에 관한 연구가 진행되었다. 초기 연구에서는 이들의 한국으로의 이주, 한국에서의 적응, 차별, 공동체에 초점이 맞춰져 있으며, 이민연구의 전통적인 통합이론에 근거하여 연구가 진행되어왔다.

해외 체류 한국인 이주민에 관한 연구는 조기 유학생들의 실태와 적응상의 문제점에 대해 연구가 진행되어왔다(안병철, 1996: 김흥주, 2001: 조명덕, 2002: 강지연, 2002).

재외 한인집단에 관한 연구는 이들이 밀집한 국가들을 중심으로 이들의 적응 및 동화에 대한 연구가 있다. 하지만 영구정착을 목적으로 하는 이주와 달리, 노동과 교육을 위해 장기적으로 체류하는 이주가 증가하면서 이주연구는 국민국가를 기반으로 분석하는 데서 벗어나기 시작한다. 2000년대 후반 들어 초국가주의 연구가 증가추세를 보인다. 대표적인 연구는 인도인의 초국가성에 관한 연구(김경학, 2005: 2007), 조선족의 사례를 통해 디아스포라에서 초국가주의로의 패러다임 전환을 역설한 연구(박광성, 2008: 윤인진, 2008), 비공간적 네트워크를 지나치게 강조하거나 초국가적 민족주의를 간과하는 위험성을 지적한 연구(박경환, 2007), 결혼이주자의 초국가성에 관한 연구(김동엽, 2010; 장남혁, 2012; 임안나, 2005), 초국가주의에 기반을 두어 조기유학의 실태 및 적응을 다룬 연구(유희연, 2008; 박소화, 2010; 박경환·백일순, 2012)가 있다.

이러한 연구주제별 초국가주의 연구 외에 연구대상별로 국내 연구를 살펴보면, 재외 한인에 관한 연구, 위로부터의 초국가주의 연구, 재독한인, 고려인, 싱가포르 한인, 조선족에 관한 연구 등이 있다(임채완, 2008; 김용찬, 2009; 양영자, 2010; 백일순, 2010; 박동훈·안화선, 2012).

한편, 이주민 집단에서 나타나는 초국가주의 연구 외에도 문학과 문화 영역에서 벌어지고 있는 초국가주의 현상에 대한 연구들도 있다. 그 예로, 초국가적 문화의 흐름이 쌍방향임을 주목한 연구(임춘성, 2008; 김홍구, 2011)가 있으며, 탈식민주의와 민족주의의 연장선상에서 문화를 해석하고 새로운 문화담론으로의 초국가주의에 관한 연구(김영민, 2009; 마정미, 2011) 등이 있다.

이러한 연구 동향을 분석해볼 때, 이주자의 적응과 동화 같은 기존의 주제에서 벗어나 이들의 초국가적 특성에 주목하면서 초국가주의를 이주자의 공간을 연결하는 생활양식과 정체성, 문화를 설명하는 이론적 관점으로 제시하고 있다.

이상과 같이 신고전경제학으로부터 초국가주의 이론에 이르기까지 국제이주에 관한 이론을 정리하면 다음과 같다. 최병두(2011)는 이주 이론이나 연구방법에 관한 서구사회의 연구들을 한국에 적용하기 위해 재검토할 필요성을 제기하는데, 이주 이론과 연구방법론들은 미시적(행위적)·거시적(구조적) 접근들과 이들을 결합하는 연구들로 구분할 수 있다. 또한 이주과정과 정착과정에 관한 이론들로 구분할 수 있다.

규모	이론	내용
개인	행태적 접근	합리적 개인의 결정에 따른 이주
	인적 자본론	개인의 능력에 대한 보상에 따른 이주
가족 (집단)	신이주경제학	합리적 가족의 결정에 따른 이주
	사회적 자본론	사회적 연결망에 근거한 이주
지역	이주생태학적 접근	중개인, 인종군락에 의한 이주
	누적적 인과 이론	노동수요 감소 등의 누적 효과에 따른 이주
국가	사회인구학적 접근	국가의 성/연령의 변화에 따른 이주
	흡입-배출 이론	국가의 사회, 정치, 경제적 요인에 따른 이주
국제	이중노동시장론	선진국의 노동시장분화에 따른 이주
	이주여성화론	인종, 젠더의 불균등한 관계에 따른 이주
세계 (초국)	탈영역화론	국가 경계의 해체 및 재구성에 따른 이주
	자본주의 세계체계론	세계자본주의의 재편에 따른 이주

자료: 최병두(2011) 참고

최병두(2011)는 〈표 2-4〉와 같이 기존의 이론들을 다규모적 접근에 따른 사회공간적인 차원으로서 개인적 → 가족적(집단적) → 지역(사회)적 → 국가적 → 국제적 → 세계(초국)적 차원으로 재분류했다. 이와 함께 이주에 관한 이론화에서 유의사항들을 제시했다. 첫째, 국제이주의 구조적 차원과 행위적 차원은 상호 연계할 필요성이 있다. 둘째, 국제이주의 정치적·경제적·문화적 측면을 함께 결합해 이해할 필요가 있다. 셋째, 이주 및 적응과정에서 이주자는 독립적인 한 개인이라기보다 사회적 집단(가정으로부터 국가에 이르기까지 공식·비공식 집단)의 한 구성원으로 이해되어야 한다. 넷째, 이주자의 이주배경이나 이주 및 정착과정은 이주자 자신(개인 또는 집단)의 변화뿐만 아니라 모국이나 모국의 지역사회 변화, 더 나아가 정주국이나 정주국의 지역사회 변화를 유발하고 있음에 주목할 필요가 있다.

3.
다문화 공간의 형성과 변천

    전 세계적 현상인 초국적 이주라는 이주 현상과 이로 인한 사회공간적 변화 양상은 한국 사회에서도 같은 흐름으로 전개되고 있다. 1970년대 서구 경제의 침체 이후 전개된 신자유주의적 지구화 과정은 자유시장과 자유무역을 통해 국가나 지역 간 경제적 상호의존성을 증대시키면서 지역사회의 변화를 촉진하고 있다. 교통통신기술의 발달과 이에 따른 시공간적 압축에 의해 뒷받침되고 있는 이러한 변화 과정은 지구적·국가적·지역적 규모에서 동시에 또는 상호 관련적으로 이루어지고 있다는 점에서 '지구-지방화' 과정이라고 불리며, 특히 각 규모가 중첩되고 상호 침투하는 과정을 분석하기 위해 '규모적 접근'이 강조되기도 한다. 요컨대 이러한 변화는 흔히 다문화사회로의 전환으로 이해되지만, 이들의 초국적 이주 과정과 지역사회 정착 생활은 그 자체로 공간적 측면을 매우 중요하게 내포하고 있다는 점에서 '다문화 공간'의 형성(또는 생산)으로 이해될 수 있다(Choi, et al., 2011).

    초국적 이주자의 유입이 증가하고 이들에 의한 사회공간적 변화가

가시화됨에 따라 이에 관한 정책적 관심과 더불어 학문적 관심도 점차 확대되고 있다. 앞으로도 초국적 이주자의 대규모 유입이 일정 기간 동안 지속될 것이고, 또한 이들이 지역사회나 한국 사회 공간 전반에 미치는 영향도 상당 정도 장기적이라는 점에서 이들에 관한 정책적·학문적 관심은 계속될 것이며, 그 중요성은 더욱 커질 것으로 예상된다. 이러한 점에서 현 단계의 한국 사회를 중심으로 초국적 이주와 이에 따른 사회공간적 변화를 체계적으로 성찰해볼 필요가 있다.

이를 위해 앞 장에서는 초국적 이주자의 전 세계, 그리고 한국 사회의 유입 현황과 공간적 분포의 특성을 살펴보았다. 이어 국내외 이주 이론과 연구 동향에 대해 고찰해보았다. 이 장에서는 초국적 이주가 이루어지는 과정과 이주민 유입에 따른 지역사회와 한국 사회의 공간적 변화에 대해 사회문화적으로 고찰해보고자 한다. 또한 초국적 이주와 지역사회 변화에 대한 국가(중앙 및 지방정부) 정책의 특성과 대안적 방안을 고찰하는 한편, 이와 관련된 개념들의 변화 및 이에 관한 대안적 접근을 위한 '초국적 이주로 인한 미래의 다문화사회 공간'을 간략히 전망해보고자 한다.

'초국적 이주'란 단순히 한 국가에서 다른 국가로의 거주지 이동만을 의미하는 것이 아니라 이와 관련된 제반 사항들을 포괄하는 개념 또는 현실적 전환 과정으로 이해되어야 한다. 왜냐하면, 초국적 이주라는 행동은 행위자의 의지나 의도를 반영하며 정체성의 변화를 초래할 뿐만 아니라 이러한 행동을 조건 지우고 가능하게 하는(또는 제약하는) 구조적 조건들, 예를 들어 국가 간 경제·정치적 관계, 국가 간 물리적 이동성, 유입국의 국경 통과, 유입된 지역사회에서 다양한 사회문화적 관습이나 규율 등을 전제로 하고 있기 때문이다.

또한, 초국적 이주는 이러한 과정을 통해 정착하게 된 지역사회, 국가, 나아가 송출국/유입국 간 국제적 관계, 그리고 세계의 사회·경제·정치 질서를 변화시키게 된다. 이러한 점에서 초국적 이주는 "이주자가 하나의 공동체에서 다른 공동체로 옮겨가는 것만을 의미하지 않는다." 왜냐하면 "국경을 가로지르는 과정 자체가 새로운 사회적·문화적 패턴·사고·행태를 유발"하기 때문이다(김미경, 2010). 나아가 초국적 이주는 국경을 가로지르는 이동만이 아니라, 국경 자체가 다른 모습과 의미를 가지게 된다. 즉 초국적 이주가 근대 국민국가의 동질성 가정, 즉 "동일한 국적, 단일한 국민 정체성, 배타적인 시민권, 영토 내부에 대한 포괄적인 통치권"에 충격을 주고, 이를 전환시킴으로써 전통적 국가 체제와 이데올로기의 틀을 벗어나는 '탈전통적' 현상이라고 서술한다(김신정, 2010: 114).

이러한 점과 관련하여 베르토벡(2007: 150)은 초국적 이주 자체의 문제에서 그 전환적 과정을 강조하기 위해 '초국가주의(transnationalism)'에서 '전환(transformation)'으로 연구의 초점을 옮겨갈 것을 제안한다. 그는 오늘날 이주자 집단의 초국적 과정은 근본적인 전환 양식을 포함하며, 이는 3가지 기본 영역에서 확인할 수 있다고 주장한다. 즉 이러한 전환은 사회문화적 영역에서 이주자 지향의 이중성을 만들어내는 인식적 전환, 정치적 영역에서 '정체성-경제-질서'라는 3요소 의미의 개념적 전환, 경제적 영역에서 노동시장, 금융, 지역경제에 영향을 미치는 경제적 전환 등을 포함한다. 이러한 점에서 특히 초국적 이주는 이주자로 하여금 상이한 장소감이나 정체성을 가지도록 할 뿐만 아니라, 기존 지역주민과의 상호행동을 통해 자신과 더불어 상대방을 변화시키며, 또한 지역사회를 전반적으로 변화시킨다는 점에서 흔히 '다문화사회'로의 전환을 가져오는 것으로 이해된다.

본 연구에서는 초국적 이주를 단순히 국경을 가로지르는 근대 국민 국가의 영토성을 뛰어넘는 과정을 넘어 그들이 가지고 있는 고유의 문화를 가지고 새로운 장소로 이주함으로써 다양한 문화가 혼종되는 정체성 협상의 과정으로 이해하고자 한다.

따라서 초국적 이주의 문제를 단순한 외국인 이주민의 양적 증대와 분포만 측정하는 것이 아니라, 초국적 이주가 가져오는 다양한 문화 창출로 인해 형성되는 새로운 다문화 공간의 형성이라는 사회공간적 변화라는 측면에 초점을 맞추고자 한다.

이주민은 자본주의 경제의 지구화 과정을 배경으로 국가 간 사회경제적 격차에 따른 삶의 조건(소득, 교육, 여타 생활환경 등)이 더욱 유리한 지역으로 이주한 사람들이다(최병두, 2012: 23). 이들은 모국을 떠나 새로운 국가 또는 지역에 정착하면서 자신들의 삶을 유지하기 위해 자신들이 가지고 있던 다양한 문화적 가치와 행동 양식들을 새로운 정주 공간 속에서 정체성 협상 과정을 경험한다. 이러한 다양한 문화의 정체성 협상 과정은 단순한 동화 또는 주변화 과정이 아닌 상호침투적 과정을 통한 상호문화적 과정이다.

이러한 상호문화적 과정을 통해 다문화 구성원이 생활세계에서 형성하는 모습은 외국인 노동자, 결혼이민자, 외국인 유학생, 난민 등 다양한 법적 지위로 구분되는 이주민의 영역에서 저마다 특정한 행태를 보여준다. 그리고 각각의 법적 지위 아래에서 이루어지는 정체성 협상 과정은 다문화사회가 추구해야 할 이상향이라 할 수 있는 상호문화인의 단계에 이르기까지 경계인, 응화인, 주변인, 동화인 등의 모습으로 나타난다.

최병두 외(2011)는 이러한 이주민이 그들의 생활세계를 형성해나가는 과정에서 드러내는 특성을 다음과 같이 정리했다. 첫째, 외국인 이주민은 자신이 이주한 목적을 실현하기 위해 필요한 작업장, 가정 또는 학교 등의 기본생활 공간에 출현하는데, 이러한 공간은 규율을 전제로 한 억압적 공간임에도 이를 참아내고 가식적으로 만족해야 한다는 의식을 가지는 경향이 있다. 둘째, 외국인 이주민은 생활에 필요한 경우(예로 생필품 구매, 병원 치료나 자녀 교육, 종교 활동 등)를 제외하고는 가능한 한 기본생활공간에서 벗어나지 않으려는 경향을 가진다. 왜냐하면 이들은 시간 및 금전적으로 다른 공간을 이용할 능력이 상대적으로 부족하며, 다른 공간에 참여하게 되어도 만나는 사람들과의 접촉을 꺼리며, 또한 기본 생활 공간을 벗어난 다른 공간에 대해 필요한 지식이나 정보가 부족하기 때문이다. 셋째, 이주민은 인접한 이웃 주민보다는 멀리 고국에 있는 가족이나 친지들과 지속적인 네트워크를 구축하고 더욱 빈번하게 소통하는 경향이 있다. 특히 이주노동자의 경우 일정 기간이 종료된 이후 지역사회를 떠나 출국해야 하므로 지역사회 정착은 기본적으로 한시적이며, 그렇지 않으면 불법체류자가 된다. 넷째, 지역사회 내 외국인 이주민의 유입이 점점 더 증가하고 점차 장기화함에 따라 이들은 흔히 인종적·문화적 동질성을 전제로 점차 사회적으로 집단화될 뿐만 아니라 공간적으로 분화된 양상을 보이게 된다.

이러한 이주민의 특성은 국적, 인종, 이주 유형(기간, 전문성, 나이 등), 정체성의 단계(경계인, 융화인, 주변인, 동화인, 상호문화인)에 따라 다른 양상을 보일 것이며, 정주민의 다문화 수용성 수준에 따라서도 마찬가지일 것이다.

지금까지 해온 다문화사회에 대한 고민은 이제 다문화 공간에 대한 고민으로 이어져야 한다. 다문화사회가 요구하는 공간은 기존의 폐쇄적인 닫힌 공간이 아니라, 다양한 문화가 접촉할 수 있는 열려 있는 새로운 다문화 공간이어야 하며, 이를 위한 상호문화 패러다임을 요구하고 있다. 개방성과 연계성, 상호문화적 침투가 허용되는 새로운 문화가 형성되는 다문화 공간에 대한 이해로서 세계시민주의가 필요하다.

따라서 초국적 이주로 인해 끊임없이 변화하고 창출되는 다문화 생활세계라는 새로운 공간의 지속 가능한 발전을 위해 공존을 가능케 할 수 있는 다문화 감수성과 세계시민이 가져야 할 공동체 의식으로서 세계시민성(김영순, 2017: 216, 281)을 소유해야 한다.

정현주(2008)에 따르면 초국적 이주민은 자본주의적 지구화 과정에서 국경을 가로질러 이주하게 되었지만, 이들은 상품이나 자본의 이동과는 달리 인격체이며, 특히 과거 자신의 삶을 통해 구축된 정체성을 체현하고 있다. 이러한 정체성 체현은 태어나 자란 장소에서 자연스럽게 형성된 것이지만, 초국적으로 이주하여 낯선 곳에서 살아가야 할 이주자에게는 매우 소중한 의미가 있을 수 있다. 물론 이들은 기존에 체득된 정체성뿐만 아니라 새로운 지역사회에 정착하여 살아가면서 원주민과의 상호관계에서 얻게 되는 새로운 정체성과 혼합된 이중적 또는 혼종적 정체성을 가지게 된다. 특히 이들이 가지는 정체성은 단순히 '혼합적'이라기보다는 다규모적이다.

이제 단일민족의 신화와 동화주의적 다문화주의의 단계를 넘어 초국적 이주의 시대가 요구하는 새로운 다문화적 정체성을 지향해야 한다. 이러한 다문화적 정체성은 타자와의 상호문화적 정체성 협상 과정을 통해 형성될 수 있으며, 이를 위한 새로운 사회통합 모형이 필요한 시점이다. 요프케(Joppke, 2007)에 따르면, 기존의 시민권 개념은 국민국가의 구성원에게 한정되었지만, 다문화사회에서 시민권은 공동체 구성원의 자격 및 지위의 문제, 그리고 인종 및 문화의 다양성에 직면한 공동체의 정체성과 통합 문제와 관련된다. 곧, 다문화사회의 시민권 문제는 정주하던 시민을 주류로 상정하여 이주민을 통합시키려는 동화주의적 다문화주의의 편협한 관점을 넘어 정주민과 이주민의 경계를 허물고 동등한 인격체로 인정하여 상호문화적 침투를 통해 서로를 시민으로 인정할 수 있어야 할 것이다.

따라서 한국 사회의 바람직한 다문화 공간 형성을 돕기 위해 기존의 시혜적 복지 제공과 이주민에게만 집중되던 단방향적 지원을 강요한 기존의 사회통합정책을 넘어 정주민과 이주민 모두를 향한 상호문화적 사회통합정책 모형을 개발할 필요가 있다.

5_장

사회통합과
사회통합정책 이론

1.
다문화사회와 사회통합

통합은 어느 국가에서나 정치적·사회적으로 다양하게 논의되고 있을 뿐만 아니라 이에 대한 중요성이 강조되고 있는 개념이다. 크레머(Kraemer, 2008)에 따르면, 통합은 규범적으로 긍정적인 것으로 평가되고 있으며, 이주민 통합에 관심을 가져온 독일은 통합을 '좋은 사회(gute Gesellschaft)'를 만들기 위한 본보기로서 기능을 수행하는 것으로 규정한다. 독일의 경우는 통합에 대한 개념을 이를 추진하는 지방정부별로 다양하게 이해하고 있다. 뮌헨(München)시의 경우, 통합을 "기회균등의 목표를 가지고 이주민을 사회의 핵심적 분야로 편입시키거나 들어가게 하는 장기적인 과정"(München, 2008: 12)으로 보고 있으며, 비스바덴(Wiesbaden)시는 통합을 "이주민과 이주배경을 지닌 사람들을 이주수용 사회로 편입시키는 지속적인 과정"으로 본다. 또한 슈투트가르트(Stuttgart)시는 통합을 "공통적인 이해의 기초를 적극적으로 만들어가는 상호적인 과정"으로 간주하고 있다(박해육·윤영근, 2016).

한편 통합과 비슷한 의미로 사용되는 용어로는 '통섭'을 들 수 있다.

영어의 'consilience'는 라틴어 어원 'con(with, together)'과 'salire(to leap)'를 결합한 용어로 'jumping together'라는 뜻이 있으며, '사물을 두루 통함' 또는 '사물에 널리 통함'이라는 의미로 '통섭'이라는 의미를 지니고 있다(허영주, 2011: 203). 그리고 윌슨(Wilson)이 주장하는 통섭은 우리가 알 수 있고 앎으로써 이해할 수 있으며 이해를 통해 올바른 선택을 할 수 있다는 믿음에서 비롯되었다고 할 수 있다(김인순·송진영, 2013: 209).

헤크만(Heckmann)은 과정적인 측면에서 통합을 3가지로 구분하고 있다(박해육·윤영근, 2016). 첫째, 개별적으로 연결되지 않은 요소들로 하나의 구조나 시스템을 구성하는 것이며, 둘째, 현재의 구조에 개별적인 요소들을 추가하여 이들을 현재의 구조나 시스템과 연계하는 것이며, 셋째, 하나의 시스템 내 요소들 간의 관계를 강화하거나 개선하는 것이다. 이처럼 통합은 과정적인 측면도 중요시된다.

슈뢰어(Schröer, 2011)는 이러한 통합에 대한 개념을 다음과 같이 정리한다. 첫째, 통합은 한 사회공동체로의 편입을 의미한다. 둘째, 통합은 목표인 동시에 과정이다. 셋째, 통합은 시간을 필요로 한다. 넷째, 통합은 주류집단과 소수집단 모두의 상호적인 과정이다. 다섯째, 통합은 이주민뿐만 아니라 정주국 사회의 변화가 필요하다. 여섯째, 통합은 한 사회공동체의 모든 분야에서 동등한 참여를 가능하게 한다. 일곱째, 통합은 상호 간의 인정과 존중을 전제로 한다. 여덟째, 통합은 구체적인 목표와 프로그램을 지향하고 있다.

이러한 통합에 대한 기본 개념을 바탕으로 사회통합을 정의하면 다음과 같다.

사회통합은 뒤르켐(Durkheim)의 '유기적 연대성'과 파슨스(Parsons)의 '규범적 통합'에서 유래했다. 사회학자인 뒤르켐은 '사회적 통합'이라는 개념을 처음 사용했으며, 사회적 결속력을 "사회구성원 간의 상호의존성, 충성심 그리고 연대성"으로 정의했다. 그리고 통합된 사회는 시민이 서로 의존하고 궁극적으로 국가에 의존하며, 시민이 상호의존적인 관계에 묶여 있으므로 공동체나 국가에 대한 공유된 충성심을 가지고 있다고 주장했다(Berman & Phillips, 2004: 4). 이러한 사회통합은 사회적 결합, 사회적 포용의 의미로도 사용되고 있으며, 공동체에 대한 귀속감, 사회적 배제가 없는 포용성, 정치·사회적 의사결정 및 행동의 참여 확보가 사회통합을 구성하는 핵심요소다(차미숙 외, 2011: 6).

하지만 현대사회에서는 계급이 형성되고 끊임없는 분열과 변화 때문에 사람들은 통합되지 못하고 구성원 간의 응집력은 훼손되어간다. 따라서 사회통합은 자본주의 사회 발달에 따른 자연스러운 분화를 보완하는 역할을 한다(Stigendal, 2010: 18). 그리고 사회통합은 사회구성원의 복지를 보장하고 불균형을 최소화하여 양극화를 피할 수 있는 역량을 가지고 있다. 나아가 저소득층의 저하된 분위기를 되살리고, 지역사회의 응집력을 증진시키며, 네트워크 구축을 통한 도시의 재생을 기대할 수도 있다(Baussan, 2015: 23).

미첼(Mitchell)은 사회통합에는 의사결정에서의 통합이 필요하다고 주장했다. 지역 주민에게 평등하고 높은 수준의 권한을 부여함으로써 지역사회 구성원의 책임감 향상, 이익 분배, 통합 상승을 촉진할 수 있다고 하며 의사결정과 구성원의 권한, 그리고 이익의 공유를 강조했다(Mitchell, 1998: 1-2). 한편 챈과 챈(Chan, J. & Chan, E., 2006)은 사회적 통합을 위해 신뢰를 포함하는 일련의 태도와 규범이 특징인 소속감, 참여 의지, 도움의 정도를 사회적 통합의 요소로 보았다. 놀(Noll, 2002) 역시 민주적 의사결정의 중요성을 역설했으며, 사회의 지속 가능한 발전을 위해서는 사회 모든 영역의 의사결정이 새로운 패러다임으로 진행되어야 한다고 주장했다(Noll, 2002: 58).

토크빌(Tocqueville)의 사회정치이론과 퍼트넘(Putnam)의 사회적 자본론에 따른 고전적 자유주의에서는 가족, 사회 네트워크 같은 민간제도 속의 사적 행동이 사회통합과 사회질서를 촉진한다고 보았다. 그리고 뒤르켐과 파슨스의 사회이론을 따르는 사회통합 이론에서는 공동체에 대한 충성심과 연대에 기초를 둔 상호의존성이 사회통합과 질서를 촉진한다고 보고 있다(차미숙, 2011: 8).

애킷(Acket)과 사라시노(Sarracino)는 통합과 사회 안정에 관한 연구에 기초하여 사회학적·심리학적 접근과 경제적 목적이 포함된 사회적 결합 정책이라는 두 가지 중요한 사회통합적 접근법을 제시했다. 이러한 접근법을 통해 사회통합이 높은 국가는 실업률이 낮고 아르바이트 같은 여러 형태의 고용률이 높다고 분석했다. 또한, 사회의 응집력이 높을수록 평생교육 과정에 투자하는 사람들이 많으며, 불평등과 빈곤의 위험이 감소하고, 여성 및 청소년의 사회참여와 사회의 신뢰형성에 긍정적인 영향을 미친다고 주장했다(Acket & Sarracino, 2011: 25).

한편 사회통합을 위한 사회질서는 소속성에 기초한 사회화가 아니라 제도적 생활에 기초한 사회화에 중점을 두고 있으며, 제도적 사회화 형성은 개인의 생활 태도와 요구를 고려해야 한다. 그러나 사회통합적 관점에서 모든 질서가 정당성을 강요받는 것은 아니며, 사회질서로의 편입과정에서 불평등은 갈등으로 진행된다(이남복, 2010: 151, 155). 이러한 갈등을 해결하기 위해 사회통합은 사회구성원 간의 신뢰와 포용을 바탕으로 사회구성원 모두의 행복과 안녕을 추구하지만, 사회통합의 개별 구성요소는 모든 구성원에게 만족스럽지 않으며 일부 집단에서는 배타적일 수 있다(장용석 외, 2012: 290-291). 따라서 합의된 의사결정은 구성원 간의 소통과 이해를 확산시켜 공동체의 통합과 발전에 기여하게 된다. 그러나 공동체의 의사결정에 만족하지 못한 일부 구성원은 공동체에서 스스로를 배제하거나 구성원으로부터 배제당할 수 있다. 따라서 사회통합을 위해서는 배제된 구성원까지 포용하려는 노력이 필요하다. 왜냐하면, 사회통합은 개인이 사회의 체제에 맞추기 위해 노력하는 것이 아니라 사회가 개인에게 제도를 맞추어 구성원으로 수용하려고 노력해야 하며, 개인이 사회규범에 적응하기보다는 사회가 개인을 포용할 수 있도록 유연성과 관용성을 높여나가는 것이기 때문이다(노대명, 2009: 8).

이러한 사회통합 및 지속 가능한 발전을 위해서는 구성원 간의 활발한 의사소통과 상호이해 그리고 협조가 필요하다. 나아가 뒤르켐은 사회통합의 주요 요인을 공유된 충성심과 사회적 연대에서 찾았으며, 집합적 가치와 믿음의 통일성, 그리고 개인의 자율성을 사회통합의 요소로 제시했다(김준영, 2012: 24).

사회통합의 목적을 달성하기 위해서는 다양한 사회적 요소와 특성을 고려해야 한다. 사회적 특성에 따른 사회통합 구성요소에서 신뢰는 상호 간의 태도에서 형성되고, 신뢰가 훼손되면 불신이라는 사회갈등이 초래된다. 또한, 관계에 포용성이 부족하면 공동체의 관계에서 구성원이 배제되는 갈등이 초래되고, 행복의 가치로 통합되는 사회적 특성이 결여되면 불행을 초래하게 된다. 여기서 말하는 불신은 상호 간에 믿지 못하는 것을 의미하고, 사회적 배제는 경제적 결핍뿐만 아니라 정치, 사회, 문화, 심리·정서적 차원에서 사회규범으로부터 소외된 집단을 의미한다(조미형, 2007: 449). 그리고 불행이란 가치관의 차이에 따른 행복에 반대되는 개념을 의미한다.

에서(Esser, 2000)는 사회통합을 문화적 통합, 구조적 통합, 사회적 통합, 정체성 또는 정서적 통합으로 세분화한다. 여기서 문화적 통합은 문화적 역량을 획득하는 것을 의미한다. 구조적 통합은 사회적으로 특정 직위를 차지하는 것이다. 사회적 통합은 행위자들 간에 서로 관계를 구성하는 것이다. 정체성 또는 정서적 통합은 정신적·정서적 관계를 의미한다.

엔칭게르와 비체펠트(Entzinger & Biezeveld, 2003)는 사회통합을 사회·경제적 통합, 법·정치적 통합 및 문화적 통합으로 구분하고, 페닉스(Pennix, 2009)는 사회통합을 사회·경제적 통합, 법·정치적 통합 및 문화·종교적 통합으로 구분하며, 알렉산더(Alexander, 2004)와 자체브스카(Jaczewska, 2013)는 사회통합을 사회·경제적 통합, 법·정치적 통합, 문화·종교적 통합, 공간적 통합으로 구분하고 있다.

이상의 논의에서 살펴본 바와 같이, 사회통합은 자본주의에 따른 사회분화를 보완하는 사회적 결합, 공동체에서 구성원이 배제되지 않는 사회적 포용의 노력, 그리고 구성원의 공동체 활동 참여로 정의할 수 있으며, 구성원의 신뢰와 행복감을 높이는 데 목적을 두고 있다. 따라서 사회통합은 공동체에 대한 충성심과 연대에 기초를 둔 상호의존성을 강조하며, 상호 간의 신뢰, 구성원을 배제하지 않는 사회의 포용성, 구성원의 행복감 향상이 그 구성요소임을 확인할 수 있다.

대부분의 국가가 지향하고 있는 사회통합(social integration)은 이주민의 통합을 목적으로 하고 있으며, 이는 국가발전의 중요한 요인으로 인식되고 있다. 현재 국가 간의 인구이동이 가속화되고, 이주민을 수용하는 국가에서는 다양한 갈등 상황이 생기고 있으며, 이에 따라 사회통합에 대한 요구가 한층 거세지고 있다.

사회통합은 한 사회공동체 내에서 주류집단과 소수집단이 하나의 공동체로 모여서 사회적 갈등을 최소화하는 과정이다. 따라서 사회통합을 위해서는 주류집단과 소수집단 간의 상호관계 차원에서의 이해와 교류, 평등 보장, 구조적 차별 극복 등의 상호 존중을 위한 노력이 전제되어야 가능하다. 또한, 사회통합은 정치와 법 등 사회제도적 영역뿐만 아니라 정체성, 교육, 경제, 문화 등 인지정서적 영역 등 인간과 사회를 둘러싼 모든 생활세계의 영역을 포괄해야 하는 개념이다.

하지만 아직 한국 사회에서의 사회통합은 정주민을 간과한 이민자에게만 초점을 맞춘 단방향적 사회통합을 강조하고 있다. 이성순(2011)도 사회통합을 이민자에게 초점을 맞추어 "이민자는 소득, 건강, 노동, 정치 등 다양한 영역별 삶의 차원에서 인간으로서의 절대적 차원과 정주민과의 상대적 차원 모두에서 어떠한 이유로도 차별과 불평등을 받지 않아야 한다"는 시혜적 입장의 사회통합을 이야기했다.

그러나 사회통합의 완성은 이주민과 정주민 모두에게 적용되는 상호문화적 정체성 협상 과정을 통한 다문화 생활세계의 형성이다. 곧, 이주민과 정주민이 동등한 권리와 책임, 관계 속에서 상호작용을 통해 새로운 문화를 창출하여 다문화사회 공간을 만들어나가는 세계시민주의적 관점의 사회통합을 지향해야 한다.

다문화사회의 정주민은 이주민의 유입으로 인해 노동시장에서의 경쟁, 가치관의 혼란 등을 경험하면서 이주민이 주류사회의 생활양식과 문화를 존중해줄 것을 기대함과 동시에 이주민이 정착할 수 있는 방안을 마련하고자 한다. 한편 이주민은 주류사회로부터 불평등과 차별을 경험하지 않고 자신들의 고유한 문화적 정체성과 가치를 인정받고 보존하며 정주민과 동등한 능력과 자격을 부여받으며 주류사회에 진입하고자 하는 동화 욕구를 동시에 가지는 특성을 지닌다.

이러한 정주민과 이주민의 이해관계 속에서 일어나는 다양한 문화의 정체성 협상의 과정은 공평하고 상호문화적이어야 한다.

이 연구에서도 이질적인 문화를 가진 소수의 이주민과 다수인 정주민의 상호문화적 공존을 통해 새로운 다문화 생활세계가 형성될 수 있도록 하기 위한 기반으로서 사회통합을 강조한다. 이러한 사회통합의 영역은 언어, 문화, 여가, 진로 등의 인지정서적 영역과 교육, 경제, 인권, 복지 등의 사회제도적 영역 모두를 포괄하는 개념으로 정의하고자 한다. 곧, 본 연구에서 지향하는 '사회통합' 개념은 기존의 단일민족 신화와 차별, 편견에서 탈피하여 다문화 구성원의 다양성에 기초한 정체성 협상의 과정을 통해 새로운 다문화사회 공간을 창출해나가는 것을 의미한다.

헤이트마이어(1997)는 이러한 사회통합을 이루는 데 두 가지 문제를 지적한다. 첫째, 규제적 위기(Regulationskrise)로, 가치와 규범이 다양화·다원화되어 사회구성원의 상호이해와 의미전달이 어렵게 되는 상황을 말한다. 규제적 위기의 결과로 가치의 필연성은 하락하고 규범을 정당화하는 것은 더욱 어렵게 된다. 예를 들어, 다양한 가치와 규범이 등장하여 이에 기초한 행동에 대한 규제가 어려우므로 여러 문제가 발생하게 되는데, 특히 여기에서 주목하는 사회문제는 폭력의 만연이다. 두 번째 사회통합의 문제는 응집의 위기(Kohäsionskrise)다. 응집의 위기는 모든 사회구성원을 사회, 단체, 공동체로 결합시키는 사회적 응집력이 감소하게 되는 상황을 지칭한다. 이 위기는 사회적 생활세계가 개인화되어 나타나며, 사회구성원 간의 인정, 결합력 및 소속감의 상실을 만들어낸다.

이러한 규제적 위기와 응집의 위기는 사회통합을 저해하는 전형적인 사회갈등의 문제로, 본 연구가 지향하는 지속 가능한 다문화사회를 구현하는 데 나타나는 문제들과 무관하지 않다. 한국 사회에서 나타날 수 있는 이러한 규제적 위기와 응집의 위기를 해결하기 위해서는 사회통합 개념의 재정립이 필요하다.

노대명(2009)은 사회통합을 모든 국민에 대한 빈곤과 실업을 포함한 사회적 위험으로부터 보호하는 '사회적 포용(Social Inclusion)'과 모든 사람에게 동등한 기회와 권리를 제공함으로써 통합적 목표를 지향하는 '사회적 융합(Social Integration)', 그리고 공동체 구성원이 공동체에 대한 소속감을 갖고 공동의 비전을 공유하며, 다양한 배경을 가진 구성원이 동등한 기회를 누리도록 하고, 다양한 배경을 가진 개인이 강력하고 긍정적인 관계를 발전시켜나가도록 하는 '사회적 응집(Social Cohesion)'의 3가지 층위로 설명한다.

본 연구에서 추구하는 사회통합도 이러한 3가지 층위를 포괄하는 의미로서 모든 사회구성원을 한 공동체의 틀에 맞게 조정하려는 노력이 아니라, 한 공동체가 다양한 개인을 수용하려는 노력을 의미한다. 하버마스(1987)도 사회통합을 위해 동화주의적 차원의 일방향적 적응을 강조하는 것이 아니라 '왜곡되지 않은 이상적인 의사소통'을 통한 상호문화적 이해와 존중을 통해 구성원의 합의를 도출해나가야 함을 강조했다.

이와 같은 3가지 사회통합의 개념적 층위를 모두 아우르는 '다문화 구성원의 생활세계 형성 경험'을 담는 본 연구의 결과물은 사회 내 갈등과 협상의 변증법으로 인한 원심력과 구심력 간의 긴장과 타협을 통해 일종의 "전체 사회를 새롭게 재구성하는 상호작용과정"(고상두·하명신, 2012: 236)의 결과물이 될 수 있을 것이다. 이 연구는 정주민과 이주민을 이분법적으로 경계 지어 '단선적인 동화과정'을 강조하는 것이 아니라 이주민이 가지고 있는 문화의 고유성과 특수성을 인정하고 동등한 문화적 정체성 협상 과정을 통해 새로운 다문화사회를 형성하는 데 토대를 마련하는 것을 목적으로 한다.

2.
사회통합정책 이론

캐슬스와 밀러(2003)는 이주민의 사회통합정책 이론을 차별적 배제 모델(differential exclusionary model), 동화주의 모델(assimilationism model), 다문화 모델(multicultural model)의 3가지로 제시했다.

1) 차별적 배제 모델

김나연(2011)과 명진(2016)은 차별적 배제 모델을 "이민을 받아들이는 유입국 사회가 이민자의 정착을 원천적으로 차단하는 정책을 펼치는 모형"으로 정의한다. 이런 유형의 유입국은 자국민이 피하는 저임금 노동 시장 같은 사회의 한정된 영역에서만 이주근로자나 이주민을 수용할 뿐 사회복지 혜택이나 국적, 시민권, 선거권, 피선거권의 부여 같은 사회 · 정치적 영역까지 확대해서 수용하지 않는다.

오영숙(2013)은 차별적 배제 모델을 노동 분야 등 3D업종 같은 특정 분야에 대해서만 외국인을 수용하고 복지혜택이나 국적, 선거권, 시민권, 피선거권의 부여 같은 정치·사회 영역에서 이주민을 배제하는 유형이라 했다. 여기서 '배제'는 특정 개인이나 집단이 가족해체, 건강악화, 고범죄율, 실업, 열악한 주거환경, 소득, 학력 같은 중첩된 사회문제를 덧씌우는 것이라고 할 수 있으며 가족, 개인, 지역사회의 여러 영역이 서로 상관성과 영향성을 가지고 발생하는 복합이고 다차원인 사회문제로 이해될 수 있다.

김희석(2017)은 부족한 노동력을 충족시키기 위해 특정업종과 관련된 외국 인력을 받아들인 뒤, 이주민에게 노동시장 같은 특정 사회영역만 제한적으로 허용함으로써 복지혜택을 비롯하여 선거권이나 국적 부여 등 중요한 사회정치적 권리와 관련된 부분은 배제하는 것으로 차별적 배제 모델을 정의한다. 이 모델의 구체적인 내용은 유입된 인력이 본국으로부터 가족을 초청하는 등의 가족 재결합을 제한하고, 안정적인 체류허가 발급을 거부하면서 귀화규정을 까다롭게 하는 것 등이다.

이러한 차별적 배제 모델은 다음과 같은 특성을 갖고 있다.

첫째, 소수 인종과 소수문화를 오직 국민의 단일성을 위협하는 요인으로 인식하여 주류문화의 보존을 위해 인종적 소수자를 배제한다. 둘째, 국적 여부가 매우 제한적이다. 그렇기 때문에 인종적 소수자를 제거하거나 최소화하는 것을 정책목표로 설정하며, 국적 취득에서 혈통을 강조하는 속인주의를 택한다. 셋째, 대부분의 이주민은 사회구성원의 일부가 아닌 단순 손님으로 여겨질 뿐이고 정책의 대상으로 인정되지 않는다. 엄격한 심사를 통과해 사회구성원으로서의 권한을 부여받은 이주민에 대해서는 자국의 제도와 가치, 문화에 흡수되어가는 것을 당연하게 인식함으로써 문화적 단일성을 고수한다. 넷째, 차별적 배제 모델을 추진하고 있는 국가에서 이주민은 이방인으로 간주되어 주류사회와 분리되어 있으며, 거주국에 융합되지 못하는 불안한 상태를 유지한다. 한 예로 이주노동자를 단기간만 취업시켜 국내의 부족한 노동력을 메우고 계약이 종료되면 다시 본국으로 귀국시키는 교체순환정책이 있다. 이것은 이주노동자의 정주를 원칙적으로 차단하기 위한 것이며, 이주민을 위한 일자리도 내국인과 구분되고 분리된 특정업종에 국한시키는 것이다. 독일의 이주노동자제도, 한국의 고용허가제도 등이 이러한 차별적 배제 모델의 전형이다.

이러한 차별적 배제 모델을 채택하고 있는 국가로는 독일, 일본, 한국, 대만 등이 있는데, 내국인과 외국인을 혈통주의 원칙에 입각하여 구분하고 있는 국가들이다. 김나연(2011)에 따르면 동북아 국가들이 주로 수용하고 있으며, 혈통주의의 강력한 고수로 외국 이주민의 유입을 부정적으로 바라본다.

하지만 오늘날 차별적 배제 모델을 고집하고 있는 나라는 이제 거의 없다. 오영숙(2013)은 세계화로 인해 범지구적 경제통합이 이루어지면서 각 나라는 국가경쟁력 강화를 위해 우수 전문기술 인력을 자국 내에 정주시키고자 노력하고 있으며, 이러한 상황에서 이주민 수용을 철저히 배격하는 차별적 배제 모델을 고집한다는 것은 불가능한 일임을 주장했다. 같은 맥락에서 김희석(2017)도 차별적 배제 모델이 이주민 사회를 통합하기 위한 정책적 모형으로 구분되어 있지만, 새로이 유입되는 소수 비주류집단의 주류집단 합류나 권리 부여에 소극적 또는 부정적 견해이므로 사회통합 모형으로 분류하는 것은 의미가 없다고 했다.

2) 동화주의 모델

인적·물적 이동에 따른 다문화사회 현상은 다수의 주류문화가 소수의 이질적인 문화를 받아들이는 과정이라 할 수 있다. 인간의 관성은 사회변화에 대해 항상성을 유지하려는 경향이 있다. 다문화사회에서 이러한 경향은 이질적이고 새로운 문화에 대해 동화를 강요하는 현상으로 나타나고 있다.

동화(assimilation)란 소수민족 집단이나 비주류문화가 다수 또는 주류문화에 일치되는 것을 말한다(Appleton, 1983c). 동화이론은 문화를 우수한 것과 열등한 것으로 구분하고, 열등한 문화는 결국 우수한 문화로 귀착된다는 이론이다. 즉, 시간이 흐르면서 소수민족집단이나 비주류문화가 모두 주류문화집단으로 유형화되어 하나의 공통문화로 흡수되어 융합되고 통합된다는 이론이다.

동화주의 이론은 한 국가공동체 내에 공존하는 주류문화와 소수집단의 비주류문화 중에서 주류문화를 통한 사회통합을 목표로 한다. 이이론에서 주류문화의 특징은 우월하고 바람직한 것으로 간주되고, 비주류문화의 특징은 열등하고 바람직하지 못한 것으로 여겨진다(Mclemore, 1983c). 이러한 과정을 '문화변용(acculturation)'이라 한다. 문화변용은 적어도 두 가지 측면에서 일어난다. 하나는 주류문화와 관련된 행동적·문화적 측면에서 나타나고, 다른 하나는 주류문화의 조직, 제도, 생활세계 같은 구조적 측면에서 나타난다.

동화주의 이론은 이주자에게 정주국의 권한을 취득하고 정주민과 같은 존재로 살기 위해 오랫동안 체득한 문화적·정서적·언어적 정체성에서 탈피하도록 권유한다. 또한, 공적으로 정주국의 언어를 사용하게 하는 등 문화적 적응과정을 당연하게 받아들임으로써 결국 정주국에 적응하여 새로운 국가의 일원이 될 것을 요구한다.

동화주의적 관점에 따른 사회통합의 논의는 정치적 경계와 문화적 경계를 일치시키려는 민족주의 혹은 국가주의의 시도로서 문화적 동질성을 추구하는 것에서 시작된다. 문화적 동질화의 의지는 바로 동화주의적 접근을 의미하며, 동화주의 사회에서 소수민족집단의 문화적 정체성과 다양성은 사적인 영역 내에서 존재할 뿐 공적인 영역에서는 배제되거나 부정되는 등 문화적 동질성이 사회적 규범으로 간주되었다.

동화주의는 통치자의 관점에서 선호하는 이념이다. 시민이 공동의 언어와 문화, 정체성을 공유하는 사회가 통치하기에 수월하고, 공동의 문화로 통합된 사회는 상호이해와 신뢰나 유대감 형성도 쉽기 때문이다. 따라서 근대 이후의 국민국가들이 국가 내의 연대성과 정당성을 보장한다는 명분으로 동화주의를 추구하게 되었다(김창근, 2009: 31; 이정욱, 2010: 29). 동화주의를 추구하는 국가들은 목적 달성을 위한 일방적인 동화 과정에 억압 기제를 작동하는데, 여기에는 소수자가 가진 고유의 전통문화나 정체성 유지를 어렵게 하는 문화적 억압과 불이익이 가해진다. 즉, 소수자의 고유한 문화를 포기할 것을 강요하지는 않더라도 고유한 문화와 언어를 유지하기 위한 법적·제도적 지원을 하지 않는다(한승준, 2008: 107).

고든(Gordon, 1964)은 동화를 7단계로 구분했는데, 문화적(cultural) 동화, 구조적(structural) 동화, 혼인적(interracial) 동화, 정체적(identification) 동화, 태도 수용적(attitudereceptional) 동화, 행동(behavior) 수용적 동화, 시민적(civic) 동화다. 이 가운데 주류사회의 조직이나 제도로 진입하기 위해서는 구조적 동화가 가장 결정적이며, 주류사회의 문화를 채택하고 문화적 동화가 이루어졌다고 해도 그 사회의 영향권 내부로 진입할 수 있는 것은 아니다(황혜성, 2007).

고든은 몇몇 소수인종집단이 문화적으로 백인에게 동화되었더라도 구조적 동화단계에 이르지 못하면 고립된 상태에 머물 수 있다고 했다. 따라서 구조적 동화가 먼저 이루어지면 다른 모든 형태의 동화도 이루어질 것이라고 주장했다(김현숙, 2007: 36). 또한, 구조적 동화는 점진적으로 일어나는 반면 문화적 동화는 신속하게 진행된다고 했다.

동화주의 이론은 소수민족집단이나 이주민이 정주국에서 자신의 삶을 지속하면서 이주하기 전 출신국의 전통과 가치를 상실하고 주류문화사회로 자신들의 가치관이나 행동양식이 동화되어 통합에 이르게 된다는 것이다. 하지만 현실적으로 동화주의 학자들의 주장과는 다른 점이 나타나기도 한다. 즉, 이주 후 정주국에서 구조적 동화를 이룬 집단에서도 민족성이 유지되고 있는 것이 발견되었다. 또한, 흑인, 히스패닉(Hispanic) 등과 같은 유색인종은 시간이 흘러도 정치적·경제적 예속 상태에서 벗어나지 못함으로써 구조적 동화를 이루어내지 못하고 있다. 이런 점에서 동화주의 사회통합이론은 점차 설득력을 잃어가게 되었다.

3) 다문화주의 모델

동화주의 사회통합이론이 설득력을 잃어갈 무렵 1970년대 이후 서구에서는 다문화주의 사회통합 논의가 시작되었다. 다문화주의 사회통합이론은 다인종·다문화사회에서 소수민족집단의 권리문제가 부각되고 이주자의 정주화 경향이 뚜렷해지면서 등장하게 되었다. 다문화주의

사회통합이론은 등장 이후 지금까지 다양한 민족적 정체성을 가진 이주민을 하나의 국민으로 통합시킬 방안에 대한 고민으로 여전히 쟁점화되고 있다.

킴리카(Kymlicka)는 이미 불리한 위치에 있을 개연성이 높은 소수집단에게 동화정책과 같이 억압 기제를 작동하는 방식의 국민 형성에 반대하고, 소수집단의 권리를 보장하는 분배적 정의에 따른 민주주의의 심화를 주장한다. 이것은 동화주의에서 다문화주의로의 전환을 의미하는 것이기 때문이다(Kymlicka, 2002 : 364-365).

다문화주의(multiculturalism)는 탈근대화주의(Post-Modernism)에 대한 관심과 함께 부상한 개념으로, 1970년대를 전후해 본격적으로 사용되었다(이용승, 2004). 이후 다문화주의는 정부가 시행하는 정책이나 국민통합의 이념 등을 지칭하는 개념으로 사용되었다.

다문화주의는 한 사회 내의 문화적 다양성을 존중하고 인정하려는 사회적 실천이다. 또한, 다문화주의는 문화적 다양성을 상호존중하며 평등의 원리에 입각한 평화적 공존에 대한 믿음이다. 즉, 다문화주의는 문화적 정체성을 유지하고 상호 간의 이해와 존중을 바탕으로 하는 실천적 개념으로 고유의 문화적 개별성이 공존하는 가운데 통합성을 이루어내는 것이다.

구견서(2003)는 다문화주의의 실천모델을 4단계로 제시했다. 1단계는 문화적 차별 극복 단계로 인종과 문화차별을 배제하기 위해 다문화를 인정하는 단계이며, 여기에서 다문화교육정책이 필요하다. 2단계는 사회적 차별 극복 단계로 사회적 지위에 대한 차별, 즉 인종 간 결혼 차별, 사회시설 및 복지 차별, 종교적 차별을 없애는 것이다. 3단계는 경제적 차별 극복 단계로 경제활동과 경제이익 등에서 기회와 결과의 평등정책을 추구하는 것이다. 4단계는 정치적 차별 극복 단계로 지도자 선거권, 피선거권, 공무원이 될 수 있는 권리 등을 동등하게 부여하는 정책이 시행되는 단계다.

다문화주의는 민주주의와 맥을 같이한다. 다문화사회가 존속되기 위해서는 한 사회공동체 내에 소수집단의 배제가 있을 수 없으며, 이는 민주주의 과정에서도 서로 양립할 수 없기 때문이다. 다문화주의 초기에는 소수집단의 적극적인 인정으로 이해되었고, 이후에는 "민주적 국가에서의 모든 시민의 권리체계"(Castles, 1992)로 이해되면서 발전해왔다.

다문화주의 사회통합이론은 인구학적·사회문화적으로 다양화되어가는 사회가 서로 분화되지 않고 하나의 통합된 체계로 존속하려는 방안이다. 서로 다른 인종·민족 집단들의 가치관, 사고방식, 생활양식을 인정하고 존중하는 개방적이고 관용적인 자세, 모든 개인이 성, 인종, 민족, 국적, 종교 등의 차이로 인해 차별받거나 배제되지 않고 기회의 형평성을 보장받을 수 있다는 신념을 통해 다양성 속에서 통일성을 이루어갈 수 있는 토대를 마련하기 위함이다(김현숙, 2007).

최근에는 다문화주의 사회통합의 위험성이 지적되고 있다. 윤리적으로 문제가 될 수 있는 문화에 대해서까지 동일한 가치를 부여하고 용인하고 인정하는 것은 무책임한 다문화주의가 될 수 있다는 것이다. 다원주의를 받아들이는 영국과 호주 등에서 이민자의 지속적인 일탈 문제가 사회적 논란이 되자 시민성의 강화를 법적으로 제시하며 동화주의 사회통합으로 회귀하는 현상을 보이고 있다(이정욱, 2010: 30).

4) 정리 및 시사점

제2차 세계대전 이후에 유럽을 중심으로 국가 간의 빈번한 이주에 따라 발생한 다문화 현상에 대한 사회통합은 주류사회의 다수집단과 비주류사회의 소수집단 사이의 간극에 대한 제도적 보장으로서 비주류사회를 이루는 이주민과 소수민족 집단의 사회적 권리를 다루는 정책적 노력이라 할 수 있다(윤인진, 2002).

한 사회공동체 내에서 이주민에 대한 사회통합을 유도하는 방법은 여러 학자에 의해 다양한 사회통합정책의 모델로 제시되고 있다.

무젤리스(Mouzelis)는 새로운 소수민족이나 인종집단이 유입되어 집단 간 갈등이 생겨날 경우, 구분 통합(compartmentalized mode of integration), 독점적 통합(monological type of integration), 혼합주의적 통합(syncretic integration), 소통적 통합(communicative integration)이라는 4가지 형태의 사회통합 모델을 정의했다(이재열 외, 2014).

첫째, 구분 통합 모델은 서로 다른 문화집단이 자율적으로 존재하며 집단 간에는 최소한의 소통과 교환만 유지하는 것을 의미한다. 둘째, 독점적 통합 모델은 주류문화가 비주류문화 전통이 가진 정체성과 역동성을 인정하지 않고 적극적으로 지배하는 것을 의미한다. 셋째, 혼합주의적 통합 모델은 선택적으로 모든 문화전통의 요소들을 인정하고 혼합하지만, 각 문화의 내부논리나 문화의 역사에 대해서는 상호 간섭하지 않는 방법을 의미한다. 넷째, 소통적 통합 모델은 개별적인 문화전통의 자율성과 내적 논리를 존중하며 활발한 양방향 소통을 활성화하는 것을 의미한다. 그는 가장 바람직하고 긍정적인 모델을 소통적 통합 모델로 보았다(이재열 외, 2014).

캐슬스와 밀러(2003)는 차별적 배제 모델, 동화주의 모델, 다문화주의 모델로 유형화한다. 차별적 배제 모델이나 동화주의 모델을 수용한 국가에서는 문화적 단일성을 중시하는 반면, 다문화주의 모델을 기반으로 하는 국가에서는 문화적 다양성 자체를 사회구성의 기본원리로 채택하고 문화적 다양성이 공존하는 가운데 집단 간 상호존중의 질서가 자리 잡도록 하는 데 정책의 목표를 두고 있다.

우선 차별적 배제 모델은 유입국 사회가 이민자를 3D 직종 같은 특정한 경제적 영역에만 한시적으로 받아들이면서 이민자의 정착을 허용하지 않고 영주 가능성을 차단하는 모델이다. 이 모델은 정주 허용 금지를 원칙으로 하므로 단기거주 노동자는 외국인 신분을 유지하는 차별적 배제 모델에 속한다.

과거 서구 선진자본주의 국가들의 경우, 대부분의 이주민은 동화하지 않으면 차별적인 법률을 통해 주류사회로부터 격리된 임시 체류자로 간주했다. 그러나 최근에는 세계화와 초국가주의가 나타나면서 문화적 차별의 관점을 지닌 차별적 배제 모델을 사회통합으로 유지하는 국가는 사라지고 있다(박우순, 2008b: 126).

동화주의 모델은 이민자가 정주국 사회에 완전히 동화될 것을 중요시하는 모델이다. 이민자는 주류사회의 기득권이 만들어놓은 가치와 기준에 맞게 융합되어야 하며, 결국 주류사회의 지배를 받아야 한다. 동화주의 모델을 추구하는 국가는 문화적 단일성을 중시하는 국가다.

동화주의 모델은 다시 구조적 모델과 문화적 모델로 구분한다. 구조적 모델은 주류사회의 정치·사회제도에 흡수되는 것을 의미한다. 반면에 문화적 모델은 문화적 갈등과 대립의 경계를 허물고 흡수되는 것을 의미한다. 전술한 바와 같이 몇몇 소수인종집단은 문화적 모델로 동화가 이루어졌음에도 구조적으로는 고립상태에 머물러 있는 '떠도는 이방인'으로 살게 되며, 시간이 더 흐르면 출신국 문화의 정체성마저 잃게 된다.

다문화주의 모델은 차별적 배제 모델과 동화주의 모델이 모두 다문화·다인종 사회에 적합하지 않은 것으로 비판받으면서 등장했다. 이 모델은 이민자가 출신국의 문화를 인정하고 지키도록 장려하는 것을 정책목표로 한다. 그리고 소수민족이나 문화적 다양성이 주류사회에서 공존하도록 하는 것이다.

다문화주의는 행위 주체를 기준으로 국가주도 다문화주의와 시민주도 다문화주의로 유형화할 수 있다(윤인진, 2007). 국가주도 다문화주의는 복수 문화집단 간의 공존을 기반으로 국가통합을 이루고자 하는 것을 지칭한다. 시민주도 다문화주의는 이주민 또는 소수민족집단의 관점에서 이들의 주변화와 불이익을 방지하고 소수집단의 고유한 문화와 정체성을 보호함으로써 사회집단 모두가 평등하게 참여할 수 있도록 '아래로부터의 다문화주의' 혹은 '풀뿌리 다문화주의'라고 할 수 있다.

다문화주의 모델은 소수민족집단의 자기 정체성을 지킬 것을 장려하면서 다양한 문화적 배경을 지닌 구성원이 차별 없이 공존하는 것을 지향한다. 속지주의를 국적부여원칙으로 채택하고, 동화가 아닌 공존과 공생을 정책목표로 추구한다.

다문화주의 모델은 태생적으로 이민 국가인 캐나다와 호주, 동화주의 모델은 미국 등이 채택하고 있다. 다문화주의 모델은 세부적으로 문화다원주의(cultural pluralism)와 다문화주의(multiculturalism)로 구분한다. 구성원의 다양성을 인정하면서 사회통합을 추진한다는 관점에서는 두 모델이 동일하지만, 문화다원주의는 주류문화가 반드시 전제되는 가운데 문화의 다원성과 다양성을 인정하는 것이다.

문화다원주의를 추구하고 있는 미국의 경우 주류사회를 구성하는 백인문화의 우월성을 전제하고 비주류사회의 문화를 자유롭게 방임한다. 다문화주의는 주류사회의 존재를 전제하지 않으면서 다양한 문화가 평등하게 인정되어야 하는 입장을 강조하는 개념이다(임운택, 2009). 다문화주의를 표방하는 캐나다와 호주는 비주류집단의 다양한 언어, 문화, 민족, 종교를 인정하며 평등·기회균등 등의 소수자 권리를 주류사회와 동등한 자격으로 인정한다(김미나, 2009; 이성미, 2012).

다문화주의 모델은 문화의 다양성을 존중하고 주류집단과 소수집단 간의 다름의 차이에서 오는 갈등적 요인을 해결하는 데 이상적인 모델로 보인다. 그러나 시간이 흐름에 따라 주류집단과 소수집단의 문화가 서로 융합하지 못하고 접촉 없는 평행적인 관계가 유지되면서 오히려 분절되고 이질화되어가는 현상이 발생하고 있다.

캐슬스와 밀러(2003)는 사회통합 모델로서 차별적 배제 모델, 동화주의 모델, 다문화주의 모델의 문제점을 지적한 바 있다. 이처럼 기존의 사회통합 모델에 반대하며 캐나다의 퀘벡주에서는 '상호문화주의'라는 새로운 사회통합 모델에 대한 논의가 시작되었다. 상호문화주의는 2001년 영국에서 '캔틀(Cantle) 보고서'*를 시점으로 상호문화주의 모델(interculturalism model)에 대한 연구와 다양한 정책적 검토가 시작되었다(김태원, 2012).

이어 유럽연합(EU)에서는 2008년을 '유럽 상호문화적 대화의 해(European Year of Intercultural Dialogue)'로 선정하면서 본격적인 상호문화에 대한 개념이 확산되었다(오정은, 2012).

상호문화주의는 한 사회공동체 내에 존재하는 문화적 다양성을 보

---

* Home Office, 『Community cohesion: a report of the independent review team chaired by Ted Cantle』 (London: Home Office, 2001).

존하고 그것의 동등한 가치를 인정하는 다문화주의와 유사하다. 그러나 상호문화주의는 변화하는 사회 속에 살고 있는 개인들이 끊임없는 접촉을 통해 주변 환경과 상호작용하며 정체성을 선택하거나 새로운 정체성을 추구한다는 측면에서 차이를 보이고 있다.

파레크(Parekh, 2007)는 상호문화주의 모델에 대해 다문화사회의 규범적 지향성에 대한 바람직한 사회통합 방안으로 '상호적 다문화주의(interactive multiculturalism)'를 주장했다(김태원, 2012). 그의 주장에 따르면 성공적인 다문화사회는 문화적 다양성에 대한 속성으로 인해 어느 특정 민족이나 문화 또는 가치를 기준으로 이루어지지 않으며, 다중적 가치들이 상호 소통하면서 결정된다는 것이다.

이러한 상호문화주의 모델은 사회적 갈등비용을 상승시키고 안정적 사회통합을 이루기 위해서는 시간이 오래 걸릴 수 있다는 단점을 지니고 있다.

사회통합 모델은 시대의 흐름에 따라 지속적인 이론적 발전과 형태의 변화를 나타내고 있다. 논의한 모델들은 어느 사회에서 어느 시기에 보이는 특징으로 구분되는 것이지만, 한 국가 내에서 실행되고 있는 정책들은 한 가지 모델만을 고정된 방식으로 운용하는 것이 아니라 서로 다른 모델들로 이동해가기도 한다. 일례로 혈통을 중시하는 한국이나 독일의 경우 차별적 배제 모델에서 출발하여 동화주의 모델을 거쳐 다문화주의 모델로 이동 중이라고 평가할 수 있다.

3.
국내의 사회통합정책

1) 국내 사회통합정책 분석

본 연구에서는 이러한 국제사회의 사회통합에 대한 연구를 바탕으로 국내의 사회통합정책을 명진(2016)의 사회통합정책 범주를 참고하여 다음과 같이 정리했다.

(1) 이주민의 법적 지위

한국은 이주민 관련 법제 정비를 통해 법적 지위의 안정성을 구축하고 있으나 이주유형별로 차별적인 정책이 시행되고 있다. 이주노동자는 고용허가제를 통해 과거보다 안정적 신분을 갖게 되었지만, 영주권에 대한 접근은 차단되어 있다. 한국에서는 2006년 4월 대통령 직속으로 12개 부처가 함께 '여성결혼이민자 가족의 사회통합지원대책'을 발표한 이후

2007년부터 「재한외국인 처우 기본법」, 2008년 3월부터는 「다문화가족 지원법」이 시행되었다.

　한국은 「출입국관리법」, 「국적법」, 「재외동포의 출입국과 법적 지위에 관한 법률」 등의 법률에 의해 이주민을 분류하고 있다.

　먼저, 이주노동자가 있다. 이들에 대해서는 단순기능 인력의 입국통제와 전문 인력의 유치확대 정책을 시행하고 있으며, 그러한 정책 방침에 따라 고용허가제를 통해 이주노동자에게 합법적인 지위를 보장하면서도 순환고용의 원칙과 정주불허의 원칙은 유지되고 있다. 이주노동자는 단기계약 노동자로서 일정 기간 정해진 직종에만 취업할 수 있으며, 사업장 이동의 제한 및 가족재결합이 허락되지 않는다. 최대 체류기간을 4년 10개월로 제한함으로써 근본적으로 영주권에 접근하지 못하게 되어 있다.

　다음으로 결혼이민자다. 이 중 결혼이민의 다수를 차지하고 있는 결혼이주여성의 경우 그 체류자격은 2011년부터 거주(F-2)에서 결혼이민(F-6) 자격이 신설되었으며, 한국 국민의 배우자로 영주권 신청자격에서 2년이면 신청할 수 있는 조건이 주어지고 있다.

　또, 재외동포가 있는데, 귀환 동포로서 조선족과 구소련 지역 출신 동포들은 「재외동포의 출입국과 법적 지위에 관한 법률」, 「외국인근로자의 고용 등에 관한 법률」, 「국적법」에 관련되어 있으며 '외국인력정책' 차원에서 통제되는 방문취업제 대상자와 '재외동포정책' 차원에서 관리되는 재외동포 및 영주권자 유형이 뒤섞인 상태로 그 신분과 지위가 불안정하다.

　이러한 법적 지위에 따라 이주민을 분류하여 이주민에 대한 사회통합정책을 분석하면 다음과 같다.

① 이주노동자: 입국억제와 환영유치의 이중정책

한국은 1980년대 이주노동자 송출국의 위치에서 1987년 이후 이주노동자 유입국으로 전환되었다. 이주노동자의 유입 원인으로는 출입국 규제 완화(사증면제협정 체결, 무사증입국 허용, 입국심사 간편화 등)와 중동지역 국제정치의 불안정성(1980년대 아랍권 국가 간 분쟁으로 인한 유가하락, 1990년 미국의 이라크 침략으로 인한 건설경기 침체 등)을 들 수 있다. 또한, 냉전체제 종식(88서울올림픽, 중국과의 국교 성립, 베트남과의 수교 등)으로 인해 이주노동자가 급격히 증가하고 있다.

국내 노동력 부족 해결을 목적으로 1991년 해외투자업체 연수제도, 1993년 산업기술연수생제 도입 이후 급격하게 이주노동자가 유입되고 있다. 이후 2003년 「외국인 근로자의 고용 등에 관한 법률」 제정, 2004년 고용허가제 도입은 이주노동자의 유입을 가속화시키고 있다. 고용허가제는 이주노동자를 노동자로 인정하고 노동권을 보장하는 제도로, 최장 근로기간을 5년 미만으로 설정하고 있다. 하지만 「국적법」에 규정되어 있는 일반귀화의 요건에 미치지 못하도록 하고 있는데, 이는 단순노동에 종사하는 이주민을 이민으로 받아들이지 않겠다는 정책적 의지의 표현으로 볼 수 있다. 일반귀화나 특별귀화 요건을 충족하지 못한 경우 이주민의 영주체류자격을 인정하지 않으나, "대한민국에 공로가 있는 자나 특정분야에서 탁월한 능력을 소유하여 대한민국에 보탬이 될 수 있는 자"는 특별귀화 요건으로 인정하며 교육 수준이나 경제 수준이 높은 전문 외국 인력의 한국 유입은 환영하고 있다는 점에서 차별적으로 수용하고 있다는 것을 알 수 있다.

이러한 이주노동자에 대한 「출입국관리법」은 다음과 같이 두 가지 큰 개정이 있었다. 1992년 잠정적 입국을 허용한 것으로, 이는 "부득이

한 사유로 유효한 여권이나 사증소지 등 입국허가 요건을 갖추지 못한 외국인에 대해 입국허가 여부가 결정될 동안 주거제한 등의 조건을 붙여 잠정적으로 입국을 허용"하는 개정이었다. 이 개정은 이주노동자의 유입을 결정적으로 증가시키는 계기가 되었다. 다음으로 1993년 외국인의 취업활동이 가능한 체류자격에 해당하는 사증 발급 시 국내의 고용환경을 고려하도록 하는 사안과 외국인의 체류자격 및 체류상한기간 재조정이 있었는데, 이를 계기로 이주노동자의 유입이 본격화되었다.

② 결혼이주여성

결혼이주여성은 결혼이민자 중 다수를 차지하고 있다. 결혼이주여성은 결혼이민 비자를 발급받는데, 이 비자는 "대한민국 국민의 배우자나 국민과 혼인관계에서 출생한 자녀를 양육하고 있는 부 또는 모로서 법무부 장관이 인정한 사람"에 한해 발급된다. 또한 "대한민국 국민의 배우자와 혼인한 상태로 국내에 체류하던 중 그 배우자의 사망이나 실종, 그 밖에 자신에게 책임이 없는 사유로 정상적인 혼인 관계를 유지할 수 없는 사람으로서 법무부 장관이 인정한 사람"도 이에 해당한다. 외국인이 국제결혼으로 한국에 거주하기 위해서는 한국인 배우자의 초청이 필요하다.

결혼이주여성은 다음의 절차에 따라 귀화할 수 있다. 결혼이민 비자(F-6)로 한국에 입국하여 한국 거주 2년이면 귀화 신청이 가능하다. 한국 거주 기간이 2년 이상만 되면 신청자격이 주어지므로 결혼이주여성의 한국생활에 안정성을 보장한다는 긍정적 측면이 있다. 그러나 귀화의 일반요건을 충족해야 한다는 점에서 결혼이주여성에게는 여전히 장벽이 높다. 그 예로 "생계유지능력이 있어야 한다"는 조항이 있는데, 3천만 원에 상당하는 재산관계 서류를 제출하거나 재직증명서 등을 제출해야 하는 조항이다.

이와 관계하여 국적법은 지속적으로 개정되고 있다. 예를 들어, 1997년 개정된 내용을 보면, 종전의 부계혈통주의(부가 대한민국 국민인 경우에만 그 자녀에게 국적을 부여함)가 부모양계주의로 전환(부 또는 모 어느 한편이 대한민국 국적자면 그 자녀에게 국적을 부여함)되었다. 그리고 2004년에는 "국민인 배우자와 혼인한 상태로 대한민국에 주소를 두고 있던 중 그 배우자가 사망·실종되거나 자신의 귀책사유 없이 혼인생활을 계속할 수 없는 경우 또는 혼인에 의해 출생한 미성년자녀의 양육 등의 필요가 있는 경우에는 외국인 배우자의 인권보장과 아동보호 차원에서 국적취득을 허용"하는 방향으로「국적법」이 개정되기도 했다. 이는 결혼이주여성의 혼인상태 지속 유무에 따른 종속적이고 불안정한 법적 지위를 개선한 것이다.

③ 귀환이주자

재외동포에 관한 법률을 보면, 1999년「재외동포의 출입국과 법적 지위에 관한 법률」이 제정되었다. 이는 재외동포에 대한 법적 우대를 규정하는 것으로, 제정 당시 중국, 구소련 등에 거주하는 해외동포, 즉 법이 현실적으로 가장 보호해야 할 대상을 적용대상에서 제외함으로써 많은 비판에 직면하기도 했다. 이 법은 불법체류 외국인의 대부분을 중국 동포가 차지하게 되는 상황을 초래하기도 했다.

이후 2004년 동 법률이 개정되어 드디어 200만 중국 동포, 50만 구 CIS지역 동포가 그 대상에 포함되었다.

④ 차별금지

한국은 2001년 국가인권위원회를 설립하고 이주민을 비롯한 소수자 인권보호를 위해 포괄적으로 노력하고 있다. 위원회는 피해자의 진정이 없는 경우에도 인권침해나 차별행위가 있다고 믿을 만한 상당한 근거가 있다고 인정할 때는 직권으로 조사할 수 있어 원칙적으로는 활동 범위가 넓다. 다만, 정권의 변화에 따라 인권정책에 대한 비중이 약해지고 조직이 축소되는 등 정부 기관이 가질 수밖에 없는 한계를 보인다. 특히 「차별금지법」 제정은 참여정부에서 논의 중 폐기된 후 당면 과제가 되고 있다.

한국은 '국가인권위원회'를 통해 이주민에 대한 인권보호정책을 시행하고 있다. 이민자 사회통합정책에 대한 평가에서 활용할 수 있는 '이민자통합정책지수(MIPEX)' 지표에서는 차별 범주를 인종 · 민족, 종교 · 신념, 국적으로 구분하여 세 범주에 대한 차별금지를 구체적으로 언급하는 것을 중요한 기준으로 삼고 있다.

한국의 「국가인권위원회법」에서는 인종 · 민족, 종교 · 신념, 국적에 의해 차별당하지 않을 것을 규정하고 있으나 「차별금지법」을 제정하는 것이 당면 과제이기도 하다.

외국인정책 기본계획을 분석해보면, '제1차 외국인정책 기본계획'은 우수 인재 유치, 이민자 사회적응 지원 등 다문화 정책분야를 도입하여 기반을 조성한 정책이었다. 다음의 '제2차 외국인정책 기본계획'은 질서와 안정, 이민자의 책임과 기여를 강조하는 국민의식을 반영한 정책으로 볼 수 있다.

하지만 한국의 「차별금지법」은 다음과 같은 한계를 가지고 있다. 심지어 2007년 8월 유엔 인종차별철폐위원회가 "한국에는 인종차별의 정의를 명시하고 인종차별행위를 금지한 내용의 법이 전혀 존재하고 있지 않다"며 인종차별 금지에 대한 조속한 제도화를 촉구하기도 했다. 이에 2007년 12월 차별금지사유에 "인종, 피부색, 출신민족"이 포함된 「차별금지법안」이 국무회의를 통과했지만, 발의조차 되지 못하고 폐기되었다. 2009년에도 「인종차별금지법안」 관련 공청회(전병헌·국가인권위원회)를 개최했으나 법안상정에 이르지 못했다.

이주노동자의 경우 노동법상 근로자의 지위가 보장되고 차별받지 않도록 기본적인 법 정비는 이루어졌다고 볼 수 있으나, 미등록 외국인 노동자에 대한 노동법상의 내국인 근로자와 동등한 대우는 보장되고 있지만, 출입국관리법상 불법체류자인 까닭에 열악한 노동환경과 차별을 받는다는 한계가 있다.

⑤ 정치참여

한국의 이주민 참정권 실태를 보면, 국가 차원의 선거에는 선거권과 피선거권이 없지만, 지방선거에서는 선거권을 허용하고 있어 이주민의 권리 인정 측면에서는 선진적인 국가에 속한다. 다만, 이주민은 정당 가입을 할 수 없으며 정치활동을 할 수 없게 되어 있다는 점은 지방선거의 참정권 허용과 모순을 이루고 있어 개선이 필요하다.

참정권 인정과 정치참여 현황을 보면, 2005년 「공직선거법」 개정을 통해 지방의원과 자치단체장 선거에서는 "영주권 취득일로부터 3년이 경과한 19세 이상의 외국인"으로서 해당 지자체의 외국인 등록대장에 올라 있는 모든 사람에게 선거권을 부여했다. 그리고 광역단체장 선거를 준용하고 있는 교육감선거 역시 영주권 취득 후 3년이 경과한 19세 이상의 외국인에게 선거권을 인정하고 있다. 또한, 주민투표, 주민소송, 주민소환제도에 외국인의 참여를 모두 보장하고 있다.

외국인 선거권에 관한 사회적 합의사항을 보면, 국정선거와 지방선거를 구분하고 있으며, 선거권과 피선거권을 구분하고 있다. 외국인에게 지방자치단체선거의 선거권을 부여하지만, 피선거권은 부여하지 않고 있다.

그렇기 때문에 외국인 유권자는 정당 가입을 할 수 없고, 정치자금 기부도 금지되어 있다. 또한, 대한민국 국민이 아닌 자는 선거운동을 할 수 없고, 합리적인 이유 없이 피선거권을 인정하지 않는 점 등이 문제점으로 지적되고 있다. 또한, 한국에서 모든 이주민은 정치활동의 자유가 없다. 생활인으로서 자신의 이익을 대변하는 이익단체는 물론 소수자의 권익보호를 위한 정당 결성권이 이주민에게는 허용되지 않고 있다. 다만 정주할 자격이 주어지는 영주권자에 한해 지방의회의 선거권이 주어진다는 것은 차별 배제적인 요소라 할 수 있다.

(2) 경제 · 사회문화적 사회통합정책

① 노동시장 접근

경제 · 사회문화적 사회통합정책을 노동시장 접근의 측면에서 보면, 한국에서는 고용허가제를 통해 기능실습제의 문제를 해결했으며, 노동자로서의 제반 권리를 인정함으로써 이주노동자의 인권을 보장하고 있

다. 결혼이주여성에 대한 취업지원은 관련 부처별로 분산되어 있고 참여
가능한 대상자는 한정되어 있다는 한계가 있지만, 결혼이주여성 통번역
사라는 직종을 만들어 결혼이주여성의 사회참여 활동의 폭을 넓혔다는
점에서는 의미가 있다. 귀환 동포들의 노동시장 접근은 이주노동자로서
관리되는 부분과 재외동포로서 관리되는 부분이 존재한다.

② 교육

한국은 다문화가족 아동의 취학 전 보육 및 교육 지원의 중요성을
인식하고 2013년 관련법의 개정을 통해 중앙정부와 지방자치단체가 교
육 지원을 위해 노력하고, 아동의 언어발달을 위해 한국어 및 부 또는 모
의 모국어 교육이 가능하도록 관련 교재지원과 학습지원 등 이중 언어능
력 제고를 지원할 수 있도록 했다. 또한 「재한외국인처우기본법」에서는
출신 문화의 학습권이 유지되도록 국가가 보장하고 있다.

③ 보건 · 복지

한국은 등록이주민에 대해 4대 사회보험과 고용허가제 4대 보험
을 통해 이주민의 사회권을 보장하고 있지만, 개별 사업장에 대한 관리
가 철저히 이루어지지 않아 도시권을 벗어난 지역에서 이주노동자의 근
로환경은 아직도 매우 열악하다. 특히 미등록이주민에 대한 정책은 거의
없다.

(3) 정부 기관 사회통합정책 사례

① 법무부

법무부는 2009년부터 「이주민 사회통합프로그램과 그 운영 등에 관한 규정」(2008. 3. 12 법무부 훈령 제612호)에 따라 사회통합프로그램을 시행하고 있다. 법무부에서 실시하는 사회통합프로그램(Korea Immigration and Integration Program)은 중앙부처 사회통합정책 중 가장 중추적인 역할을 담당하고 있으며, 결혼이주민을 포함한 이주민이 한국 사회에 조화롭게 유입되도록 기본 소양을 함양시키고자 한다. 이를 통해 안정적으로 한국 문화에 적응하도록 하며, 한국어 과정 등도 이수하도록 하고 있다.

가) 사회통합프로그램의 도입 배경

이 프로그램을 도입한 배경에는 다음 3가지가 있다. 첫째, 이민자가 우리말과 우리 문화를 빨리 익히도록 해서 국민과 원활한 의사소통으로 지역사회에 쉽게 융화될 수 있도록 지원하는 데 있다. 둘째, 재한외국인에 대한 각종 지원정책을 KIIP로 표준화하고 이를 이수한 이민자에게는 국적취득 필기시험 면제 등 다양한 인센티브를 제공하여 자발적이고 적극적인 참여 기회를 부여하고자 한다. 셋째, 이민자에게 꼭 필요하고 적절한 지원정책 개발과 세부지원 항목 발굴을 위해 이민자의 사회적응지수를 측정, 이민자 지원정책 등에 반영하고자 한다.

사회통합프로그램의 기본방향을 보면 다음과 같다. 첫째, 이민자의 국내 생활에 필요한 한국어, 경제, 사회, 법률 등 기본소양을 체계적으로 습득할 수 있는 사회통합프로그램을 개발한다. 둘째, 이민자의 한국어

능력, 한국 사회 이해 정도 등을 측정하기 위한 기본소양 사전평가 및 이수 레벨을 지정한다. 셋째, 이민자에게 직접 KIIP 서비스를 제공할 운영기관(교육기관)을 지정한다. 넷째, 운영기관에서 KIIP 강의 및 다문화 이해 등을 지도할 전문 인력을 양성 및 관리한다.

이민자가 이러한 프로그램을 이수할 경우에는 몇 가지 혜택이 주어진다. 먼저, 귀화를 신청할 경우 귀화 필기시험이 사회통합프로그램 귀화용 종합평가로 대체되며, 귀화 면접심사 면제, 국적취득 심사 대기시간이 단축된다. 둘째, 영주자격과 사증(VISA) 신청 시 한국어 능력 입증을 면제해주는 인센티브를 제공한다. 셋째, 점수제에 따른 전문 인력 거주(F-2) 자격 변경 등 가점을 부여한다.

나) 사회통합프로그램의 내용 체계

사회통합프로그램 과정은 이민자를 위해 '한국어와 한국문화 과정', '한국 사회이해 과정'으로 구성되어 운영되고 있다. 한국어와 한국문화 과정의 강좌는 정규강좌 전에 글을 읽고 쓰지 못하는 학습자들을 위한 0단계, 정규강좌인 1단계부터 4단계까지로 구성되어 있다. 이수 시간은 기초 0단계는 15시간이고, 각 단계의 이수시간은 100시간으로 1단계부

〈표 2-5〉 한국어와 한국문화 과정의 구성과 이수시간

단계	한국어와 한국문화 과정				
단계	0단계	1단계	2단계	3단계	4단계
과정	기초	초급 1	초급 2	중급 1	중급 2
교육시간	15시간	100시간	100시간	100시간	100시간

자료: 법무부 사회통합정보망 Soci-Net 홈페이지 참고

터 4단계까지 총 400시간이며, 0단계를 포함하면 모두 415시간이다. 이를 정리하면 위의 〈표 2-5〉와 같다.

〈표 2-5〉를 보면, 한국어 기초단계는 자음과 모음의 기본 철자를 모르는 사람을 대상으로 하는 단계다. 초급 1은 한국어에 대한 지식이 현저히 부족하고 원어민과 의사소통이 불가능한 수준의 학습자들을 대상으로 한다. 초급 2는 100시간의 한국어 수업을 받았거나 그에 준하는 한국어 능력을 갖추고 있으며, 제한적이기는 하지만 원어민과 기본 의사소통이 어느 정도 가능한 사람을 대상으로 한다. 중급 1은 200시간의 한국어 교육을 받았거나 그에 준하는 한국어 능력을 갖추고 원어민과 일반적인 기본 의사소통이 가능한 사람이어야 한다. 중급 2는 300시간의 한국어 능력을 갖추고 원어민과 일반적인 기본 의사소통에 큰 지장이 없는 사람이어야 한다. 고급은 400시간의 한국어 교육을 받았거나 그에 준하는 한국어 능력을 갖추고 원어민과 자유로운 일상적인 의사소통이 가능한 수준을 대상으로 한다(이현숙, 2014).

한국어 강좌가 끝나면 학습자들은 5단계인 한국 사회이해 강좌를 70시간 이수해야 한다. 한국 사회이해 강좌에서는 한국의 사회, 문화, 역사, 정치, 경제, 법질서, 생활일반 등 실생활에 꼭 필요한 기초적인 사회이해 정보를 중심으로 한 종합 소양교육을 진행한다. 이 과정을 마치면 종합시험을 보는데, 이 시험에 합격하지 못하면 50시간을 재이수해야 하고 다시 시험을 봐야 한다. 구체적인 커리큘럼을 소개하면 아래 〈표 2-6〉과 같다.

〈표 2-6〉에서와 같이 한국 사회이해 과정은 70시간이라는 제한된 시간에 사회, 문화, 역사, 정치, 경제, 법질서 등 일상생활에 필요한 많은 주제를 다루는 백화점식 교육을 하고 있다. 그 때문에 학생들은 학습에

	한국 사회이해	
단계	5단계	
과정	기본과정	심화과정
총 교육시간	50시간	20시간

자료: 법무부 사회통합정보망 Soci-Net 홈페이지 참고

어려움을 겪고 있으며, 교사 역시 교사용 지침서 없이 재량껏 수업을 진행하고 있어 교사마다 수업내용이 다를 수 있는 한계점을 갖는다.

다) 사회통합프로그램의 평가 단계

사회통합프로그램의 평가에는 사전평가, 단계평가, 중간평가 그리고 종합평가의 4단계가 있다. 실질적인 평가는 사전평가를 제외한 3단계다. 평가 기준은 지정된 단계에 해당하는 이수시간을 80% 이상 출석했을 때만 단계평가, 중간평가, 종합평가에 응시할 수 있다.

사전평가는 강좌가 시작되기 전에 참여 신청자를 대상으로 한국어 실력과 한국 사회이해 정도 등 기본소양을 평가한다. 사회통합프로그램 신청자는 모두 사전평가에 응시해야 한다. 다만 참여 신청단계에서 사전평가 미응시로 표시한 경우 사전평가를 면제하고 0단계(한국어기초)부터 참여한다. 사전평가 방법은 필기시험과 구술시험으로 시행되며, 시험시간은 총 50분이다.

단계평가는 각 단계(초급 1, 초급 2, 중급 1) 종료 후 해당 과정 종료자 전원을 대상으로 한국어 및 한국문화 등 해당 과정의 내용을 평가한다. 거점운영 기관장이 주관하여 실시하며, 별도의 응시신청 절차 없이 각 거

점운영 기관장이 해당 단계 종료 전까지 해당 단계 강사와 협의하여 시행한다. 평가 방법은 문제은행 및 문항구성표 견본을 법무부에서 거점운영기관에 제공하고 이를 바탕으로 거점에서 자체 출제하여 활용하며, 합격 기준은 100점 만점에 60점 이상 받아야 하고, 불합격자는 해당 단계를 재이수해야 다음 단계로 이동 가능하며, 재이수자는 평가 없이 다음 단계로 이동한다.

중간평가는 한국어와 한국문화 과정 최종단계인 중급 2를 마친 학습자를 대상으로 한국 사회이해 과정을 수학하기 위한 한국어 및 한국문화 기초 지식을 평가한다. 법무부가 주관하며, 장소는 관할 출입국관리사무소가 지정한 장소에서 응시한다. 필기시험은 총 30문항이고, 시험시간은 45분이다. 합격기준은 100점 만점에 60점 이상 득점해야 하며, 합격자에게는 관할 사무소장 명의로 '사회통합프로그램 한국어와 한국문화시험(KLCT)' 합격증이 발급된다. 불합격자는 4단계를 재이수하면 5단계(한국사회이해)로 이동할 수 있다.

마지막으로 종합평가에 해당하는 이민귀화적격시험(KINAT-Korea Immigration and Naturalization Aptitude Test)은 5단계인 한국 사회이해 과정을 마친 학습자를 대상으로 한국어능력과 한국 사회이해 정도 등 기본소양 정도를 평가한다. 평가 장소는 법무부 산하 출입국관리사무소가 지정하는 장소에서 평가한다. 종합평가의 평가 방법은 총 45문항으로 시험시간은 총 60분이 주어진다. 합격기준은 100점 만점에 60점 이상 득점해야 하고, 합격자에게는 관할 출입국관리사무소장 명의로 '한국이민귀화적격시험(KIANT) 합격증' 및 '사회통합프로그램 이수증'을 발급하고 이수완료 처리한다.

② 여성가족부의 다문화가족지원센터

가) 다문화가족지원센터 설립 목적과 운영

여성가족부는 다문화가족에 대한 지원 강화대책을 2008년 10월 30일에 발표하면서 이를 근거로 전국 시·군·구 단위에 다문화가족지원센터를 설립했다. 다문화가족이라 함은 「다문화가족지원법」 제2조 제1호에 따라 "결혼이민자·귀화자와 대한민국 국적을 취득한 자로 이루어진 가족"을 말한다. 다문화가족지원센터는 다문화가족의 안정적인 정착과 가족생활을 지원하기 위해 가족 및 자녀 교육·상담, 통번역 및 정보제공, 역량강화사업 등 종합적인 서비스를 제공하여 다문화가족의 한국사회 조기적응 및 사회·경제적 자립지원을 도모하기 위해 설립되었다.

다문화가족지원센터는 2018년에 경기 30개소, 서울 24개소, 경북 23개소, 인천 9개소 등 총 217개의 센터가 설립·운영되고 있다. 센터 운영방식은 지방자치단체가 직접 운영하는 직영센터와 국가 또는 지방자치단체가 센터를 설치하고 운영을 전문기관(법인·단체 등)에 위탁하는 위탁센터로 나뉜다. 그리고 「다문화가족지원법」에 따라 다문화가족지원사업만을 수행하는 일반형과 「건강가정기본법」과 「한부모가족지원법」 등에 의해 가족지원사업을 같이 수행하는 통합 서비스 운영기관인 확대형이 있다. 2018년을 기준으로 일반형은 72개소, 확대형은 139개소, 그리고 지방비로 운영되는 센터가 8개소 있다.

다문화가족지원센터를 이용할 수 있는 대상은 결혼이민자(혼인귀화자 포함), 일반 귀화자, 배우자, 시부모, 자녀(중도입국자녀 포함), 친인척, 외국인 근로자, 외국인 유학생, 북한이탈주민 등이다.

나) 다문화가족지원센터의 프로그램 내용

센터에서 운영하고 있는 사업은 전국의 모든 센터에서 공통적으로 제공하는 기본사업과 지역사회의 특성이나 수용에 따라 다르게 제공하는 특성화 사업이 있다. 우선 기본사업은 가족, 성평등·인권, 사회통합, 상담영역, 그리고 홍보 및 지역연계 등과 같이 5개 영역으로 구분되어 다양한 사업을 시행하고 있다. 그리고 특성화 사업에는 다문화가족 방문교육사업, 다문화가족 자녀 언어발달지원사업, 다문화가족 사례관리사업, 결혼이민자 통번역서비스 사업, 이중언어 가족환경조성사업 등이 있다. 각 사업별 사업의 목적, 대상, 세부내용 등을 주요 키워드 중심으로 살펴보면 다음과 같다.

㉠ 기본사업 프로그램

첫째 가족 영역을 통해 가족 내 이중언어 사용 활성화를 촉진하고, 이를 통해 소통증진과 다문화 정체성을 함양하도록 한다. 프로그램 중 '다문화가족 이중언어 환경조성프로그램'은 20가정을 대상으로 연간 10시간 운영한다. 그리고 다문화가족 학령기 자녀 입학 및 입시 정보 제공은 다문화가정 부모를 대상으로 연간 4시간 이상씩 진행하고 있다. 교육내용과 운영방법은 단기성이나 행사성을 지양하고, 지역이나 운영하는 센터의 특성에 맞추어 교육과 체험프로그램을 적합하게 실시할 수 있다.

둘째, 성평등·인권 영역은 부부와 가족 간의 인권의식을 함양하여 인권침해 문제가 발생할 경우 보호 및 구제하기 위한 영역이다. 성평등 프로그램은 서로를 이해하기 위해 당사자가 적극 참여하도록 하고, 인권 프로그램에서는 여성가족부와 국가인권위원회의 연계 방안, 인권 관련 NGO 등 단체 및 전문가 활용을 시도하고 있다. 위의 프로그램들이 민주적이고 양성평등한 가족관계를 확립할 수 있는 내용이 되도록 구성하고 있다.

셋째, 사회통합 영역은 다문화가족의 취업에 주안점을 두고 있다. 취업 자격증, 면허증 등 준비반을 운영하고, 구직자가 있을 경우 워크넷에 등록하도록 하며 새일센터로 적극 연계해준다. 새일센터는 결혼이민자의 체계적인 직업 훈련을 지원해주고 있다. 아울러 여성가족부와 고용노동부 간에 연계 방안을 마련하거나, 학업지원반(검정고시)에 희망자가 있는 경우 반을 운영하거나 전문교육기관과 연결해준다. 또한 나눔봉사단을 운영하고 지원한다. 나눔봉사단은 먼저 정착한 다문화가족이 신규 다문화가족의 한국 사회 초기 적응을 지원해줌으로써 정서적 유대감을 형성하고 안정적인 조기정착을 위해 다양한 자조 모임을 운영한다. 그리고 결혼이민자 멘토링 프로그램도 운영하고 있다. 이 프로그램은 초기 정착단계의 결혼이민자에게 정서적 지지와 돌봄 등 일대일 멘토링 서비스 제공을 통해 한국 사회에서의 안정적 정착 및 사회통합에 기여하고자 운영되고 있다. 멘토의 자격 요건은 국내 거주 1년 이상 되어야 하고, 한국어 구사가 가능하며, 모범적인 가정생활을 유지하고 있어야 한다. 멘티는 센터 미이용자, 방문교육서비스 대기가정, 그리고 한국어 능력이 미숙한 자들을 우선 선정한다.

넷째, 상담 영역은 다문화가족 부부·부모·자녀관계 개선 및 가족갈등 등 관련 상담을 통해 다문화가족의 내부 스트레스 완화 및 가족의 건강성 증진을 목적으로 한다. 상담 내용에는 부부문제, 자녀문제, 친인척문제, 사회문제, 성문제, 경제문제, 취업상담, 법률상담, 장애상담, 기타 개인관련 문제 등이 모두 해당한다. 또한 다문화가족의 정착을 위해 국제결혼가정의 특성을 고려한 가족 형성 초기 적응과 집중적 맞춤 지원, 복합적이고 장기적이며 만성적인 문제로 가족 갈등이 심화된 다문화가족 구성원이 스스로 삶을 계획하고 실천할 수 있는 역량을 갖출 수 있도록 다양한 서비스를 지원하는 사례관리도 이루어지고 있다. 상담 시 여성부에서 개발한 「다문화가족 상담 가이드북」(2008), 「다문화사례관리 매뉴얼」(2012), 「다문화가족지원센터 상담 프로그램 매뉴얼」(2015) 등을 활용한다.

다섯째, 홍보 및 자원연계 영역은 다문화 캠페인과 언론 매체를 통해 다문화가족지원사업을 홍보한다. 다국어판 생활·정책 정보지 보급을 확대하고, 「한국생활가이드북」과 「레인보우플러스」를 배포하고 있다. 특히 다문화가족의 사회적응력을 제고하고 잘못된 정보로 불이익을 받는 경우를 방지하기 위해 취업, 법률, 의료 및 복지 상담 서비스, 안전에 대한 정

〈표 2-7〉 다문화가족지원사업의 기본사업 내용

영역	가족영역	성평등·인권	사회통합	상담	홍보 및 지역연계
사업 목적	가족 간의 소통을 통한 믿음과 올바른 부모 역할에 대한 이해 증진	부부와 가족 간의 성평등 인식고취와 인권의식 함양	사회통합을 위한 사회구성원으로서의 권리와 의무, 책임에 대한 지식과 소양 함양	상담을 통해 가정해체 예방 및 사례관리하기	지역사회에 다문화가족 지원사업을 홍보하고 자원 연계
대상	다문화가족 등	다문화가족 등	다문화가족 등	다문화가족 등	다문화가족 등
세부 내용	1) 다문화가족 이중 언어 환경조성 프로그램 2) 학령기 자녀 입학 및 입시정보 제공 등	1) 가족 내 성평등교육 2) 다문화이해교육 3) 인권감수성 향상 교육 등	1) 취업기초소양교육 2) 새일센터를 적극 활용해 일자리 창출 등	1) 가족, 부부, 취업 등 각종 상담 2) 사례관리 등	1) 지역사회 홍보 2) 지역사회네트워크 3) 홈페이지 운영 등
주요 키워드	소통, 화합, 사랑, 이해	성평등, 이해, 믿음, 인권, 차별금지	취업연계, 협업	상담, 위기, 사례관리	홍보, 네트워크, 지역사회

자료: 여성가족부(2018) 참고

보를 제공하고 있다. 그뿐만 아니라, 지역사회 내 다문화가족지원사업이 통합적·체계적·효율적으로 추진될 수 있도록 서비스 전달체계 구축 및 서비스제공기관과 연계하는 역할을 하고 있다. 마지막으로 지역별 다문화가족지원센터 홈페이지인 '다누리'를 운영하고 있다. 다문화가족센터에서 운영하고 있는 기본사업에 대해 정리하면 위의 〈표 2-7〉과 같다.

ⓛ 특성화사업 프로그램

다문화가족지원센터의 특성화사업에는 다문화가족 방문교육사업, 다문화가족 자녀 언어발달지원사업, 다문화가족 사례관리사업, 결혼이민자 통번역서비스 사업, 그리고 이중언어 가족환경조성사업의 5가지 유형으로 나뉜다. 특성화 사업별 목표, 대상, 내용, 관련 직종 등을 정리하면 다음과 같다.

먼저, 다문화가족 방문교육사업은 생활언어를 익히고 문화를 이해할 수 있도록 체계적·단계별 한국어교육서비스를 제공하고, 언어와 문화 차이 등으로 자녀양육에 어려움을 겪고 있는 결혼이민자에게 부모교육 서비스를 지원하고 있다. 또한 학업성취가 낮고, 자아·정서·사회성 발달에 어려움을 겪고 있는 다문화가족 자녀에게 자녀생활 서비스를 제공하고 있다. 다문화가족센터를 직접 방문하기에 접근성이 떨어지는 섬이나 벽지 지역 등에 직접 방문하여 한국어와 부모교육, 자녀생활 서비스를 지원하고 있다. 운영시간은 주 2회, 회당 2시간씩이다. 특히 만 3~12세 이하 다문화가족 자녀이거나 중도입국자녀인 경우에는 독서코칭, 숙제지도, 발표토론지도, 상담, 기본 생활습관, 건강 및 안전, 진로지도 등을 진행하고 있다.

둘째, 다문화가족 자녀 언어발달지원사업은 체계적이고 전문적인 언어발달지원 서비스 제공을 통해 다문화가족 자녀들이 건강한 사회구성원, 나아가 글로벌 인재로 성장할 수 있는 초석을 마련하고자 한다. 언어발달지원사업을 효율적으로 수행하기 위해 센터에 언어발달교실을 설치하여 언어평가 및 언어교육이 필요한 만 12세 이하의 다문화가족 자녀 등을 대상으로 하여 전국적으로 300명의 다문화 언어발달지도사가 언어발달지원사업에 참여하고 있다. 언어교육은 주 2회, 회당 40분 수업으로 진행되며, 일대일 개별수업과 2인 이상의 모둠수업 형태로 진행한다.

셋째, 다문화가족 사례관리사업은 다문화가족의 복잡하고 다양한 문제해결 및 욕구 해소를 위해 심리·정서적 안정 및 자립역량 강화를 지원하기 위한 맞춤형 종합서비스를 제공하는 것이다. 양질의 사례관리 서비스를 제공함으로써 결혼이민자와 다문화가족의 안정적인 사회 정착 기반을 마련하고자 한다. 현재 93개소에서 사례관리사업을 시행하고 있으며, 사례관리 서비스 유형을 '위기관리 가구형', '일반형 관리 가구형', '통합형 관리 가구형'으로 구분하여 맞춤형으로 관리하고 있다. 특히, 위기관리 가구형은 가정폭력, 이혼, 자살(시도) 등의 상황으로 인해 정신적 외상(트라우마)을 경험한 개인 및 가족을 대상으로 진행하고 있다.

넷째, 결혼이민자 통번역서비스 사업은 입국 초기 결혼이민자의 초기 정착 단계에서 경험하는 의사소통 문제해결을 위해 통번역서비스를 지원하고, 이들이 한국 사회에 조기 적응하는 데 기여하고자 한다. 서비스 대상 언어는 베트남어, 중국어, 필리핀어, 몽골어, 태국어, 러시아어, 인도네시아어, 캄보디아어, 일본어, 네팔어 중에서 센터별 1~4개 언어를 선택해서 통번역서비스를 실행한다. 다문화가족지원센터에서 지원되지 않는 언어에 대한 통번역은 인근 다문화가족지원센터로 연계해서 지원한다. 통번역 서비스 내용에는 입국 초기 정착 상담, 국적 및 체류 관련 정보, 임신·출산·양육 등의 생활정보 안내, 행정·사법·공공기관 이용 등이 있다.

다섯째, 이중언어 가족환경조성사업은 다문화가족 자녀가 가정 내에서 영·유아기부터 자연스럽게 이중언어로 소통할 수 있는 환경을 제공해주어 자녀가 정체성을 확립하고 글로벌 인재로 성장할 수 있도록 지원해준다. 이를 통해 체계적이고 전문적인 부모교육 및 부모-자녀 상호작용 서비스를 제공하여 부모의 역량을 강화함으로써 부모와 자녀 간의 의사소통과 정서적 유대감 강화를 기대한다. 2018년 전국 센터에 120명

〈표 2-8〉 다문화가족지원사업의 특성화사업 내용

사업명	방문교육사업	언어발달지원사업	사례관리사업	통번역서비스사업	이중언어사업
사업 목표	직접 방문하여 한국어 교육, 부모교육, 그리고 자녀 생활 서비스 지원	다문화가족 자녀에게 체계적이고 전문적인 언어발달지원 서비스 제공	체계적인 실적관리를 통해 사례관리 사업의 지원체계 구축 및 안정화	초기 정착단계에서 경험하는 의사소통 문제 해결 및 일자리 확대	다문화가족 자녀가 이중언어로 소통할 수 있는 글로벌 인재 양성
대상	만 12세 이하 다문화가족· 중도입국자녀	다문화가족 자녀	다문화가족지원센터 회원의 가족	다문화가족 등	영유아 자녀를 둔 다문화가족
세부 내용	1) 한국어 교육서비스 2) 부모교육 서비스 3) 자녀 생활 서비스 등	1) 다문화가족 자녀 언어평가 2) 자녀 언어교육 3) 부모상담 및 교육 등	1) 과정기록지 작성 2) 사례관리 서비스 활동 및 네트워크 활동 등	1) 생활정보 안내 및 상담내용 통번역 2) 행정·사법· 의료·공공기관 이용 시 통번역 등	1) 이중언어 부모코칭 2) 부모-자녀 상호작용 프로그램 3) 이중언어 활용 프로그램
관련 직종	방문교육지도사	언어발달지도사	사례관리사	전문통번역지원사, 통번역지원사	이중언어코치

자료: 여성가족부 2018년 다문화가족지원 사업 내용을 바탕으로 재구성함.

의 이중언어 코치가 배치되었고, 이중언어 부모코칭 프로그램, 부모-자녀 상호작용 프로그램, 이중언어 활용프로그램, 그리고 가족코칭 프로그램 등으로 운영된다. 다문화가족지원사업 중 특성화사업에 대한 내용을 정리하면 위의 〈표 2-8〉과 같다.

(4) 정리 및 시사점

이주의 시대를 맞아 국제이주의 상호성과 유용성에 대한 사회적 합의를 통해 이주민의 경제·사회문화적 통합을 더욱 지원하는 방향으로 장기적 관점에서 정책을 수립해나가야 한다. 한국은 이주민 관련 법제 제정 등으로 통합의 토대가 되는 법·정치적 통합 측면에서 다른 나라에 비해 더 포용적임을 알 수 있다. 이는 한국 사회가 이주민을 사회구성원으로 인정하고 있다는 것을 의미한다. 그러나 이러한 인정이 계급적 관계나 위계적 질서의 고착화로 이어질 수 있음을 경계해야 한다. 국제이주의 상호성과 유용성에 대한 사회적 합의를 통해 이주민도 동등한 인격으로 자립적 생활을 영위해나갈 수 있도록 이주민의 경제·사회문화적 통합을 더욱 지원하는 방향으로 장기적 관점의 정책을 수립해나가야 한다.

이주민 사회통합정책을 그 시행 단위에 따라 '개인 기반 접근(individual-based approach)'과 '집단 기반 접근(group-based approach)'으로 구분할 때, 한국은 '집단 기반 접근' 관점에 치우쳐 있다고 할 수 있다. 모든 정책이 결혼이주여성을 중심으로 이들을 '한국사람'으로 만드는 데 정책적 관심이 집중되어 있는 등 비자 유형별 관리 대책 차원으로 이루어진다. 이러한 일차원적인 사회통합정책에서 벗어나 이주민 개인의 인권존중과 복지수준의 향상을 위해 사회 전체적인 삶의 질을 높이는 방향으로 사회통합정책이 나아가야 할 것이다.

특히, 한국에서의 이주민 사회통합정책은 이주민의 문화적 정체성을 존중하고 인정하는 가운데 정주민과 이주민이 동등한 입장에서 상호작용을 통해 다문화사회를 만들어나갈 수 있도록 그 과정에서부터 경계 나누기와 동화주의적 입장의 차별을 소거해야 한다. 사회통합의 진정한 힘은 개인의 문화적 정체성을 존중하면서 상호작용을 통해 연대의식을 창출할 때 이루어진다고 할 수 있다. 따라서 서로 다른 민족적·문화적 배경을 지닌 주체들이 함께 대면하고 소통하면서 사회적 질서에 대한 합의를 이끌어내고 그 실현을 위해 실천을 도모해갈 때 다양성에 기반을 둔 새로운 다문화 사회공간을 형성할 수 있을 것이다.

3부

국외의
사회통합정책
사례

6장. 북미의 사회통합정책

7장. 유럽의 사회통합정책

8장. 아시아의 사회통합정책

3부에서는 우리나라보다 먼저 다문화사회의 구조를 갖춘 북미와 유럽 및 아시아 등 해외 국가들의 다문화사회 형성 배경과 사회통합정책의 특징 및 구체적인 사례를 살펴볼 것이다. 이들 국가의 사례를 통해 이주민과의 사회통합을 위해 어떤 정책들이 구체적으로 실시되었으며, 우리나라의 상황에 적합한 시사점을 줄 수 있는지를 다루어볼 것이다.

먼저 6장에서는 북미, 특히 미국과 캐나다에서 실시되고 있는 사회통합정책의 특징을 구체적으로 다루어볼 것이다. 미국은 다양한 소수인종을 사회로 통합하기 위해 동화주의, 통합주의, 문화다원주의라는 통합정책 모델을 표방하며 다양한 정책 프로그램을 시행하고 있다(모경환·이재분·홍종명·임정수, 2015). 이와 같은 정책 프로그램을 통해 사회문화적 갈등이 발생할 수 있는 요인들을 최소화하고 이주민이 안정적으로 미국 사회에 적응하는 것으로 나타났다.

캐나다는 영국계, 프랑스계, 캐나다 원주민(North American Indian, Meti & Innuit)을 포함하여 아시아계, 라틴계, 흑인 등 200개 이상의 민족과 500만 명 이상의 이민자로 구성된 다인종 국가인 다문화사회다. 경제적 발전에 이민자가 중요한 요소로 작용하므로 이민자에게 개방적인 정책을 추진하고 있다(Reitz, 2005). 캐나다 사람들은 다문화주의와 이민자의 문화적 다양성을 가장 중요한 가치로 여기고 있으며, 이민자의 경제·사회·문화적 기여를 긍정적으로 평가하고 있다.

7장에서는 유럽, 특히 영국, 독일, 프랑스의 사회통합정책을 살펴볼 것이다. 영국은 역사적으로 수많은 이민족의 침략전쟁 이후 이들이 영국에 정착하면서 다양한 문화와 인종 및 민족이 뒤섞이면서 존재해왔다. 따라서 영국은 이민의 역사가 가장 오래된 다인종·다민족 사회 중 하나에 속한다. 따라서 영국은 영국인의 정체성 유지와 문화적 다양성을 강조함으로써 영국 내에 거주하는 모든 인종에게 상호 간의 존중과 함께 영국인의 정체성 보존에 동참할 것을 호소하고 있다.

프랑스는 사회적인 변동에 따라 이주민 정책도 변화하고 있지만, 200여 년이 넘는 이민 역사를 가진 나라로서 다인종·다민족으로 구성된 다문화사회를 이루고 있다. 따라서 프랑스는 인권 국가로서의 오래된 역사와 사회적 관용 및 다문화 인식이 여전히 프랑스 사회를 구성하는 기본적인 토대가 되고 있다.

독일은 1980년대 말 장기체류 외국인과 관련하여 이민 정책을 구체화하기 시작했고, 1990년 말에 이르러 더욱 확장된 개념으로 외국인 정책을 공론화했다. 오랜 진통 끝에 2005년부터 발효된 「이민법」에 따라 이민국가임을 인정했고, 이를 기점으로 다문화정책에서 상호문화주의가 논의 대상이 되었다. 이러한 논의는 이주노동자 자녀의 교육에 대한 질적인 전환을 촉구하는 입장에서 문화와 언어교육을 강조하고 있다.

8장에서는 아시아, 특히 중국, 일본, 베트남, 우즈베키스탄의 사회통합정책에 대해 다루어볼 것이다. 중국은 정치, 경제, 문화 등 각 영역에서 한족이 중심인 사회이지만, 56개 소수민족으로 구성된 다민족 국가다. 따라서 중국은 민족 관계와 민족 차별 문제를 해소하기 위해 효과적인 민족 정책을 추진함으로써 평등·단결·협력의 새로운 사회주의적 민족통합을 형성하는 데 노력하고 있다.

일본은 국내외적 환경의 변화에 따라 외국인의 유입이 지속적으로 증가하여 다문화사회가 급격하게 이루어지고 있다. 따라서 이주민과 정주민 간 상호 소통을 중시함으로써 문화적 다양성을 존중하고, 시민으로서 주체적 역량을 강화시키기 위한 지역사회의 역할을 강조하고 있다.

베트남은 낀족(Kinh Ethnic group)이 주류 민족으로 인구의 86%를 차지하고 있으며, 나머지 14%가 54개 소수민족으로 구성된 다언어·다민족 국가다. 사회주의 국가인 베트남은 개방정책인 '도이모이' 정책을 시행한 이후 여러 국가와 무역 및 교류를 함으로써 문화와 종교적 이질성을 지닌 외국인이 결혼과 노동 등 다양한 목적으로 유입되면서 다문화사회가 형성되었다. 베트남은 이러한 다문화사회에서 소수민족의 사회통합을 위해 헌법에서 모든 민족의 평등을 보장하고, 차별과 분리를 배제하고 있다.

중앙아시아에 위치한 우즈베키스탄은 130개 이상의 소수민족이 살고 있는 다민족국가다. 우즈베키스탄에서 소수민족은 다양한 문화, 전통, 언어 및 헌법상에서 법적 평등성을 부여받고 있다. 따라서 우즈베키스탄은 다른 민족이 공존하는 지역 및 국가의 발전에서 인종 간의 조화를 보편적인 가치이자 중요한 요소로 간주하고 있다. 우즈베키스탄에는 100개가 넘는 민족센터가 존재하고, 체류하는 여러 민족이 센터를 만들기 위해 활동하고 있다.

6장

북미의
사회통합정책

미국과 캐나다는 북미의 대표적인 다문화 · 다인종 국가다. 이 두 국가는 한국보다 일찍이 다문화사회를 경험한 국가로서 이민자 사회통합정책이 다양하게 갖추어져 있다. 특히 이민자로 형성된 배경을 가지고 있어 이들 나라의 사회통합정책이 한국의 사회통합정책에 시사점을 줄 것으로 본다. 따라서 이 장에서는 미국과 캐나다의 다문화사회 형성 배경과 사회통합정책의 특징 및 사례들을 살펴봄으로써 우리에게 어떤 시사점을 제시해줄 것인지를 다룬다.

1.
미국

1) 다문화사회의 형성 배경

미국은 전 세계 국가들로부터 이민자를 받아들여 그 어떤 나라보다 더 인종적 구성과 문화적 배경이 다양한 나라다. 미국 사회에 체류하는 소수자의 유형은 아메리칸 인디언인 원주민, 미국령 푸에르토리코, 유럽계 백인, 그리고 라틴아메리카와 아시아 등에서 이주한 이민자 집단이다(김정규, 2010). 이들이 미국으로 이주한 것은 자신이 거주했던 곳보다 더 나은 경제적 생활과 새로운 경제적 기회를 누리기 위한 이유도 있지만, 자녀들의 교육을 위해 이주한 집단들도 점차 많아지고 있는 추세다(Kivisto, 1995; Martin & Widgren, 1996; 강휘원, 2010).

미국은 일찍이 인종주의 이민정책을 도입했다. 1850년부터 아시아계 이주민의 유입이 많아지자, 1882년 「중국인 배제법(Chinese Exclusion Act)」을 만들어 중국인의 유입을 원천봉쇄했다. 그뿐만 아니라 1921년부터 1965년까지 국적 쿼터제를 도입하여 국가별로 차등화한 인종주의 이민정책을 시행했다. 이러한 정책에도 이주민 수가 늘어나자, 새로운 이민 정책을 모색했다.

이후 미국은 「민권법」(1964) 제정과 「이민법」(1965)을 개정하여 이주민의 유입 수를 확대했다. 이로 인해 그동안 제한했던 이민이 재개되면서 여러 나라의 이민자가 대규모로 유입되기 시작했다. 과거에는 영어권 이민자가 주로 유입되었지만, 「민권법」 제정과 「이민법」 개정 후에는 라틴계나 아시아 출신의 비영어권 국가 이민자가 대거 유입되었다. 특히, 미국 남서부 일부와 하와이에서는 소수인종이 인구의 절반을 차지할 정도로 인구통계학적 측면에서 이민자 수가 양적으로 늘어났다.

이렇게 증가하는 이민자로 인해 미국 사회는 다문화사회로 변화되었고, 이와 함께 주류사회인 유럽 이민자로 구성된 백인 중심의 전통적 가치관과 사회질서는 큰 변화를 겪게 되었다. 이에 따라 미국은 이민자의 높은 출산율, 평등한 고용기회 보장, 다른 언어와 문화를 가진 이민자의 정착 지원 등을 위한 법률 및 제도적 지원을 마련해야 했다. 하지만 미국 사회는 이렇게 다양한 이주민이 유입되어 문화적·인종적으로 다양화된 이들을 주류사회의 문화로 동화시키는 것이 어렵게 되자, 평화적 공존과 존중을 기반으로 하는 다문화주의로 선회하게 되었다. 이러한 사회적 변화로 인해 미국은 사회통합을 위해 다양한 사회구성원의 문화적 다양성을 인정하고, 더 나아가 '샐러드 볼'에 비유되는 다문화주의를 표방하기 시작했다(Banks, 2007).

하지만 트럼프가 미국의 대통령으로 취임한 이후, 반이민정책이 가속화되고 있다. 2017년 1월 27일 트럼프 대통령이 특정 7개 국가 국민의 미국 입국을 한시적으로 중단하는 행정명령에 서명하면서 많은 단체의 반발과 함께 혼란이 발생하고 있다. 더불어 행정부와 이를 저지하려는 법원과 주정부 사이에 여러 법적 다툼이 발생하면서 이민정책이 안정적이지 못한 채 많은 논쟁과 비판을 불러오기 시작했다(홍성우, 2017).

2) 사회통합정책의 특성

미국의 사회통합정책은 1970년대 이후 동화주의정책에서 사회의 분열과 갈등을 예방하는 다문화주의로 선회함에 따라 다양성에 기반을 둔 문화다원주의 정책이라 할 수 있다(Castles, S. & Miller, M., 2003). 미국의 사회통합정책은 다문화주의가 사회통합이념으로 등장하기 전에는 전 세계적으로 '용광로'로 비유되는 동화주의를 받아들였듯이 동화주의적 이념을 내걸었다. 왜냐하면 미국의 사회통합정책은 한 도가니에 모두 녹여서 새롭게 무엇인가를 만들어낸 결과물을 백인, 앵글로색슨, 프로테스탄트, 남성의 문화로 귀결시켰기 때문이다. 이러한 민족융합정책은 미국이라는 거대한 공동체를 통합시키고 유지하는 데 강력한 역할을 했다.

미국은 1950년대에 그동안 당연하다고 간주한 동화주의가 구시대의 낡은 이념으로서 인종 간 갈등의 불씨가 되었다. 이후 미국은 출신국의 문화와 언어를 인정하면서도 주류사회의 문화를 분명하게 명시하는 문화다원주의를 기반으로 한 사회통합의 기본 방향을 제시했다(유네스코 아시아·태평양 국제이해교육원, 2008: 91-93). 미국은 경제·문화·사회·정치적인 통합을 위해 문화다원주의적 사회통합정책을 시행했지만, 이민자 스스로 미국 사회에 통합될 수 있는 길을 모색하도록 장려했다. 따라서 미국은 노동시장 및 교육영역에서 이민자에게 최대한의 기회를 제공하지만, 이민자에 대한 적극적 지원이 이루어지지 않는 자유방임주의형(laissez-faire)으로 볼 수 있다.

미국의 사회통합정책의 이면에는 미국 사회가 지향해야 할 가치로서 '미국의 신조(American's Creed)'가 역할을 했으며, 현재도 '하나의 미국'에 대한 강한 신념체계로서 작동하고 있다. 미국의 신조는 1917년 윌리엄 타일러 페이지(William Tyler Page)에 의해 작성되었고, 1918년 4월 미 하원에 의해 채택된 미국의 공식 신조로 그 내용은 다음과 같다.

"I believe in the United States of America as a government of the people, by the people, for the people; whose just powers are derived from the consent of the governed, a democracy in a republic, a sovereign Nation of many sovereign States; a perfect union, one and inseparable; established upon those principles of freedom, equality, justice, and humanity for which American patriots sacrificed their lives and fortunes. I therefore believe it is my duty to my country to love it, to support its Constitution, to obey its laws, to respect its flag, and to defend it against all enemies." (출처: www.ushistory.org/documents/creed.htm).

미국의 신조라는 신념체계는 '건국의 아버지들(Founding Fathers)'로부터 그 기원을 찾을 수 있듯이, 미국으로 이주해온 이민자뿐만 아니라 주류 사회의 미국인에게도 '미국주의(Americanism)'에 대한 신념을 확고하게 심어주고 있다(이용승, 2009). 미국주의는 사회통합을 위한 정치적 구호 그 이상이다. 이것은 국가의 정체성을 구성하는 에토스(ethos)일 뿐만 아니라, 미국 국민으로부터 당연하게 받아들여지고 있는 가치체계다.

미국은 이민자의 이민을 자발적인 선택으로 간주하므로 공적인 영역에서는 미국 사회의 법규와 정책을 수용하면서 미국 사회에서의 삶에 적극적으로 참여하면서 적응하고 동화해야 한다고 간주했다. 다만 사적인 영역에서는 출신국의 문화적 전통과 관습의 차이 및 다양성이 유지될 수 있도록 출신국의 문화를 인정하고 보장하는 자유주의적 모델을 적용했다.

하지만 미국은 사회통합을 위해 다문화주의를 철학으로 표방한 적이 없다. 다만 미국이 추구하는 사회통합은 사회구조와 가치규범에서 '동화(assimilation)'라는 방법을 통해 주류문화를 기반으로 삼아야 한다는 것을 강조했다.

최근 미국은 흑인(black)을 아프리카계 미국인(African-American), 그리고 아시아인을 아시아계 미국인(Asian-American), 멕시코에서 온 이주민을 라틴계 미국인(Latino-American)으로 부르고 있다. 이는 개인의 문화적 배경을 존중하고 인정하는 것처럼 보이지만, 그 내면에는 오히려 인종 간 구별 짓기, 편견의 정당화, 문화적 배경의 다름과 사회적 지위의 차이를 구별하는 부정적인 인식을 낳고 있다.

미국은 이주자에 대한 분리와 게토화가 사회적 지위와 권리를 확보하고 향상시켜가는 과정에서 필요한 것이며, 결과적으로 모든 이주자는 주류사회로 동화되기를 바라고, 또 그렇게 될 것이라는 인식에서 기인했다. 니와 앨바(Nee & Alba, 2004)에 따르면, 동화의 과정에는 모든 구성원이 주류사회의 구성원이 되고자 하는 노력의 단계가 포함되었다. 그러나 그들은 모든 사람에게 보편적으로 적용될 수 있는 동화의 과정이나 형태는 존재하지 않는다고 강력하게 주장했다(Nee & Alba, 2004: 88). 따라서 빈곤층 이주자는 동화의 목적이나 진행 방식에 대해 의미가 없으므로 이들의 동화는 사회나 문화영역 등에서 미국이 중요하게 여기는 가치로의 동화라기보다는 기존의 빈곤층으로의 동화다. 그래서 미국의 다문화주의적 사회통합은 하나의 '이상'일 뿐이다.

결과적으로 미국은 구체적인 정치적 결정의 도덕성을 판단하는 기준과 주류사회와 소수사회의 현실 가능한 사회적 합의를 도출해야 하는 과제가 여전히 존재한다. 여기서 주의해야 할 점은 다문화주의는 소수사회의 각 구성원이 어느 정도 안정적인 위치를 확보하고 있을 때 가능하다는 것이다(Wieviorka, 1998).

3) 사회통합 사례

미국은 다양한 이주배경을 가진 이민자의 사회통합을 위한 새로운 과제에 직면하게 되자, 연방 차원에서 50개 주가 각 주의 현실에 걸맞은 다문화정책을 펼치려고 노력하고 있다(Banks, 2007). 그 첫 번째가 교육계의 변화다. 미국은 교육을 이민 2, 3세대의 미국인화를 꾀하는 가장 빠르고 중요한 것으로 간주했다.

이런 맥락을 반영하여 다음 절에서는 미국이 실시하고 있는 이주민 사회통합의 사례를 제시한다.

(1) 차별금지정책에 기반을 둔 다문화이해교육

미국은 언어를 사회통합의 중요한 요소로 간주하고, 언어를 적극적으로 활용하여 동화주의를 실시했다(오영인, 2012). 미국의 모든 주 가운데 네브래스카주는 전체 공공장소에서 언어를 영어로만 국한시켰고, 모든 주민을 동화시키려는 계획이 교육현장뿐만 아니라 정치·경제·사회 및 모든 일상생활에까지 영향을 미쳤다. 더욱이 미국은 법안을 통해 소수언어 이민자의 정치참여를 제한했다. 애리조나주 노동청은 5명 이상 노동자를 고용하는 사업장에서 80%의 노동자는 반드시 영어가 모국어인 자로 고용해야 한다는 법안을 통과시켜 이민자의 노동현장에 영향력을 행사하기도 했다. 노동현장에서는 영어 외 기타 언어 사용을 금지함으로써 노동이주로 미국에 온 이민자에게 주류사회의 언어인 영어를 배우게 하는 요소로 작용했다.

그러나 제2차 세계대전이 종식된 후 언어교육에 대한 미국인의 인식이 변하기 시작했다. 군사·경제·외교 등 모든 영역에서 외국어의 필요성을 인식했기 때문이다. 학교뿐만 아니라 가정과 사회단체, 모든 기관에서 차별금지정책에 기반을 둔 인종·종교·성의 다양성 교육을 강조하는 한편, 이민자를 포함한 전체 사회구성원에 대한 다문화교육정책을 실시했다. 이처럼 사회통합정책의 전면에 차별금지에 기반을 둔 다문화교육을 내세워 유아부터 성인까지 전 미국인을 대상으로 국제이해교육, 세계시민교육, 평생교육을 아우르는 포괄적인 교육을 했다.

하지만 일부 몇몇 주에서는 모든 학생을 미국화(Americanization)하기 위해 공교육과 사교육의 모든 영역에서 영어 이외의 언어 사용 금지 법안을 통과시키고 몰입교육을 했다. 특히 1960~1970년대까지는 제2언어로서의 영어(ESL)를 교과 영역에 포함하지 않았고, 오로지 생활영어를 중심으로 의사소통 능력을 신장시키는 데만 집중해왔다. 이러한 결과는 미국 사회에 거주하는 이주배경 청소년들 중 교육의 기회균등에서 배제되어 낙오되는 학생이 늘어나는 등 문제점들이 드러났다. 이러한 상황에 놓이자, 국가 차원에서 학생의 학업성취 향상과 교육격차를 해소하기 위해 언어교육에 주력했다. 또한, 시민의 이중언어 능력에 대한 인식을 개선하고, 그들의 이중언어 능력을 신장시키기 위해 이른바 「낙오학생방지법(No Child Left Behind Act)」을 도입했다.

「낙오학생방지법」의 목적은 학생의 학업성취도에 대한 각 교사의 책무성을 강화하고 모든 어린이가 공평하고 평등한 기초 학습능력 교육을 받아 학업성취를 향상하는 데 있다. 이를 통해 연방정부가 한 학생도 놓치지 않고 모든 학생에게 균등한 교육의 기회를 제공하겠다는 것이다. 「낙오학생방지법」의 Title III에 의해 K-12학년의 이주배경 학생을 위한 사회적·학문적 목적의 영어가 모두 능숙해질 수 있도록 하는 것을 목표로 한 WIDA(World-Class Instructional Design and Assessment) 교육과정을 개발·시행했다. WIDA 시행은 종래의 생활영어 중심의 ESL 교육 개념을 인지적·학문적 목적의 ESL 교육으로 전환하는 것을 의미한다(원진숙, 2014).

(2) 이중언어교육 프로그램

미국은 이민자가정 자녀의 미국 사회 적응을 돕기 위해 대다수 학교에서 이중언어교육법을 시행하고, 이민자가정 자녀의 사회통합을 위해 이들을 가르치는 교사 또한 해당 국가 언어를 사용하는 교사로 채용하고 있다. 교사가 반드시 갖추어야 할 자격 중 하나는 영어가 모국어가 아닌 이주배경 학생들에게 영어를 가르칠 수 있는 ESL 교원 자격증이다. 특히, 학교에는 영어가 모국어가 아닌 이주배경 학생 또는 학부모와의 의사소통이 가능한 통역 코디네이터를 두어 상담하고 있다. 이처럼 이민자가정을 위한 단순한 언어지원부터 일상생활에 이르기까지 다차원적인 제도적 장치를 마련하고 있다(Seeberg, 2012).

미국은 이주배경 학생을 문화적 · 언어적으로 다양성을 지닌 학생이라는 의미의 'CLD(Culturally Linguistically Diverse) 학생', 혹은 영어교육이 필요한 학습자라는 의미의 'ELL(English Language Learner)'이라고 부르고 있다. 앞에서 언급한 대로 공교육에서 이주배경 학생을 위한 ESL프로그램인 WIDA를 운영하고 있다(원진숙, 2014). 소수자 학생을 위한 ESL 교육과정인 WIDA는 미국의 초 · 중 · 고등학교에 다니는 학생 중 영어가 모국어가 아닌 소수언어 배경의 영어 학습자들을 위한 프로그램이다(김윤주, 2015). WIDA가 추구하는 근본적 이념은 이주배경 학생이 학교생활과 교과수업을 수행하면서 어려움이 없도록 하는 것이다. WIDA 교육과정의 특징은 공교육 내에서 타 교과와 연계할 수 있도록 구성했다는 것이다. 예를 들어, 언어 습득과 관련된 사회적 · 학문적 맥락에 기반을 둔 교과의 특성도 포함하고 있다. WIDA 교육과정은 초 · 중학교에서는 각 학년별 목표를 제시하고, 고등학교에서는 9~10, 11~12학년으로 나누어 제시하고 있어 이주배경 학생의 학습능력을 신장시키는 데 기여하고 있다. 특히 WIDA는 영어 숙달도 성취 기준(ELP: English Language Proficiency Standards)을 사회 교과 언어, 영어 교과 언어, 수학 교과 언어, 과학 교과 언어, 사회 교과 언어의 5개 영역으로 나누어 제시하고, 각 교과 영역은 다시 말하기, 듣기, 읽기, 쓰기의 언어 기능과 각 언어 기능별 등급으로 세분화하여 상세하게 제시하고 있다. 이처럼 WIDA는 일상생활의 의사소통 능력뿐만 아니라 주요 교과 영역에서의 학습을 매우 중요한 '제2언어로서의 영어 교육' 내용으로 편입시킨다는 점에서 시사점을 준다.

(3) 이민자의 헤드스타트 특별 프로그램

미국 연방 차원의 이주민을 위한 사회통합정책은 이민자 자녀와 가족을 위한 교육 서비스, 이민 노동자를 위한 건강 및 교육과 직업 훈련 서비스, 난민과 망명자를 위한 건강 및 기타 서비스 등이 있다. 이러한 다양한 서비스 중 이주민 헤드스타트 특별 프로그램은 연방 차원의 사회 통합정책 중 하나다. 헤드스타트는 아동의 인지적·사회적·정서적 개발 증진을 지원하기 위한 프로그램으로 특히 저소득층의 0~5세 자녀들의 취학 전 준비를 지원하고 있다(심미경, 2016). 이민자 아동과 가족이 헤드스타트 프로그램에 등록할 경우, 교육을 포함한 사회통합 전반에 걸친 서비스를 받을 수 있다(염철현, 2008). 예를 들어, 수급가족의 평가에 따른 건강·영양·사회적 서비스와 기타 서비스, 인지개발 등이다. 헤드스타트 프로그램은 자녀들의 교육과 변화를 위해 가족의 직접적 개입을 지원한다. 즉, 부모-아동 간 관계와 가족 간의 필연적 관계를 강조하고, 더 나아가 각 가족과 커뮤니티 간의 연결까지 지원하는 것이 특징이라 할 수 있다. 결국 모든 가족 구성원이 서로에게 지지자와 리더의 역할을 하도록 독려함으로써 모든 이민자가 미국 사회의 구성원으로서 주도적 위치에 있다는 것을 자각하게 하며 사회통합에 기여하게 한다.

4) 시사점

　현재 미국에서 시행하고 있는 차별금지정책에 기반을 둔 다문화이해교육과 이중언어정책, 그리고 헤드스타트 특별 프로그램은 동화주의에서 다문화주의로 전환하는 시점에 있는 우리나라의 사회통합에 다음과 같은 시사점을 주고 있다.

　첫째, 미국의 차별금지정책에 기반을 둔 다문화이해교육의 대상은 유아부터 성인에 이르기까지 미국 사회에 거주하는 모든 미국인을 대상으로 하고 다문화이해교육 콘텐츠 또한 국제이해교육에서 평생교육을 아우르는 내용을 담고 있어 현재 우리나라에서 실시하고 있는 다문화이해교육과는 차이가 있다는 것을 알 수 있다. 또한 미국은 문화적 차이로 인해 학업적·사회적으로 낙오되는 학생이 발생하지 않게 시행되었으므로 이는 결국 이민자 학생뿐만 아니라 부모들의 언어교육, 관련 멘토링, 카운슬링, 그리고 학교를 구성하는 전 교직원의 전문성 개발 등에까지 지원금이 사용될 수 있도록 함으로써 모든 구성원을 위한 교육의 질을 향상하는 정책이 되었다.

　우리나라도 사회통합을 위해 인종, 문화 등의 차이가 교육, 사회, 정치 등 다양한 방면에서 차별이 되지 않도록 차별금지에 기반을 둔 다문화이해교육이 필요할 것이다. 우리 사회에 체류하는 이주민에게 미국과 같이 언어, 생활, 교육의 기회가 균등하게 제공되어 사회의 모든 구성원이 공존할 수 있도록 전체 구성원을 위해 다문화주의를 넘어선 상호문화주의로 구현하는 데 노력해야 할 것이다. 이러한 상호문화주의가 이루어지기 위해서는 우리 사회를 구성하는 다양한 이주민의 문화를 이해하고 존중하는 것을 기본원칙으로 삼아야 한다. 이러한 기본원칙을 통해 개인과 사회, 좀 더 확장해서 국가의 민주주의 발전에 기여한다는 인식을 심어주어야 한다.

둘째, 미국의 이중언어정책은 우리나라의 이주배경 학생을 위한 사회통합정책에 매우 중요한 의미를 부여하고 있다. 미국은 현재 대부분의 학교에서 이중언어교육을 시행하여 이주배경 청소년의 학교적응을 도와 그들로 인해 발생할 문제의 가능성을 줄이고 있다. 특히, 사회통합을 위해 이주민가정 자녀를 가르치는 교사들은 ESL을 가르칠 수 있는 교원자격증을 소지하고 있다. 이러한 맥락에서 현재 우리나라에서 실시하고 있는 이중언어 프로그램에 많은 시사점을 주고 있다.

우리나라에서도 이중언어 프로그램을 실시하고 해당 국가 언어를 사용하는 교사로 채용하지만, 대부분 학교에서는 명목상으로만 이중언어교육을 시행하고 있다. 현재 이중언어 프로그램은 일부 언어에 치중되어 있고, 소수의 언어권은 이중언어교육이 잘 이루어지고 있지 않다. 특히, 이중언어 강사가 한국어를 가르치는 교사로 채용되고 있는 실정이다(박봉수·김영순, 2018).

셋째, 헤드스타트 특별 프로그램의 가장 중요한 핵심은 부모의 역할이다. 이제까지는 무능력하고 문제 있는 존재로만 비치던 부모가 이주민 아동 교육에 대한 가이드이자 교사 역할로 바뀌었기 때문이다. 미국의 헤드스타트 프로그램은 아동과 가족의 민족적·문화적·언어적 유래에 맞추어 서비스를 설계할 것을 강조한다는 점에서, 그리고 이주민이 정책이나 프로그램의 수동적 수혜자로 참여하는 것이 아닌 적극적·능동적 주동자로 참여하도록 패러다임의 전환을 불러일으켰다는 점에서 우리나라에 주는 시사점이 크다.

2.
캐나다

1) 다문화사회의 형성 배경

캐나다는 미국과 국경을 공유하면서 다인종·다문화 국가로서 오랜 역사가 있지만, 다문화사회의 형성요인이 되는 이민자에 대한 정착 및 지원 서비스 정책에는 상당한 차이를 보여주고 있다(강휘원, 2008). 캐나다 이민의 역사는 16세기로 거슬러 올라간다. 캐나다는 16세기 프랑스인이 이주한 것을 계기로 영국과의 수차례 영토전쟁에서 영국에 패하면서 영국령 캐나다 자치연방으로 성립되었고, 프랑스계는 퀘벡(Quebec) 지역에 모여서 살게 되었다. 또한, 당시 중서부 평원 개척과 산업화, 동서 간 대륙횡단철도 건설에 따른 노동력 확보를 위해 적극적으로 이민정책을 수립하면서 전 세계 많은 국가로부터 이민자가 유입되기 시작했다(박진경·임동진, 2012).

17세기에는 영국인이 노바스코샤(Nova Scotia) 지역으로 이주하면서 영국계 지배령이 되었다. 이후 프랑스인은 퀘벡 지역을 중심으로 모여 살게 되면서 캐나다 역사상 첫 번째 소수집단이 되었다. 소수집단인 프랑스계 퀘벡인은 주류집단인 영국문화에 통합되는 것을 거부하고 프랑스어를 사용하면서 자신들의 독특한 문화를 유지하기 원했으며 분리독립까지 요구하기에 이르자, 캐나다 정부는 첫 번째 소수집단인 프랑스계를 분리하기 위해 공식적으로 이중언어를 인정했다.

그러나 캐나다 정부는 경제 활성화를 위해 문호를 확대하여 노동력 시장에 기여할 수 있는 이민자를 선별적으로 수용해왔다. 문호를 개방하면서 가족초청이민, 숙련기술을 가진 독립이민, 기업가, 투자자, 자영업자 등 사업이민과 주정부 초청이민 및 난민으로 구분하고, 1967년 독립이민 부문에 점수제도(point system)를 도입했다. 이 제도를 통해 이민 신청자의 기술, 학력, 경력, 언어 등을 평가하여 점수가 높은 신청자를 수용했다. 1967년 같은 해에 폐쇄적이고 인종차별적이었던 이민정책을 개혁하고, 1971년 다문화사회를 선언함으로써 전 세계로부터 이민을 수용할 기반을 마련했다(문영석, 2005).

캐나다는 1977년 「인권법(Canadian Human Rights Act)」을 제정하여 인종, 성별, 나이, 출신 국가, 민족, 피부색, 종교에 근거한 차별금지 선언을 시작으로 1982년에는 「인권과 자유헌장(The Charter of Rights and Freedoms)」을 제정하여 제27장에 캐나다가 지향하는 가치로 '다문화주의'를 선언했다. 이를 토대로 캐나다는 1984년 경제성장의 목표가 미래 이민자가 가져오는 기술과 능력에 달려 있다는 것을 천명했다. 이를 통해 숙련기술자의 이민 쿼터를 늘리고 이민자의 선별적 유입을 강화했다(이로미 · 장서영, 2010).

캐나다는 다문화주의 이념 아래 1985년 「다문화법(The Multicultural Act)」을 제정했다(이유진, 2009). 「다문화법」에서는 사회공동체 내에서 영어와 프랑스어 이외의 언어를 사용하는 소수자의 존재를 인정하고, 모든 국민에게 자신의 문화적 전통과 유산을 유지하고 발전시킬 수 있는 자유가 있다는 것을 법제화했다.

캐나다의 다문화주의는 1970년 프랑스어를 사용하는 퀘벡주의 문화적 충돌 및 독립에 대한 주장을 무마하기 위해 프랑스어와 영어를 공식언어로 사용하도록 지정하고, 다언어주의 정책을 다문화주의로 언급하면서 다문화주의를 채택한 최초의 국가가 되었다(윤인진, 2008).

캐나다는 다문화주의 이념에 근거를 두고 이민자가 자신들의 정체성을 보존하면서도 주류사회에 통합될 수 있도록 연방정부가 초기 정착 서비스와 취업 지원 서비스 등 재정지원을 적극적으로 제공하고 있다(이로미·장서영, 2010). 예를 들어, 캐나다 마니토바(Manitiba)주 정부의 이민자 정착 프로그램은 이민자에게 경제적·정치적·사회적·문화적 통합을 지원하는 것을 정책목표로 삼고 있다. 연방정부가 이민자 정착에 개입하는 방식을 '국가개입 유형' 또는 '선지원형(proactive approach)'이라고 부른다(Prairie Global Management, 2008; http://ww.cic.gc.ca).

캐나다 연방정부가 제시하는 이민자의 정착단계는 3단계로 순응 단계, 적응 단계 그리고 통합 단계다(이로미·장서영, 2010).

첫째, '순응(acclimatization)' 단계는 이민자가 자신의 생존에 관해 기본적으로 필요한 것을 채워가는 시기다. 둘째, '적응(adaptation)' 단계는 생존에 관한 순응이 이루어진 후에 사회적 네트워크 형성 등과 같이 새로운 환경에 대해 좀 더 깊이 있는 지식이 요구되는 시기다. 셋째, '통합(integration)' 단계는 이민자가 새로운 사회에 대한 소속감을 갖고 경제활동을 하면서 독립적으로 의사결정을 하며 사회에 공헌하는 시기다. 그러나 캐나다에서 등장한 다문화주의는 통합을 위한 국가 전략적 필요에 따른 정책 대안이라는 현실적 측면이 반영된 것이다(박진경, 2012).

2) 사회통합정책의 특성

캐나다는 다문화주의 정책의 시발점이 되는 국가이며, 법과 제도적 차원은 물론 지방정부에 이르기까지 체계화된 국가 정책 시스템을 갖추고 다문화주의의 정책을 가장 안정적으로 실천하고 있어 국제사회로부터 인정받는 대표적인 다문화 국가다(윤인진, 2008). 이처럼 캐나다가 이민이나 다문화주의 정책에 대한 정당 및 대중의 지지가 매우 높고, 다문화주의에 기반을 둔 캐나다 이민자 통합모델이 성공적이라는 일반적 공감대가 형성된 것은 첫째, 노동시장에서의 경제적 통합, 둘째, 선거 과정 및 다른 형태의 정치적 참여, 셋째, 이웃 간의 비공식적 네트워크에서 공식적인 조직 구성원으로서 시민사회의 네트워크와 공간으로 지향하는 사회적 통합에 기인한다(Banting & Kymlicka, 2010).

이민자를 위한 캐나다 사회통합정책의 목표는 그들이 단시일 내에 사회공동체에 적응하고 정착하여 자아실현을 통해 캐나다 사회에 기여하는 것이다. 또한 시민권을 취득하여 캐나다 사회의 문화, 경제, 정치적 영역에 적극적으로 참여할 수 있으며 궁극적으로는 완전한 시민의 일원이 되도록 지원하는 것이다.

캐나다는 이러한 사회통합정책의 목표를 달성하기 위해 평등과 민주주의, 인권이라는 강한 가치와 함께 법률적 틀을 통해 다양성의 수용과 보호에 관한 역사적 선언을 제시하고 있다(CIC, 2011). 즉, 「권리와 자유 헌장」에 다문화 유산의 보존과 강화를 명시하며, 캐나다 사회 전반에 다문화주의가 고려되어야 한다는 것을 헌법에 명시한 것이다. 또한 1988년 7월 21일 공포된 「다문화주의법(Multiculturalism Act)」은 다문화주의의 중요성과 긍정성을 강조하고 있다(박진경·임동진, 2012: 131). 이처럼 법과 제도적 측면을 통해 살펴본 캐나다 사회의 기본적 특성은 다음과 같다. 첫째, 다문화주의를 천명하고 있다는 것, 둘째, 다양한 구성원에 대한 존중과 공평, 기회평등의 가치를 권장한다는 것, 셋째, 문화, 민족, 종교 및 언어적 배경 등에 관계없이 모든 캐나다인의 권리를 보호하고 모든 구성원의 완전한 참여를 촉구한다는 것, 넷째, 연방기관의 활동이 다문화 상황에 민감하게 대응하도록 권장하고 있다는 것이다(Multiculturalism Act 3조 1항).

캐나다가 추진해온 다문화주의적인 사회통합정책은 첫째, 다문화사회 도전에 대응하는 가장 적절한 사회통합 전략이다(박진경, 2012). 캐나다의 사회통합정책은 캐나다인 모두에 의해 국가 정체성으로 자리매김하면서 이민자에게 동등한 구성원으로서의 강한 소속감과 정체성을 갖게 함으로써 통합은 물론 사회적 기여도를 높여나가는 데 이바지하고 있다.

둘째, 캐나다의 다문화주의적인 사회통합정책은 「헌법」과 「다문화주의법」에서 국가의 역할을 명시하면서 사회 전반의 높은 공감대를 형성하고 안정적으로 정책을 운영하는 효과적인 사회통합 전략이다. 그뿐만 아니라 법률적 기반 하에 연방정부와 비정부 기관의 역할을 촉진하여 사회 전반에 걸쳐 다문화주의 정책의 활성화에 이바지하고 있다.

셋째, 캐나다의 다문화주의적인 사회통합정책은 협력적 거버넌스에 의해 다문화주의정책을 추진하는 전략이다. 캐나다의 법적 근거 아래에 마련된 각 기관의 역할들은 다양한 수준에서 파트너십을 구축하고, 연방과 주정부 간의 동시권력과 쌍방향 원칙 등 협력적 관계 형성에 이바지하고 있다.

넷째, 캐나다의 다문화주의적인 사회통합정책은 캐나다인의 다문화주의에 대한 높은 이해와 지지를 통한 안정적이고 효과적인 정책 수행 전략이다. 캐나다는 국가 차원에서 다문화주의적인 국가 정체성에 대한 사회적 공감대의 확산과 이민자의 다차원적 통합의 노력으로 안정적인 다문화사회가 유지되면서 정책에 대한 사회적 지지율과 이민에 대한 긍정적 태도가 지속해서 증가하는 순환적 현상에 기여하고 있다.

3) 사회통합의 사례

캐나다는 일찍이 100여 종의 언어가 사용되는 이민 국가로 널리 알려져 있다(원진숙, 2014). 이러한 배경은 노동력 확보를 위한 이민정책에 있다. 왜냐하면, 캐나다는 부족한 노동력을 메꾸기 위해 매년 30만 명 이상의 해외 노동이주자를 받아들이고 있기 때문이다.

캐나다는 국가이념으로 다문화주의를 공식적으로 발표한 이후 연방정부나 주정부의 교육부에서도 이러한 특성을 지속적으로 반영하고 있다. 캐나다의 다문화교육정책은 첫째 '인권교육'을 중요시하고 있다. 둘째, 다문화주의를 표방하는 캐나다의 경우에는 무엇보다 타인과 더불어 공존하고 배려하는 교육을 중시한다. 셋째, 캐나다 사회에서는 '정직' 또한 매우 중요한 가치 덕목으로 여기고 있다. 넷째, 캐나다 사회에서는 '자원봉사활동'을 사회적으로 매우 중요하게 평가하는 기본 덕목의 하나로 삼고 있다(배상식·장혼성, 2014).

캐나다 연방정부는 이민자의 사회통합과 교육 및 취업 등의 영역에서 사회적 네트워크 구축을 통해 자신의 목표를 달성할 수 있도록 다양한 이민자 사회통합프로그램을 추진하여 운영하고 있다. 연방정부의 이민자 사회통합프로그램은 이주배경 학생을 위한 프로그램과 그들의 부모를 위한 프로그램으로 구분할 수 있다. 기본적으로 이민자 정착 및 적응 프로그램(Immigrant Settlement and Adaptation Program: ISAP), 신규 이민자 언어 교육(Language Instruction for Newcomers to Canada: LINC), 호스트 프로그램(HOST Program)을 주축으로 구성되어 있다(이유진, 2009).

(1) 이민자 정착 및 적응 프로그램(ISAP)

ISAP는 연방정부·주정부가 각 지역 단위 이민자 정착 기관에 재원을 지원하는 서비스를 말한다. 즉 신규 이민자에게 초기 정착에 필수적인 서비스를 제공하는데, 여기에는 교육, 문화, 보건, 사회, 경제 등의 서비스 연계 및 일상생활과 관련된 상세한 정보를 제공해주는 서비스, 통·번역 서비스, 상담, 취업지원 서비스 등이 포함된다. 이 프로그램은 경제적·사회적·문화적으로 어느 정도 안정을 찾은 이민자가 캐나다 사회에 소속감을 갖게 하고, 다문화주의를 표방한 캐나다의 사회통합을 신속하게 촉진하기 위한 대표적 프로그램이다(이유진, 2009).

캐나다는 ISAP를 통해 신규 이민자 정보센터(Newcomer Information Centre: NIC)에서 재정을 지원하는데, NIC는 신규 이민자가 필요로 하는 정착 및 정보 서비스에 쉽게 접근할 수 있도록 원스톱으로 해결책을 제공하는 창구다. 상담, 서비스 의뢰, 정보 제공 강좌 개설 등의 활동을 하며, 이민자가 기타 편의시설을 이용할 수 있는 물리적 공간을 제공한다. 「캐나디안 뉴커머 매거진(Canadian Newcomer Magazine)」은 ISAP의 재정을 지원받는 대표적인 주정부 차원의 프로그램으로 연방정부·주정부의 이민자 지원 서비스나 시민단체에서 운영하는 여러 이민자 지원 단체, 각 주 교육청의 교육과정, 문화, 생활정보, 여가, 교양, 취업정보 등 다양한 정보가 제공된다.

(2) 호스트 프로그램(HOST Program)

HOST 프로그램은 일종의 친구·가족 맺기 역할을 수행한다. 이 프로그램은 신규 이민자 가족과 캐나다의 자원봉사자 가족들을 서로 연결해주는 프로그램으로, 이민자가 캐나다 사회에 정착하는 데 실질적인 도움을 주는 것을 목표로 한다. 특히 이 프로그램은 캐나다인과 이민자를 연결해 이민자가 캐나다 사회에 적응하는 것을 도울 뿐만 아니라, 자원봉사자에게도 다문화를 직접 체험하게 함으로써 서로 간의 유대를 강화해주는 쌍방향 소통구조다. 신규 이민자는 캐나다의 가치관, 관습, 권리 및 의무를 배우고 캐나다인은 새로운 이민자의 다양한 배경을 이해하도록 돕는다. 새로운 이민자는 정부 기관이나 비정부 기관에서는 얻기 어려운 현장의 여러 가지 정보 등을 구체적으로 파악할 수 있고, 지역사회와 네트워크를 형성할 좋은 기회가 된다. 자원봉사자도 이민자를 통해 새로운 문화를 접하고 교류할 기회를 가짐으로써 언어도 배우고, 직접 지역사회에 이바지할 기회를 가짐으로써 시티즌십(citizenship)을 고취할 수 있다(이유진, 2009). 이 프로그램은 이민자와 캐나다인이 직접 프로그램의 수혜자가 되어 상호 소통함으로써 지역 공동체를 풍요롭게 만들고 캐나다 사회가 성장하고 진화하도록 돕는 데 의의가 있다.

(3) 언어지원정책

이민자를 위한 캐나다의 언어정책은 이민자의 모국어를 유지하도록 지원하는 제도와 이민자의 현지어 교육을 위한 지원 제도, 그리고 이들을 지도하는 교사를 위한 지원 제도로 구분할 수 있다. 이를 나누어 살펴보면 다음과 같다.

첫째, 이민자의 모국어를 유지하도록 지원하는 제도는 「권리와 자유 헌장(The Canadian Charter of Rights and Freedom)」, 퀘벡주의 퀘벡프랑스어위원회(The Office québécois de la langue française)에서 찾을 수 있다.

캐나다의 「권리와 자유 헌장」에 따르면, 캐나다의 공식언어(official language)는 영어와 프랑스어이며, 이 두 언어는 동등한 지위와 권한을 갖는다고 명시되어 있다. 퀘벡시 인구의 약 90%가 프랑스어를 사용하고, 약 40%는 2개 국어를 사용하므로 프랑스어를 모르는 사람들도 생활하는 데는 불편함이 없다(조남건, 2010).

퀘벡프랑스어위원회는 프랑스어를 퀘벡주의 제1언어(the priority language)로 지키고 유지하고자 노력한다. 퀘벡프랑스어위원회는 1961년 3월 장 르사지(Jean Lesage)에 의해 수립된 공공기관이다. 이 기관에서는 1977년 「법령 101(Bill 101) 프랑스어 헌장(French Language Charter)」을 제정하여 프랑스어를 유지하는 데 주력했다. 「프랑스어 헌장」의 주된 내용 중의 하나는 퀘벡주에서 사업을 하려는 모든 사업주는 프랑스어로 된 간판을 사용해야 한다는 것이다(윤태진, 2015).

캐나다교육위원회에서는 이민자의 모국어(계승어)를 언어 자원으로 삼고, 모국어 유지를 위한 교육과 동시에 계몽운동을 하고 있다. 예를 들어, 이민자가 자녀의 모국어 교육을 희망할 경우, 교육위원회에 신청하여 주당 25시간의 모국어 프로그램을 지원받을 수 있도록 제도적으로 보장해주고 있다(나카지마 카즈코, 2013). 이때 자녀뿐만 아니라 부모에게도 문해교육 프로그램과 상담 프로그램을 제공하고 있다. 특히, 자녀 양육을 위한 방법은 물론, 스스로 자녀를 교육할 수 있는 읽기와 쓰기를 위한 기초 프로그램 제공, 자녀와 상호작용하는 방법, 학교 제도에 관한 모든 정보 제공 등을 지원하고 있다. 그 외에 부모가 할 수 있는 일과 지역사회의 공공시설 이용에 관한 정보를 제공해주고 있다.

둘째, 이민자의 현지어 교육을 위한 지원 제도에는 캐나다 동부 지역 온타리오주의 언어정책이 있다. 온타리오주에서는 이민자의 현지 적응을 지원하기 위해 ESL, ELD, LEAP라는 3가지 프로그램을 지원하고 있다(원진숙, 2014). ESL(English as a Second Language)은 모든 학생의 기초영어회화 능력을 강화하기 위한 프로그램이다. ELD(English Literacy Development)는 회화가 가능한 학생 중에서 읽기와 쓰기가 부족한 학생을 위한 프로그램이다. LEAP(Literacy Enrichment Academic Program)는 교과 학습 언어 능력을 강화하기 위한 프로그램이다. 이밖에도 신규 이민자가정의 부모와 미취학 아동을 위한 다양한 프로그램을 운영하고 있다.

셋째, 캐나다에서는 소수언어 학생을 지도하기 위한 교사 자격 제도(Part I, Part II, Part III)가 체계적으로 마련되어 있다. Part I은 이미 교원자격증을 취득한 교사 중 ESL을 가르치기 위한 자격이다. Part II는 교과목으로서 ESL을 가르치기 위한 자격을 말한다. Part III는 재학생 중 이주아동이 집중되어 있는 학교의 교직원이나 코디네이터가 되려는 사람이 갖추어야 할 자격증이다. 이와 같이 소수언어 학생을 지도하기 위한 3가지 추가자격을 요구함으로써 전문성 있는 다문화적 교수 역량을 강화하고 있다.

4) 시사점

캐나다는 1971년 피에르 트뤼도 수상이 세계 최초로 '다문화주의 국가'로 선언한 이후, 세계에서 가장 대표적인 다문화주의 국가이자 여러 민족과 문화가 함께 어울려 존재하는 모자이크 사회가 되었다. 캐나다에 많은 이민자가 유입되고 있음에도 갈등이 심한 서구 국가들에 비해 효율적이고 포용적이며 사회통합에 성공적이라는 평가를 받게 된 배경에는 정부와 비정부 간 유기적이고 긴밀한 소통이 있다. 특히, 캐나다는 '다문화'를 이주민의 문제로만 파악하지 않고, 캐나다인 모두의 문제로 보는 시각에 기초하고 있어 사회구성원 모두 다문화주의의 수혜자라고 생각하고 있다.

캐나다의 신규 이민자가 필요로 하는 정착 및 정보 서비스에 쉽게 접근할 수 있도록 원스톱 해결책을 제공하는 신규 이민자 정보센터(Newcomer Information Centre: NIC)나 일종의 친구·가족 맺기의 역할을 수행하는 HOST 프로그램, 주(provinces)와 지역(territories)에 두 개의 공식언어로 제2언어 교육 및 소수민족 언어교육을 위한 재정을 지원하는 프로그램은 우리나라에 주는 시사점이 크다. 이러한 프로그램은 인권교육, 타인과 더불어 공존하고 배려하는 교육, 정직, 자원봉사활동을 중요한 가치 덕목으로 여기며 신규 이민자 가족이 캐나다 사회에 정착하는 데 실질적인 도움을 주는 것을 목표로 한다.

1970년 캐나다 연방정부는 교육부문에서 공식언어교육 프로그램에 착수했다. 이 프로그램은 주와 지역에 두 개의 공식언어로 제2언어 교육 및 소수민족 언어교육을 위한 재정을 지원했다. 캐나다는 개별 주가 독립적인 교육제도를 운영하고 있으며, 실제 공교육기간도 주마다 다르다.

캐나다는 연방정부 차원에서 1967년부터 영어와 프랑스어를 공식언어로 하는 이중언어제도를 시작한 이후, 지속된 이민정책으로 인한 다민족·다언어적 특성은 공립학교 교육제도에서 공식 및 비공식언어 모두를 사용하는 이중언어 교육제도를 확보했다.

캐나다의 이중언어교육은 크게 두 유형으로 구분되어 우리나라의 이중언어교육 정책에 시사점을 준다. 우선 영어와 프랑스어 간의 이중언어교육으로 언어몰입교육을 시행한다. 그에 대한 사례로, 프랑스어몰입교육은 영어를 모국어로 사용하는 자녀들이 프랑스어를 유창하게 구사할 수 있도록 집중적으로 프랑스어로 교육받게 한다. 그다음 다문화 언어정책의 목적은 이민자가 자신의 모국어와 하나의 공식언어(영어 또는 프랑스어 중 택일)를 유창하게 구사할 수 있도록 하는 것인데, 이것은 '이민자 소수언어교육'과 이중언어교육에 의해 수행된다. 또한 소수민족을 위한 프로그램으로 소수민족 모국어교육을 들 수 있다. 이와 같이 캐나다에서 다양한 언어 배경을 가진 이민자의 사회통합은 일반적으로 다문화 언어정책에 의해 강화되었다.

이처럼 캐나다는 지속해서 다양한 민족의 전통과 유산을 학교 교육과정 안으로 도입하여 상호 간의 이해를 도모했고, 민족적·인종적 소수자가 학교 및 사회에서 차별받지 않도록 평등 및 배려교육을 시행해오고 있다. 그래서 자신의 문화와 다양성이 존중받고 있다는 캐나다인의 경험은 다시금 타인의 문화와 다양성을 존중하는 태도를 갖도록 하고 있다.

캐나다에서 포괄적인 이민자 통합정책과 프로그램 설정은 연방정부의 이민부(Department of Citizenship and Immigration Canada: CIC)에서 이루어지지만, 정책과 프로그램을 기반으로 한 통합서비스 전달은 대부분 비정부단체나 비영리단체 등에 의해 이루어진다. 즉 연방정부의 이민부는 연방

정부 각 부처, 주정부, 지방자치제, 국제기구, 민간부문, 자원봉사단체, 비영리단체, 기타 비정부 부문 등과의 유기적인 협력체계(multi-jurisdictional partnership)를 통해 정책을 수립 · 집행하고 있다(Dorais, 2002). 이렇게 함으로써 캐나다는 다문화주의 이념에 근거를 두고 이민자가 자신들의 정체성을 보존하면서도 주류사회에 통합될 수 있도록 초기 정착 서비스와 취업 지원 서비스 등 재정지원을 연방정부가 적극적으로 제공하고 있다.

7장

유럽의
사회통합정책

유럽 국가들, 특히 경제적으로 풍요로운 서유럽 국가들은 국적 취득과 거주 허용에서 외국인에게 높은 언어 수준을 요구하는 등 나라마다 다른 사회통합정책을 수행하고 있다. 이것은 결국 서유럽 국가들이 자국에 필요한 이주자만 수용하는 '선택과 배제'를 내세운 사회통합정책을 추진한다는 의지의 표현으로 볼 수 있다. 또한 최근 난민에게 포용적이던 서유럽 국가들에도 반난민 정서가 확대되고 있어 사회통합정책에서 정치적으로 위기상황에 놓이게 되었다. 하지만 이와 같은 정치적 상황과는 무관하게 지방자치단체에서는 이주민과의 사회통합을 위해 다양한 방법을 모색하고 이를 실행하고 있다. 이주민과의 사회통합을 위한 서유럽 국가들의 정책은 한국의 다문화정책 또는 사회통합에 다른 측면의 시사점을 줄 것이다.

이 장에서는 서유럽을 대표하고 있는 영국, 프랑스, 독일의 다문화사회 형성 배경과 사회통합정책의 특징 및 사례들을 살펴봄으로써 우리에게 어떤 시사점을 제시해줄 것인지를 다룬다.

1.
영국

1) 다문화사회의 형성 배경

영국은 19세기 아일랜드의 대기근으로 인해 이주한 아일랜드인, 제
2차 세계대전 이후 나치의 억압을 피하려고 이주한 유대인, 영국 식민지
로부터 이동한 대규모의 이주민으로 인해 다문화사회가 형성되었다.

특히, 제2차 세계대전 이후 신영연방체제(New Commonwealth)를 구축하
고 국내의 경기 부양과 국가 재건 및 경제 발전에 따라 과거 식민지에서
독립한 영연방 국가들로부터 영구이주를 허용함으로써 부족한 노동력을
해결하려 했다.

영국으로 유입된 노동력은 영국 사회 내 백인이 기피하는 미숙련 ·
저임금 노동에 집중되었으며(강원택 · 정병기. 2006), 이러한 현상은 1990년대
까지 지속되었다.

영국은 신영연방체제를 유지하면서 연방 내 구식민지 국민과의 관
계를 새롭게 확립하고, 이들의 이주를 제한 없이 허용하는 자유방임정책

을 실시했다.

영국은 자국 내의 부족한 노동력 문제를 외부의 인구 유입을 통해 해소했지만, 이로 인해 내국인과의 갈등과 각종 사회문제가 발생하면서 영국 정부는 이민자에 대한 규제를 강화하게 되었다(금혜성·임지혜, 2010).

1972년 이민 규제를 위해 개정한 「연방이민법(Commonwealth Immigrants Act)」은 영국으로 이주하기 위해 영국 여권을 소지한 영연방 주민에게 영국 정부로부터 노동허가를 받도록 적시하고 있다. 이에 따라 영국에서 출생했다고 입증할 수 있는 부모나 가족의 초청에 의해서만 영국에 정착할 수 있도록 제한했다(인태정, 2006).

2004년 영국은 동유럽 국가들이 유럽연합에 가입하면서 영국 내 자국민의 실업률 상승과 사회보장제도의 붕괴를 우려하여 비유럽연합 회원국 이민자의 이민을 봉쇄했다.

2008년에는 '이민 상한제'에 따라 기술자와 숙련노동자에게 점수에 기반을 둔(pointed-based) 시스템을 도입하여 취업비자를 부여함으로써 부족한 인력을 보충하는 동시에 인구 유입도 통제했다(최동주, 2009).

영국은 국가 경영에 필요한 인력을 활용하기 위한 목적을 충족시키고자 효용적인 이민정책을 펼치고 있다. 그래서 이민자에 대해 최소한의 보호정책을 제공하고는 있지만, 이민자 개인에 대한 인격의 존중 및 인도적 배려나 안정을 담보하는 권리보장 등에 대해서는 매우 소극적인 입장을 취하고 있다.

2) 사회통합정책의 특성

영국은 1948년에 「국적법」을 제정하고 식민지들의 독립을 통한 국제사회의 지위 유지와 영연방 강화라는 정치적 입장을 고려하여 영연방 국민의 영국 이민을 허용했다(김성수·박치완, 2008).

이후 영국 정부는 급격하게 증가한 이민자를 통제하기 위해 1962년 「영연방 이민법」을 제정하여 영연방 출신의 이민자 수를 제한했다. 1971년 새롭게 제정된 「이민법」에는 영국 내 혈연 및 친족 연고가 없는 영연방 국민에게 영국 내의 이민을 제한했다.

1981년 영국 「국적법」이 개정되면서 '영국시민권', '보호령시민권', '영국재외시민권'이라는 3가지 시민권 개념이 등장했다. 이 법률은 호주, 남아프리카공화국, 뉴질랜드, 캐나다 출신 등의 영연방 국민에게는 이민을 허용하고, 기타 영연방에 속하지 않는 이민자는 적절하게 통제하기 위한 내용을 담고 있다.

「피의 강 연설(Speech of Rivers of Blood)」로 잘 알려진 영국의 파월(Powell)은 고대 로마시인 베르길리우스(Vergilius, B.C. 70~B.C. 19)의 시를 인용하여 "영국 사회가 이민으로 잡동사니 사회(magpie society)가 되었다"며 다음과 같이 경고한 바 있다(Powell, 1969).

> "영국에서 태어나지 않은 인도인이나 아시아인은 결코 영국인이 될 수 없다. 그러나 영국에서 태어났다면 그는 법적으로 영국 시민이 될 수 있다. 하지만 실제로 그는 여전히 인도인 또는 아시아인이다. 즉, 이방인은 새로운 국적을 얻지도 못한 상태에서 기존의 국적을 잃는 셈이다."

파월의 반이민주의 연설은 영국 정부로부터 '인종차별주의'로 받아들여졌지만, 오히려 영국 대중으로부터 많은 지지를 받았다. 영국은 전통적으로 자국민과 이민자에게 선의적인 방관(benign neglect) 혹은 자유방임주의(laisser-faire) 태도를 보였다(김복래, 2009).

이처럼 전통적으로 방관적 태도를 보였던 영국 정부는 인종폭동 등 이주민의 사회문화적 갈등을 예방하기 위해 다문화주의를 적용했다.

영국은 이민통제에 대한 신념을 가지고 있는 반면, 문화적 다양성에 대한 관용과 평화로운 공존에 대한 정책을 실시했다. 즉, 영국은 제2차 세계대전 이후 다문화주의에 입각한 인종평등정책에 따라 외국인 이민자에 대해 문화적 다양성과 평화로운 공존을 위한 기회와 평등의 원칙을 고수해왔다는 것이다.

영국은 문화적 · 인종적 · 종교적 다양성도 널리 수용했다. 여기에는 영국 정치가 가진 오랜 전통인 '상식(common sense)'과 '타협(compromise)'이 결정적인 역할을 했다. 영국의 사회통합 모델도 「이민법」에 관한 정치적 타협의 산물이다. 이것은 긍정적인 반(反)차별주의 정책을 통해 사회통합을 쉽게 하는 방식이다. 영국은 1965년 「인종관계법」이 통과된 이후 다문화주의적 사회통합 접근방식을 강조했고, 1966년 로이 젠킨스(Roy Jenkins) 내무부 장관은 사회통합을 단선적인 동화 과정이 아니라 상호 관용 속에서 문화적 다양성을 수반한 균등의 기회임을 주장했다(Benton, 1985).

젠킨스의 의견은 '만인을 위한 교육(Education for All)'을 주창하는 「스완 보고서(Swann Report)」를 통해 한층 강화되었다. 이 보고서에는 인종주의가 영국 내 흑인아동의 교육에 영향을 미치고 있다는 것을 지적하고, 모든 학교에 다문화주의 교육시스템의 도입을 주장하면서 교육과 다문화주의의 연결성을 강조했다(Swann, 1985).

그러나 이민자가 집중된 지역에 폭동이 발생하면서 폭동의 문제점을 인종관계에 있다고 간주하고, 이에 대한 해결방안으로 이민을 제한했다. 영국은 1981년과 2001년에 발생한 폭동 이후 2002년에는 시민권 테스트와 시민권 의식의 법안을 통과시켰다. 2005년 7월 7일에 발생한 런던 지하철테러사건 이후에는 「인종관계법」을 더욱 강화했으며, 2005년부터 영국에 귀화하기를 희망하는 모든 이민자는 영어자격증과 영국생활(Life in the UK)시험을 통과하도록 요구했다.

2005년 런던 지하철테러사건 이후 영국에서는 소수인종 간의 격리에 대한 논의가 이루어졌다. 당시 테러범들은 무슬림이었는데, 영국에서 출생하고 영국에서 교육받은 영국인에 의한 사건이었으므로 영국 사회에 커다란 충격을 주었으며, 기존의 다문화주의에 대한 회의 여론까지 일어났다(박재영, 2008).

영국 내 이민 1세대 무슬림 공동체는 자신들의 종교와 문화적 다양성을 유지하면서 영국적 가치를 지닌 채 성장했지만, 이민 2, 3세대들은 영국 사회의 인종적 차별 및 사회적 소외, 그리고 분리주의 같은 부정적인 현실을 경험하면서 성장했다(김용찬, 2007).

영국은 이처럼 비유럽계 유색인종 증가와 테러사건 등 실제적 차원에서 제기되고 있는 문제들에 대한 새로운 도전에 직면해 있다. 이러한 도전의 방향성은 영국 정부가 그동안 실시해온 다문화주의정책의 급격한 변화를 추구하기보다는 기존의 사회통합정책과 함께 이주민의 영국적 가치에 대한 준수, 능동적으로 영국 사회에 통합되려는 이주민의 노력과 의무 이행을 강조하는 사회통합으로 선회하고 있다.

2006년 토니 블레어(Tony Blair) 전 영국 총리는 사회통합정책을 위한 구체적인 지침들을 제시했다. 그는 다문화 영국(Multicultural Britain)과 문화적 다양성을 인정하면서도 사회통합을 위해 이주민이 영국이 중요하게 생각하는 민주주의, 법치주의, 개인의 자유와 권리의 국가적 가치들과 영국의 역사적 유산에 대한 존경 등을 포함한 영국적 가치들(British Values)을 공유할 것을 강조했다(김용찬, 2008).

교육에 관한 영국 정부 보고서에는 다문화주의와 국민정체성을 동시에 발전시켜야 한다는 당위성이 드러나 있다. 2007년 4월 보고서에는 인종차별 문제에 초점을 맞춘 다문화주의 커리큘럼과 함께 영국 역사와 시민적 가치를 역설하고 있다(김복래, 2009).

영국은 지속 가능한 다문화사회를 존속시키기 위해 차별을 제거하고 평등을 강조하고 있지만, 영국의 다문화주의는 「테러법」 제정 같은 정부의 대응 수위 강화, 신자유주의 경제의 부작용 및 세계 경제 상황 악화 등으로 심각한 위협을 받고 있다.

3) 사회통합의 사례

영국의 사회통합정책은 이민을 담당하는 내무부를 비롯하여 여러 정부 부처에서 수행되고 있다. 영국은 의원내각제를 택하고 있어 부처 간의 갈등과 정책조정은 내각회의에서 이뤄지며, 내각 전체가 정책 조정에 참여하고 있다. 영국에서는 이민자의 사회통합정책 중 교육, 주택, 사회복지 서비스 등은 이민자가 정주하는 지역의 지방정부가 전담하고 있다. 이민자 사회통합정책을 지방정부가 책임을 지고 있으므로 중앙정부의 지방자치부(Department of Communities and Local Government)가 중요한 역할을 할 뿐만 아니라, 중앙정부와 지방정부의 긴밀한 공조와 조정이 이루어지고 있다(한경구 외, 2012).

영국의 사회통합정책은 이민자에게만 특화하여 지원하는 '비영어 사용자를 위한 영어교육' 사업과 이민자에게 영국 국민과 동등한 혜택을 누릴 수 있도록 다음과 같은 지원사업이 있다.

첫째, 영국의 이민자는 영어구사력을 향상시키고 시민권 또는 영주권을 취득하기 위한 선행조건으로 ESOL(English for Speakers of Other Languages) 프로그램과 시험에 응시해야 하는데, 정부는 이들의 영어교육에 필요한 비용을 제한적으로 지원하고 있다(설동훈 외, 2011).

영국 이민자의 귀화시험은 영국 국경청에서 주관하는데, 영국 국경청은 유럽연합 회원국의 사회통합 업무 담당 부서인 '제3국인의 통합을 위한 유럽기금(일명 유럽 통합기금, EIF)'으로부터 지원받아 언어교육(ESOL), 사회이해교육(Life in the UK), 그리고 신규 이민자의 지역공동체 교류 프로젝트, 노동시장 진입에 대한 멘토링, 인턴십을 제공하는 프로그램 등을 운영하고 있다.

둘째, 이민자에게 영국 국민과 동등한 권리를 보장해주는 방식의 사회통합정책은 복지, 사회서비스, 인권 보호 등과 같이 다양한 분야에서 이루어지고 있다. 보건부(Department of Health), 노동연금부(Department of Work and Pensions), 교육부(Department of Education), 문화, 미디어, 스포츠부(Department of Culture, Media and Sport)가 사회정책을 추진하면서 이민자의 사회통합을 도모하고 있다(한경구 외, 2012).

또한 영국은 이민자 가족 정책의 일환으로 평등인권위원회(Equality and Human Rights Commission)와 지역 수준의 인종평등의회(Race Equality Councils)를 운영하면서 인종차별금지정책을 추진하고 있다. 내무부에도 정부평등실(Government Equality Office)을 설치하여 이민자의 사회통합을 지원하며, 이민자의 평등과 다양성을 지향하고 있다. 교육 분야에서는 '소수민족장학기금'을 마련하여 소수민족 출신의 학습부진 학생 및 영어 교육이 필요한 이중언어 구사 학생들을 지원하고 있다(설동훈 외, 2011).

영국의 이민자 사회통합정책 중 다문화 배경을 가진 중도입국 청소년을 위한 교육지원정책은 눈여겨볼 만하다. 영국의 교육취약계층은 경제적·인종적·민족적 소수자로, 다문화 배경을 가진 중도입국 청소년의 약 50% 이상이 기초수급자들로 교육복지의 주요 수혜자들이다(Department for Education, 2009). 영국은 다문화가정 자녀의 사회구조적 불평등을 극복하기 위해 교육적인 측면에서 선택적으로 개입(targeted intervention)하고 있다.

영국은 교육기회의 균등성이라는 기조 아래 성취동기가 낮은 다문화 배경 출신 학생들의 자아존중감 고취, 학업결손을 보완하고 교육성취도를 높이기 위한 방과 후 교실 운영, 학업과 직업훈련을 연계하여 사회적 비전을 설계하는 멘토링 프로그램 등을 통해 다문화 배경 중도입국 청소년을 지원하고 있다.

다문화 배경 중도입국 청소년을 위한 영국의 교육지원정책은 앵글로색슨계 백인 중산층이 중심에 있고 다문화가정 학생이 주변부에 자리 잡고 있는 기존의 사회질서와 계층적 재생산구조를 재편하는 것이다. 즉, 양질의 교육기회 확충을 통해 다문화가정의 모든 구성원이 자신의 잠재능력을 발휘하여 영국 사회의 새로운 인재군으로 성장할 수 있도록 교육지원을 하고 있다.

2004년 실시된 소수인종 성취장려금(EMAG: Ethnic Minority Achievement Grant) 사업 평가에서 소수인종 출신의 비영어권 이주학생을 성공적으로 지원한 학교들이 선정되었으며, 이러한 성공 원리를 가지고 우수 사례로 선정된 두 개 학교는 다음과 같다(김진희, 2011).

첫째는 쇼클로 커뮤니티(Shawclough Community) 초등학교로, 맨체스터 근교에 위치한 이 학교는 학생들의 전입과 전출이 잦은 학교다. 이 학교는 학생들이 지역 커뮤니티 시설을 활용할 수 있는 교육기회를 확대하고, 정규 수업 전과 방과 후에 소수인종 이주 학생들에게 보충수업을 실시했다. 대부분의 학생은 백인계 영국인이지만, 최근 중도입국한 소수인종 학생의 비율이 급격하게 증가하고 있으며, 특히 파키스탄계 학생의 유입과 중국계 학생의 비율이 높아지고 있다.

이 학교는 2002년 종합 시험 결과, EMAG 지원을 받은 학생들이 전년도에 비해 높은 성적을 획득했다. 학교장은 이러한 성과에 대해 "교육은 인종적·문화적·언어적 배경을 달리하는 모든 학생을 포용하며 총체적으로 이루어져야 한다"는 점을 강조했다. 교내의 인종차별을 없애고 상호존중과 협동정신을 함양하는 다양한 교과 외 프로그램을 실시한 점도 강조했다. 그리고 EMAG를 효과적으로 집행하기 위해 파키스탄계 학생을 위한 이중언어 교재 및 학습 자료를 구입하고 상시 보조 인력을 고용했다. 또한 EMAG 담당자의 연수를 지원했으며, 영국 학교생활을 처음 경험하는 학생을 위해 일대일 면담과 학습상담을 진행하고, 소규모 학습그룹을 조직하여 다양한 교재를 활용하고 이주 학생의 학업을 보충했다. 특히 쇼클로 커뮤니티 초등학교는 EMAG 전담 교사가 주축이 되어 학부모의 참여를 이끌어냈다.

이 학교는 다문화를 활용한 교육 경쟁력을 도모하고, 건강한 학교문화를 확산시키기 위해 더욱 총체적인 교육서비스 질을 개선했다. 즉, 학생의 수요를 반영한 교재를 개발하는 노력과 문화다양성을 학생들이 긍정하고, 다문화가정의 학부모도 소외되지 않고 참여할 수 있는 '참여와 어울림의 학교 문화'를 조성하여 궁극적인 학업능력을 신장했다.

둘째, 월버리(Wilbury) 초등학교는 런던 도심에서도 사회경제적 취약계층의 거주비율이 높은 지역에 위치하고 있다. 이 학교에는 주로 지역의 공공임대주택에 사는 재학생이 많고, 학생의 5분의 1이 난민과 망명 신청자의 자녀들이며, 이들 중 절반 이상이 유치원에 다녀본 적이 없는 학생들이다.

월버리 초등학교가 우수 사례로 선정될 수 있었던 것은 재학생의 유동성이 매우 높고, 학교 교육 경험이 없는 학생들이 절반 이상을 차지하는 불안정한 교육 조건에서도 재학생의 중도탈락률이 낮고, 높은 출석률을 기록하고 있다는 점이다. 이것은 학교가 인종적·문화적 소수자인 재학생에게 지속적인 학습 동기 프로그램을 실시하고 있음을 보여준다. 특히, 인종차별을 철저하게 금지하고 아동의 문제 행동을 개선하는 멘토링 프로그램을 실시함으로써 많은 난민 출신 학부모들이 월버리 초등학교에 등록하기를 희망하고 있는 것으로 나타났다.

재학생의 80% 이상이 소수인종 배경을 가지고 있어 모든 학생의 교육접근성을 높이고 기초학력을 신장하기 위해 별도로 EMAG 부서를 구성해서 전략개발에 노력했다. EMAG 부서는 학교수업뿐만 아니라, 학생들의 생활 전반을 돌보고 관리하기 위해 다양한 프로젝트를 실시했다. 또한, 학교의 거의 모든 교사는 매년 돌아가면서 EMAG 부서의 구성원이 되도록 원칙을 정하여 일반 교사들도 다문화 배경을 가진 중도입국 학생의 적응과 학력 향상에 적극적인 관심을 기울였다.

월버리 초등학교는 다양한 교육프로그램을 통해 교육과정을 학생들의 필요와 요구에 맞도록 맞춤형 교수법을 개발하면서 포용적이고 협력적인 학교문화를 이룰 수 있었다. 또한 교사들이 스스로 주도하여 중도입국 재학생을 위한 교육 자료를 구성하고 교재를 자발적으로 재구성했다는 점에서 '교육 향상을 위한 학내 구성원의 유연한 파트너십'이 우수 사례의 근간이 되었다. 이러한 윌버리 사례는 전문적인 능력을 가지고 권한을 위임받은 전담교사들이 이주 학생의 학교생활 전면에 개입하고 체계적인 학습의 가이드라인을 제공했다는 점에서 효과적인 교육지원이 결실을 맺은 구체적인 사례라 할 수 있다.

4) 시사점

영국의 사회통합정책 사례는 한국의 다문화가정 아동 및 청소년의 교육 지원책 마련에 다음과 같이 중요한 함의를 던져주고 있다.

첫째, 영국의 사회통합정책 사례는 사회 취약계층에게 더욱 체계적이고 세심한 정책을 통해 모든 학생을 위한 교육의 기틀을 마련할 수 있었다. 그동안 주목받지 못했던 중도입국 아동 및 청소년을 다면적으로 이해하고, 교육의 수혜자로 만드는 것은 이주민과 정주민의 사회통합을 위해, 또한 이들의 잠재적 역량을 끌어낼 수 있다는 점에서 반드시 필요할 것이다.

둘째, 중도입국 학생을 성공적으로 지원한 학교의 사례는 전문성을 갖춘 교사의 적극적인 개입이 필수적이라는 사실을 입증하고 있다. 따라서 중도입국 학생을 전문적으로 지도하기 위해 교원 역량 강화와 관련 연수가 필요할 것이다. 이주 학생의 잠재력을 최대화하고 학업 성취를 도모하기 위해 교사들이 지속적으로 전문성 개발 연수에 참여하여 다문화적 배경을 가진 학생의 교육적 필요를 분석하고, 효과적인 교수학습법을 개발해야 할 것이다.

셋째, 이주 청소년이 사회적 차별과 격리를 해소할 수 있도록 또래 학생들과의 교육적 만남을 지속적으로 지원할 필요가 있다. 교육은 학교, 가정, 산업체, 지역공동체, 시민단체 등과의 협력을 통해 평생교육 차원에서 전개되어야 한다. 이제 학교는 다문화가정 학생들에게 교과 지식만 가르치는 것이 아니라, 이들이 한국 사회의 새로운 구성원으로 활약하고 지역 공동체에서 자신의 역할을 당당하게 수행할 수 있도록 학교 밖 자원을 지원하고 연계하는 방안을 마련해야 할 것이다.

2.
독일

1) 다문화사회의 형성 배경

독일은 제2차 세계대전 종전 이후 국가 기반시설의 복구와 경제 재
건을 위해 산업현장에서 필요한 노동력의 수요가 급증하면서 외국인 노
동자의 유입정책을 제도화했다.

1950년대에는 라인강의 기적으로 불리는 놀라운 경제성장과 함께
공업 부문에서 이주노동자(guest worker) 제도를 도입하면서 적극적인 외국
인 노동이주정책을 펼쳤다. 독일은 유럽의 여러 국가와 고용협약을 맺
으며 부족한 노동력 문제를 해결하고자 했다. 1955년에는 이탈리아,
1960년에는 그리스와 스페인, 1961년에는 터키, 1964년에는 포르투갈,
1968년에는 유고슬라비아와 노동자 모집협약을 체결해 외국인 노동력을
충원했다.

1960년대에는 이주노동자에 대한 장기체류를 허용하면서 외국인
노동자가 급증하게 되어 그 당시 장기체류한 이주노동자는 노동자 개인

의 요구와 독일 경제계에 숙련 기술을 제공하는 원천으로서 순기능적 역할을 담당했다.

1961년 베를린 장벽 설치 이후 외국인 노동자의 유입은 더욱 증대했고, 1973년 외국인 노동자 유입억제 조치가 이루어질 때까지 독일 전체 인구의 10%에 이를 정도로 외국인 노동자의 유입은 독일 정부의 적극적인 정책의 일환으로 이루어졌다.

1970년대 세계적인 석유 위기와 독일 내의 경제성장 둔화로 인한 경제 침체로 자국민의 실업률이 상승하자, 독일 정부는 1973년 11월 23일 공식적으로 외국인 노동자 유입억제 조치를 결정하게 되었다(이용승, 2007). 이 결정으로 인해 독일로 재입국이 불허될 것을 우려한 이주노동자는 비교적 정주 허용범위가 넓었던 가족재결합을 통해 정주를 선택하도록 하는 결과를 초래했다. 다시 말하면, 1978년에는 외국인 노동자와 그 가족들의 독일사회 동화를 위한 외국인 귀국촉진정책이 실시되기도 했다.

1970년대 초부터 독일연방 정부의 외국인 노동자 유입억제정책이 결정된 이후 독일에서는 외국인의 체류형태가 단기체류에서 장기체류로 변화했다. 그럼에도 독일은 속인주의 또는 혈통주의 전통을 고수하고 있었다. 독일은 단기 인력 수급 중심의 정책을 지속적으로 유지하고 외국인 노동자의 조속한 귀환 프로그램에 집중된 소극적인 사회통합정책을 추진했다(이용일, 2007).

그러다가 1990년 냉전 종식 이후 소련 및 동유럽으로부터 외국인 노동자가 다시 유입되기 시작했다. 이 시기에는 외국인 노동자의 가족 구성원, 유럽공동체 국가 시민, 구 유고지역의 전쟁으로 인한 피난민 등 새로운 형태의 외국인이 유입되면서 독일 정부는 사회통합에 따른 사회적·재정적 부담을 지게 되었다(박채복, 2007).

2000년 1월 1일에는 「국적법」 개정을 통해 외국인 노동자 및 그 가족에 대한 독일 국적 취득이 쉬워졌고, 외국인 노동자와 그 가족들은 새로운 법의 보호와 사회통합 가능성이 확대되었다. 이러한 배경에는 독일 사회 내의 저출산 및 노동인구 감소, 노령화 등으로 인한 노동력 확보 측면에서 이주의 불가피성에 대한 인식이 확산되었기 때문이다(박채복, 2007). 「국적법」이 개정된 후에도 이주정책을 반대하는 측과 지지하는 사회단체 간의 대립과 정치적 논란이 지속되었으며, 마침내 2005년 1월 1일 새로운 「이민법」이 발효되어 이주와 관련된 법적 조치가 마련되었다.

이전까지 독일연방 정부는 독일에서 태어난 이민자 자녀들은 외국인 신분으로 거주하게 하는 반면, 외국에서 태어난 독일 혈통의 자녀들에게는 독일 시민권을 주는 등 혈통주의를 강조하는 시스템이었다. 그러나 2005년 이후 독일에서 태어난 이민자의 자녀에게도 일정한 조건을 충족할 경우 속지주의를 적용하여 시민권을 부여했다. 단, 출생과 동시에 시민권이 부여되는 경우는 부모 중 한 명이라도(1인 이상) 8년 이상 독일에 거주했을 경우다. 그리고 외국인이 독일 국적을 취득할 수 있는 자격은 8년 이상 합법적으로 독일에 거주하면서 독일에 대한 기초적인 지식을 보유하고 있음을 증명해야 할 경우다(금혜성·임지혜, 2010). 즉, 그동안 이주민에게 배타적인 성향을 가졌던 「국적법」을 개정하여 외국인의 국적취득 요건을 완화했다.

독일은 2005년 「이민법」이 발효되면서 독일 스스로 이민 국가이자 다문화 국가임을 인정했다. 개정한 「이민법」은 연방정부의 권한과 역할, 의무의 가이드라인을 제시하고, 이민자를 위한 통합코스를 개설하여 모든 이민자에게 단일한 과정으로 적용되도록 했다(이용승, 2007).

독일은 외국인 노동자 유입억제정책을 시행한 이후 장기체류, 가족

초청, 그리고 외국인 이민자 2·3세의 출생 등으로 이민자의 인구가 급증하게 되었다. 더욱이 동유럽의 붕괴로 구소련 지역과 동유럽 지역으로 이주한 독일계 재외동포들이 귀환하면서 이민자의 비율을 한층 증가시켰다. 이로 인해 전형적인 다문화사회로 진입하게 되었다. 그러나 독일은 다문화사회 진입에도 여전히 단기 인력 제도에 중점을 둔 제한적인 외국인정책을 고수하고 있다.

2) 사회통합정책의 특성

독일은 오랜 기간 고수해온 차별적 배제정책을 폐기하고 최근에는 다문화주의와 동화주의를 병용하는 정책으로 전환하고 있다(박재영, 2008). 이제 독일은 본격적인 다문화사회라는 사실을 인정하면서 외국인 이민자에 대한 적극적인 사회통합정책을 추진하고 있다.

독일의 이주민 사회통합정책은 교육 및 사회복지 서비스를 통해 외국인 이주민이 독일 사회에 통합되어 정주할 수 있도록 지원하고 있으며, 그들의 생활능력과 주거환경을 개선시키는 데도 역점을 두고 있다(행정자치부, 2007).

다문화주의가 지향하는 사회통합은 종교적·인종적·문화적 차이와 이질성을 인정하면서도 보편적인 인권과 개인의 자유에 기인한 민주주의와 공동체에 대한 기본적 가치를 추구하는 것이다.

그러나 독일 정부가 추진하고 있는 외국인 이민자에 대한 사회통합정책은 다문화주의가 지향하는 사회통합이라기보다는 「국적법」과 「이민법」을 통해 외국인 이민자를 독일 주류사회로 편입시키는 데 목적을 두고 있다(이철용, 2007).

독일은 제2차 세계대전 이후 이민국가의 대열에 합류함으로써 다문화사회에 진입했음에도 연방정부 차원의 통일되고 포괄적인 사회통합정책은 실시하지 못했다(이종희, 2012). 이로 인해 독일 거주 이주민은 노동형태, 임금, 지위에서 저소득층이나 비정규직에 집중되어 있는 등 독일 내의 주류집단과는 현저한 차이를 보이고 있다.

독일은 노동시장의 개방을 통해 외국인 노동자 유입정책을 펼쳐왔음에도 전반적으로는 독일사회의 문화적 단일성을 유지하려는 정책이 유지되었다. 이전에 이루어진 독일의 정책은 사회통합정책이라기보다는 외국인 정책이었으며, 이주민을 위한 사회통합정책은 2005년에야 비로소 연방정부 차원에서 추진되기 시작했다.

그러나 1990년 냉전 종식 이후 구소련 지역 및 동유럽 지역에 거주하던 재외동포의 귀환과 망명자의 유입이 증가하면서 외국인에 대한 동화(Assimilation) 정책에서 통합(Integration) 정책으로 선회했다(이규영·김경미, 2009). 독일은 이중국적을 허용하지 않고 있으나 과거에 시민권을 박탈당한 해외 거주 재외동포에게 이중국적을 허용하고 있다.

독일 정부는 외국인 증가에 따른 이민자 사회통합정책을 성공적으로 수행하기 위해 재정 지출을 꾸준히 증가시키고, 외국인에 대한 언어교육 재정 지원을 이민자의 사회통합 차원에서 확대하고 있다(한상우, 2010).

독일은 사회통합정책에서 언어교육을 중요하게 여기고 있으며, 학교교육의 특색도 외국인 이주자 자녀에 대한 모국어 수업이라 할 수 있다. 모국어 수업은 한 학교에서 같은 모국어를 사용하는 학생 신청자가 일정 수(10~20명)를 넘지 않으면 특정 학교에 여러 학교의 학생들이 모여서 원어민 교사의 수업에 참여한다(정기섭, 2009).

또한 학교교육과정에서도 인권교육이 이루어지고 있다. 다중언어지원정책에는 인권교육과 관련한 교사의 능력과 교재 문제가 큰 쟁점으로 대두되었다. 초등학교 사회, 역사 관련 과목에서 인권교육과 다문화 커리큘럼의 개발과 교안도 중요한 역할을 했다. 특히 상호문화교육은 일반적인 과제를 성실하게 수용하는 가운데 실현되었으며, 모든 학생의 인간성의 윤리적 기초, 자유와 책임, 연대와 민족적 상호이해, 민주주의와 관용의 태도, 행동양식을 발달시켰다.

학교교육과 관련해서 독일어 지원, 다중언어성, 상호문화학습, 성공적인 졸업의 의미, 독일어 실력을 갖추지 못한 학생들을 대상으로 한 특별보충수업뿐만 아니라 수업 프로그램에서도 세분화된 지원책을 마련했다. 독일어 수업지원은 주정부마다 다르지만 일반적으로 1~2년 동안 이루어지고, 개인적 지원계획, 지원보고서, 언어습득일기, 평가와 통제방법, 혹은 포트폴리오 등의 방법이 활용되었으며 외국어 대체시험으로 모국어 시험이 허용되었다.

또한 독일은 이주노동자의 사회적 권리인 거주권과 교육권을 보장하기 위해서도 많은 정책을 실시했다. 먼저 독일의 지방정부는 주택문제와 교육문제에 관심을 기울였으며, 이를 해결하기 위한 인프라를 구축하기 위해 노력했다. 또한 직업 양성 교육을 실시하여 학교교육지원 외에도 이주민이 독일 사회에 더욱 쉽게 적응하고 직업을 가질 수 있도록 교육했다. 그럼에도 히잡(hijab) 착용과 종교교육, 이주민 자녀의 학교폭력 등 크고 작은 문화적 갈등이 사회적 이슈로 제기되었다. 이후 독일은 2005년 「신이민법」을 통해 이민 국가임을 인정하고 이주민에 대한 처우와 법적 지위의 불확실성을 줄여 이주민을 위한 제도를 체계적으로 완성했다(이용일, 2007).

따라서 독일의 이민자 사회통합정책은 다양한 통합프로그램과 법적 조치를 통해 이민자를 독일 사회로 통합하고자 한다. 물론 궁극적으로는 독일 사회 동화를 목표로 하지만, 외국인 노동자뿐만 아니라 그 가족에 대한 다차원적인 접근을 시도하여 주류집단의 내국인과 이주민 간의 간격을 줄이면서 하나의 공동체를 형성하고자 노력하고 있다(박채복, 2007). 하지만 이주민과의 사회통합은 주류집단과 소수 이민자와의 상호이해의 바탕 위에 합의를 통해 함께 풀어야 하는 사회 전반에 걸친 과제를 안고 있다.

3) 사회통합의 사례: 상호문화적 베를린 발도르프 학교

고상두(2014)는 이주민의 사회통합목표를 달성하기 위한 독일 베를린의 7가지 행동강령을 소개하면서 고용과 교육을 통한 통합은 사회·경제적 부문, 국제도시적 매력과 문화적 다양성 촉진 그리고 상호문화적 개방을 통한 통합은 사회·문화적 부문, 이주민의 참여와 지위향상을 위한 통합은 법·정치적 부문에 해당하는 정책이라고 분류하고 있다. 그러므로 베를린 이주민 정책의 특징은 사회·경제 부문에서는 동화주의, 그리고 사회·문화 및 법·정치 부문에서는 상호문화주의라는 성격을 가지고 있다고 주장한다. 따라서 문화적 다양성을 경험하고 대규모 노동인구 유입이 일어났던 독일을 사례로 상호문화교육이 학교현장에서 어떻게 뿌리내리고 있는지를 살펴볼 필요가 있다. 이 절에서는 독일이 외국인 또는 이주민과의 공존을 위해 상호문화주의를 근간으로 실시하고 있는 베를린 발도르프 학교의 상호문화교육 현장을 구체적으로 다루어볼 것이다. 그러므로 여기에서는 발도르프 학교의 교육철학을 다루는 것이 아니라, 베를린 발도르프 학교현장에서 다루어지고 있는 언어교육의 방법에 대해 상호문화적 관점에서 살펴볼 것이다.

끊임없이 변화하는 독일의 수도 베를린은 170개국 이상의 이민자가 다양한 문화와 수많은 언어의 홍수 속에서 역동적으로 생활하는 곳이다. 이곳에서 이민자는 더 이상 민족 또는 인종을 구분하여 편을 가르지 않은 채 각 개인의 문화와 언어에 의지하며 미래의 상생공동체를 꿈꾸며 살아가고 있다.

베를린 발도르프 학교는 이러한 노력을 지원하고, 그에 상응하는 교육 프로그램을 제공하고 있다. 이 학교에서는 독일어, 터키어, 아랍어 등 어떤 언어·환경·배경이든 관계없이 모든 문화와 언어 그룹을 수용하고 있다. 학교생활에서는 서로 다른 전통과 음악 및 종교 행사를 개최하여 학생들의 모국어를 언제든지 열렬하게 환영하고 있다. 또한, 모든 종교 공동체의 정당성을 인식하고, 가능한 한 학교 수업에서 이들의 문화 관련 관습을 고려하여 각각의 공동체 구성원을 아무런 선입견 없이 용인하고 있다. 그렇다고 해서 학교가 이러한 공동체를 대표하는 세계관을 대변하지는 않는다. 학교는 무슬림도 아니고 유대교도, 기독교도 아니기 때문이다. 교사는 순수하게 교육학적인 관점에서 학생들에게 '종교'라는 주제를 다루고 있다. 이러한 방법을 통해 모든 학생은 개인의 보편적이고 문화적인 가치를 뛰어넘는 세계관과 가치관에 대한 감각을 개발할 수 있을 것이다.

따라서 이 학교는 입학하려는 모든 학생의 모국어를 환영하고, 학생의 모국어와 만남의 언어 및 방과 후에도 학생의 능력을 최대한 발휘할 수 있도록 보충교육을 지속적으로 추진하고 있다. 이렇게 함으로써 학교는 모든 학생에게 자신들의 눈높이에 맞게 서로 만남을 가질 수 있도록 타인을 이해할 수 있는 기회를 제공하고 있다.

베를린 발도르프 학교에서는 독일어를 가르칠 뿐만 아니라, 가능한 경우 각자의 모국어를 발전시킬 것을 권장하고 있다. 그와 동시에 교육법이 허락하는 한 독일어 수업에서 성적표와 성적의 구분을 없애는 대신 교사의 선택을 통해 학생에게 걸맞은 주제와 생활환경에 실용적으로 대처할 수 있는 언어를 사용하게 함으로써 학생의 열정을 일깨울 수 있도록 노력하고 있다. 또한 이 학교는 모든 문화에 개방적일 뿐만 아니라, 모든 사회계층에게도 열려 있다. 학교는 경제적으로 취약한 학생들을 교육하고, 중산층과 서민층 두 계층의 구성원이 각각의 인종과 경제력에 관계없이 자신의 사회적 입장을 존중할 수 있도록 교육하고 있다.

(1) 언어

언어는 의사소통 수단 이상의 가치를 지니고 있다. 언어의 섬세한 음성을 통해 국민의 정신성을 표현하며, 언어의 문법적 구조는 한 국민의 논리적 사고를 반영한다. 러시아어 자음의 부드러운 음색을 듣는 사람은 동양의 정신적 분위기에 접근할 수 있고, 프랑스인으로서 독일 문장구조의 자유로움을 존중하는 사람은 이미 독일 이상주의의 본질을 알고 있는 사람이다.

사람들은 언어라는 통로를 통해 인간 세계에 진입한다. 우리가 한 언어에 익숙해지면 그 나라의 국민적 감정과 정서를 이해하게 되고, 언어 정신을 통해 점차적으로 자신의 개인적인 정신을 세계와 결부시키면서 자신의 세계관을 발전시킨다. 언어의 깊은 내면으로 빠져들수록 인간에 대한 사랑을 느낄 수 있으며, 이로 인해 소외감으로부터 탈출할 수 있는 능력을 갖추게 되며, 사회적 존재로 거듭날 수 있다는 것을 알게 된다.

사회통합이 효과적으로 이루어지기를 원하는 사람은 타문화를 진심으로 이해하면서 타자를 사랑하는 법을 배운다. 성인의 행동과 태도는 설령 자신의 신념이 잘못되었다는 것을 알고 있더라도 청소년에게는 교육적인 효과가 있다. 따라서 발도르프 학교는 의식적으로 학교생활에서 독일어를 강제하지 않는다.

학교에서 이주민 자녀들의 모국어를 금지시킨다 하더라도 모국어를 사용하는 학생들끼리 서로 더 깊은 관계에 있다는 사실은 변함이 없다. 이것은 단지 보이지 않을 뿐이다. 이와 마찬가지로 공동체 내에서 국민끼리 보이지 않는 그 무엇인가로 인해 서로 배제하거나 분리한다면, 사회통합은 요원하다. 서로 다른 언어가 서로 다른 그룹을 배제한다는 것은 동시에 분리된다는 것을 의미한다. 따라서 베를린 발도르프 학교에서는 서로 다른 다양한 언어가 존재한다는 것을 학생들에게 의식적으로 경험할 수 있게 한다.

공통의 언어는 개개인을 본능적으로 서로 연결한다. 그러나 국민은 본능적으로 개개인으로 결속되지는 않는다. 오히려 국민 간 이해문제에 대한 해답은 낯선 문화관습들을 의식적이고 자발적으로 인지하게 하는 것이다. 그러므로 학교는 학생들에게 언어의 연결기능뿐만 아니라 분리기능을 이해시키고, 특히 '만남의 언어' 과목의 도입을 통해 사회적 이해를 심화시키고 발전시킬 것이다.

(2) 독일어와 외국어

베를린 발도르프 학교에서는 어떤 학생도 독일어를 강제로 배우지 않는다. 오히려 학생들은 편견 없이 독일 언어권 속에서 스스로 성장하기를 원한다. 설령 독일어를 구사하지 못하는 학생이라 할지라도 모국어로 수학을 배울 수 있다고 생각한다.

독일에서 태어난 학생은 학교 입학 시 독일어를 능수능란하게 구사하지 못하지만, 수년 동안 독일어 강의를 통해 독일어를 자유롭게 구사할 수 있다. 기본적으로 학교에서는 다른 문화권의 학생들에게 모국어교육을 시킴으로써 학생들의 모국어 수준을 유치원 수준에 머무르게 하지 않는다. 학교는 학생의 모국어를 더 발전시킬 수 있는 공간을 제공한다. 이것은 자신의 문화를 잃지 않고 모국어 유지를 원하는 많은 학부모의 관심과도 일치한다. 무엇보다 교육적 필요성에 따라 자녀가 모국어를독일어와 같이 철저히 훈련할 수 있다면, 학교의 입장에서도 아무도 반대하지 않는다. 학교는 이주배경의 학생들이 모국어 교육을 받음으로써독일어 학습에도 효과가 있다는 것을 경험을 통해 알고 있다.

독일에서는 대학 입학자격을 얻기 위해 두 가지 외국어 시험을 시행한다. 독일 정부는 매우 특정한 언어를 선택하는 것만 허용할 뿐 다른 언어의 시험을 금지하고 있다. 현재 독일은 이민자 자녀들을 독일 태생의자녀들과 차별한다. 예를 들어, 가정에서 세르비아어를 말하는 자녀는 독일어가 외국어가 된다. 따라서 학생에 대한 주정부 시험규정은 실제로 모국어를 제외하고 3가지 외국어를 배워야 한다는 것을 의미한다. 반면에 독일 태생의 학생은 모국어와 두 가지 외국어로 시험에 응시한다.

학교는 학생들에게 같은 조건과 환경을 조성하기 위해 노력하고 있다. 학교는 기본적으로 독일 학생이 독일어를 선택할 수 있는 것처럼 세르비아어를 구사하는 학생도 세르비아어를 선택할 수 있게 한다. 그래서 학교는 서로 다른 문화권의 구성원에게 적어도 공평한 출발조건을 제공한다.

학교는 현재의 법적 상황과 교육적 요구 간의 타협점을 찾기 위해 언어개념을 고수하고자 한다. 학교는 제1 외국어로 영어를 선택했다. 이민자 자녀의 경우, 가능하면 시험과 관련이 없더라도 모국어로 수업을 제공한다. 외국어 수요가 충분하고 이에 적당한 교사가 있으면, 학교는 자체적으로 해당 수업을 개설한다. 학교에서는 대표적으로 대변되는 3가지 언어그룹에 해당하는 수업을 제공하고 있다. 또한, 학교는 이러한 3가지 언어그룹을 위한 공간을 마련하여 오후에 학부모 주도하에 외부강사를 영입하여 심화된 언어수업을 제공한다. 예를 들어, 정부의 요구사항에도 기본적으로 세르비아어를 사용하는 학생들은 학교에서 독일어, 영어 및 세르비아어를 배울 수 있다. 그래서 교실에 세르비아어를 사용하는 학생이 많을 경우, 학교는 해당 외국어 수업 자체를 제공하려고 노력한다.

그러나 늦어도 9학년 학생은 국가의 요구사항에 따라 대입시험을 치를 것인지, 또는 필요하다면 모국어 수업을 외국어 수업으로 대체할 것인지를 결정해야 한다. 터키어는 현재 영어·러시아어와 더불어 시험에 응시할 수 있는 유일한 언어다. 다시 말하면, 터키어는 상급반에서 계속 배울 수도 있고, 시험과 관련된 제2 외국어로 선택할 수도 있다.

(3) 만남의 언어

이민자 자녀들은 학교에서 매일 독일어를 사용하는 학생들과 만나서 이들을 이해하는 방법을 배운다. 그러므로 이민자 자녀는 먼저 외국어 세계에 몰입하는 방법을 의식적으로 경험하게 되고, 점차 언어의 정신을 통해 개개의 인간을 이해하는 법을 배울 수 있다. 이러한 경험은 학교에서 독일 태생의 학생들에게도 가능하다. 따라서 독일 태생 학생들은 이민자 자녀의 언어 수업에 참여할 수 있다.

'만남의 언어' 수업은 모든 대표적인 언어그룹에게 낯선 언어 세계에 몰입하게 하고, 다른 학생들과 마찬가지로 자신의 모국어처럼 학생들이 다른 언어에서 얼마나 편안하게 느끼는지를 의식적으로 인지하도록 한다. 더욱이 독일어를 구사하는 학생들은 예를 들어, 터키 출신의 친구들끼리 서로에 대해 더 잘 이해한다는 것을 경험할 수 있다. 독일어가 독일 태생의 학생들을 서로 밀접하게 연결하는 것처럼 자신과 완전히 다른 언어를 사용하는 학생들은 동일한 언어를 통해, 예를 들어 같은 음성과 몸짓 그리고 리듬을 통해 서로 연결되는 느낌을 받는다. 그것은 '낯섦'과 '고향 같은' 개념의 양가감정을 경험하는 기회가 될 것이고, 이것을 통해 학생들은 이민자의 상황에 공감할 수 있을 것이다.

물론 이것은 강제적인 것은 아니고, 다양한 교수법을 통해 실현될 수 있다. 예를 들어 세르비아어를 구사하는 학생이 터키어 수업에 참여했을 때 어떤 일이 발생하는지, 또는 역으로도 생각할 수 있다.

'만남의 언어'라는 과목은 학교의 3대 언어그룹을 대표하고, 3학년까지를 대상으로 한다. 3학년 이후 '만남의 언어'는 좁은 의미에서 언어 수업으로 계속된다. 이 과목은 더 이상 구속력이 없지만, 모든 학생에게 개방되어 있는 과목이다. 따라서 독일어를 구사하는 학생들이 '만남의 언어'에 호기심을 느낄 수 있고, 터키 출신의 친구 언어를 배울 수도 있다. 그러나 4학년 이후부터는 독일어 수업에 집중해야 하므로 이민자 자녀의 언어 사용에 제공할 공간이 그만큼 줄어든다. 왜냐하면, 만하임 학교의 경험에 따르면, 이 시기부터 독일어 문법이 어려워져 이전보다 독일어에 더 많이 신경을 써야 하기 때문이다.

다음 〈표 3-1〉은 베를린 발도르프 학교에서 실시하고 있는 언어 수업 내용이다. 학생들은 독일어와 제1언어인 영어를 1학년부터 12학년까

〈표 3-1〉 베를린 발도르프 학교의 언어 수업

학년	독일어	제1언어: 영어	만남의 언어	주요 과목으로서 모국어	제2언어: 프랑스어, 러시아어, 터키어
1	■	■	■		
2	■	■	■		
3	■	■	■		
4	■	■		■	
5	■	■		■	
6	■	■		■	
7	■	■		■	
8	■	■		■	
9	■	■			■
10	■	■			■
11	■	■			■
12	■	■			■

자료: 베를린 발도르프 학교 홈페이지

지 계속해서 배우고, 모국어로 수업하는 '만남의 언어' 과목은 1학년부터 3학년까지만 배우게 된다. 선택과목으로서의 모국어는 4학년부터 8학년까지 배우고, 제2언어인 프랑스어나 러시아어 혹은 터키어는 9학년부터 12학년까지 배운다.

4) 시사점

발도르프 학교는 개방적이고 다양한 문화적 가치를 인정하는 학교다. 문화의 다양성을 인정하고 소수민족이나 집단에게도 개방적이다. 이러한 문화적 가치의 인정이나 개방성은 상호문화교육과 밀접한 관계가 있다. 베를린 발도르프 학교가 '상호문화적 발도르프 학교'라고 불리는 이유가 여기에 있다.

상호문화라는 것은 다양한 문화를 구성하고 있는 각 개인의 '만남'과 '관계'가 역동적으로 이루어지는 것을 의미한다. 이러한 역동성은 나와 타자를 동시에 표현하며, 타자와의 만남은 언제든지 '나' 자신이 구축한 세계 안에서 스스로의 성찰에 의해 이루어진다. 교육적인 측면에서 스스로 성찰한다는 것은 타자와 낯섦을 이해하고자 하는 노력이자, 자기 자신을 이해할 기회다(Holzbrecher, 2004). 다시 말하면, 상호문화교육은 타자의 문화를 이해하고 인정하기에 앞서 타자와의 만남을 중시한다. 따라서 상호문화교육의 근간은 타자의 문화를 먼저 배우는 것이라기보다는 타인과의 만남을 먼저 가져서 관계를 형성하는 데 있다.

장한업(2014)은 상호문화교육의 목표를 "모든 학생을 대상으로 그들

주위의 문화에 대한 이해를 증진시켜 편견을 줄이고, 그들로 하여금 인종주의 · 파벌 · 문화적 불평등에 대해 비판적 시각을 갖게 하며, 민족중심주의에서 벗어나 교류하도록 하는 것"으로 설정했다. 이러한 '타인과의 만남과 관계 형성'이 상호문화교육의 핵심이다.

상호문화교육은 이민자의 다양한 언어와 문화가 우리나라의 문화와 언어와 한데 어울려 우리 사회를 더욱 풍요롭게 하는 데 이바지할 수 있을 것이다. 따라서 다문화교육을 상호문화교육으로 전환하여 교육과정 속에서 다양한 주제를 특정한 관점으로만 바라보고 단순히 정보를 제공하는 객체로만 다루는 것이 아니라, 독일 베를린의 발도르프 학교처럼 다양한 관점 속에서 다른 문화와 세계를 각기 고유한 주체로 인정할 필요가 있다. 또한 이민자가정 자녀를 대상으로 그들의 모국어와 모국의 문화를 보존하고 발전시킬 수 있도록 학교현장에서 노력해야 한다. 동시에 한국가정 자녀들은 다른 나라의 언어를 제2 외국어로 배우고, 다른 문화와 만나고 경험함으로써 모두 한 공동체의 구성원으로 공존할 수 있는 세계시민의 역량을 강화해야 할 것이다(오영훈, 2009).

따라서 우리의 다문화교육도 이제 타자에 대한 차이의 인정과 이해를 넘어 상호적으로 침투하여 만남으로써 스스로 성찰하고 적극적이고 역동적으로 실천할 수 있는 상호문화교육으로 전환할 필요가 있다. 다름과 차이의 인정을 넘어선 상호문화 간의 역동적인 만남과 관계를 강조할 수 있는 상호문화교육이 다문화사회로 진입하고 있는 한국 사회에 필요한 이유이기도 하다.

3.
프랑스

1) 다문화사회의 형성 배경

프랑스는 1789년 부르봉 왕조를 무너뜨리고 공화주의제도를 이룩한 세계 최초의 시민혁명인 프랑스대혁명의 자유 · 평등 · 박애라는 3대 이념을 국가의 중심가치로 삼고 있다. 프랑스의 이민 역사는 대혁명 이후 자유를 찾아 정치적 망명 형태로 유입되는 '정치 이민'과 산업혁명 이후 유럽의 인접국가나 식민지 국가들로부터 유입되는 '경제 이민'으로 구분된다. 즉 프랑스의 이민은 인권국가로서 정치 망명자의 포용, 자국 내 부족한 노동력 충당, 인도주의 차원의 난민 수용 등에 기인하고 있다.

또한 프랑스의 이민은 프랑스 제국주의 역사와도 긴밀한 관련이 있다. 프랑스의 초기 이민자는 유럽계 이민자가 대부분이었으므로 문화적 · 종교적으로 프랑스인과 동질성을 지님으로써 이질적인 문화나 종교에서 오는 사회문제는 발생하지 않았다. 반면, 제2차 세계대전 이후부터는 알제리, 튀니지, 모로코를 포함한 북아프리카 출신의 마그레브(Maghreb) 무슬림이 프랑스에 유입되면서 인종적 · 문화적 · 종교적 이질성으로 인해 사회적 갈등이 심각한 사회문제로 대두했다(이민경, 2007). 이로 인해 프랑스대혁명 이래 강조해온 하나의 공화국 원리에 입각한 정교분리원칙(Laïcité)이 심각한 도전을 받게 되었다(장미혜 외, 2008).

프랑스는 제2차 세계대전 이후 국가의 재건에 필요한 노동력 수요와 저출산으로 인한 인구문제를 해결하기 위해 이민국을 창설하고 적극적인 노동자 유입정책을 실시했다. 1970년대에는 오일쇼크로 경제성장이 둔화되면서 가족의 합류와 정치 이민을 제외하고 공식적으로 이민 중단을 선언했다. 그러자 1999년 이후에는 이주민 수가 늘어나지 않고 안정기에 접어들었다. 그 후 2006년에는 프랑스 전체 인구의 약 7%에 해당하는 430만 명의 이민자가 거주하는 유럽공동체 국가의 두 번째 이민국이자, 첫 번째 난민 수용국가가 되었다.

2) 사회통합정책의 특성

프랑스의 식민지 국가인 세네갈의 지도자 레오폴 세다르 상고르(Léopold Sédar Senghor)의 다음과 같은 푸념을 통해 프랑스의 자국문화에 대한 우월적 사고방식과 문화적 자부심을 알 수 있다(Watts, 2002).

"프랑스는 자유 · 평등이라는 보편적 원리에 입각해서 항상 만인을 위한 빵과 만인을 위한 자유, 만인을 위한 사랑을 설파한다. 그런데 만인을 위한 빵과 자유와 사랑은 반드시 '프랑스적'이지 않으면 안 된다는 식이다."

이처럼 세네갈 지도자는 조국이 프랑스로부터 해방된 이후 가장 시급한 문제가 프랑스문화의 중독증에서 탈출하는 것이라고 토로하기도 했다(김복래, 2009).

프랑스대혁명 이후 공화주의 이념의 본질적인 성격은 프랑스 국경 내에 거주하고 있는 다양한 인종이나 민족을 하나 또는 불가분의 민주공화국에 속한 시민으로 탈바꿈시키는 것이다. 따라서 이주민을 위한 프랑스의 사회통합정책은 공화주의 모델(republican model)을 기반으로 하는 동화정책이다. 이는 사회통합 전략이 이민자를 완전한 프랑스인으로 동화(assimilation)시키는 데 초점이 맞추어져 있다는 의미다. 이러한 동화정책은 프랑스 국적을 취득함으로써 프랑스에 완전히 귀화하는 것을 일차적인 전제조건으로 하고 있으며, 귀화한 이주민에게만 프랑스 시민과 동등한 사회적 권리를 부여함으로써 이주민에게 프랑스 국민이 되도록 강제하는 정책을 말한다.

프랑스에 이민문제가 사회적인 문제로 대두한 것은 1980년대 초반부터였다. 이 시기는 1950~1960년대에 홀로 프랑스에 이주한 북아프리카 출신 무슬림 노동자의 2세가 20대가 될 무렵이었다. 1989년 9월 18일 무슬림 여학생의 히잡 착용 사건은 프랑스 공공영역에서 공화주의에 반하는 무슬림 이민자의 종교적인 사건이었다. 파리 북부에 위치한 크레이(Creil)라는 소도시의 한 중등학교에서 무슬림 여학생 3명이 수업시간에 히잡을 착용하여 학교에서 추방되었다. 이 중등학교는 876명의 학생 중 약 500명이 프랑스의 구식민지와 프랑스의 보호령이던 알제리, 모로코, 튀니지 출신의 무슬림 이민자 2, 3세들이었다. 이후 교실 밖에서는 히잡을 착용할 수 있다는 조건하에 등교를 허락함으로써 종결되었지만, 이 사건은 개인의 종교적 신념과 국가의 개입에 대한 담론을 제시하는 하나의 사례가 되었다(김남국, 2004).

1980년대부터 2000년대에 이르기까지 북아프리카 출신 무슬림 이민자 2세대 청년들은 무슬림 조직을 결성하여 무슬림 이민자에 대한 차별 철폐와 실업문제를 거론하면서 정치적 그룹으로 발전시켰다. 이로 인해 1980년 미테랑(Mitterrand) 대통령은 '동화'라는 용어 대신에 '통합'이라는 용어를 사용하면서 '차이에 대한 권리'를 인정하기 시작했다. 그 후 프랑스는 이민자 문화인 소수문화에 대해 동화주의적인 차별 방지의 법제화에서 다문화주의적인 권리 보호를 골자로 하는 법제화를 추진했다(김현주, 2016).

2005년 10월 27일에 일어난 소요사태는 프랑스 도시 외곽지역에서 프랑스 전역으로 확대되어 유례없는 폭동으로 비화되었다. 소요사태의 발단은 경찰의 검문을 피해 달아나던 세 명의 청소년이 변압기가 설치된 지역에 피신해 있다가 감전 사고를 당해 목숨을 잃으면서다. 이에 분노한 사망자 가족과 동네 청년들이 경찰과 대치하는 상황이 벌어졌다. 당시 내무장관 사르코지(Sarkozy)가 "폭력에 대해 조금의 관용도 없을 것이다"라는 '톨레랑스 제로(Tolerance Zero)'를 선언한 가운데 경찰은 추모인파가 모인 이슬람사원에 최루탄을 쏘면서 질서회복을 요구했다. 그러나 프랑스 정부의 조치는 무슬림 이민자를 더욱 자극했으며 사태는 심각한 국면으로 치닫게 되었다. 2005년 프랑스 소요사태는 소수집단에 대한 톨레랑스 제로 열풍을 만들었으나 프랑스 정부는 「기회균등법(loi pour l'égalité des chances)」, '통합과 차별퇴치 지원기금(Fonds d'Action et Soutien pour l'Intégration et la Lutte contre les Discriminations)' 등을 통해 차별 퇴치를 위한 법과 제도를 강화하는 계기가 되었다(김현주, 2016).

2006년 3월 24일 파리 외곽 도시 생드니(Saint-Denis)에서 발생한 폭동은 학생과 근로자 및 도시의 갱단까지 폭동에 가세했다. 2005년 소요사태 피해지역 근처에 다시 발생한 폭력시위는 악화일로의 가능성을 우려하여 경찰이 상업지역 전체를 폐쇄하기에 이르렀고, 상인과 행인들은 무법지대 속에서 공포에 떨어야 했다. 프랑스 무슬림 이민자에 의한 소요사태는 2007년 11월 25일 프랑스 파리 북부의 빌리에르벨(Villiers-le-Bel)에서 2년 전보다 더 격렬하게 발생했다. 당시 대통령 사르코지의 강경 방침에 따라 경찰과 특수병력이 투입되었다. 일각에서는 사르코지 대통령이 내무장관 시절 보여준 톨레랑스 제로 정책을 다시 실시하고 있다는 우려의 시각이 있었다.

프랑스 무슬림 이민자의 소요사태가 폭력적인 양상으로 전개된 요인에는 정부의 극단적인 대응방식을 꼽을 수 있다. 프랑스 정부는 1990년대 말 이후 치안담론을 통해 무슬림 이민자 집단을 위험한 집단으로 간주하고, 이들을 범죄집단으로 취급하면서 통제하는 전략을 사용했다. 프랑스의 소요사태는 구조적인 차원에서 공화주의의 보편적 미덕인 톨레랑스 대신 인종주의를 은폐하려는 부정적 측면이 부각되고, 무슬림 이민자 지역의 게토화가 심화되고 있었기 때문이다(박재영, 2008). 하지만 프랑스는 주류집단의 타문화에 대한 수용성 제고를 위해 교육기관의 다문화교육 강화, 방송의 문화다양성 확보, '국립이민문화관(Cité nationale de l'histoire de l'immigration)' 개관 등과 같이 이민자와의 공존을 위한 실질적인 정책을 실시했다. 프랑스는 소수문화 인정정책으로 파리 도심에 아랍 문화관을 건립하고, 전국에 수많은 이슬람사원을 건립하도록 지원했다. 또한 이민자 2세들을 위해 공교육기관에서 아랍어 교육을 실시하도록 지원했다.

　이러한 변화는 동화주의에 기초하여 문화의 단일성을 지향해온 프랑스의 사회통합정책이 제한적이기는 하지만 다문화주의를 채택하고 있음을 의미한다. 즉, 시민권 획득을 통해 프랑스적 가치를 공유하고자 하는 전통적 동화정책과 이슬람을 국가 차원에서 인정하고 문화적 다양성을 보장하고자 하는 다문화정책을 병행하여 이민자를 위한 사회통합정책의 총체적 대안을 찾아가고 있음을 알 수 있다.

　이러한 프랑스의 지원과 노력에도 2015년 11월 프랑스 파리 시내에 이슬람 수니파무장단체 이슬람국가(IS)가 자행한 자살폭탄테러 및 대규모 총격 사건이 발생했다. 또한 2016년 7월 14일 프랑스대혁명 기념일(바스티유의 날)에는 프랑스 니스(Nice)에서 이슬람 극단주의자에 의해 테러가 자행되었다. 니스 테러는 2015년 11월 파리 테러 이후 프랑스에서 벌어진 최악의 테러로 기록되었다. 일련의 사건들로 인해 유럽 국가들과 프랑스는 자국 내 이민자를 위한 사회통합정책에 대해 혼란스러워하면서 한편으로 새로운 방향을 모색하고 있다. 프랑스는 국제결혼제도 개선, 교육과 고용의 기회균등 보장, 인종차별 금지법안 강화 등을 대안으로 제시했다. 하지만 무엇보다 근본적인 해결책은 이슬람 제노포비아(Xenophobia)를 극복하는 사회적 합의와 공화주의적 사회통합 모델의 수정이 선행되어야 할 것이다.

3) 사회통합 사례

프랑스의 사회통합정책으로 제시할 수 있는 사례는 다음과 같다.

첫째, '차별철폐청(HALDE: Haute Autorité de Lutte contre les Discriminations et pour l'Egalité, 알드)'이라는 차별방지기구의 설립이다. 이 기구의 설립 배경은 프랑스의 국내적인 요청과 국제적인 요인에 기인한 것이다. 프랑스 국내에서는 차별 방지 임무가 다양한 기관에 분산되어 있어 차별 문제를 포괄적으로 다룰 수 없다는 문제 하에 차별방지기구가 설립되었다.

국제적으로는 국제연합의 「시민적 및 정치적 권리에 관한 국제규약(자유권 규약)」에서 인종, 성별 등에 의한 차별 금지를 규정하고, 유엔 인권위원회는 1997년 프랑스에 대해 이와 같은 차별방지기구 설립을 권고했다. 이 법률은 외국인, 인종, 성별 등 분야별로 분산된 차별금지 및 대응 관련 기관들의 차별철폐를 위한 단일 독립행정청인 차별철폐청으로 통합·설립하는 것을 주요 내용으로 한다. 차별철폐청 설립의 정당성은 무엇보다 사법적 구제절차가 가지는 비효율성에 대한 대응으로 독립행정청을 통한 준사법적 권한을 행사할 필요성이 제기되었다는 점에서 찾을 수 있다. 차별철폐청은 프랑스 내 여타 인권보장기구를 통합한 '권리방어청(Défenseur des cIroits)'에 흡수 통합되었으며, 그 기능이 예전보다 훨씬 강화되었다. 프랑스의 차별 문제는 차별을 철폐하는 소극적 목적을 넘어서서 '권리방어'라는 적극적 목적으로 발전하고 있다.

둘째, 고용상의 차별 문제를 해소하기 위해 취업 지원 이력서에 지원자의 능력과 관련된 사항 이외에 이름과 피부색 등 신상과 관련된 사항을 적시하지 않는 무명이력서(CV anonyme) 제도다. 2006년부터 추진하기 시작한 이 제도는 취업 희망자들에게 취업 기회를 균등하게 확보하기 위해 도입되었으며, 피부색, 외국식 이름, 부정적인 이미지를 가진 거주지, 나이 등과 관련된 취업 및 고용상의 차별 행위를 해소하는 데 기여하고 있다.

2008년 사르코지 대통령은 프랑스 사회의 다양성을 진전시키기 위해 무명이력서 제도를 모든 고용주가 진지하게 고려해주기를 희망하고, 이에 따라 100여 개의 기업을 대상으로 실효성 검증을 수행할 계획을 밝혔다. 이후 총리 직속의 '다양성과 기회 균등을 위한 특별위원회(Commissariat à la diversité et à l'égalité des chances 이하 '다양성 위원회')'를 설치하여 무명이력서 제도의 실효성을 검증한 결과, 채용 담당자들이 자신과 동성인 지원자나 동년배 지원자를 더 뽑게 되는 특혜를 줄이는 효과가 있는 것으로 나타났다.

무명이력서 제도가 갖는 의미는 이민자 집단과 같이 불리한 지원자들에게 자신의 능력만으로 평가받을 수 있는 길을 열어놓는다는 것이며, 편견 없이 지원자를 대할 수 있도록 해줌으로써 이들 지원자에게 취업의 첫 관문에 놓여 있던 벽을 허물어주는 유용한 장치가 될 수 있다.

셋째, 도시정책을 통한 사회통합정책의 추진이다. 프랑스는 사회(복지)적 도시개발정책 분야에서 30년에 걸친 경험을 토대로 도시개발정책을 주택건축, 노동 · 고용진흥, 학교관리, 사회문화 복지개선 등과 같은 여러 다른 정책과 연계하여 기회균등을 위한 정책을 실시했다. 기회균등을 위한 정책은 특히 '민감한 시구(ZUS: zones urbaines sensibles)'로 불리는 곳에 거주하고 있는 젊은 이주자의 사회통합을 목표로 하고 있다. 2006년 빌레팽(Villepin) 정부에서 통과된 「기회균등을 위한 법(pour l'égalité des chances)」은 사회통합이 가장 위협을 많이 받고 있는 시 · 구 혹은 혜택을 받지 못한 시 · 구가 도시개발정책의 주요 대상이 된다. 도시정책은 중앙정부 차원에서 구상되지만, 지방·지역수준에서 구체적으로 기획된다. 지방분권적 도시정책은 사회적 배제 퇴치를 목표로 했다.

프랑스의 사회통합계획(plan cohésion sociale)은 프랑스 사회 전체의 사회통합을 회복하고 확보하는 데 목표를 두었으며, 민감한 시구(ZUS)에 존재하는 특별한 경제적·사회적 문제를 다루고자 했다. 따라서 프랑스는 이주 및 차별철폐 정책 분야에서 고용, 도시계획, 기회균등이라는 3가지 중요한 축을 중심으로 다양한 프로그램이 계획 및 운영되었다.

넷째, 미성년 이민자의 정규교육 의무화 및 복지제도다(오정은, 2015). 프랑스는 새로 입국한 만 6~16세 미성년 이민자의 정규교육과정 등록을 의무화하고 있다. 외국국적 학생의 정규교육과정 등록과 학업이수과정에 대해서도 프랑스 국적의 미성년자와 동등한 자격으로 의무교육을 이수할 수 있다는 것이 법으로 보장되어 있다. 만 16세 이후의 교육과정은 법적으로 의무교육과정이 아니지만, 만 18세 미만의 미성년 이민자가 학교에 등록하고자 한다면, 역시 법적으로 취학을 보장하고 있다.

또한 프랑스는 미성년 이민자의 복지를 위해 외국 국적의 부모가 외국에서 낳은 자녀를 프랑스에서 양육할 때도 가족수당의 혜택을 부여하고 있다. 이러한 가족수당제도는 가정형편이 어려운 미성년 이민자의 복지에 중요한 제도가 되었다. 다만, 외국인이 가족수당을 받기 위해서는 신청자인 보호자가 프랑스에 합법적으로 거주하고, 서류를 통해 자신의 합법적 체류 사실을 증명해야 하므로 미등록 상태인 부모는 신청할 수 없다.

그러나 부모가 불법체류자인 미성년자의 경우에도 사회적으로 방치되는 것은 아니다. 성인인 부모가 불법체류자로서 추방되더라도 미성년 자녀는 프랑스 정부의 보호를 받을 수 있다. 예를 들어, 불법체류자인 부모가 추방되면서 자녀를 데리고 출국하지 않고 자녀만이라도 프랑스에 머물기를 희망한다면, 자국에 거주하는 사람을 보호자로 지정한 후 미성년 자녀를 프랑스에서 생활하도록 허락하고 있다. 이 경우 미성년 이민자를 위한 복지수당이 지급되고 있다.

4) 시사점

프랑스의 사례를 통해 한국의 사회통합정책에 주는 시사점은 사회통합이란 정치, 경제, 교육, 복지 등 다양한 영역에서 다루어져야 하며, 이민자의 개별문화를 상호 간의 이해라는 틀 안에서 다양한 문화의 공존이 이루어질 수 있도록 하는 것이다. 진정한 다문화사회의 사회통합은 편견과 차별, 인권침해가 존재하지 않아야 하며, 타문화에 대한 이해를 기반으로 해야 하기 때문이다. 프랑스의 사회통합은 학교교육뿐만 아니라 국가적·사회교육적 차원에서 장기적으로 조망되고 있다. 그러나 현재 한국에서의 이민자 사회통합정책은 결혼이민자에게 치중되어 있을 뿐만 아니라 이민자의 특성을 고려하지 않고 일방적인 형태로 교육이 이루어지고 있다. 이민자와 자국민 모두 상호문화에 대한 이해를 증진시킬 수 있는 포괄적인 사회통합정책을 시행하기 위한 방안을 모색해야 할 것이다. 한국은 사회통합을 위한 차별문제의 해결 방안이나 고용상의 차별문제를 해소하기 위해 프랑스 같은 제도적 도입이 절실히 필요하다. 이러한 제도적 도입에는 기존의 사법 제도와의 갈등도 예견할 수 있지만, 기관 간 충분한 조율을 통해 이러한 문제를 해결할 수 있을 것이다.

결과적으로 한국의 사회통합정책은 이민자를 한국 사회가 원하는 일방적인 방향으로 통합시키고자 하는 데 주안점을 두었지만, 앞으로는 프랑스의 사례를 참고하여 인종적·문화적 다양성을 인정하는 체계적인 사회통합정책을 마련해야 할 것이다. 한국의 미성년 이민자 관련 지원에서 부모의 신분에 따라 차별하는 것과 해당 미성년자의 국적이 대한민국 국민과 외국인 여부를 구분하는 것 자체를 재고해야 할 것이다.

8장

아시아의
사회통합정책

한국의 다문화 현상은 주로 아시아국가로부터 유입된 외국인 노동자와 결혼이주여성에 의해 이루어졌지만, 한국에 소개된 해외 다문화 사례연구는 주로 우리보다 앞서서 다문화사회를 이룬 서구 중심의 다문화이론과 다문화정책에 대한 것이 대부분이었다. 서구의 다문화정책은 우리가 다문화정책을 수행하는 데 하나의 사례로 생각할 수 있지만, 오히려 문화와 지리적으로 가깝고 유사한 아시아 국가들에서 실시하고 있는 사회통합정책의 방향성이 우리에게 더 적합할 수 있다.

특히 기존 연구에서는 아시아 국가 중에서 중국을 중심으로 다문화정책을 다루었지만, 이 장에서는 우리나라에 많이 이주한 아시아 국가 중 중국을 포함하여 일본, 베트남, 우즈베키스탄의 사회통합정책에 대해 살펴볼 것이다. 왜냐하면 대부분의 기존 연구가 미국, 영국, 호주, 캐나다 등 서구 사회를 중심으로 집중되고 있는 현 상황에서 유사한 문화권에 속하는 아시아 국가들의 사회통합정책이 우리에게 시사하는 바가 더 많을 것이기 때문이다. 따라서 이 장에서는 아시아 국가 중 중국, 일본, 베트남, 우즈베키스탄의 다문화사회 형성 배경과 사회통합정책의 특징 및 사례들을 살펴봄으로써 우리에게 어떤 시사점을 제시해줄 것인지를 다룬다.

1.
중국

1) 다문화사회의 형성 배경

현재 중국의 민족에 대한 이론과 정책의 근간은 구소련의 마르크스-
레닌주의의 민족문제에 대한 이론에서 시작되었다. 마르크스 민족이론
에 따르면, 민족은 인류역사 발전의 일정 단계에서 존재하는 과도기적
현상으로 계급관계에 의존하여 형성되는 것이므로 민족문제는 계급문제
의 일부로 파악될 수 있다고 보았다. 따라서 민족문제는 사회주의 혁명
에 귀속되는 것이며, 사회주의 혁명에 따른 계급의 소멸과 함께 사라질
것이라고 파악했다(M. Lowy, 배종문 역, 1997: 1986).

중국은 문화대혁명을 거치면서 정권 수립 초기에 시행되었던 민족
정책의 제도적 기반이 파괴되었다. 마오쩌둥 사후 중국 내 체제 개편 작
업이 대대적으로 이루어졌는데, 이는 사회주의 현대화 건설을 위한 네
개의 현대화 노선을 강조하는 실용주의파에 의해서다. 소련과의 국경분
쟁을 거치면서 안보의 중요성과 현대화 추진 과정에서 자원 확보라는 경

제적 필요에 따른 것이기는 하지만, 결과적으로는 중국 정부가 소수민족 정책의 제도화를 추진하는 계기가 되었다.*

중국의 소수민족은 넓은 지역에 분포되어 있고, 광대한 점유면적을 가지며, 주류민족인 한족과 함께 뒤섞여 살고 있다. 대부분의 소수민족이 고원, 산맥, 평원, 삼림지대에서 생활하는데, 이러한 지역은 지하자원, 특히 광산 매장량이 풍부하고, 목축업의 발달과 농작물의 종류가 다양한 곳이다. 또한 이러한 지역들은 변경지대에 위치하여 주변국과의 관계에서도 중요한 지리적 위치를 차지하고 있다.

중국의 소수민족은 60여 종의 언어를 사용하고 있는데, 어떤 민족은 거주지에 따라 두 가지 혹은 몇 가지 언어를 함께 사용한다. 역사적으로 중국 소수민족 중에는 상이한 종교를 믿는 사람들이 많다. 그래서 중국에서는 각기 다른 종교가 여러 민족의 사회 · 경제제도 및 생활습관과 밀접한 관계를 맺고 있다. 또한 다문화 · 다인종 · 다민족으로 이루어진 중국은 다양한 문화와 공존하는 생활세계에 대한 이해를 깊게 하고 다차원적 관점과 편견 없는 자세를 취하려고 정책적으로 많은 노력을 기울여왔다. 이러한 사회적 맥락에서 중국은 1978년 중국공산당 제11차 전국인민대표대회 이후 적극적으로 민족정책을 실시했다. 특히, 실질적으로 민족문제에서 민족평등의 견지, 민족단결의 강화라는 기본원칙을 설정했다(이종열 · 범령령, 2009).

---

* 　1984년 제6기 전국인민대표대회에서 통과된 「중화인민공화국 민족구역자치법」의 내용을 중심으로 한 중국 중앙정부의 공식 홈페이지에 발표한 현재 중국의 소수민족정책의 주요 내용. http://www.gov.cn/test/2006-07/14/content_335746.htm

2) 사회통합정책의 특성

1953년부터 중국 정부는 수백 개에 달하는 소수민족 집단을 대상으로 다년간에 걸쳐 지역, 언어, 문자, 문화, 역사 등 공통성을 가진 민족을 고려하여 분류 작업을 실시했다. 1979년 마지막으로 기요족(基諾族)이 추가되면서 현재 중국은 한족(漢族)과 55개의 소수민족으로 구성되어 있는 다민족 국가가 되었다.

소수민족의 개념은 혈연이나 영토의 개념보다 역사적·문화적 개념이 혼재되어 있어 중국 내에 현존하는 민족 수는 더 많을 것으로 추정된다. 따라서 중국은 모든 민족을 소수민족으로 분류하여 하나의 중국이라는 국가 개념으로 통합시키고자 노력하고 있다. 그러나 중화인민공화국이 성립되기 전에는 국민당과 공산당이 서로 상반된 소수민족 정책을 실시했다. 신해혁명과 중화민국 초기 중국 지도자였던 쑨원의 소수민족 정책은 소수민족에게 자결권을 허용하면서도 한족으로의 동화를 목적으로 정책을 추진했다. 신해혁명의 의도가 외국 열강의 각축 속에서 중국을 재건하고 부흥시켜 더욱 강력한 국가통합을 이루기 위한 민족동화 정책에 기반을 둔 것이기 때문이다. 쑨원 사망 이후 국민당을 이끈 장제스는 한족에 의한 한족 중심의 동화정책을 기반으로 소수민족에게 자치권을 부여하지 않고 소수민족 언어교육 금지 등 소수민족에 대한 억압적인 정책을 실시했다.

반면, 공산당은 국민당에 비해 융통성 있는 소수민족 정책을 채택했다. 그 이유는 1927년 국민당과의 1차 국공합작 결렬 이후 소수민족이 거주하는 농촌이 대부분 국민당의 전략 지역으로서 기능을 하고 있었으므로 지역적인 중요성으로 인해 소수민족의 협조와 지지가 절실했다.

1931년 마오쩌둥은 「강서헌법」을 통해 모든 소수민족의 평등권과 자결권을 승인하는 민족자결 원칙을 발표하여 소수민족에게 공산당 세력에 동조하여 공산주의 사상을 부담 없이 흡수하도록 했다(石源華, 2000: 43).

중국의 소수민족 정책은 1949년 중화인민공화국이 성립된 이후에도 지속되었다. 즉 1949년 9월 「신중국헌법」에 해당하는 '중국인민정치협상공동강령'에 민족 간 평등, 소수민족 자치지역 실시, 소수민족 문화유지의 보장 등을 규정했다. 이 강령은 현재 중국 소수민족 정책의 기본 골격이 되었다. 이후 1952년 '중화인민공화국 민족구역자치실시강요'를 발표하고 소수민족 자치제도를 법률적으로 도입하여 실행했다.

1954년에는 '대한족주의(大漢族主義)', '지방민족주의'를 부정하고, 소수민족 지역들은 중화인민공화국으로부터 분리 · 독립될 수 없는 일부임을 「헌법」 제3조와 제4조에 명시하고 민족문제를 해결하기 위한 목적으로 소수민족 간부를 양성했다. 중화인민공화국 초기는 사회주의 건설에 소수민족을 하나의 중화민족으로 포섭하려는 민족 융화정책의 과도기적 단계였다. 이 시기 소수민족 정책은 소수민족에게 기본적인 법적 평등권을 부여하고 고유문화 및 언어를 유지하게 함으로써 중앙정부와 공산당의 통제를 벗어나지 못하도록 제한하는 소수민족에 대한 정치적 타협책으로 시행되었다.

이후 반우파 투쟁과 대약진운동 시기에는 지역민족주의와 민족의 다양성을 제약 요소로 비판하고 소수민족 언어 사용을 금지하는 급진적인 동화정책을 추구했다. 대약진운동은 부정적인 결과를 초래했고, 그로 인한 경제적 곤란은 당과 정부, 한족에 대한 불신감을 형성하게 되었다. 그 후 중국공산당은 여러 시행 조정을 거쳐 1982년 개정헌법에서 소수민족에 관한 많은 내용을 규정하게 되었다. 즉 자치지역의 행정수반을 해당 지역 민족 출신으로 선출하고, 지방재정의 자치권을 인정하며, 경제건설 혹은 자원개발에 대한 자주적 관리 인정, 지역의 치안유지를 위한 공안부대의 조직 허용 등 소수민족에 대한 폭넓은 자치권 행사규정을 포함시켰다(남종호, 2005). 1984년에는 「중화인민공화국 소수민족구역자치법」을 공포하여 소수민족 정책을 더욱 폭넓게 구체화하여 현재에 이르고 있다(남종호, 2004). 이에 따른 중국의 소수민족 정책 시행은 다음 9가지로 요약할 수 있다(남종호, 2005).

첫째, 민족평등단결 정책이다. 민족평등은 서로 다른 민족이 동등한 지위와 권리를 향유하는 것이고, 민족단결은 서로 다른 민족이 상호 협조·연합한다는 의미로, 민족평등과 단결을 실현시키고 공동번영과 발전을 도모하여 소수민족의 민족평등과 발전을 실현시키는 것이다.

둘째, 민족구역자치 정책이다. 민족구역자치는 통일된 다민족국가 내 일정한 거주 지역에 있는 소수민족의 자치권을 보장하고 민족의 번영과 발전을 촉진시켜 국가의 통일과 각 민족의 단결을 공고히 한다는 것이다.

셋째, 소수민족 간부배양 정책이다. 1950년 11월 24일 중앙인민정부는 '소수민족 간부배양 시행방안'을 선포했다. 중국은 소수민족 간부를 양성하고 활용함으로써 소수민족 발전을 촉진시키고 민족 간 협력과 민족문제를 해결하고자 한다.

넷째, 민족경제건설 정책이다. 「소수민족구성자치법」에서 소수민족 구성의 자치기관은 지방재정을 관리할 수 있는 자치권을 가지고, 국가계획 하에 자주적으로 지방경제 건설사업을 조직하고 관리할 수 있다는 규정에 따라 그 지방이 재정수입을 귀속시켜 사용할 수 있게 한다.

다섯째, 민족인구 정책이다. 소수민족은 변경부근 지역에 소수의 인원이 넓게 분산되어 살고 있는 특징을 가지므로 중국 내의 소수민족 발전을 도모하기 위해서는 소수민족의 인구를 증가시켜야 한다는 것이다.

여섯째, 민족문화교육발전 정책이다. 1949년 이래로 각 소수민족은 민족문화교육을 통해 교육체제와 문화 수준을 향상시키고 문맹인 수도 감소시킨 바와 같이 지속적으로 민족문화교육발전 정책을 실시함으로써 민족문화의 유지와 발전에 기여할 수 있다는 것이다.

일곱째, 민족언어문자 정책이다. 신중국 성립 후 헌법에 각 민족은 자신의 언어문자를 사용하고 발전시킬 수 있는 자유를 가진다고 규정하고 소수민족 언어를 적극적으로 보호하고 활용하도록 했다.

여덟째, 민족풍속습관 정책이다. 중국 소수민족 정책의 일관된 방향 중 하나로 소수민족의 풍속과 습관을 존중하고, 그들의 풍속과 습관을 유지하도록 장려한다는 것이다.

아홉째, 종교·신앙의 자유에 관한 정책이다. 중국의 헌법에 "중국 공민은 종교·신앙의 자유가 있다. 종교·신앙 자유의 법률적 의미는 국가로서는 종교·신앙은 공민 개인의 사적인 일로서 공민은 종교·신앙을 가질 자유가 있으며, 또한 종교·신앙을 가지지 않을 자유도 있다. 어떠한 사람이나 조직도 간섭을 할 수 없다"라고 규정하고 있다.

이상에서 보듯이 중국 사회통합정책의 특성은 소수민족 정책을 지향하고 있다. 이는 다민족 국가의 이념을 근거로 하여 소수민족의 발전을 기조로 융화정책과 소수민족 우대정책을 펼치고 있지만, 동시에 소수민족의 분리독립을 방지하고 소수민족의 중국화를 추진함으로써 현 중국체제를 유지하고자 하는 것이다.

3) 사회통합정책의 사례

중국은 위에서 살펴본 바와 같이 56개의 민족으로 구성되어 있는 다민족·다문화사회로서 민족분열을 방지하고 각 민족 간의 우호관계를 유지하기 위해 여러 가지 사회통합정책을 실시하고 있다. 이 책에서는 사회통합정책 중 소수민족인 신장위구르자치구에서 실시하고 있는 이중언어교육 정책을 살펴보고자 한다.

(1) 신장위구르자치구의 이중언어교육

중국은 최근 소수민족에 대한 이중언어교육 정책을 적극 추진해오고 있다. 이와 같은 정책은 서부 대개발*의 효과적 추진과 국가적 통합의 제고라는 국가 담론의 일부로서 제기된 것이다. 신장위구르자치구에서 이중언어교육이 정책적 개념으로서 등장한 시기는 1980년대 후반이다(A. Dwyer, 2005). 그리고 중앙정부가 이중언어교육을 국가의 소수민족 정책에 포함하기로 결정한 시기는 1990년대 초반이다(저우칭성, 2014). 이후 자치구 차원에서 부분적으로 시행해오던 이중언어교육이 중앙정부가 공인한 국가의 역점 정책으로 인정받아 신장위구르자치구 전 지역에 걸쳐 본격적으로 시행된 시기는 서부 대개발이 시작된 2000년 무렵이다. 이 무렵 이중언어교육은 법률에 의해 규정된 제도라는 확고한 위상을 부여받기에

---

*   서부 대개발은 후진타오 국가주석을 정점으로 한 4세대 지도부의 핵심정책으로, 서부 대개발의 목표는 21세기 중엽에 이르러 서부의 낙후된 면모를 일신해서 안정되고 번영된 서부를 건설할 것을 천명하고 있다(허종국, 2006).

이르렀다. 서부 대개발의 추진과 함께 이중언어교육은 의무교육과정을 통해 습득한 한어 능력을 대학입시에 반영하는 방식을 거쳐 고등교육의 단계로까지 빠르게 확산되었다(후옌샤, 2013).

이중언어교육이 신장위구르자치구 전역에 걸쳐 확대된 계기는 이중언어교육의 법제화다. 2000년 중국공산당의 의사결정 과정을 거쳐 2001년 시행된 「국가통용어언문자법」은 "모든 교육기관이 반드시 한어로 교육을 실시해야 한다"고 규정했다. 「국가통용어언문자법」의 입법 취지를 구현하기 위해 같은 해 개정된 「민족구역자치법」은 한 걸음 더 나아가 모든 소수민족 지역에서 초등학교 저학년부터 한어로 교육을 시작한 뒤 점차 한어의 사용 범위를 확대해나가야 한다는 것을 구체적으로 규정했다. 이는 권장 혹은 자발적 참여의 차원에서 제기된 이중언어교육이 국가의 정책에 따라 모든 민족학교에서 의무적으로 시행해야 하는 단계, 즉 제도화의 단계로 이행했다는 것을 보여주고 있다. 이는 서부 대개발에 필요한 한어의 사용 범위 확대를 추진하기 위해 교육의 영역에서 필요한 조치를 제도화한 것이며, 한어 사용의 확대는 신장위구르자치구 전 지역에 대한 개발과 그 과정을 주도할 한족 이민의 정착, 나아가 서부 대개발의 성공을 위한 적극적 조치였다(M. Clarke, 2007; G. Bovingdon, 2010).

개혁개방 초기 신장위구르자치구를 언어의 사용 영역으로 구분할 경우, 한족학교는 한어로 교육을 실시했으며, 대부분 대도시와 건설병단 지역에 소재하고 있었다. 반면, 민족학교는 소수민족어로 교육을 실시했으며, 대부분 대도시 외곽, 중소도시, 농촌 및 산간 지역에 소재하고 있었다. 한족학교의 교사들은 거의 한족이었으며, 민족학교의 교사들은 거의 소수민족이었다. 두 범주의 학교 간 교류는 제한되었으며, 상호 인정과 균형 상태 아래 존속해왔다.

서부 대개발은 이와 같은 균형 상태를 비가역적인 방식으로 급속히 해체했다. 중앙정부가 주도하는 시장시스템의 이식과 내지(內池)의 한족 자본에 의한 대규모 개발을 주축으로 한 신장위구르자치구에 대한 서부 대개발 전략은 개발 현장에서 일할 대규모 한족 이민을 전제한 것이다. 서부 대개발이 신장위구르자치구 전역에 걸쳐 대규모로 한족 이민을 허용함에 따라 이전까지 균형을 이루며 공존해온 소수민족의 사용 영역과 한어 사용 영역의 구분은 해체되기 시작했다.

「국가통용어언문자법」과 「민족구역자치법」은 우선적으로 한어와 소수민족어가 중첩되는 지역에 소재하고 있는 민족학교에 이중언어교육 실시를 법률적으로 의무 부과했다. 〈표 3-2〉에서 보는 바와 같이 서부 대개발이 시작된 이후 10년이 지나는 동안 신장위구르자치구의 이중언어교육은 점차 전 지역으로 확산되었으며, 참여 학생 수도 증가했다.

2009년 7월의 우루무치 소요사태 이후 소수민족에 대한 통제 강화의 일환으로 이중언어교육정책 시행의 강도가 높아졌다. 우루무치 소요사태 다음 해인 2010년 발표된 「중장기 교육개혁과 발전 계획 요강」(이하 「요강」)[*]

〈표 3-2〉 신장위구르자치구 민족학교 영역별 이중언어교육 참여 학생 수

연도	초등학생		중·고등학생	
	참여 학생 수(명)	전체 학생 대비 참여 비율(%)	참여 학생 수(명)	전체 학생 대비 참여 비율(%)
2000년	12,000	약 0.6	6,000	약 0.5
2012년	676,000	35.5	211,000	15.3

---

[*]   2010년 7월 국무원이 발표한 「요강」 제9장 민족교육 항목의 27항에는 소수민족교육에 이중언어 교육과 한어교육의 전면적 확대 및 취학 전 이중언어교육 확대가 정책 목표로 명시되어 있다. 그리고 국가가 이중언어교육 담당 교사의 훈련, 교육연구, 교재 개발과 출판을 지원할 것임도 함께 서술되어 있다.

은 소수민족에 대한 이중언어교육을 별도의 항목으로 설정하여 중앙정부의 주도 아래 의무교육 자원을 총동원하고 중앙정부가 직접 재정지원에 나설 계획임을 밝혔다.

이와 같은 정책 전환은 우루무치 소요사태에 대한 정책적 대응이지만, 소수민족 아동들을 취학 전 단계부터 미리 소수민족의 종교와 언어로부터 격리하여 민족적 정체성을 약화시키는 대신 국가적 정체성을 강화하기 위해 조기에 한어를 학습시키는 취학 전 이중언어교육 시스템을 도입하려는 계획이다.

(2) 민족학교의 위상 하락과 소수민족 교사의 입지 상실

국가권력의 중추에서 시작한 이중언어교육에 대한 결정은 중앙정부의 여러 부서를 거쳐 법률과 정책강령으로 구체화된 뒤 신장위구르자치구의 당 조직과 정부 조직 및 전국인민대표대회를 거치는 과정에서 더욱 구체적이고 강경한 법규로 변모했다. 이중언어정책의 시행 경과를 볼 때, 2009년 우루무치 소요사태 이후 중앙의 정치권력이 요구한 정책은 더욱 강화되었으며, 이는 신장위구르자치구 전역에서 한족학교와 민족학교 간의 변화를 초래했다. 중앙정부가 지시한 이중언어교육의 확대를 위해 자치구 교육당국은 교사를 비롯한 교육종사자들에 대한 교육, 실적에 대한 평가, 수당과 보조금 지급 등 다양한 정책 수단을 동원했다. 그 가운데 학교 통폐합과 강압적인 교사 훈련 프로그램이 가장 강한 정책에 속한다.

학교 통폐합은 신장위구르자치구 교육당국이 이중언어교육정책을 추진하는 가장 핵심적인 정책 수단 중의 하나다. 이와 같은 정책으로 민족학교의 부족한 한어교육 역량을 기존 한족학교와의 통합으로 손쉽게 조달함과 동시에 이중언어교육의 향상을 도모하는 것이다. 중소도시 규모 초·중·고등학교에 대한 통폐합 추진을 지시한 2004년 신장위구르자치구 인민정부가 발표한 「자치구 초·중등학교 배치 계호기 지도에 대한 의견」은 통폐합의 원칙으로서 규모의 확대, 이중언어교육을 위한 민한통합 추진, 원거리 학생을 수용할 기숙사 확충 등의 내용을 포함하고 있다. 강압적인 이중언어교육정책은 인위적인 학교 통폐합을 초래하게 되었고, 민족학교의 위상을 하락시켰을 뿐만 아니라, 소수민족 출신 교사의 입지를 위축시키고, 신장위구르자치구 전역에서 민족학교와 한족학교의 위상을 흔들어놓았다.

이처럼 이중언어교육의 제도화는 소수민족 지역에서 오랫동안 한어와 함께 공용어의 기능을 행사해오던 소수민족어로부터 공용어의 기능을 배제하고, 대신 한어에 유일한 혹은 지배적인 공용어의 위상을 부여하려는 제도다. 이 제도에 순응하는 소수민족에게는 중화인민공화국의 언어적 시민권이 부여되고, 그에 대한 보상으로서 한어가 지배하는 수익성이 높은 시장으로부터 고용과 소득이라는 이익을 배분해주는 메커니즘이 작동하고 있음을 알 수 있다(C. Mackerras, 2006).

4) 시사점

다문화 · 다인종 · 다민족으로 이루어진 중국은 사회통합과 민족단결을 위해 민족정책을 제정했으며, 이를 위해 소수민족에게 민족어와 한어를 공용으로 사용하도록 하는 이중언어교육정책을 실시하고 있다. 이종열 · 범령령(2009)은 중국이 시행하고 있는 이중언어교육정책의 기본 전제를 다음과 같이 기술하고 있다.

첫째, 언어의 사회적 기능 관점에서 언어와 문자는 민족을 구성하는 기본적인 요소가 되므로 언어 및 문자의 평등은 민족평등이다.

둘째, 언어경제학이론의 관점에서 민족언어 및 문자의 사용은 민족의 경제발전과 사회문화 번영의 전제가 된다.

셋째, 언어적 권리 관점에서 중국 소수민족 언어정책의 수립은 중국 민족평등과 민족문화, 사회발전의 전제다.

하지만 이중언어교육정책은 신장과 티베트의 소수민족 사회로부터 한족의 지배체제에 저항할 가능성을 없애기 위한 장기적인 동화정책의 일환으로 보인다(김영구, 2016). 또한 이중언어교육정책이 신장위구르자치구에서 시행되어온 경과와 결과를 통해 볼 때 당국의 주장과 달리 단순히 언어 혹은 교육의 차원에 머무르는 정책이 아니라, 더 상위의 민족정책의 일환임이 내포되어 있다(「요강」 제9장: 장춘센, 2013).

이와 같은 중국 신장위구르자치구의 이중언어정책이 한국의 사회통합정책에 시사하는 바는 다음과 같다.

첫째, 언어적 기본권 보호를 위한 국제규범의 존중과 실질적인 법적 책임의 확보다. 중국처럼 소수민족 언어를 보호하고 민족평등을 위한다는 표면적인 법적 조치가 아니라, 실질적으로 민족정체성 제고와 함께 이주민과 그 자녀들이 이중언어를 원활하게 구사할 수 있도록 환경을 조성하는 일에 힘써야 할 것이다. 이중언어교육을 통해 자신은 물론, 사회와 지역 또는 국가에 필요한 인재로 거듭날 수 있도록 정책적으로 법제화할 필요가 있다. 이렇게 함으로써 다문화가정과 그 자녀들은 사회의 구성원으로서 정주민과의 사회통합에 기여할 수 있을 것이다(강휘원, 2009).

둘째, 국가별 문화에 기반을 둔 이중언어교육정책의 확립이다. 이중언어교육정책을 정립할 때 각 나라마다 역사적 전통과 지역 조건 및 가치가 서로 다르므로 더욱 신중하게 정책을 입안할 필요가 있다. 주류사회의 공식적인 언어교육과 더불어 한국 사회의 소수민족인 중국계, 베트남계, 몽골계 등 출신국가별로 실질적인 이중언어교육을 실시할 수 있도록 노력해야 할 것이다(이종열·범령령, 2009).

2.
일본

1) 다문화사회의 형성 배경

　　1868년 메이지유신으로 세계자본주의 경제로 편입한 일본은 국가의 필요에 따라 서구 자본주의 국가로부터 노동자를 수용했다. 일본의 외국인 노동자 유입과정을 살펴보면 다음과 같다(김홍매, 2011).

　　1868년부터 1910년까지 유입된 이주자는 유럽과 북미로부터 이주한 외국인과 중국인으로 구성되어 있었다. 유럽과 북미로부터 이주한 외국인은 메이지 정부가 서양문명을 받아들여 일본의 자본주의 근대화를 촉진시키기 위한 '고용외국인'으로서, 대부분 정부기관, 민간기업, 학교, 숙련직종 등 고임금의 소수엘리트 상류계층을 형성했다. 반면, 중국인은 대부분 3D업종의 저임금·장시간 노동을 담당했으나, 1899년 중국인 유입금지 조치를 공포하여 중국인 노동자의 유입중단 정책을 시행했다. 일본은 이 시기부터 외국인 노동시장에서 전문직 노동자는 수용하면서 단순·비숙련 노동자의 유입을 금지하는 이중적인 차별배제정책이 나타났다.

1910년부터 일본은 제국주의적 성향을 드러내면서 조선을 침략했으며, 조선총독부에 의한 토지조사사업 결과 조선의 몰락한 농민들이 일본의 노동자로 전락하게 되었다. 1931년 만주사변, 1937년 중일전쟁, 1941년 태평양전쟁에 돌입한 일본은 막대한 병력과 군수산업 노동력 부족을 보완하기 위한 노동력 동원법을 시행했다. 일본은 1939년 「조선 노동자 내지 이주에 관한 법」과 「조선인 노무자 모집 및 도항취급 요강」을 통해 조선인 노동자들을 동원했다. 1940년 「노동자알선요강」을 공포하여 조선인 노동자를 탄광이나 광산으로 강제 연행했다. 일본은 이 시기부터 유럽계와 북미계 '고용외국인'을 우월하게 대접하고, 육체노동을 담당하는 조선인과 중국인 노동자를 차별했다.

1945년 패전 직후 강제 연행되었던 조선인 노동자 70%가 한국으로 귀국했지만, 1950년 한국전쟁의 발발로 인한 정치적·경제적 혼란 등으로 약 60만 명이 일본에 남게 되었다. 1951년 샌프란시스코 강화조약의 발효에 의해 주권을 회복한 일본은 같은 해 「출입국관리령」을 공포하여 조선인 노동자의 지위를 '외국인'으로 명시하고 일본 내 취업을 제한했다. 전후 일본은 1950년대 중반부터 1973년에 이르는 고도성장기 동안 서구국가들과 달리 외국인 노동력을 유입하지 않고 농촌지역을 비롯한 저임금 노동력을 활용하여 경제부국으로 성장할 수 있었다.

1980년대 일본은 엔화 강세와 노동력 부족으로 외국인 노동자를 유입하기 시작했다. 재일 한국인이 대부분 과거 일제강점기에 강제 연행되었다면, 1980년대의 재일 외국인 노동자는 중동의 산유국들이 노동력 수입을 중지함으로써 일본으로의 유입을 촉진시킨 경제적 유인에 따른 자발적인 이주라 할 수 있다.

일본의 외국인 이주자 유입 시기는 제2차 세계대전 종전 이전부터 일본에 살고 있는 조선인과 그 자손들, 중국화교 등으로 이루어진 일본 제국주의 식민지 정책 시기의 이민자(Old Comer)와 일본계 브라질인 및 일본계 페루인이 유입된 1980년대 중반 이후 시기의 이민자(New Comer)로 구분된다. 이 두 시기에 많은 외국인 이주자가 유입되면서 오사카(大阪)와 나고야(名古屋) 등 간사이(関西)지역을 중심으로 다문화사회가 형성되었다(양기호, 2009).

2) 사회통합정책의 특성

일본의 총무성(總務省) 산하 일본자치국제화협회(CLAIR)는 1980년대부터 지방정부의 '내향적 국제화'를 포함한 다문화정책을 적극적으로 지원하고 있다. 내향적 국제화란 외국인 이주자와 정주민 간, 그리고 외국인 이주자 간에 상이한 의견을 조정하여 합의된 정책을 제안함으로써 '대립'에서 '참여'로, '시민'에서 '주민'으로, '동화'에서 '공존'으로 나아갈 수 있다는 것을 의미한다. 이에 반해, 일본의 중앙정부는 외국인의 수가 증가하면서 각 지역에서 외국인 수용정책에 관한 중앙부처 설치를 요구받고 있지만, 외국인 수용에 대해 여전히 소극적인 자세로 대응하고 있다. 일본은 공식적인 이민은 허용하지 않고 있으며, 이주 유형에 따라 차별적 포섭과 배제라는 방식에 초점이 맞추어져 있다(송석원, 2010).

따라서 최근 일본 중앙정부 차원의 이주민 사회통합정책은 국적이나 민족이 다른 사람들이 지역사회의 구성원으로서 더불어 살아가는 다문화공생 지역의 필요성을 절감하게 되면서 추진되었다. 일본 총무성은

'다문화공생정책'이 의제로 채택된 2005년 6월 '다문화공생 추진에 관한 연구회'를 설치했다. 이 연구회에서 지역에서의 다문화공생 추진에 대한 검토를 진행하여 2006년 3월 '다문화공생 추진에 관한 연구회 보고서 — 지역의 다문화공생 추진 플랜(多文化共生の推進に關する硏究會報告書— 地域における多文化共生の推進に向けて)'을 수립했다(남경희, 2014). 다문화공생정책은 외국인 주민에게 지역주민으로서 위치를 부여하고자 하는 관점을 취하고 있다. 즉 외국인을 지역사회의 구성원으로 단순히 지원 대상으로 보는 것이 아니라, 지역사회의 주체라는 관점이다(山脇啓造, 2006; 加賀美常美代, 2013). 다문화공생이란 "국적이나 민족이 서로 다른 사람들 간에 상호문화적 차이를 인정하고 대등한 관계를 구축하면서 지역사회의 구성원으로서 함께 살아가는 것"으로 정의한다(總務省, 2006; 山脇啓造, 2006).

일본에서 다문화공생에 대한 인식은 1990년 「출입국관리 및 난민인정법(出入國管理及び難民認定法)」, 즉 「입관법(入管法)」이 개정되면서 성립되었다. 1995년의 한신(阪神) 대지진 당시에 시민단체가 재해 약자로서 외국인 지원을 통해 다문화공생 움직임이 일어나면서 본격화되었다(日比野繚也香, 2013). 일본의 다문화공생정책은 외국인 주민을 대상으로 한다. 그 대상은 첫째, 외국인 배우자와의 결혼으로 태어난 혼혈인, 중국 귀국자와 일본계 브라질인 집단, 둘째, 외국인이었지만 일본국적을 취득하여 일본인이 된 귀화인, 셋째, 일본 국민이었다가 세계대전 패망 후 외국국적을 갖게 된 재일한국인·조선인 영주민이다(한승준 외, 2009). 총무성에서 공시한 지방정부 다문화공생의 추진 시책안과 내용은 다음과 같다(양기호, 2009).

첫째, 외국인 주민의 적응을 돕기 위한 커뮤니케이션 지원으로, 각 지자체는 외국인 주민에게 다양한 언어와 미디어를 이용하여 행정서비스나 생활정보를 제공하고, 이를 위한 전문가 양성과 NPO 및 외국인 자조조직 등과 연계를 도모한다.

둘째, 외국인 주민이 지역에서 생활하는 데 필요한 5가지 영역으로, 거주지원과 교육지원에서 외국인 자녀들의 취학준비과정과 입학 이후 학교에서의 생활, 그리고 상급학교 진로 및 취업까지를 아우른다. 이러한 과정을 단계별로 지속적인 상담과 지원, 외국인의 취업 기회를 확보하기 위해 취업환경을 개선하는 노동환경을 지원하고, 의료보건복지지원, 방재에 이르기까지 다양한 지원을 한다.

셋째, 다문화공생사회를 만들기 위한 거점으로, 학교·도서관·공민관 등이 지역과 연대하면서 교직원과 학부모, 그리고 지역주민을 대상으로 한 계발활동을 실시한다. 일본문화뿐만 아니라 외국인 주민의 모국문화를 소개하는 교류 이벤트를 개최하여 지역주민이 상호 교류하는 기회, 특히 외국인 주민의 자조조직 및 네트워크 지원, 외국인 주민의 의견을 행정시책에 반영하여 지역의 실정에 맞도록 구축한다.

넷째, 다문화공생 추진체제 정비 분야로, 지자체의 체계정비와 각 주체의 역할분담과 연계협동으로 구성한다. 이를 위해 지방정부는 다문화공생 추진을 담당하는 부서를 설치하여 다문화공생 지침과 계획 책정 등을 추진한다. 또한 국제교류협회, 시민단체 간 역할분담을 명확히 하여 네트워크 체제를 만들고, 지역주민은 지역사회 구성원이라는 관점에서 지방정부, 민간단체와 연계하여 외국인 주민 문제를 해결할 책임을 지적하고 있다.

일본의 사회통합정책으로서 다문화공생정책은 중앙정부가 지방정부의 역할을 강조하는 것으로, 외국인 이주민을 분류하여 지원하기보다는 다양한 분야에서 외국인을 지역주민으로서 동일한 권리를 부여하여 행정서비스를 제공한다는 점이 특징이다. 일본 중앙정부는 지역의 다양성을 반영하여 지방정부가 주체가 되어 다문화공생정책을 추진해나갈 수 있도록 제도적 틀을 제시하고 있다. 이러한 관점에서 일본의 다문화공생정책은 지방정부 차원에서 아래로부터의 의견 전달과 중앙정부 차원에서 위로부터의 정책방향을 제시하고 있다(최병두, 2010).

일본 다문화공생정책의 장단점을 요약하면 다음과 같다. 우선 다문화공생정책의 장점은 첫째, 산업의 집적에 의한 경제 활성화다. 외국인 연구자나 기술자 등 유능한 인재에 의한 산업의 집적이 이루어져 경제가 활성화된다. 둘째, 사회불안 방지다. 지역주민과 외국인이 서로 이해함으로써 일상생활에서 파생하는 분쟁이나 범죄 방지에 도움이 된다. 셋째, 이문화 이해다. 일상생활에서 이문화 커뮤니케이션이 이루어짐에 따라 이문화에 대한 이해가 깊어진다. 넷째, 지역의 이미지가 제고될 수 있다. 외국인이 살기 좋은 사회가 형성됨으로써 다문화공생을 추진하는 자치단체의 이미지가 높아질 수 있다.

다음은 다문화공생정책의 단점으로 첫째, 경제적 부담이다. 다문화공생사회의 첫 번째 국가인 호주에서는 사회에 적응하지 못한 이민이 증가해 영어교육이나 사회복지 등의 부담이 증가하고 있고, 이 현상은 일본에서도 발생하고 있다. 둘째, 범죄율 증가다. 유입되는 외국인 수가 증가하면 범죄율이 증가할 가능성도 배제할 수 없다.

이러한 장단점은 2008년도에 총무성이 지방공공단체 등의 다문화공생 추진사례집을 통해 확인할 수 있다.

3) 사회통합정책의 사례

일본은 서구 국가들과 달리 세계대전 이후 엄격한 출입국관리와 체류자격 제한으로 단순취로와 거주를 목적으로 하는 외국인의 이주는 쉽지 않아 대량의 국제이주를 경험하지 않았다. 그러나 1980년대 이후 아시아 권내 이주가 증가하기 시작하여 1990년대에 접어들면서 그 증가폭이 확대되고 있다. 이러한 이주자를 대상으로 출입국관리정책, 이주노동자정책, 통합정책의 하부 영역으로 구성하여 이주자정책을 시행하고 있다(이지영, 2012). 일본에서 타문화에 적응하고자 하는 외국인을 지원하는 지역사회의 활동은 지역에 따라 격차가 발생한다. 그 가운데 행정 차원에서 외국인 지원을 적극적으로 수행하고자 하는 곳은 가나가와현(県) 가와사키시(市)다.* 가와사키시의 외국인대책에는 외국인도 시민이며, 외국인 시책은 인권우선 시책의 하나라는 생각이 전제가 되어 있다. 이 배경에는 올드커머인 재일한국 · 조선인이 많이 거주하고 있고, 그 사람들이 지역에서 당사자 활동을 축적해온 것과도 관계가 있다(임경택 · 설동훈, 2006).

일본 가와사키시에서 이주자를 대상으로 한 사회통합정책의 구체적인 사례는 다음과 같다.

(1) 외국인을 위한 서비스 시스템의 변화

외국인이 자국어로 자신의 문화가 이해되는 환경에서 서비스를 받

---

* 가와사키시의 홈페이지 참조. http://www.city.kawasaki.jp/index3.html.

는다는 것은 매우 큰 의미를 갖는다. 일본에서도 외국인 수가 증가함에 따라 외국어로 외국인의 생활 상담을 해주는 공공기관이 미미하지만 증가하고 있는 추세다. 또한 외국인끼리 지원그룹, 자원자그룹, NGO 등에서 법률이나 의료, 체류자격 등의 문제에 대해 다언어로 지원하는 곳이 늘어나고 있다. 눈에 띄는 것은 외국인이 알고 싶어 하는 정보를 제공해주는 팸플릿 등을 공공기관뿐만 아니라 교회나 일본어교실, 자원자그룹 사무실 등 외국인이 잘 모이는 곳에 배치해두기도 한다는 점이다. 또한 외국인의 상담 창구나 상담 기관에서는 이중언어 구사가 가능한 직원을 채용하여 외국인을 상대하고 있다. 예를 들어, 야마가타현에서 지역의 외국인 며느리를 지원하는 활동을 하는 야마가타 JVC*에서는 외국인 여성에게 통역인 양성강좌를 개설하여 통역과 더불어 사회활동적인 업무를 실천할 수 있는 다문화사회활동가를 양성하고 있다. 이는 전문직보다는 비상근이나 파견 형태로 당사자들을 적극적으로 불러들여 스스로 서비스의 제공자가 되게 하는 것을 중요시하고 있다.

한편 상담 창구는 크게 두 가지 유형의 서비스를 제공하고 있다. 첫째, 생활상담, 법률문제, 체류자격, 취업알선 등 구체적인 정보제공기능을 지닌 서비스다. 둘째, 부부 간의 의사소통 격차, 시부모를 비롯한 확대가족과의 관계, 이혼, 가정 내 폭력, 육아문제, 아동학대 등 가족문제에 대한 서비스다.

---

* JVC는 Japaness Volunteer Center의 줄임말이다.

(2) 일본어 교육 프로그램의 확충

일본어가 자유롭지 않은 외국인은 생활세계에서 여러 가지 불편을 겪게 된다. 일본인과 결혼한 외국인 여성은 가족과의 의사소통이나 자녀 양육, 지역사회와의 관계에서 일본어 능력의 부족을 절실히 느끼게 된다. 외국인 가족의 경우에는 모국어만 사용하는 부모와 일본학교에 다니는 자녀 간에 일본어 습득 능력의 차이가 생기고, 그것이 가족 간의 소통문제로 대두된다. 일본어를 충분히 구사하지 않는다는 이유로 부당한 대우를 받고 있는 정주외국인이나 장기체재노동자 수는 상당히 많지만, 정신적 · 사회적으로 자립할 힘을 기르기 위해서는 일본어 능력이 매우 중요한 요소다. 무료 또는 외국인이 부담 없이 지급할 수 있을 정도의 비용으로 그들의 노동시간이나 생활시간을 고려한 일본어 프로그램의 확대가 요구되고 있으며, 많은 자치단체에서 실제로 이에 대한 고려를 하고 있다.

(3) 사회보험 및 사회복지서비스 제공

일본에서 운영되는 사회보험제도는 의료보험, 연금보험, 산재보험, 고용보험, 개호보험의 5가지가 있다. 적법한 체류허가를 얻어 일본에 체류하고 있는 모든 외국인은 일본인과 동등하게 사회보험에 가입해야 한다. 특히 5가지 사회보험제도 중에서 개호보험에 대해 살펴보면 다음과 같다.

일본의 개호보험은 우리나라의 노인장기요양보험에 해당하는 것으로, 2000년 4월부터 도입되었다. 이 제도는 신체적 · 정신적 장애로 인해 장기간 일상생활에 필요한 기능을 수행할 수 없는 노인 등에게 사회보험의 원리에 따라 보건·복지·의료서비스를 제공함으로써 대상자의 존엄을 유지하고 능력에 맞는 자립된 생활을 영위하도록 국민의 삶의 질을 향상시키는 것을 목적으로 하고 있다. 개호보험의 경우는 의료보험과 일체적으로 가입하고 보험료를 징수하게 되어 있어 국민건강보험과 동일한 가입조건이 요구된다. 외국인의 경우 외국인 등록을 한 적법한 체류자로서 체류허가기간이 1년 이상이면 적용되며, 불법체류자의 가입은 인정되지 않는다. 1년 미만의 체류허가기간이라 할지라도 외국인등록자로서 입국 시에 입국목적이나 입국 후 생활실태 등을 감안하여 1년 이상 체류할 것으로 인정된 자는 가입이 허용된다(엄기욱, 2009).

한편, 사회복지서비스 측면에서 외국인에 대한 아동복지, 노인복지, 장애인복지 등은 1년 이상의 적법한 체류허가를 받은 자의 경우, 일본인과 동일한 기준이 적용된다. 다만, 일본의 경우 사회복지서비스에 대한 권리성이 사회보험제도 등에 비해 비교적 낮아 행정재량행위에 맡겨지는 경우가 많다. 따라서 지방자치단체의 책임 아래 제공되는 사회복지서비스의 경우, 일본인에 비해 외국인은 상대적으로 불리한 조건에 있는 것도 사실이다. 일본의 경우 지방자치단체별로 외국인에 대한 사회복지서비스 제공 정도는 편차가 크며, 가와사키시의 경우 외국인 영주자에 대한 적극적인 정책을 실시하고 있다(엄기욱, 2009). 이와 같은 배경은 이 지역에서 제2차 세계대전이 끝난 후부터 재일한국·조선인이 많이 거주하면서 자신들의 역량강화활동을 적극적으로 수행한 결과다. 또한 「아동복지법」, 「모자보건법」, 「정신보건법」 등에 의한 긴급한 의료적 급여 및 정신질환에 따른 입원조치 등의 급여는 불법체류자에게도 제공한다. 동법 제22조에서는 도도부현, 시 및 복지사무소를 설치하고 있는 정촌은 임산부가 경제적 이유로 인해 입원 출산을 할 수 없는 경우 조산시설에서 조산하도록 조치하고 있는데, 불법체류 외국인의 경우도 동일하게 적용된다. 「모자보건법」에서는 출산 전 임산부 검진, 모자건강수첩 교부, 유아 검진, 건강진단 등에 관한 규정을 두고 있으며, 불법체류자가 지역보건소를 통한 급여를 이용하더라도 보건소는 법무성 출입국관리국 등 관계기관에 통보할 의무가 없다(엄기욱, 2009).

(4) 서비스기관 · 조직에 의한 외국인 지원

일본에서는 외국인을 위한 지원시스템을 구축하는 데 활동가의 개인 수준이 아니라, 조직 수준에서 연계할 필요성이 대두되고 있다. 예를 들어, 개인적으로 외국인을 지원하는 아동상담소 활동가가 일본어교실이나 자원자그룹 등의 지원과 연계하여 외국인을 접촉하더라도 만약 그 활동가가 어떤 기구에 전속(專屬)되어버리면, 그 아동상담소의 외국인 지원 자체가 중단될 수 있다. 이와 같은 현상을 방지하기 위해 개인이 다른 곳으로 가더라도 지원을 지속할 수 있는 안전장치가 마련되도록 모색하고 있다. 행정부문에서도 전담 부서를 중심으로 하지만, 다른 부서와의 협력과 정보교류를 통해 타부서의 이해와 의식을 고양하는 데 시스템을 조직화하고 있다.

(5) 시민과 외국인 대상의 타문화이해강좌 개최

일본에서는 지역의 시민관(市民館)·공민관(公民館) 등 공적기관에서 다문화공생에 관한 여러 가지 업무가 기획되고 있는데, 이는 시민의식의 고양이 가장 주된 목적이다. 일본인과 결혼한 여성은 일본적인 가치관이나 자녀 양육관을 가질 것을 기대한다. 이러한 이유로 일본인 가족과 마찰이나 갈등이 발생할 경우, 일반 시민에 대한 강좌와 함께 타문화의 아내나 며느리를 맞이한 가족의 이해를 추구하는 강좌나 교류회가 늘어나고 있다. 또한 외국인에게 일본의 문화와 생활습관, 가치관을 이해시키기 위한 기회도 제공한다. 이때 무엇보다 중요한 것은 상호 간의 이해가 전제된다. 따라서 일방적으로 일본에 동화하기를 촉구하는 강좌가 되지 않도록 외국인 당사자도 함께 참가하여 기획할 수 있도록 한다. 또한 강좌는 문화적 측면뿐만 아니라 의료·법률·행정서비스 등 일본의 사회

〈표 3-3〉 일본 가와사키시의 외국인 통합 활동

주체	외국인을 지원하는 활동 내용
자원	• 다문화·공생의 거점시설로서의 '만남과 교류의 회관' • 다국어에 의한 정보제공 • 일본어교실 • 일반 시민에 대한 다문화·공생강좌 • 민족차별에 관해 시 직원의 연수
조직	• 외국인 지원을 행하는 중심적 부서가 있음 • 중심적 부서와 타부서가 연계함 • 외국인의 소리를 행정에 반영하는 외국인시민대표자회의가 있음
이념	• 외국인도 시민이다. • 외국인 시민 대책은 인권 우선 시정(市政)의 일환이다.

자료: 임경택·설동훈, 2006: 60

시스템을 이해하고 외국인의 지역사회생활을 도와줄 수 있는 정보제공원으로서 매우 중요한 역할을 한다.

위의 〈표 3-3〉은 통합 활동의 내용과 조직구성, 이념에 관한 내용이다. 이를 근거로 가와사키시에서는 외국인 이주자에 대해 지역 차원에서의 지원 노력이 활발하게 이루어지고 있으며, 일본인과 같은 시민으로서 외국인을 대하려는 인권주의 측면의 이념이 강한 것을 알 수 있다.

4) 시사점

일본은 서구 국가들에 비해 세계대전의 큰 아픔을 경험한 이후 외국인의 이주에 대해 지극히 제한적이었지만, 1980년대 이후 세계적인 흐름의 변화에 따라 아시아 권내 이주가 증가했다. 그러나 일본 사회에는 외국인을 지역주민의 구성원으로 받아들이고자 하는 사회적 환경이 충분히 갖춰지지 않았고, 외국인이 지역의 서비스를 알고자 해도 그 방법이나 경로를 찾지 못하는 경우가 많았다(임경택 · 설동훈, 2006). 이러한 상황에서 가장 큰 변화는 외국인에게만 일본 사회에 적응할 것을 강요하지 않고 일본인 스스로 변화해야 한다는 생각이 지역 구성원에게 확대되고 있다는 것이다.

외국인에 대한 서비스 시스템의 확대, 일본어 교육 프로그램의 확충, 사회복지서비스, 서비스기관 및 조직에 의한 외국인 지원 모색, 일본 시민과 외국인을 대상으로 상호 간 타문화이해강좌 개최 등은 일본에서 외국인에 대한 변화된 시각을 엿볼 수 있다. 물론 지역적으로 큰 차이가 있겠지만, 가와사키시에서의 통합 활동은 사회통합의 사례로서 충분히 의의가 있다고 생각한다. 가와사키시의 사회통합 노력이 우리에게 시사하는 바는 크게 두 가지다.

첫째, 한국 사회에서 이주민에 대한 동질적 사회규범과 민족공동체 의식을 강요하기보다는 시민의식이라는 공감대를 통해 상호 간의 사회통합을 추구해야 한다. 일본의 다문화·다민족화는 제2차 세계대전 이후 수출주도형 경제발전과 더불어 진행되어왔고, 가정을 포함한 학교교육, 지역사회 내의 다양한 생활현장과 밀접하게 관련되어 있다. 특히, 지역사회를 중심으로 실시된 일본의 다문화교육은 외국인의 시민의식 형성과 함께 일본인이 국제화에 대응할 수 있는 "공민적 자질로서의 태도와 능력"(文部科學省, 1998)을 요구하며, 외국인에 대한 인식 변화를 시도하고 있다(오민석, 2014). 이처럼 외국인에 대한 일방적인 변화를 강요하지 않는 대신, 일본인의 인식변화를 추구하고 있다. 한국 사회는 명목적으로는 다양성 인정, 다문화 감수성, 상호존중의 교육이 이루어지고 있지만, 다문화 배경을 가진 소수자에게 한국의 전통문화나 관습 등을 일방적으로 가르치고 있으며, 다문화인식과 태도의 변화는 여전히 답보상태에 머무르고 있다. 따라서 한국 사회에서도 외국인 이주민에게만 한국어교육과 한국문화교육을 강요하지 말고, 내국인에게도 다문화교육과 세계시민교육을 강화하여 이주민과의 사회통합에 부응해야 할 것이다.

둘째, 한국 사회에서 적법한 절차를 받은 외국인에게 사회통합 관점에서 동일한 기준으로 적용하고 있다는 인식을 심어주어 이들이 한국 사회에서 안정적인 생활을 할 수 있도록 대책을 마련해야 한다. 일본의 경우, 내·외국인을 구별하지 않고 합법적 취업활동을 하는 경우에는 사회보험 가입, 급여, 사회수당 등의 수급에 차별하고 있지 않다. 일본에 체류하는 외국인은 대부분 자국의 언어와 문화를 유지하며 살아가고 있으며, 합법적 체류자격을 가지고 있는 이상 일본 사회의 동일한 구성원으로 살아갈 수 있도록 대책을 세워주고 있다. 하지만 한국 사회의 경우 일본과 다르게 합법적인 체류 및 취업자격을 가지고도 사회보험에 가입하는 경우 내국인과 다른 규정을 적용하는 경우가 많다. 따라서 한국 사회에서 이주민과 공존하기 위해서는 외국인에게도 동일한 잣대를 적용하여 외국인이 차별받는다는 부정적인 인식을 갖지 않도록 노력해야 할 것이다.

3.
베트남

1) 다문화사회의 형성 배경

베트남은 건국 시기부터 다언어 · 다민족으로 구성된 다문화 국가다. 현재 베트남은 모두 54개 민족으로 구성되어 있는데, 낀족(Kinh Ethnic group)은 주류민족으로 베트남 인구의 86%를 차지하며, 나머지 14%는 소수민족이다. 53개 소수민족은 크게 3개 집단으로 나눌 수 있다. 첫 번째 집단은 인구수가 많은 타이족(Thai), 따이족(Tay), 눙족(Nung), 몽족(Mong), 야오족(Yao), 므엉족(Muong: 북부 산악지역) 등 규모가 큰 소수민족이다. 두 번째 집단은 인구수가 1만 명 이상인 소수민족이다. 세 번째는 1만 명 미만의 인구수를 가진 소수민족이다. 하지만 실제로는 인구수가 많지 않아서 다른 민족 집단에 포함된 소수민족도 많다(응웬 반 히우, 2012).

베트남의 54개 민족 중에서 화족은 주로 중국 남부 지역에서 베트남으로 유입된 유일한 '비원주(非原住)' 민족이다. 화족은 기원전 3세기부터 베트남으로 유입되었으며, 지리적 특성으로 인해 다른 민족과 달리 중국과의 내전으로 인해 유입된 민족이다. 내전으로 인해 베트남으로 유입된 중국인은 주로 장사하기 좋은 지역에 모여 거주하면서 중국인의 거리(차 이나타운)를 형성했다(Châu Thị Hải, 1998). 16세기 말 응웬(Nguyen) 왕조가 베트남 남부 지역에서 정치적 권력을 확립하면서 경제 발전을 위한 다양한 정책을 시행했다. 이때 중부지역에 많은 항구가 생겨 무역 활동도 활발해졌다. 특히 호이안(Hoi An)은 그중에서도 무역 활동이 가장 활발한 항구로, 중국, 일본, 스페인, 네덜란드, 영국, 프랑스의 상인들이 많은 지역이었다. 특히 이 지역에는 일본인과 중국인이 많이 모여 살면서 일본인의 거리, 중국인의 거리를 만들었다(Võ Văn Hoàng, 2009).

외국인이 베트남으로 유입된 과정은 16, 17세기에 서양에서 동남아를 다녀간 선교사, 탐험가들이 기록한 자료들을 바탕으로 동남아 지역의 잠재력에 대한 관심을 가지기 시작하면서 유입되었다. 이렇게 찾아온 서양인 수가 지속적으로 증가했으며, 이들은 베트남에서 종교적인 활동은 물론, 무역과 관련된 활동을 했다. 공식적인 기록에 의하면 베트남에 온 최초의 서양인 선교사는 1533년으로 기록되어 있으며, 그 이후 오랫동안 서양 선교사들은 베트남 남부와 북부에서 활동했다(Nguyễn Thị Mỹ Hạnh, 2008). 상업을 주목적으로 들어온 사람들은 주로 네덜란드, 영국, 프랑스 상인들이 많았으며, 베트남에서 상업 활동을 하며 활발한 무역을 했다.

특히, 프랑스는 19세기 베트남을 침략할 목적으로 베트남 내에서 적극적으로 선교 활동을 했다. 1858년 이후에는 베트남에 공식적으로 군인들을 보내기 시작했으며 이로 인해 베트남의 정치, 경제, 문화 등 사회 전반의 다양한 분야에서 변화가 일어났다. 20세기 들어와서 프랑스 · 미국과 전쟁을 치르면서 베트남 사회에 더 많은 변화가 있었다. 1945년 '8월 혁명'이 성공하면서 응웬 왕조의 마지막 왕인 바오다이(Bao Dai)왕이 강제로 퇴위되고, 프랑스군이 철수한 후 '베트남민주공화국'이 들어섰다. 그러나 1946년 베트남은 프랑스와 2차 전쟁을 했고, 이후 1954년부터 1975년까지는 미국과 전쟁을 치렀다.

1975년 남-북이 통일되고 식민주의와 제국주의에서 완전히 해방된 베트남은 베트남공산당의 인도 하에 '베트남사회주의공화국'을 세웠다. 오랜 전쟁 이후 경제적 위기에서 벗어나지 못한 베트남 정부는 1986년 '도이머이' 정책을 시행했다. 도이머이(Đổi mới)는 '바꾸다'라는 뜻을 지닌 도이(Đổi)와 '새롭다'라는 뜻을 가진 머이(mới)의 합성어다. 이는 완벽한 시장경제의 원리를 따르는 것이 아닌 공산주의 안에서 자본주의를 접목하는 방식이다. 이 정책은 기업의 성장을 장려하고 외국자본의 유입을 허락함으로써 베트남의 경제가 성장하는 데 큰 역할을 했다.

사회주의국가 체제로 운영되던 베트남은 도이머이 정책 시행 이후 나라를 개방하여 세계의 여러 국가와 무역 및 교류를 시작했다. 이 시기에 민족, 문화, 종교적 이질성을 지닌 외국인이 결혼, 노동, 사업, 유학 등 다양한 목적으로 베트남에 유입되면서 다문화사회가 형성되었다.

2) 사회통합정책의 특성

베트남의 사회통합정책은 주로 소수민족에 관한 정책이다. 베트남에서 소수민족에 관한 문제는 계급, 산악지역, 경계선, 국가 치안, 영토 주권, 농업, 농민, 농촌 등 다양한 문제와 밀접한 관계가 있으므로 베트남 정부는 소수민족에 관한 정책을 중요시했다(Lâm Bá Nam, 2010). 특히 베트남 정부는 민족과 관련된 문제에 많은 관심을 가지고, '하나의 베트남 민족'이라는 슬로건 아래 다양한 언어와 문화적 배경을 가진 민족들과의 공존을 모색하며 소수민족 정책을 실시했다.

　1946년 베트남 최초 헌법의 제2장에서는 "베트남은 주권을 가지는 독립된 국가이며, 분열할 수 없는 통일된 영토로 국민은 조국을 보호하고 지킬 권리와 의무를 가진다"라는 내용을 제시한 후 사회적 통합을 위해 모든 민족의 평등을 보장하고, 차별과 분리를 배제하는 내용이 포함되어 있다. 이러한 내용은 1959년과 1992년의 헌법에 명시되어 있다. 특히 2013년 개정된 베트남「헌법」제2장 제5조에는 "첫째, 베트남사회주의공화국은 베트남 영토에서 살고 있는 민족들의 통일된 국가다. 둘째, 모든 민족은 평등하고 단결하며 서로 존중과 협조를 함으로써 함께 발전하며, 차별 및 분열의 행위는 금지된다. 셋째, 국가의 언어는 베트남어이며, 각 민족은 자신의 말과 문자를 사용하고 민족의 문화를 유지·발휘할 권리를 가진다. 넷째, 국가는 소수민족의 잠재력을 발휘할 수 있도록 전체적인 조건을 마련해준다"라고 규정하고 있으며, 제42조에는 "국민은 자신의 민족을 확립하며 모어 및 의사소통을 위한 언어를 선택할 권리를 가진다"라고 규정하고 있다. 제3장에는 "국가는 산촌지역과 경제사회적 조건이 어려운 지역을 우선적으로 발전시킨다"라고 규정하고 있다.

　이처럼 다민족 국가인 베트남은 사회통합을 위해 헌법에서 모든 민족의 평등을 보장하고 차별과 분리를 배제하고 있다. 특히「헌법」제5조에는 소수민족의 문화적 특성과 관련한 조항이 포함되어 있다. 베트남 정부는 헌법에 따라 각 민족이 가지고 있는 고유한 언어와 문자의 사용, 아름다운 전통과 풍습에 대한 권리를 보장하고 있으며, 소수민족의 문화 다양성 요소로 언어와 문자 사용, 전통, 풍습, 관습을 제시하고 있다(레기

영짱, 2016).

또한 베트남 정부는 소수민족에 관한 정책을 시행할 때 다음과 같은 기본 원칙을 기반으로 하고 있다. 첫째, 차별과 편견을 없애며 '각 민족 간의 평등성'을 기본 원칙으로 삼는다. 둘째, 단결이 나라의 가장 커다란 힘이라고 생각하며 다양한 민족으로 구성된 나라를 유지 및 발전시키는 데는 반드시 '각 민족 간의 단결'이 이루어져야 한다고 주장한다. 셋째, 각 민족 간의 단결과 같이 베트남 정부는 '서로를 위한 협조로 함께 발전하기'라는 정신으로 나라를 이끌어가고자 한다(Lâm Bá Nam, 2010). 이 같은 기본 원칙은 베트남 정책에 중요한 요소로 작용하고 있다. 또한 소수민족에 관한 베트남의 정책은 경제·사회복지·교육·정치·문화 권리, 그리고 자유로운 종교 권리 등 6가지 측면에서 다루고 있다(Nguyễn Thị Song Hà, 2016).

이렇게 소수민족의 인권 및 권리를 바탕으로 베트남 정부는 소수민족의 교육정책을 실시하고 있다. 먼저 소수민족 학생들의 학비를 지원하거나 경감해주고 있다. 가난한 소수민족 학생들에게 기숙사비 등 학비 전액을 면제하여 많은 학생이 교육받을 수 있도록 지원하고 있다. 둘째, 소수민족 학생의 교육기회를 제공하기 위해 가난한 지역이나 벽지지역의 소수민족을 위한 교육시스템을 향상하는 정책을 마련했다. 소수민족 언어를 제2언어로 가르치는 등 소수민족 언어로 된 교과서를 제공했다. 또한 소수민족 학생들의 교육을 담당할 현지인 교사를 양성했다. 1998년부터 133, 135지원프로그램을 제공했으며, 2002년부터는 159호 지원프로그램을 제공하여 학교를 더욱 견고하게 했다. 셋째, 일반학교에서 소수민족 언어를 가르칠 수 있도록 소수민족 학생을 위한 교육조건을 향상시키려고 노력했다. 또한 학생선발정책 134/CP 시행령에 따라 지방의 우수한 인재를 양성하기 위해 대학교, 전문학교는 입학시험 없이 입학하고 졸업 후에는 그 지역에서 5년 동안 근무하도록 했다. 넷째, 소수민족의 학습결손을 최소화하기 위해 유아 때부터 언어 등 학습을 지원하고 초등학교와 중등학교에서는 하절기 프로그램을 운영하여 지원하는 정책을 실시했다. 이처럼 베트남 정부는 소수민족의 학습결손은 물론 우수한 인재를 양성하기 위해 다양한 정책을 시행하고 있다.

3) 사회통합의 사례

베트남의 공용어는 주류민족인 낀족어(Tiếng Việt)이며, 베트남 교육 시스템에서 주로 사용되는 언어이자 공용어다. 실제로 베트남에서는 대부분 소수민족 학생들이 베트남어로 교육과정을 수행하고 있으며, 이는 베트남 소수민족 교육의 하나의 단점이라 할 수 있다. 즉, 수많은 소수민족 학생이 학교에서 언어에 대한 어려움을 겪고 있다. 그러다 보니 많은 소수민족 학생들은 학령기 초기 단계에서 한정적인 베트남어 실력을 가지고 있거나 베트남어를 전혀 모르는 수준이다.* 이에 베트남 정부는 소수민족 학생들의 교육수준을 향상시키기 위해 제도적인 지원이나 경제적인 지원 이외에 언어적 측면에서 다양한 지원프로그램을 운영하고 있다.

---

* 베트남 교육부의 이중언어교육 프로그램 보고서. https://www.unicef.org/vietnam/vi/Tomtat-chuongtrinh_vie-final.pdf

(1) 소수민족 학생의 모어를 기반으로 한 이중언어교육

2010년 베트남 교육부의 보고서에 따르면 소수민족을 담당하는 교사 중 소수민족 언어를 할 수 있는 교사가 적어 대부분의 소수민족 학생들이 교육 내용을 이해하는 데 어려움을 겪을 뿐만 아니라, 이로 인해 학생들이 자긍심을 잃는다고 한다. 이것이 소수민족 학생들이 초등학교 교육과정을 마치는 비율(61%)이 낀족 학생들의 비율(86%)*에 비해 상대적으로 낮은 이유다.

[그림 3-1]에서 나타나듯이 베트남에서 초등 교육과정을 마치는 낀족 학생의 비율(86.4%)과 소수민족 학생 비율(60.6%)은 큰 차이를 보이고 있다. 즉, 2006년 통계자료 기준에 따르면, 소수민족 학생 10명 중 4명이 초등 교육과정을 못 마치는 실정이다. 이러한 현상에 대해 베트남 교육

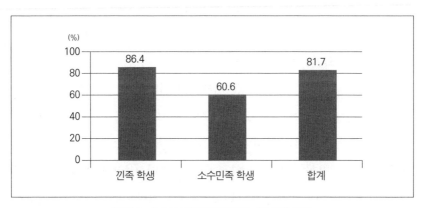

[그림 3-1] 초등 교육과정을 마치는 학생 비율(%)

출처: 베트남 UNICEF 보고서

---

*   Tổng cục thống kê và UNICEP 2006. Điều tra đánh giá các mục tiêu trẻ em và phụ nữ Việt Nam 2006.

부는 2006년부터 베트남 UNICEF와 협조하여 소수민족 학생들의 모어를 기반으로 이중언어교육을 실시하고 있다. 교육방법은 소수민족학생들의 모국어를 주된 교육언어로 사용하고 베트남어를 제2언어로 교육하는 것이다. 구체적으로 유치원 및 초등학교 1, 2학년 학생들에게는 이들의 모국어로 수업을 진행하고 베트남어를 제2언어로 교육시키는 것이다. 그리고 초등학교 3학년부터는 전환 단계로 학생들의 모국어와 베트남어를 병행하여 교육을 진행한다. 이렇게 교육함으로써 초등학교의 마지막 학년인 5학년 학생들은 모어와 베트남어를 모두 능통하게 구사할 수 있으며, 이로써 이들이 국가의 표준교육과정을 따라갈 수 있도록 하는 것이 베트남 교육부의 목표다.

2007년 베트남 교육부와 UNICEF는 라오까이(Lào Cai), 짤라이(Gia Lai), 짜빈(Trà Vinh) 세 지역에서 허몽어(H-mong), 쯔라이어(Gia rai) 그리고 커메어(Khơ me)로 교육을 진행하기 위해 실행 연구를 추진했다. 이 연구는 2015년부터 지속적으로 진행하고 있으며 다음과 같은 결과를 지향하고 있다. 첫째, 소수민족 학생들의 평가 결과 및 교수학습 방법을 포함해 구체적으로 연구하기, 둘째, 정책 확정자, 그리고 학생들을 비롯한 교감, 교사, 교육 관리자들이 사업 내용을 이해하고 사업을 위해 협조하기, 셋째, 소수민족 언어로 교수학습 자료, 참고자료, 미디어 자료 만들기, 넷째, 교사들의 전문성을 높이기 위해 수시로 교사양성 프로그램 진행, 또한 정규 과정에서 교사 양성 지향하기, 다섯째, 교육관리자, 교사, 보조교사 그리고 실습생들이 현지지역을 이해하고 모어를 기반으로 한 이중언어교육 방법을 학교 관리 및 수업 진행에 적용하는 방법 알기다. 이처럼 베트남 정부는 모어를 기반으로 소수민족의 이중언어교육을 실시하고 있으며, 다양한 소수민족어 교육이 이루어질 수 있도록 노력하고 있다.

(2) 소수민족 학생을 위한 베트남어 교육 강화

2015년부터 베트남 정부는 '2016~2020년도 소수민족 유치원 및 초등학생을 위한 베트남어 향상 사업'을 추진하고 있다. 이 사업의 목표는 소수민족 아동들에게 연령에 적절한 베트남어 실력을 갖추어 유치원과 초등학교 과정을 완성하며, 더 높은 교육과정의 지식도 수월하게 얻을 수 있도록 전제를 만드는 것이다. 이를 통해 소수민족 학생들의 삶의 질을 향상시키며 나라의 발전에 기여한다. 이러한 목표를 달성하기 위해 베트남 정부는 이 사업에 대한 홍보를 강화하여 지자체, 교육 관리자, 교직원, 지역사회 주민, 학부모의 관심을 이끌어내고 공동 협조가 이루어지도록 했다. 또한 사업을 위해 학습자료 마련 및 교사 양성, 그리고 이 사업을 정규 교육과정에 추가했다. 그뿐만 아니라, 베트남 정부는 성공적인 사업추진을 위해 사업을 사회화하고 국제협력을 강화할 것을 주장했다. 현재 이 사업은 진행 중에 있어 효과를 평가하기는 이르지만, 베트남 전국의 각 지역 지자체에서는 구체적인 지침서를 통해 적극적으로 실시하고 있다.*

---

*   베트남 법문서 홈페이지 참조. https://thuvienphapluat.vn/van-ban/Giao-duc/Quyet-dinh-1008-QD-TTg-tang-cuong-tieng-Viet-tre-mam-non-hoc-sinh-tieu-hoc-vung-dan-toc-thieu-so-2016-313574.aspx

4) 시사점

베트남의 소수민족을 위한 사회통합정책은 우리에게 다음과 같은 시사점을 주고 있다.

첫째, 베트남은 소수민족도 하나의 베트남 민족으로 주장하며, 소수민족과 그들의 문화적 특성을 보장하고 공동체를 형성하고자 노력했다. 특히, 베트남에서 시행하고 있는 문화다양성 교육정책은 소수민족 학생들의 학비 중 일부 또는 전체를 면제해주고 기숙사를 제공하고 있다. 또한 소수민족 학생들의 교육기회를 보장하기 위해 소수민족의 언어로 구성된 교과서를 제공하고 다양한 프로그램을 제공하고 있다. 이렇게 소수민족의 우수함을 인정하고 전문가로 배출하기 위해 134/CP 시행령을 규정하고, 대학교나 전문학교에 입학시험 없이 입학할 수 있도록 했다.

둘째, 소수민족의 교육을 담당할 현지교사를 양성하여 소수민족의 학습결손이 일어나지 않도록 유아 때부터 학령전 교육을 지원하고 있다. 특히, 초등학교나 중등학교의 방학을 이용하여 소수민족 학생을 위한 교육프로그램을 운영하고 있다. 이처럼 베트남은 소수민족을 위한 다양한 프로그램을 통해 우수인재를 양성하기 위해 노력하고 있다. 무엇보다 소수민족 스스로 우수한 민족이라는 것을 인식할 수 있도록 다양한 프로그램을 지원하고 이들이 국가를 위해 기여할 수 있는 기회를 마련하여 사회적으로 모든 국민의 통합을 이루고자 노력하고 있다.

4.
우즈베키스탄

1) 다문화사회의 형성 배경

우즈베키스탄은 독립하기 전 자신의 언어와 헌법을 가지고 있었음에도 러시아로부터 모든 정책을 받아들여 시행했다. 1991년 9월 1일 구소련이 해체되면서 우즈베키스탄공화국으로 독립했으며 1개 자치구와 12개 주, 1개 특별시로 구성되어 있다. 인구는 3,676만 명(2018년 4월 기준)이며, 130여 개 민족으로 구성된 다민족 국가다. 우즈베키스탄에는 우즈베키스탄인이 79%, 소수민족이 21% 정도 차지한다. 소수민족의 비율은 타지크인 5%, 러시아인 3.7%, 카자흐인 3.6%, 타타르인 0.61%, 고려인 0.6%다. 우즈베키스탄 독립 초기에는 러시아인의 비율이 35%에 가까울 정도로 높았지만, 이슬람 운동과 민족주의 운동으로 입지가 불안해진 러시아인이 우즈베키스탄을 떠나서 현재는 3.7%밖에 되지 않는다.

우즈베키스탄 이주의 역사를 살펴보면, 시베리아 및 중앙아시아에서는 16세기까지 슬라브 민족이 살지 않았다. 16세기 말, 예르마크(Yermak)가 시베리아와 극동 지역을 침범했을 때 러시아인은 구소련의 동부 지역으로 이주하기 시작했다. 동쪽으로의 이동은 19세기와 20세기에 두드러졌으며, 주로 정치범이나 범죄자들이 이 지역으로 강제 이주되었다. 19세기에는 86만 명이 시베리아로 추방되었으며, 러시아가 시행한 정책의 결과로 수천 명의 러시아인, 우크라이나인, 벨라루시인이 북코카서스 및 중앙아시아로 이주하게 되었다.

19세기 말에 러시아에서 우즈베키스탄으로 이주한 사람은 총 7,075명이었으며, 해마다 2,000명 이상 이주했다. 대부분의 이민자는 타슈켄트(Tashkent)를 포함한 도시에 살고 있다. 20세기 초에 들어오자 이민자의 비율이 더욱 증가했다. 미르자출(Mirzachul) 지역의 산업기반시설을 개발하기 위해 또는 러시아에서 가족의 이주로 인해 이주자 수가 증가했으며, 특히 1966년 타슈켄트 지진 이후에는 외부 이주가 증가하여 수도의 인구는 급증하게 되었다. 가장 큰 산업 중심 도시인 치르치크(Chirchik), 올말리크(Almalyk), 앙그렌(Angren), 나보이(Navoi), 자라프샨(Zarafshan), 아한가란(Akhangaran), 페르가나(Fergana), 베카바드(Bekobod)의 인구는 주로 이민자가 유입되어 성장했다. 중앙아시아의 모든 국가에서 나타나듯이, 우즈베키스탄에서도 시골에서 도시로 이주하는 사람들의 수가 증가했다.

우즈베키스탄 내부 이주는 다음과 같은 특징이 있다. 1960~1970년에 미르자출의 발전과 관련하여 페르가나 계곡의 일부 지역과 사마르칸트 및 지자흐(Jizzakh) 지역의 인구가 이동했다. 시르다리야(Syrdarya), 지자흐, 카슈카다리야(Kashkadarya) 및 수르한다리야(Surkhandarya) 지역과 페르가나 계곡의 새로운 마을들은 주민의 이주로 형성된 마을이다. 또한 아랄해(Aral Sea) 지역의 생태적 환경으로 인해 1990년 카라칼파크스탄(Karakalpakstan)공화국의 몇몇 지역에서 타슈켄트 및 시르다리야 지역으로 인구가 이동했다.*

　우즈베키스탄에서 러시아어를 구사하는 사람들은 국어인 우즈베키스탄어를 습득하는 데 어려움을 겪고 있다. 1989년부터 1990년까지 19만 3,300명이 우즈베키스탄을 떠났고, 당시 15만 9,600명이 우즈베키스탄으로 이주했다. 주로 러시아, 우크라이나, 카자흐스탄, 아제르바이잔으로 이주했다. 또한 해외로 이주한 사람들의 수가 급격히 증가했다. 1989~1990년 우즈베키스탄을 떠난 사람은 러시아인 27.7%, 타타르인 11.8%, 유대인 9.5%, 크리미안 타타르인 9.2% 등이다. 이민자 중 우즈베키스탄 민족은 33%, 러시아인은 27.6%, 카자흐스탄인은 8.3%, 타타르족은 7.3%다. 1990년에 59만 7천 명의 러시아인이 우즈베키스탄을 떠났고, 20만 9천 명의 러시아인이 우즈베키스탄으로 이주했다. 그 결과, 우즈베키스탄에 체류하는 러시아 민족의 인구는 38만 8천 명으로 감소했다.

　우즈베키스탄에서 다른 나라로 이주한 사람들 중 러시아 민족 다음으로는 타타르족(2만 명), 유대인(2만 명), 크리미안 타타르족(19,100명), 아제르바이잔인(9,900명) 순이다. 특히 유대인, 독일인, 그리스인이 우즈베키스탄에서 해외로 이주했다. 2년 동안(1989~1990) 2만 명의 유대인, 7,400명의 독일인, 2천 명의 그리스인 및 3천 명 이상의 러시아인이 외국으로 이주했다. 거의 모든 유대인은 이스라엘이나 미국으로 이주했다. 1990년에 3,081명의 고려인이 우즈베키스탄을 떠났는데, 2,305명이 우즈베키스탄으로 이주했다.** 우즈베키스탄 과학아카데미의 철학과 법학센터의 사회학 연구에 따르면, 러시아 민족인 기술자, 관리자 및 보조 근로자 대부

---

*　　https://uz.wikipedia.org(2018.01.15.)

**　"Sharq yulduzi", 1992년 제10호; http://n.ziyouz.com(2018.01.17.)

분이 우즈베키스탄에 머물며 계속해서 근무하는 것을 선호했고, 그들의 16.9%는 우즈베키스탄을 역사적인 고향으로 여기고 있다는 결과가 나타났다.

우즈베키스탄은 중앙아시아 국가 중 민족정체성이 가장 강한 나라다. 전통적으로 농업사회가 발달한 우즈베키스탄은 가장의 권위가 높고, 마을은 가정이 확대된 형태다. 우즈베키스탄 카리모프(I. A. Karimov) 대통령은 이러한 특성을 이용하여 민족주의 강화정책을 펼쳐 이슬람 운동을 억압하고, 입법권·사법권·행정권을 극단적 보수주의체제로 강화했다.

우즈베키스탄 정부뿐만 아니라 CIS 회원국들은 러시아에서 독립 후 자국의 민족정체성을 회복하기 위해 다양한 노력을 했다. 특히, 우즈베키스탄 사람들은 자국의 민족주의 논리를 내세워 탈소비에트화를 위해 적극적인 노력을 기울였으며, 이는 자연스러운 사회현상으로 나타났다. 정부는 우즈베키스탄 인구의 75%가 우즈베키스탄인이므로 민족주의를 지키기 위해 다양한 정책을 실시했다. 먼저 우즈베키스탄어를 국어로 공포하고 모든 문서에 우즈베키스탄어를 사용하게 했다. 또한 우즈베키스탄인의 정체성을 확립하기 위해 새 역사 교과서 1, 2, 3을 발간했다. 더불어 사회 전반에 남아 있는 소비에트 잔재를 청산하기 위해 거리 이름은 물론, 경찰복과 군복도 유럽식으로 바꾸었다.

이렇게 민족주의를 강화하기 위한 정책뿐만 아니라, 소수민족을 위한 정책을 실시하기도 했다.

2) 사회통합정책의 특성

우즈베키스탄의 전체 인구는 3,676만 명이며, 120개 민족이 함께 살고 있다. 우즈베키스탄인은 전체 인구의 79%를 차지하고, 소수민족은 약 21%를 차지한다. 소수민족의 대표민족은 타지크인과 타타르인이다. 우즈베키스탄 정부는 독립 직후부터 자국 내에 거주하는 소수민족을 위한 사회통합정책을 시작했다. 우즈베키스탄 독립 이전 소비에트 정부는 행정적·군사적 목적에 따라 소수민족에 대한 배려 없이 강제적으로 정책을 시행했다. 그러다 보니 자연스럽게 소수민족의 크고 작은 반발이 있었다.

우즈베키스탄은 러시아에서 독립한 후, 소비에트 정부가 시행한 소수민족정책의 시행착오를 반복하지 않기 위해 먼저 소수민족정책을 '다민족문화 포용정책'으로 실시했다. 우즈베키스탄이 실시한 소수민족의 '다민족문화 포용정책'은 먼저 우즈베키스탄에 살고 있는 다양한 소수민족의 정체성을 회복하기 위해 「인종차별철폐협약」에 근거하여 주류민족인 우즈베키스탄 민족과 소수민족을 통합하기 위해 노력했다. 이 정책은 우즈베키스탄 내에 살고 있는 모든 민족을 구별하지 않고 모든 시민의 권리를 보장하고, 각 민족문화를 발전시킬 수 있도록 적합한 환경을 조성해주고자 했다. 소수민족정책을 통해 소수민족 간의 상호관계를 유지하면서 내부적으로 정치를 안정하고 국가 안보에 결정적인 역할을 하는 것을 목적으로 했다.

우즈베키스탄 정부가 대통령령으로 시행한 '다민족문화 포용정책' 내용은 첫째, 소비에트 시대에 나타난 소수민족의 정체성에 대한 냉대와 감시를 풀어 공개적으로 표출하도록 유도했다. 둘째, 소수민족과 우즈베키스탄 사람들을 법적으로 평등하게 대우했다. 동시에 법적으로 공평하게 처벌한다는 의미를 가지고 있다. 셋째, 소수민족 문화를 이해함으로써 그들을 이해하고, 나아가 국가정책을 한 방향으로 추진할 수 있다(성동기, 2001). 이렇게 다민족문화 포용정책을 실시하기 위해 다음과 같은 내용을 법으로 규정하고 이를 명문화했다.

먼저 1996년 11월 13일 우즈베키스탄 정부령에 따르면 "각각의 소수민족은 민족기구를 설립할 수 있으며, 이를 통해 자신들의 고유문화를 회복할 수 있다"고 했다. 이에 각각의 소수민족이 자신들의 문화협회를 설립했으며, 우즈베키스탄 정부 또한 자체적으로 '민족문화협회'라는 기구를 발족했다. 현재 우즈베키스탄에는 138개 문화센터가 있으며, 이들 센터는 다민족사회인 우즈베키스탄을 정치적 · 사회적 · 문화적으로 개혁하는 데 큰 역할을 하고 있다. 그러나 정도를 벗어나는 소수민족의 정치세력화는 법적으로 엄격하게 처벌한다는 내용도 추가되었다. 즉, 소수민족이 문화 활동을 할 수는 있으나 이를 정치적인 활동으로 변형할 수 없도록 철저히 규제했다.

또한 「헌법」 제8조에서 "우즈베키스탄의 모든 시민은 민족과 상관없이 우즈베키스탄 국민이 된다"고 규정하여 모든 국민의 평등권을 보장하고 있다. 또한 제18조에서도 "우즈베키스탄의 모든 시민은 성, 인종, 민족성, 언어, 종교, 사회적 신분에 상관없이 평등하다"고 규정하고 있으며, 제4조에서는 "우즈베키스탄 정부는 우즈베키스탄어를 국어로 규정하여 모든 영토 내에 거주하는 민족, 언어, 관습, 전통을 존중하고, 발전에 필요한 조건을 창조한다"고 보장하고 있다. 이처럼 헌법에서 민족에 대한 차별이 없도록 하고 모든 국민의 평등권을 보장한다. 그리고 소수민족의 인권과 권리를 보장하기 위해 대학과 기관을 설립했다. 이런 역할을 하기 위해 '민족인권센터'를 설립하고 모든 민족의 인권과 권리를 보장하기 위한 활동을 담당하게 했다. 더불어 소수민족이 다수민족인 우즈베키스탄 민족과 함께 사회의 전 영역에서 평등한 참여를 보장한다고 규정하고 있다.

그 외에도 「세계인권선언」과 「인종차별철폐협약」을 토대로 정치 · 경제 · 사회 측면에서 소수민족의 기본권을 보장하고 있다. 그 내용을 살펴보면 첫째, 법원 및 기타 모든 사법기관에서 평등한 대우를 받을 권리가 있다. 둘째, 모든 국민은 국가가 부여하는 안전조치와 보호를 받을 권리가 있다. 즉 정부 관리는 물론 개인, 집단 또는 단체에 의해 자행된 폭행이나 신체적 피해에 국가는 국민이 안전할 권리를 부여하고 있다. 셋째, 정치적 권리로 선거에 참여할 권리, 보통 · 평등선거에 기초하여 투표하고 입후보할 권리, 정부에 참여할 권리 등 평등한 권리를 보장하고 있다. 선거와 관련된 권리는 우즈베키스탄 헌법과 대통령선거법, 의회선거법, 지방의회선거법, 선거권보장법, 선거위원회법에서 보장하고 있다. 넷째, 거주이전의 자유, 출입국에 관한 권리, 국적 취득권, 혼인 및 배우자 선택권, 공동재산 소유권, 상속권, 사상 · 양심 · 종교에 대한 자유, 표현에 대한 자유 등을 포함하고 있다. 또한 모든 학생에게 공평한 교육을 시키기 위해 학교에서는 공식적으로 7개의 교육언어를 사용하고 있으며, 소수민족의 언어로 된 교과서를 발간하는 출판사도 늘어나고 있다.

그러나 우즈베키스탄에서는 소수민족에 대한 특별한 법이 마련되어 있지 않다. 특히 헌법에서는 '소수(minority)'라는 개념조차 없으며, 다만 '민족(nation)'과 '인종(race)'이라는 개념만 존재한다. 이는 소비에트 정부에서 "인종적 또는 민족적 특성에 의한 어떠한 종류의 직간접적인 특권과 마찬가지로 인종적 또는 민족적 배타성, 증오나 경시는 법에 의해 처벌

할 수 있다"고 규정하고 있어 소수라는 용어 자체가 없다.

이처럼 독립과 함께 우즈베키스탄 정부가 실시한 '다민족문화 포용 정책'은 다른 의도가 숨어 있었다. 다수의 우즈베키스탄 사람들이 소비에트 시대에 받았던 차별로 인한 감정적 원한이 소수민족이나 러시아인에게 폭력적으로 나타날 가능성 때문에 국가가 나서서 이를 제재하고 국가의 혼란을 미연에 방지하기 위함이었다. 또 다른 관점에서는 소수민족의 모국의 투자를 이끌어내어 경제적으로 활용하고자 했다. 이처럼 겉으로는 소수민족을 포용하는 정책같이 보였으나, 우즈베키스탄 정부는 이를 통해 우즈베키스탄의 사회적·경제적·정책적 안정을 이끌어내려는 수단이었다. 이처럼 초창기 우즈베키스탄 정부가 펼친 이중적인 의미를 가진 다민족 포용정책은 소수민족에게 큰 의미를 주지 못했다.

우즈베키스탄 정부가 강력히 추진한 민족주의 정책은 소수민족이 살아가는 데 더 큰 어려움을 제공했다. 소수민족과 우즈베크인을 사회적으로 평등하게 대우한다는 우즈베키스탄 정부의 규정은 실제로 지켜지지 않았을 뿐만 아니라 소수민족에게 더욱 불리하게 작용했다. 먼저 우즈베키스탄어의 국어화는 소수민족에게 사회적 불이익을 주었다. 모든 문서를 우즈베키스탄어로 기록하여 우즈베키스탄어를 알지 못하는 소수민족은 일자리를 보장받을 수 없었다. 소수민족은 업무에 지장을 주지 않을 정도로 우즈베키스탄어를 구사해도 주요 자리를 차지하지 못했다.

또한 각 민족이 조직한 문화협회는 경제적 어려움으로 인해 제대로 운영할 수 없었다. 소수민족을 통해 우즈베키스탄 정부가 투자를 유치하려고 했으나 우즈베키스탄 소수민족은 CIS 회원국이 많아 모국에서 경제적 원조를 받기 어려운 상태였다. 우즈베키스탄의 대부분 소수민족은 대외 과시용에 불과했으며, 고려인도 대한민국의 경제적 원조가 없다면 활동이 불가능한 상태였다. 그리고 소수민족의 법적인 평등은 현실과 다르게 나타났다. 75%가 넘는 우즈베키스탄 사람들은 소수민족이 물러난 자리를 차지했고, 교육 분야에서도 우즈베키스탄 사람들이 먼저 혜택을 받는 등 소수민족은 우즈베키스탄 사람들과의 경쟁력에서 약화될 수밖에 없었다. 이러한 격차는 시간이 지날수록 더욱 벌어져 소수민족은 자신의 목소리를 제대로 내지 못했다.

이처럼 우즈베키스탄 소수민족은 사회생활에서도 자신들이 차지하는 자리가 줄어들 뿐만 아니라, 제대로 목소리를 내지 못하여 박탈감이 확대되어갔다. 이러한 현상은 소수민족이 다수의 우즈베키스탄 사회에서 소수자로서 수적 열등감은 물론 소외감으로 나타났다. 그러다 보니 자연스럽게 소수민족은 자영업이나 3D업종에 국한할 수밖에 없었고, 저임금으로 경제적 고통을 겪어야 했다. 이처럼 우즈베키스탄 정부가 시행한 다민족문화 포용정책은 제자리를 찾지 못하고 있다.

3) 사회통합정책의 사례

현재 우즈베키스탄에는 100개가 넘는 민족문화센터가 존재하며, 우즈베키스탄에 체류하는 각 민족은 민족문화센터를 만들기 위해 15개의 집단이 활동하고 있다. 그중 공화당 문화발전센터와 국립문화센터(National Cultural Centers, NMMC)는 우즈베키스탄에 사는 다양한 민족 전통과 의식, 영성과 문화의 회복 및 발전, 민족 간 관계의 조화에 전념하고 있다. 다양한 민족을 가진 동포들의 전통적 명절을 준비하고 개최하며, 국가의 문화생활에 적극적으로 참여하고 있다. 이러한 예로서 "우즈베키스탄은 공동주택"을 표어로 제시하고 모든 국민이 가족같이 생각하고 함께 살아가도록 분위기를 조성하고 있다.*

최초의 민족문화센터는 1989년 고려인, 카자흐인, 유대인 및 아르메니아인에 의해 설립되었다. 동시에 우즈베키스탄 정부의 후원 아래 문화부 산하 국제문화센터도 설립했다. 이 센터들은 1991년 독립 후 발전했으며, 1992년 1월 카리모프 대통령 주도하에 '공화당 간 지식정보센터(Interethnic Information)'가 '공화당 문화센터'로 탈바꿈했다. 이 기관은 다양한 민족과 인종을 포함한 모든 국민을 사회적으로 통합하기 위한 독립적인 기관으로 활동했다. 특히 민족문화센터의 활동을 관리하고 우즈베키스탄에 거주하는 다양한 민족집단의 문화적 요구를 해결하기 위해 정부와 공공기관이 지원하고 있다.

또한 주법에서도 우즈베키스탄에 거주하는 모든 인종 및 민족집단 간의 동등한 관계를 보장하고 있다. 대표적인 예로 교육기관인 학교에서는 9개 국어로 교육이 이루어지고 있으며, 20개 언어로 된 매체 출판물이 출간되고 있다. 또한 다양한 민족을 가진 사람들의 예술작품 전시회가 열리고 있으며, 우즈베키스탄 시민으로서의 역할을 다하며 살아가고 있다.

일반적으로 우즈베키스탄의 유치원은 2~7세까지이며, 우즈베키스탄 반과 러시아 반으로 나뉘어 있다. 유치원에서부터 언어별로 반을 나누지만, 반드시 우즈베키스탄 사람만 우즈베키스탄 반에 진학하는 것은 아니다. 아이들은 유치원에서부터 다양한 민족과 함께 언어를 배우고 다

---

*   Milliy istiqlol g'oyasi va ma'naviyat asoslar(국가 독립의 사상과 영성의 기본). 7~9학년 학생들을 위한 교과서.

양한 민족의 문화를 배운다.

또한 현재 우즈베키스탄에는 15개의 신앙 단체가 있다. 모든 조건은 국가 생활에 대한 그들의 활동과 참여를 위해 만들어졌다. 이에 대한 법적 근거는 우즈베키스탄 헌법, 「양심과 종교 단체의 자유에 관한 법률(On Freedom of Conscience and Religious Organizations)」에 반영되어 있다. 우즈베키스탄에는 2,104개의 종교 단체, 즉 무슬림 이사회, 러시아 정교회, 타슈켄트 및 중앙아시아 성직자, 복음주의 기독교 침례교회 연합회, 로마 가톨릭 교회, 기독교 센터, 우즈베키스탄 성서 학회, 1,906개의 모스크, 163개의 전임 기독교 교회, 7개의 유대인 공동체, 7명의 바하이 공회원, 2개의 크리슈나 의식 단체와 13개의 종교 학교(1개의 모스크, 1개의 마드라사 및 1개의 정교회, 1개의 전임 기독교 신학교) 등이 존재한다.*

우즈베키스탄에는 4개의 국립방송과 26개의 민간방송이 있다. 사회주의 색채가 강한 우즈베키스탄은 선정적인 방송에 대해 규제가 심하다. 한국 드라마는 우즈베키스탄 사람들이 공감하는 대목이 많아 한국에 대해 관심이 많다. 이를 반영하듯 우즈베키스탄 대학 내에 한국어 전공과 제2 외국어를 실시하여 한국생활 및 사회, 문화프로그램을 방영하고 있다. 우즈베키스탄에서는 세종한글학교, 타슈켄트 한국교육원을 제외하고 170여 개 기관에서 한국어 수업을 진행하고 있다.

특히 2018년은 고려인이 중앙아시아로 이주한 지 80주년이 되는 해다. 그러다 보니 우즈베키스탄 정부는 자국 내에 살고 있는 고려인의 사회통합에 관심을 가지면서 여러 방송을 통해 한국문화와 한국어를 방영하고 있다. 우즈베키스탄에서 살고 있는 고려인의 생활모습을 보여주는

---

* Milliy istiqlol g'oyasi va ma'naviyat asoslar(국가 독립의 사상과 영성의 기본). 7~9학년 학생들을 위한 교과서.

프로그램들이 방영되면서 고려인에 대한 관심도 증가했다. TV 프로그램을 통해 한국의 역사, 경제, 문화, 자연, 음악, 요리 등을 러시아어로 방영하고, 「한국어를 배웁시다」라는 프로그램을 개설하여 우즈베키스탄에 한국어를 알리는 데 큰 역할을 하고 있다. 이러한 프로그램을 통해 우즈베키스탄으로 강제 이주한 후 모국어를 잊어버린 고려인은 한국에 대한 열망과 한국어를 배우려는 의식이 강하게 나타나고 있다.

이처럼 우즈베키스탄의 모든 국민은 다양한 문화를 포용하며, 모든 민족의 사회통합을 위해 다양한 노력을 하고 있다. 많은 소수민족이 우즈베키스탄을 모국으로 생각하고 국가의 발전을 위해 다양한 민족이 함께 노력하고 있으며, 정부는 합리적인 국가 정책으로 사회통합을 모색하고 있다.

4) 시사점

우즈베키스탄은 사회통합정책으로 '다민족문화 포용정책'을 실시하고 있다. 독립 직후 소수민족을 통합하기 위해 법으로 명문화하고 시행했지만, 실질적인 소수민족 통합정책은 이루어지지 않고 있다.

특히, 구소련으로부터의 독립 초기 러시아어가 혼재되어 있는 사회에서는 러시아어가 우즈베키스탄어보다 중요했으므로 소수민족 사람들은 우즈베크어보다 러시아어를 배우려고 했다. 이에 우즈베키스탄 정부는 공식 교육기관인 학교에서는 9개 국어로 교육이 이루어지도록 정책을 바꾸었고, 많은 소수민족 학생을 위해 20개 언어로 교과서를 출간하는 등 다양한 이중언어정책을 실시했다. 이처럼 이중언어교육에 대한 우즈베키스탄 정부의 정책은 소수민족을 학교로 이끄는 데 중요한 역할을 했다.

그럼에도 우즈베키스탄의 21%에 달하는 다양한 소수민족은 한국에서와 같이 3D업종에 많이 종사하고 있으며, 소수민족이 고위직으로 승진할 기회는 거의 없는 실정이다. 이러한 상황을 미루어볼 때 우즈베키스탄에서도 유리천장같이 암묵적으로 차별과 편견이 존재하고 있다는 것을 알 수 있다.

그러나 우즈베키스탄이 독립하기 전에는 소수민족의 위상이 현재보다 높았다. 소비에트 정부 시절 우즈베키스탄에서는 소수민족이 가지는 박탈감은 거의 없었으며, 우즈베키스탄 사람보다 자신들이 우월하다고 믿고 있었다. 하지만 독립 후 우즈베키스탄이 민족주의 정책을 표방한 다음부터 소수민족의 위상은 낮아졌다. 이러한 상황을 극복하기 위해 우즈베키스탄은 다문화민족 포용정책을 통해 다양한 소수민족을 통합하려 했지만, 실질적인 통합을 이루지 못하고 이들의 신변보호 정도에 머물고 있다. 따라서 소수민족을 위한 다민족정책과 민족주의를 조화롭게 조절해야 할 것이다. 특히, 고려인 이주 80주년을 맞이하여 급변하고 있는 우즈베키스탄 사회에 소수민족의 위상을 현재에 맞게 돌아보고, 이들이 우즈베키스탄에 잘 적응하고 통합할 수 있도록 실질적인 방향제시가 이루어져야 할 것이다.

4부

사회통합정책 모형

9장. 생활세계 기반 사회통합정책 모형

10장. 이주민 생애사 기반 문화적응 연구방법

11장. 다문화 생활세계 디지털 아카이브

지금까지 전 지구적 현상으로서의 초국적 이주에 대한 논의와 함께 철학적 배경으로서 다문화성과 상호문화성에 대해 고찰했다. 그리고 이주민과 정주민 모두를 포함한 다문화 구성원이 정체성 협상 과정을 통해 한국 사회에서 어떻게 적응해나가고 있는지 분석하기 위해 그 이론적 렌즈로서 생활세계, 문화적응, 정체성 협상, 이주 이론 및 사회통합 이론에 대해 논의했다. 또한, 한국 사회의 다문화사회 진입 현상에 대응하기 위한 정부 및 관련 기관의 정책을 살펴보았다. 아울러 다문화사회에 진입한 해외 국가들의 사회통합정책을 고찰하여 한국 사회에 적용할 시사점을 도출했다.

4부에서는 이러한 논의를 바탕으로 생활세계 기반 사회통합정책 모형을 제시하고자 한다. 이 모형을 추진하기 위한 연구방법으로 두 가지 연구 모형을 제안할 것이다. 다시 말해, 본 연구에서 궁극적으로 추구하고자 하는 생활세계 기반 사회통합정책 모형을 정립하기 위해서는 무엇보다 이주민의 생활세계를 이해하기 위한 콘텐츠가 필요하다. 이를 위해 생애사 기반 사회통합정책 연구 모형을 개발하고 생활세계 디지털 아카이브를 구축하고자 한다.

9장

생활세계 기반
사회통합정책 모형

본 연구에서 분석하고 있는 다문화 생활세계에서 '생활세계'란 개별적이거나 독립적인 주관이 아닌 상호주관적 의사소통이 활발하게 이루어질 수 있는 이상적 담화 상황 속에서 형성되는 세계이며(Habermas, 1977: 361), 사회의 대부분을 차지하고 있는 일상적이고 평범한 현상이자 실재로서의 생활세계(Garfinkel, 1967)를 의미한다. 가핑클(Garfinkel, 1967)은 그동안 사회학에서 간과되어온 생활세계에 대한 연구의 중요성을 다음과 같이 주장한다. 첫째, 사회구성원은 생활세계 속에서 사람들과의 상호작용을 통해 사회를 지속적으로 유지해가고 있으며, 자신의 행위를 합리적이고 이해 가능한 것으로 조직화한다. 둘째, 사회구성원은 생활세계에서 일어나는 다양한 상황의 변화 과정 속에서 자신의 행위 의미를 재구성한다. 이것이 바로 성찰성이다. 셋째, 사회구성원의 어떠한 행위나 발화의 의미는 그들이 처한 생활세계 맥락 속에서 특정한 의미를 갖게 된다.

이창원(2013)은 이러한 가핑클의 지표성에서 "어떤 행위나 발화의 의미는 발화와 발화가 행해지는 특정한 맥락의 상호작용에 의해 결정되는 것"이라 주장했다. 가핑클(1967)은 생활세계를 연구하는 데 다음과 같은 3가지 관점을 거론한다. 첫째, 생활세계는 설명 또는 해석하는 것이 아니라 묘사하는 것이다. 둘째, 생활세계는 이론적 법칙에 의해 명시적 언어로 정리하는 것이 아니라 일상적인 자연스러운 언어로 묘사하는 영역이다. 셋째, 이러한 생활세계를 연구하기 위해서는 전체적인 맥락이 아니라 국지적인 맥락으로 이해해야 하는데, 생활세계 속에서 살아가는 구성원의 행위에는 시간과 맥락에 따라 변하는 지표성이 있기 때문이다.

본 연구는 가핑클의 견해에 따라 올바른 다문화사회 진입을 돕기 위한 사회통합정책 모형을 다문화 구성원의 세부적이고 구체적인 생활세계의 미시적인 측면을 중심으로 분석하여 제시하고자 한다. 다문화 생활세계는 이질적인 문화가 유입되고 새로운 집단과 대화적 관계가 형성되는 다문화사회에서의 상징적 재생산이 끊임없이 이루어지는 장(場)이다. 하버마스는 생활세계가 의사소통적 행위를 통한 합의(Verständigung), 행위 조정(Handlungskoordinierung), 그리고 사회화(Vergesellschaftlichung) 과정들에 의해 다양한 문화가 융합되고 응축되는 곳(Habermas, 1989)이라고 규정했다(최성환, 2014).

이주민에 의해 유입된 새로운 문화를 정주국 사회에 성공적으로 안착시키는 일은 그리 쉽지 않다. 여기에는 시대적·사회적 조건이나 상황뿐만 아니라 공동체 구성원의 의식과 행위들이 중요하게 작용하기 때문이다. 따라서 새로운 문화로 인해 야기된 문제 상황이나 긴장관계를 완화시킬 수 있는 방법은 의사소통적 관계에 기초하여 다문화 생활세계를 새롭게 인식하는 것이다.

이질적이고 상이한 문화가 접촉한다는 것은 새로운 문화의 창조 가능성과 발전 기회에 대한 믿음을 의미한다(Rorty, 1996). 문화적 창조와 발전을 위해서는 문화 간의 상호 대화가 바탕이 되어야 하며, 이를 위해 지속적인 노력이 필요하다(Kim, 2011). 하지만 기존의 사회통합정책은 하나의 사회공동체 내에서 다양한 문화적 가치를 인정하고 주류집단의 다수자와 소수집단의 이민자가 조화롭게 살 수 있는 정부 차원에서의 '위로부터(top-down)의 사회통합'을 강조하고 있다. 하지만 생활세계 기반 사회통합정책은 문화형성의 구조 이해에 기초하여 다른 문화를 평가하는 동시에 자기 문화를 비판적으로 성찰하며 개인의 일상적인 생활세계를 통해 합의를 이끌어냄으로써 공존을 지향하는 '아래로부터(bottom-up)의 사회통합'이다.

다문화사회의 지속 가능한 발전을 도모하는 최소한의 행위규범

은 시민참여와 시민윤리에 의한 다문화사회 구성원이 가진 삶의 형식이
다(Song, 2013). 시민참여는 다문화 이해의 증진과 이주민의 권리 확보를 위
해 노력하는 참여활동이며, 시민윤리는 정주민과 이주민 모두 사회질서
에 기여하고 타인을 배려하며 사회공동체에 헌신하는 책임과 가치규범
이다. 다문화사회의 문화적 차이에도 사회공동체 구성원이 행위규범을
준수한다는 것은 정주민과 이주민 모두 사회적 자본으로서 공동체를 연
대시키고 새로운 문화 창조 및 사회통합의 기초가 될 수 있다. 본 연구에
서는 정주민과 이주민 모두를 대상으로 하며, 상호문화적 관점의 새로운
사회통합정책 모형을 제시하기 위해 다음과 같이 생활세계를 두 가지 영
역으로 구분하고자 한다.

첫째, 인지정서적 영역으로서의 다문화 생활세계다. 인지정서적 다
문화 생활세계 영역은 하버마스와 후설이 주장한 다양한 생활세계 영역
중 언어, 문화, 여가, 진로 등을 포괄하며, 사회통합에서 말하는 문화적
응과 구조적 적응의 두 영역 중 문화적응과 그 맥락을 같이한다. 둘째,
사회제도적 영역으로서의 다문화 생활세계다. 이 영역은 인지정서적 영
역과 달리 사회통합의 구조적 적응에 해당하며 교육, 경제, 인권, 복지,
미디어 등을 포괄하는 개념이다.

이러한 다문화 구성원의 생활세계를 기반으로 하여 본 연구에서 추
구하는 사회통합정책의 방향은 다음과 같다. 사회통합정책은 정주민과
이주민의 사회통합을 지원하는 정책으로, 이주정책의 가장 중요한 과제
다. 특히 이주민에 대한 사회통합정책은 1년 이상 장기체류 외국인을 대
상으로 정주국에 정착 및 적응을 돕기 위해 언어, 문화, 노동, 정치, 경
제, 의료 등 다양한 분야에서 이주민의 사회정착을 지원하는 정책이다.
아울러 시혜적 정책을 넘어 상호작용을 촉발하는 상호문화적 정책으로

정주민과 이주민을 이분법적으로, 즉 주류와 소수자로 경계 짓지 않고 동등한 대상으로 보아야 한다. 사회통합정책은 다양한 이주민 집단의 이 질성에 따른 이해관계로 인해 초래될 정치·사회적 혼란과 문화적 균열을 방지하기 위함이다. 이를 위해 이주민 집단이 주류문화 집단과의 관계에서 소외되지 않도록 노동, 주택, 교육 등에 공평한 기회를 제공하고 구성원이 시민권·정치권·사회권·문화권을 동등하게 누릴 수 있도록 보장한다(김영란, 2007: 1-10; 윤인진, 2006; Joppke, 2012).

사회통합이 이주민에게 한 사회의 구성원으로서 내국인과 동등하게 기본적 권리를 향유하도록 하는 것이라면, 사회통합정책은 이들이 사회에 원만하게 정착하고 적응할 수 있도록 지원하는 정책이다. 즉, 사회통합정책은 차별을 방지하고 이주민의 인권을 옹호하며 사회·경제적인 지원은 물론 이주민과 정주민이 상호 이해하고 공존할 수 있는 사회 환경을 조성하고자 하는 국가적인 노력이다(구병모, 2011: 202). 사회통합은 다양한 법과 제도, 프로그램을 통해 실현된다. 1960년대 초 서구의 사회통합정책은 이주민과 소수민족을 정주국에 동화시키려는 정책을 펼쳤으나 오늘날의 사회통합정책은 문화적 다양성을 고려한 다문화주의 정책으로 전환되었다(Tolley, 2013). 이후 다문화주의 정책은 정치적·경제적·사회적·문화적 차원을 결합한 형태로 발전했다. 특히 캐나다의 다문화주의 정책은 사회적 연대, 참여, 통합을 증진시킴으로써 사회적 수준에서는 제도에 영향을 주고 개인적 수준에서는 정체성, 자기이해, 태도에 영향을 미치고 있다(Kymlicka, 2012). 지금까지 이주민을 시혜와 통합의 대상으로만 간주하여 이들에게만 초점을 맞추고 접근하던 동화주의적·다문화주의적 사회통합정책의 방향 전환이 필요한 시점이다. 이제 정주민과 이주민 모두를 아우를 수 있는 상호문화적 접근 방식의 사회통합정책으로 전환해야 한다.

하트만(Hartmann)과 거티스(Gerteis)는 다문화주의와 동화주의의 상반되는 속성이 타협점을 이룬 중간개념을 '상호문화주의'로 본다(Hartmann & Gerteis, 2005). 상호문화주의는 문화적 다양성에 대한 인정과 공존이라는 다문화주의의 한계를 극복하고, 서로 다른 문화 간의 상호교류에 초점을 두는 대안적 모델이다. 다문화주의는 주류문화와 소수집단의 문화적 다양성에 대한 공존을 인정하지만, 이주자가 사회적 약자로 인식됨으로써 사회적 편견이 발생할 수 있음을 간과한다. 따라서 오늘날 유럽에서는 다문화주의의 한계를 절감하고 상호문화주의로 선회하고 있다(오정은, 2012). 상호문화주의는 이주민의 적극적인 사회 · 경제 활동을 매개로 정주국의 주류집단과의 교류와 상호작용을 강조한다.

미샬로프스키(Michalowski)는 목적에 따라 상호문화주의 모델의 사회통합정책을 3가지로 구분했다. 첫째, 문화적 동화는 외국인의 문화가 수용국의 문화적 순수성을 훼손하지 않도록 하는 적극적인 목적을 가지고 있다. 둘째, 경제적 동화는 이주민이 정주국의 사회복지 수급자로 전락하지 않도록 하는 목적을 가지고 있다. 셋째, 정치적 · 법적 동화는 외국인에게 정주국의 헌법과 법질서에 대해 이해시키는 것을 목적으로 한다. 결과적으로 상호문화주의 모델의 사회통합정책이 추구하는 목표는 이주민이 노동시장에서 이탈하여 정주국의 사회복지체제에 부담이 되지 않도록 하는 것이다(Michalowski, 2010: 242).

이처럼 사회통합은 사회질서에 대한 개인과 사회의 상호 공감, 사회적 배제 집단의 포용에서 출발했다. 이주민을 수용하는 유입국에서는 이주민의 사회적 배제와 차별을 해소하고 사회적 응집력을 형성하기 위해 통합방안에 노력해왔다. 사회통합정책은 주류집단과 소수자 집단 모두에게 사회 · 경제 · 문화 · 정치 · 법률 부문에 대해 포용하고 이주민과 정주민 상호 간의 이해 부족으로 인해 발생할 수 있는 갈등과 위기를 최소화하도록 지원하는 것으로서 시행되었다. 그렇기 때문에 사회통합정책의 대상은 전체 사회의 구성원이지만, 실질적으로는 이주자가 주요 대상이 되어왔다.

하지만 이제 시혜적 · 동화주의적 사회통합정책의 관점과 이주민에게만 초점을 맞추는 시각을 넘어서 정주민과 이주민의 상호작용을 강조하는 상호문화주의적 사회통합정책으로의 전환이 요구되는 시점이다. 초국적 이주로 형성되는 다문화사회 공간은 이주민을 정주국으로 동화시키는 것이 아니라 이주민과 정주민이 동등한 책임과 권리를 부여받아 상호작용하는 정체성의 협상을 통해 완성된다.

이러한 본 연구의 사회통합정책의 방향을 토대로 제안하는 다문화 구성원의 생활세계 영역별 사회통합정책 모형은 다음과 같다.

1.
인지정서적 사회통합정책 모형

1) 언어 영역

언어는 의사소통 수단 이상의 가치를 지니고 있다. 섬세한 음성은 국민의 정신성을 표현하며, 언어의 문법적 구조는 한 국민의 논리적 사고를 반영한다. 러시아어 자음의 부드러운 음색을 듣는 사람은 동양의 정신적 분위기에 접근할 수 있고, 독일 문장구조의 자유로움을 존중하는 프랑스인은 이미 독일 이상주의의 본질을 알고 있는 사람이다.

사람들은 언어라는 통로를 통해 인간 세계에 진입한다. 한 언어에 익숙해지면 그 나라의 국민적 감정과 정서를 이해하게 되고, 언어 정신을 통해 점차 개인적인 정신을 세계와 결부시키면서 자신의 세계관을 발전시킨다. 언어의 깊은 내면으로 빠져들수록 인간에 대한 사랑을 느낄 수 있으며, 이로 인해 소외감으로부터 탈출할 수 있는 능력을 갖추게 되며, 사회적 존재로 거듭날 수 있다.

우리보다 앞서 다문화사회를 경험한 나라에서의 이주배경 학생에 대한 언어교육정책은 거주국의 주류 언어인 제2언어교육을 포함한 학습자의 모국어를 유지하고 장려하기 위한 교육, 즉 이중언어교육이다. 이러한 배경은 「유엔아동권리협약(Convention on the Rights of the Child)」과 유럽연합(EU)에서 찾을 수 있다. 먼저 「유엔아동권리협약」은 아동을 단순한 보호대상이 아닌 존엄성과 권리를 지닌 주체로 보았다. 이 협약에는 아동의 생존, 발달, 보호, 참여에 관한 기본 권리를 명시하고 있다. 특히 제29조 '다' 항은 세계 모든 아동의 교육에 관한 내용으로 "어디에서든지 문화적 주체성뿐만 아니라 출신국과 거주국의 국가적 가치와 이질 문화를 존중할 수 있도록 교육 환경을 구비해야 함"을 담고 있다. 다음으로 유럽연합은 「유럽의 이민 학생 학교 통합 방안 연구(Integrating immigrant children into schools in Europe)」를 통해 세계 모든 학생의 간문화교육(間文化敎育)이 가능하도록 교사 재교육을 강조하고 있다. 이민자 자녀를 위한 모국어 교육은 물론 출신국의 문화 교육 등이 그 내용에 포함되어 있다. 이러한 맥락에서 우리보다 먼저 다문화사회에 진입한 독일, 캐나다, 미국의 사례를 통해 우리나라 언어 정책의 방향을 살펴보고자 한다.

(1) 독일의 사례

독일의 발도르프 학교는 의식적으로 학교에서 독일어 사용을 강제하지 않는다. 학교에서 이주 자녀들의 모국어를 금지한다 하더라도 모국어를 사용하는 학생들끼리 서로 더 깊은 관계에 있다는 사실은 변함이 없다. 단지 보이지 않을 뿐이다. 이와 마찬가지로 공동체 내에서 국민끼리 보이지 않는 그 무엇인가로 서로 배제하거나 분리시킨다면 사회통합은 요원하다. 서로 다른 언어가 서로 다른 그룹을 배제한다는 것은 결국 서로가 서로를 분리시킨다는 의미다. 따라서 베를린 발도르프 학교에서는 서로 다른 다양한 언어가 존재한다는 것을 학생들에게 의식적으로 경험할 수 있게 한다.

공통의 언어는 개개인을 본능적으로 서로 연결시킨다. 그러나 국민은 본능적으로 개개인으로 결속되지는 않는다. 오히려 국민 간 이해문제에 대한 해답은 낯선 문화관습들을 의식적이고 자발적으로 인지하게 하는 것이다. 그러므로 학교는 학생들에게 언어의 연결기능뿐만 아니라 분리기능을 이해시키고, 특히 '만남의 언어' 과목을 도입하여 사회적 이해를 심화시키고 발전시키고자 노력한다.

베를린 발도르프 학교에서는 어떤 학생도 독일어를 강제로 배우지 않는다. 오히려 학생들은 편견 없이 독일 언어권 속에서 스스로 성장하기를 원한다. 독일에서 태어난 학생은 학교 입학 시 독일어를 능수능란하게 구사하지 못하지만, 수년 동안 독일어를 배움으로써 결국 독일어를 자유롭게 구사하게 된다. 그리고 다른 문화권 학생들에게 그들의 모국어를 학교에서 계속 교육받게 하여 학생의 모국어 실력을 더 발전시켜 준다. 이것은 자신의 문화를 잃지 않고 모국어 유지를 원하는 많은 학부모의 관심과도 일치한다. 교육적 필요에 따라 자녀가 모국어를 독일어와 같이 철저히 훈련할 수 있다면 학교의 입장에서도 반대하지 않는다. 학교는 이주배경의 학생들이 모국어 교육을 받음으로써 독일어 학습에도 효과가 있다는 것을 경험을 통해 알기 때문이다.

독일에서는 대학 입학자격을 얻기 위해 두 가지 외국어 시험을 실시한다. 독일 정부가 지정한 특정 언어만 시험을 허용하고, 그 외 다른 언어에 대해서는 시험이 금지되어 있다. 가정에서 세르비아어를 사용하는 학생의 예를 들어보자. 이 학생에게 독일어는 외국어다. 그러므로 이 학생이 주정부 시험규정에 따라 시험을 보려면 실제로 모국어를 제외한 3가지 외국어를 배워야 한다. 반면에 독일 태생의 학생은 모국어와 두 가지 외국어로 시험에 응시한다. 이는 현재 독일이 이민자 자녀를 독일 태생의 자녀와 차별하는 것을 의미한다.

독일은 학생들에게 동일한 조건과 환경을 조성하기 위해 노력하고 있다. 독일 학생이 독일어를 선택할 수 있는 것처럼 세르비아어를 구사하는 학생도 세르비아어를 선택할 수 있게 한다. 그래서 학교는 서로 다른 문화권의 구성원에게 적어도 공평한 출발조건을 제공해준다. 또한 독일은 현재의 법적 상황과 교육적 요구 간의 타협점을 찾기 위해 언어개념을 고수하고자 한다. 학교는 제1 외국어로 영어를 선택한다. 이민자 자녀의 경우, 가능하면 시험과 관련이 없더라도 모국어로 수업을 제공한다. 외국어의 수요가 충분하고, 적당한 교사가 있을 경우 학교는 자체적으로 해당 수업을 개설한다. 학교에서는 해당 학교에서 대표적으로 많이 쓰이는 3가지 언어그룹에 해당하는 수업을 제공하고 있다. 또한 학교는 이러한 3가지 언어그룹을 위해 공간을 마련하여 오후에 학부모의 주도하에 외부강사를 영입하여 심화된 언어수업을 제공한다. 예를 들어, 세르비아어를 사용하는 학생들은 학교에서 독일어, 영어 및 세르비아어를 배울 수 있다. 그래서 학급에 세르비아어를 사용하는 학생이 많을 경우, 학교는 해당 외국어 수업을 제공하려고 노력한다.

독일의 언어 사회통합정책의 대표적 사례는 '만남의 언어'다. 이민자 자녀들은 학교에서 매일 독일어를 사용하는 학생들과 만나서 이들을 이해하는 방법을 배운다. 그러므로 이민자 자녀는 먼저 외국어의 세계에 몰입하는 방법을 의식적으로 경험하게 되고, 점차 언어의 정신을 통해 개개의 인간을 이해하는 법을 배울 수 있다. 이러한 경험은 독일 태생의 학생들에게도 가능하다. 독일 태생 학생들이 이민자 자녀의 언어 수업에 참여할 수 있기 때문이다.

독일 발도르프 학교의 '만남의 언어' 수업은 주류 언어를 사용하는 학생그룹에게 낯선 언어를 체험하게 하고, 자신의 모국어처럼 다른 언어에서도 편안함을 느끼는지 의식적으로 인지하도록 한다. 이를 통해 다른 나라 출신의 친구들끼리 서로에 대해 더 잘 이해한다는 것을 경험할 수 있다. 독일어가 독일 태생의 학생들을 서로 밀접하게 연결하는 것처럼 자신과 완전히 다른 언어를 사용하는 학생들은 동일한 언어를 통해 서로 연결되는 느낌을 받는다. 그것은 '낯섦'과 '고향과 같은' 개념의 양가감정을 경험하는 기회가 되고, 이것을 통해 학생들은 이민자의 상황에 공감할 수 있다. 이것은 강제적 경험을 통해서가 아니라 다양한 교수법을 통해 실현된다.

'만남의 언어'라는 과목은 학교의 3대 언어그룹을 대표하고, 3학년까지를 대상으로 한다. 3학년 이후에는 좁은 의미에서 언어수업으로 계속된다. 이 과목은 3학년 이후에는 필수과목이 아닌 선택과목으로 원하는 학생들에게 개방된다. 따라서 독일어를 구사하는 학생들이 '만남의 언어'에 호기심을 느낄 수 있고, 다른 나라 출신 친구의 언어도 배울 수 있다. 그러나 4학년 이후부터는 독일어 수업에 집중해야 하므로 이민자 자녀의 언어 사용에 제공할 공간이 그만큼 줄어든다. 왜냐하면 만하임 학교의 경험에 따르면, 이 시기부터 독일어 문법이 어려워져 이전보다 더 많이 독일어에 신경을 써야 하기 때문이다.

다음 〈표 4-1〉은 베를린 발도르프 학교에서 실시하고 있는 언어 수업 내용이다.

〈표 4-1〉 베를린 발도르프 학교의 언어 수업

학년	독일어	제1언어, 영어	만남의 언어	주요 과목으로서 모국어	제2언어. 프랑스어, 러시아어, 터키어
1	■	■	■		
2	■	■	■		
3	■	■	■		
4	■	■		■	
5	■	■		■	
6	■	■		■	
7	■	■		■	
8	■	■		■	
9	■	■			■
10	■	■			■
11	■	■			■
12	■	■			■

출처: 베를린 발도르프 학교 홈페이지

이 표에 의하면 학생들은 독일어와 제1언어인 영어를 1학년부터 12학년까지 계속해서 배우고, 모국어로 수업하는 '만남의 언어' 과목은 1학년부터 3학년까지만 배운다. 선택과목으로서의 모국어는 4학년부터 8학년까지 배우고, 제2언어인 프랑스어나 러시아어 혹은 터키어는 9학년부터 12학년까지 배운다.

(2) 캐나다의 사례

캐나다는 일찍이 100여 종의 언어가 사용되고 있는 이민국가로 널리 알려져 있다(원진숙, 2014). 이러한 배경에는 노동력 확보를 위한 이민정책에 있다. 캐나다는 부족한 노동력을 메꾸기 위해 매년 30만 명 이상의 해외 노동 이주자를 받아들였다. 캐나다는 다양한 이민정책 중 언어와 관련해서는 이주민의 모어를 유지하게 하기 위한 제도와 이주민이 현지어를 배우기 위한 지원, 그리고 이들을 지도하는 교사를 위한 지원을 하고 있다.

캐나다의 언어정책 중 첫 번째인 이주민이 모어를 유지하기 위한 제도는 「권리와 자유 헌장(The Canadian Charter of Rights and Freedom)」과 퀘벡주의 퀘벡프랑스어위원회(The Office québécois de la langue française)에서 찾을 수 있다. 캐나다의 「권리와 자유 헌장」에 따르면 캐나다의 공식 언어(official language)는 영어와 프랑스어이며, 이 두 언어는 동등한 지위와 권한을 가진다. 퀘벡시 인구의 약 90%가 프랑스어를 사용하고, 약 40%는 2개 국어를 사용하므로 프랑스어를 모르는 사람들도 생활하는 데는 불편함이 없다(조남건, 2010). 이렇게 되기까지는 퀘벡프랑스어위원회의 노력이 컸다. 퀘벡프랑스어위원회는 프랑스어를 퀘벡주의 제1언어(the priority language)로 지키고 유지하고자 노력하는 곳으로, 1961년 3월 장 르사지(Jean Lesage)에 의해 수립된 공공기관이다. 이 기관에서는 1977년에 「법령 101(Bill 101) 프랑스어 헌장(French Language Charter)」을 제정하여 프랑스어를 유지하는 데 주력했다. 「프랑스어 헌장」의 주된 내용 중의 하나는 퀘벡주에서 사업을 하려는 모든 사업주는 프랑스어로 된 간판을 사용해야 한다는 것이다(윤태진, 2015).

캐나다 교육위원회에서는 이주민의 모어(계승어)를 언어 자원으로 삼고 모국어 유지를 위한 교육과 동시에 계몽운동을 하고 있다. 예컨대 이민자가 자녀의 모어 교육을 희망한다면 교육위원회에 신청하여 주당 25시간의 모어 프로그램을 지원받을 수 있도록 제도적으로 보장해주고 있다(나카지마 카즈코, 2013). 이때 자녀뿐만 아니라 부모에게도 문해와 상담 프로그램을 제공하고 있다. 특히 자녀 양육을 위한 방법은 물론 스스로 자녀를 교육할 수 있는 읽기와 쓰기를 위한 기초 프로그램 제공, 자녀와 상호작용하는 방법, 학교 제도에 관한 모든 정보제공 등을 지원하고 있다. 그뿐만 아니라 부모가 할 수 있는 일과 지역사회의 공공시설 이용에 관한 정보를 제공해주고 있다.

두 번째는 이주민이 현지어를 배우기 위한 제도로 캐나다 동부 지역 온타리오주의 언어정책이 있다. 온타리오주에서는 이주민의 현지 적응을 지원하기 위해 ESL, ELD, LEAP라는 세 종류의 프로그램을 지원하고 있다(원진숙, 2014). ESL(English as a Second Language)은 모든 학생의 기초영어회화 능력을 강화하기 위한 프로그램이다. ELD(English Literacy Development)는 회화가 가능한 학생 중에서 읽기와 쓰기가 부족한 학생을 위한 프로그램 성격이 강하다. 그리고 LEAP(Literacy Enrichment Academic Program)는 교과 학습 언어 능력을 강화하기 위한 프로그램이다. 이밖에도 신규 이주민가정의 부모와 미취학 아동을 위한 다양한 프로그램을 운영하고 있다.

세 번째는 소수언어 학생을 지도하기 위한 교사 자격 제도(Part I, Part II, Part III)다. Part I은 이미 교원 자격증을 취득한 교사 중 ESL을 가르치기 위한 자격이다. Part II는 교과목으로서 ESL을 가르치기 위한 자격이고, Part III은 재학생 중 이주 아동이 집중되어 있는 학교의 교직원이나 코디네이터가 되려는 사람이 갖추어야 할 자격증이다. 이와 같이 소수언어 학생을 지도하기 위해서는 3가지 추가 자격을 요구함으로써 전문성 있는 다문화적 교수 역량을 강화하고 있다.

(3) 미국의 사례

미국은 다양한 소수인종을 사회에 통합하기 위해 동화주의, 통합주의, 문화다원주의라는 통합정책 모델을 표방하며 수많은 정책프로그램을 시행했다(모경환·이재분·홍종명·임정수, 2015). 미국의 다문화 언어교육은 학생의 학업 성취 향상을 통해 교육격차를 해소하기 위해 주력하고 있다. 그뿐만 아니라 시민의 이중언어 능력에 대한 인식을 개선하고, 그들의 이중언어 능력을 신장시키기 위해 지원한다.

미국은 원래 언어를 사회통합의 중요한 요소로 간주하고 언어를 적극적으로 활용하여 동화주의를 펼쳤다(오영인, 2012). 심지어 일부 몇몇 주에서는 모든 학생을 미국화(Americanization)시키기 위해 공교육과 사교육에서 영어 이외의 언어 사용 금지 법안을 통과시키고 몰입교육을 했다. 특히 네브래스카주는 모든 공공장소에서의 언어를 영어로 국한시켰고, 모든 시민을 동화시키려는 계획은 교육현장에서뿐만 아니라 정치·경제·사회, 그리고 일상생활에까지 영향을 미쳤다. 법안을 통해 소수언어 이민자의 정치참여를 제한했다. 노동현장에서 영어 외 언어 사용 금지는 노동 이주로 미국에 온 이민자에게 주류 언어를 배우게 하는 요소로 작용했다. 애리조나주의 노동청에서는 "5명 이상 노동자를 고용하는 사업장에서 80%의 노동자는 반드시 영어가 모국어인 자로 고용해야 한다"는 법안을 통과시켜 이주민의 노동현장에 영향력을 행사하기도 했다.

그러나 제2차 세계대전이 종식된 후 언어교육에 대한 미국인의 인식이 바뀌기 시작했다. 군사 · 경제 · 외교 등 모든 영역에서 외국어의 필요성을 인식했기 때문이다. 이에 1958년 정부는 연방 차원에서 「국가방위교육법(National Defence Educational Act of 1958)」을 제정하기에 이른다(오영인, 2012).

현재 미국은 소수자 학생을 문화적 · 언어적으로 다양성을 지닌 학생이라는 의미의 'CLD(Culturally Linguistically Diverse) 학생', 혹은 영어교육이 필요한 학습자라는 의미의 'ELL(English Language Learner)'을 사용하기 시작했다(원진숙, 2014). 많은 대학 기관 및 연구소에서는 소수학생의 학습 방식 특성과 방언의 공교육 의미를 연구했다. 특히 소수민족뿐만 아니라 다수 학생을 대상으로 하는 다문화이해 교육과정에 대해서도 폭넓은 연구가 진행되었다(박성혁 · 성상환, 2008). 또한 이들이 미국 사회에 적응하는 것을 돕기 위해 대다수의 학교에서는 이중언어교육을 시행하고 있으며, 이민자 학생을 위한 공교육에서의 ESL프로그램을 운영하고 있다.

ESL 교육과정 WIDA(World-class Instructional Design and Assessment)는 미국의 초 · 중 · 고등학교에 다니는 학생 중 영어가 모어가 아닌 소수언어 배경의 영어 학습자들을 위해 2004년에 개발되었다(김윤주, 2015). WIDA가 추구하는 근본적 이념은 학교생활과 교과 수업을 수행함에 어려움이 없도록 하는 것이다. 특히 타 교과와 연계가 가능하도록 장르는 물론 사회문화적 맥락에 기반을 둔 교과의 특성도 포함하고 있다. 초 · 중학교는 각 학년별 목표를 제시하고, 고등학교는 9~10, 11~12학년으로 나누어 제시하고 있다는 점이 특징이다.

현재 캘리포니아주의 공립학교에 재학 중인 학생 중 43.1%가 가정에서 영어가 아닌 다른 언어를 사용한다. 스페인어 84.24%, 베트남어 2.3%, 필리핀어 1.4%, 광둥어 1.3%, 만다린어 1.2%, 아랍어 1.1%,

몽족 언어 0.9%, 한국어 0.9% 순이다(California Department of Education, 2015). 이렇게 많은 이민자가정에서 영어 외의 다른 언어를 사용하는 학생들은 '영어 학습자'로 분류되어 영어 숙달도 향상을 위한 영어능력개발 'ELD(English Language Development)' 프로그램을 제공받게 된다. ELD 과정은 지역과 학교의 특수성에 따라 학습자들이 대학 진학과 진로 준비를 위해 교과 과정을 성공적으로 달성하는 데 필요한 교육과정, 수업, 평가에 대한 가이드라인이 제시되어 있어 우리나라의 이주민 자녀 언어교육에 시사점을 준다.

(4) 한국 다문화사회의 시사점

지금까지 살펴본 각 나라의 언어교육정책에서 가장 현저하게 나타난 것은 표준화와 세분화라 할 수 있다. 대다수 국가는 연방정부 및 주정부 차원에서 이민자 자녀의 학교 적응과 학습 능력을 향상시키기 위한 교육과정 표준이나 평가 기준 등을 제정하여 제공하고 있다. 그뿐만 아니라 이를 바탕으로 표준화된 평가 도구를 개발하여 이민자가정 자녀의 진단이나 성취 상황 점검 도구로 활용한다.

캐나다의 경우는 ESL과 모국어 교육의 교육과정을 표준화·세분화했을 뿐만 아니라 이중언어 프로그램 운영의 계획 절차를 표준화하여 가이드라인으로 제공하고 있다(오성배·박희훈, 2018). 예컨대 학습자에 대한 진단과 평가를 통해 수준에 맞게 학급에 배치하며, 실제 ESL이나 이중언어 수업을 받을 수 있도록 제공한다. 특히 각 학생의 수준에 맞추어 ESL 종료 시점을 판단하여 ESL 평가와 모든 학생을 대상으로 대규모 표준화 시험을 연계하는 방법 등에 대해 유연하게 운영한다.

　이처럼 표준화된 교육과정 제정, 표준화된 평가 도구 개발, 표준화된 이민자가정 자녀의 언어교육 프로그램 실시 등 이 모든 과정 자체를 표준화하는 것은 우리에게 매우 중요한 시사점을 준다. 왜냐하면 이민자가정 자녀의 언어교육정책을 제도화하는 효과를 얻을 뿐만 아니라 실제 교육현장에서 운영되는 프로그램의 질적 수준을 담보해준다는 강점을 갖기 때문이다. 또한 이민자가정 자녀를 대상으로 공인된 언어교육이나 모국어교육에 정부 차원의 지원이 지속적으로 이루어진다는 것을 시사한다. 따라서 이민자가정 자녀를 대상으로 한 프로그램 개발과 운영에서 무엇보다 현저하게 두드러지는 것은 다양한 학습자의 수준과 특성에 따라 지속적으로 세분화·전문화되어 있다는 것이다.

　대부분 모국에서의 교육 경험이나 교과 성취 수준은 현재 거주국에서의 제2언어 습득이나 새로운 학교 환경에 적응하는 속도, 그리고 교과 학습의 적응 정도 등과 비례하는 경우가 많다. 반드시 그런 것은 아니지만 대부분 모국에서 높은 수준의 학교교육을 받았던 학생들은 새로운 환경에 빨리 적응하고 언어를 빨리 습득하는 경우가 많다. 반면 모국에서의 학습 지체는 새로운 학교의 적응이나 언어 습득에 영향을 미쳐 어려움을 겪기도 한다. 통상적으로 모국어를 유창하게 구사하는 경우에는 제2언어 습득에도 유리할 수 있다. 캐나다와 미국은 이처럼 다양한 학습자의 특성에 따른 맞춤형 교육 서비스를 제공하고 있다. 예컨대 학습자의 연령, 출신국에서의 교육 경험, 학업 성취 수준, 교육적 필요성 등을 고려하여 교육 프로그램을 배치하는 등 학습자 우선 정책을 펼치고 있다.

　예를 들어 호주의 언어교육은 국가 수준의 전략 계획에 따라 결정된다. 호주가 지향하는 국가 전략 계획에는 학습자의 상호문화적 교류 능력을 신장시키고, 자아 인식과 인지 능력 강조도 포함한다. 학령기 이주 청소년 대상 영어교육을 국가 수준의 책무로 인식하여 프로그램을 제공하고 있다. 영어교육(ESL)이 학교 전체 교육과정 내에 녹아들 수 있도록 운영하는 한편, 다양한 인종과 언어에 대한 인식 교육도 병행하고 있다. 이를 통해 학생들이 능력을 계발할 수 있도록 장기적이면서도 연속적인 언어교육을 강조하면서 관련 언어 교과목과 연계하는 프로그램을 제공한다.

미국의 경우 WIDA의 교육과정에 BICS와 CALP의 개념을 도입했지만, 수업의 교과 상황에 따라 세분화했다. 일반적인 수업 상황에 필요한 언어와 국어, 수학, 사회, 과학 교과 학습에 필요한 언어 등의 5가지 영역으로 나누어 운영한다. 각 교과 영역은 다시 세분화하여 말하기, 듣기, 읽기, 쓰기의 언어 기능과 각 언어 기능별 등급을 다시 상세하게 제시하고 있다. 특히 미국은 이민자를 위해 쉬운 언어 정책 제도를 운영하고 있다. 쉬운 언어 정책을 정착시키기 위해 행정부와 연방기관들의 지속적인 관심과 지원이 이루어지며, 연방기관들의 의무적 준수와 정보 네트워크를 활용한 커뮤니티가 운영된다. 대부분의 연방부처와 기관들은 쉬운 언어 웹사이트를 운영하고, 자체적으로 쉬운 언어 프로그램을 보유하고 있다.

캐나다의 경우 초등학생은 영어 유창성보다는 연령을 기준으로 동일 연령 학급에 우선 배치한다. 그러나 중등 학생은 영어 수준과 학업 성취 수준을 우선하여 배치한다. 교과 학습에서는 결손이 나타나지 않지만 단순히 영어가 유창하지 못한 학생은 ESL에 배치한다. 그러나 영어와 교과 학습에서도 결손이 나타나는 경우에는 영어와 기초 학습 능력 향상을 동시에 달성하기 위한 프로그램에 배치한다. 또한 일상생활 언어와 학습

언어를 세분화하여 접근하고 있다. 생활 언어는 일상생활 적응에 중요한 영향을 미치는 반면 학습 언어는 교과학습, 즉 사회·과학·수학 교과 등에서의 성취에 영향을 미치기 때문이다.

중국의 경우, 문화와 인종 다양성을 포용하고 존중하며 소수민족 국민의 언어적·문화적 인권을 보장한다. 이러한 결과 중국 사회의 안정과 국가의 통합도 이루고 사회 및 경제발전도 구현했다. 중국의 소수민족언어 및 문자정책은 여러 가지 문제가 있지만, 전체적으로 보면 소수민족 언어 및 문자정책의 제정과 이행은 성공한 셈이다. 그뿐만 아니라, 이중 국어교육을 활성화하면서 한족이 사용하는 한어는 주류사회와 소수민족 간의 연계언어로서 매우 효율적으로 교육시키고 사용한다. 이러한 정책의 특성을 분석하여 중국 소수민족의 언어정책은 자유주의를 넘어서 조합주의로 나아갔다고 볼 수 있다.

(5) 언어 영역에서의 사회통합정책 모형

언어적 지식은 사회통합의 근본적 토대다. 언어적 통합은 이민자와 원주민과의 의사소통을 통한 권익보호 외에도 경제적 통합과도 연결되는 요인으로, 이주민으로서 새로운 사회에 적응해나가는 데 매우 중요하다. 국내에서 이주민 대상 한국어 교육은 2005년 여성가족부의 여성발전기금 재원으로 결혼이민자 한국어 방문교육 사업을 시작으로 다문화가족지원센터, 외국인주민센터 등 여타의 다문화 유관기관에서 집합교육과 방문교육으로 실시되었고 문화체육관광부에서도 2008년부터 이주민 대상 한국어·한국문화이해 교육을 실시하고 있다. 교육부 역시 평생교육진흥원과 다문화교육센터를 통해 이주민 1세와 다문화가정 2세를 대상으로 한국어 프로그램을 실시하고 있으며, 안전행정부에서도 지방자치단체별 이주민 대상 한국어교육을 실시하고 있다. 법무부도 2008년 다문화사회 이해증진 및 지역거점대학 지정과 2009년 사회통합프로그램 시범운영기관을 20개 선정한 후 이주민 대상 국적취득과 연계된 한국어와 한국사회이해 교육을 실시하고 있다. 이처럼 이주민 대상의 한국어와 한국사회이해 교육은 7개 부처별로 중복 실시되고 있음을 볼 수 있다.

지금까지의 연구결과를 토대로 본 연구에서는 다음과 같이 사회통합을 위한 언어정책을 제시하고자 한다.

① 사회적 포용정책으로서의 한국어(KSL) 교육

교육인적자원부에서는 공교육 내에서 다문화가정 자녀를 지원하기 위한 기능을 강화하고, 그들을 교육하는 교사의 역량 강화를 위해 지원하고 있다. 그 예로 교육과정 및 교과서에 다문화 교육 요소를 반영하고, 다문화가정 자녀와 탈북가정 자녀를 위한 대학생 멘토링 사업 등 정책대상별 고유과제를 제시했다. 2006년 '다문화가정 자녀 교육지원 대책'을 발표한 데 이어 2007년에는 '다문화가정 자녀 교육지원 계획'을 수립했다. 그리고 2008년에는 '다문화가정 학생 교육 지원방안'을 계획하고, 2012년에는 '다문화 교육 선진화 방안'을 발표했다. '2012 한국어 교육과정'에 따라 2013년에는 표준 교재와 교사용 지침서가 개발되었다.

'2012 한국어 교육과정'은 모든 학생이 차별 없이 평등한 교육적 성취를 경험할 수 있도록 하는 다문화교육 차원에서 가치가 있지만, 무엇보다 공교육 제도 안에서 다양한 이주배경을 가진 학생을 대상으로 한

국가 수준의 '제2언어로서의 한국어(Korean as a Second Language)' 교육과정이라는 점에서 의의가 있다(장한업, 2010; 원진숙, 2015). '한국어(KSL)' 교과 과정 운영의 목적은 한국어 과목의 목표와 내용은 물론 방법 등에 관한 전반적인 것을 포함하고 있다. 계획에서 시행, 평가, 관리에 이르기까지 제도적 기반 구축은 물론, 이주민 자녀의 한국어 의사소통 능력을 신장시키고 그들이 여러 교과 학습을 수행할 수 있는 역량을 기르는 것도 포함한다(원진숙, 2016).

교육인적자원부에서는 2013년도부터 전국의 초·중·고등학교의 이주배경 학생을 대상으로 '한국어(KSL)' 교육과정을 운영했으며(장한업, 2010; 원진숙, 2014), 이는 공교육 현장에서 실질적인 한국어 교육의 토대가 되었다. 한국어(KSL) 교육과정은 『초등학생을 위한 표준 한국어 1, 2』(2013, 국립국어원 출간), 『중학생을 위한 표준 한국어 1, 2』, 『고등학생을 위한 표준 한국어 1, 2』가 기본 교재이며, 각각의 교재와 병용할 수 있도록 『표준 한국어 익힘책』과 『표준 한국어 교사용 지도서』(2014, 국립국어원 출간)가 개발되었다(김윤주, 2015).

한국어(KSL) 교육과정은 초급 1단계부터 고급 6단계까지로 구성되어 있다. 한국어 수업도 명시되어 있는 것이 아니라 주당 10시간 내외로 정하고 지역사회나 학교의 특성, 학부모 및 학습자의 요구와 필요에 맞게 탄력적으로 운영한다는 것이 특징이다. 교육 내용은 '생활 한국어'와 '학습 한국어', '문화 의식과 태도' 영역으로 구분된다. '생활 한국어'란 듣기, 말하기, 읽기, 쓰기 등 언어 영역별 지도 방법을 담은 일상생활 의사소통에 필요한 한국어를 일컫는다. 그리고 '학습 한국어'란 국어, 수학, 사회, 과학 등 교과를 학습하는 데 필요한 한국어를 의미한다(오성배·박희훈, 2018; 원진숙, 2016).

지금까지 시행되어온 한국어 교육과정은 현재 실제로 공립 다문화 학교 또는 다문화 예비학교를 중심으로 하여 다문화가정 학생을 대상으로 제공되었다. 그러나 실제 다문화가정 학생의 경우 전국적으로 다양한 지역과 학교에 분포되어 있어 한국어 교육과정 실행 지원 학교를 제외한 나머지 학교에 재학 중이거나 관련 지원 테두리 밖에 거주하고 있는 학생들은 방치되고 있다. 따라서 기존의 한국어 교육과정 시행 학교의 교육과정 강화와 함께 공교육 및 각 지자체 산하 다문화가족지원센터 등의 한국어 교육과정 지원 시스템 밖에 있는 다문화가정 학생에 대한 전수조사 및 지원이 확대되어야 한다. 이와 함께 다문화 구성원 중 성인을 대상으로 한 한국어 교육 지원이 더욱 강화될 필요가 있다. 현재 법무부 및 여성가족부 중심 사회통합 지원 프로그램을 통해 지원하고 있으나, 대부분의 다문화 구성원은 경제활동 및 가사활동으로 인해 정례화된 시간과 장소에서 이루어지는 한국어 교육 지원 프로그램에 참가하기가 어려운 실정이다. 따라서 한국어 교육 지원 시스템을 각 지자체 산하 주민센터 및 공교육 기관과 협력하여 한국어 교육을 필요로 하는 성인 다문화 구성원의 한국어 교육 선택권을 확대할 필요가 있다.

② 사회적 통합과 응집을 위한 이중언어교육 시스템 구축

현재 우리나라에서 운영하고 있는 이중언어 지원사업은 대부분 다문화가정 결혼이주민과 다문화가정 자녀의 역량 개발 증진을 위한 것으로, 교육인적자원부와 여성가족부에서 시행하고 있다. 교육인적자원부에서는 '2009 다문화가정 학생 맞춤형 교육지원계획'을 수립하여 각 시·도 교육청에서 결혼이민자 중 일정한 자격을 갖춘 이들을 이중언어

강사로 양성하여 학교에 배치하는 사업을 추진하고 있다(정해숙 외, 2013). 이중언어 강사란 이주배경을 가진 학생들이 이중언어를 잘 구사할 수 있도록 지도하는 강사를 의미한다(원진숙, 2014).

교육인적자원부에서 운영하는 이중언어교육정책은 이주배경을 가진 학생의 학교생활 지원과 학부모의 취업 확대, 한국어 교재 개발 등을 포함하고 있다. 여기에서는 다문화가정의 학부모를 다문화언어 강사로 양성하여 그들의 취업을 지원하고, 취학 전 유아의 발달 및 교육을 지원하며, 한국어 및 기초학습 교재의 개발, 다문화가정 자녀의 언어·인지 진단도구 개발, 학교 내 한국어 수준별 보충 프로그램 지원, 교사의 다문화 이중언어교육을 위한 전문 연수과정 설치, 다문화교육정책 연구학교 운영, 지역 커뮤니티 지원을 통한 다문화가정 학부모의 교육 참여 기회 제공 등을 포함하고 있다(이수자, 2017).

여성가족부에서는 다문화가정 자녀의 이중언어교육을 위한 언어영재교실을 운영하고 있다. 언어영재교실은 여성가족부가 다문화가족지원센터를 통해 운영하는 것으로, 다문화가정 자녀 대상의 언어 및 문화 교육프로그램이다(다문화가족지원 프로그램 안내, 2011). 언어영재교실은 2009년 5개 다문화가족지원센터에서 시범운영을 거쳐 2010년에는 52개 다문화가족지원센터 특성화 사업으로 운영했다. 2011년에 '언어영재교실'로 그 명칭을 바꾸어 다문화가정 자녀를 대상으로 어머니 나라 언어를 배우는 이중언어교실이 이루어졌다. 그리고 2012년에는 102개 다문화가족지원센터 언어영재교실이 122명의 이중언어 강사로 운영되었다(다문화가족지원 프로그램 안내, 2017).

2014년에는 이중언어 환경조성사업으로 이중언어 부모코칭사업을 시범단계를 거쳐 2015년부터 본격적으로 전국의 다문화가족지원센터에 확대하여 운영하고 있다. 이중언어 부모코칭사업은 2009년부터 교육부와 여성가족부에서 운영한 이중언어 교육사업에 대한 보완 대책이라 할 수 있다. 기존의 이중언어 교육사업은 대상과 내용이 중복되고, 교육부의 이중언어 강사양성사업이 다문화이해교육으로 변질했다는 지적과 여성가족부의 언어영재교실이 주류언어 중심으로 이루어지거나 외국어교육으로 변질되었다는 지적 때문이다. 두 기관은 이와 같은 문제점을 극복하고자 제8차 다문화가족정책위원회에서 여성가족부가 그동안 추진해 온 '언어영재교실'을 다문화가족 '이중언어 환경조성사업'으로 개편하여 운영하기로 했다(다누리, 2017). 즉, 지금까지 운영해오던 다문화가족의 언어문화환경을 재구조화하여 이중언어 문화가족으로 만들려는 의도다(정해숙 외, 2014). 이는 다문화가족의 강점을 구현하고, 부모-자녀 간 상호작용을 촉진하며, 인력을 양성하기 위해 프로그램을 개발하는 데 그 목적을 두었다.

이중언어 부모코칭사업의 대상은 영유아 자녀를 둔 다문화가족 또는 출산 예정인 결혼이주여성이다. 이중언어 부모코칭 내용은 일상생활 내에서 영유아기부터 자연스럽게 이중언어로 소통할 수 있는 다양한 방법을 코칭하는 것이다(다누리, 2017). 이중언어 부모코칭은 놀이를 통한 교육에서부터 교구를 직접 만들어 활용하는 것까지 포함되어 있어 부모-자녀 간 의사소통과 정서적 유대감을 강화하고 자녀의 정체성 확립을 촉진하는 데 기여할 것으로 기대하고 있다.

하지만 아직까지 이중언어교육 시스템은 일대일 맞춤형 지원이 아닌 특별 프로그램으로 운영되고 있다. 따라서 상호문화적 침투와 상호작용을 통한 다문화적 정체성을 소유한 다문화사회 구성원을 육성하기 위해 다문화 구성원의 모국어를 존중하고 교육 시스템적으로 교육지원을 받을 수 있도록 이중언어 학교 시스템 구축이 필요하다.

이러한 이중언어 학교 시스템의 예는 캐나다의 공식언어법과 독일 베를린 국립유럽학교(Staatliche Europa-Schule Berlin: SESB)의 이중언어교육 시스템을 들 수 있다. 캐나다의 공식언어법은 이중언어 공동체 촉진을 위해 공무원 임용에서 프랑스어 사용자 및 이중언어 구사 인력 비율 증가 전략이다. 또한, 캐나다에서는 모든 상품에 이중언어 표기 상표 부착에 관한 소비자 상품포장 및 상표부착법이 시행되고 있기도 하다. 조영철(2018)에 따르면 SESB의 설립 목적은 언어학습을 넘어서는 상호문화교육을 통해 베를린에 거주하는 타문화권 출신의 이주민이 독일 사회와 삶에 통합되는 것이다. SESB는 이러한 목적 아래 현재 '독일어-영어', '독일어-스페인어', '독일어-터키어' 등 이중언어 교육프로그램을 운영하는 17개 초등학교와 13개 중등학교가 있어 6천 명이 넘는 학생이 교육을 받고 있다. SESB는 공통적으로 수학 교과목은 독일어로, 그 이외의 교과목은 학생이 선택한 언어(독일어 또는 타 언어)로 진행된다. 이에 모든 학생이 이중언어 수업을 받을 수 있다.

이처럼 한국 학교도 이중언어 지원 시스템이 강화되어야 할 것이다. 현재 지원되고 있는 다문화언어강사 제도를 더욱 확대하는 것부터 시작하여 일대일 맞춤형 모국어 지원 시스템 구축, SESB 같은 이중언어교육 학교 설립 및 프로그램 운영 등으로 점차 이중언어교육 시스템이 확대·강화되어야 할 것이다. 이를 통해 다문화가정 학생들이 일방향적으로 한국어로 흡수되는 것이 아닌 모국어 계승을 통해 상호문화적 정체성을 함양할 수 있도록 언어 사회통합정책이 지원되어야 할 것이다.

2) 문화 영역

2006년부터 '결혼이주자'의 사회통합을 지향해온 한국 정부는 여러 방면에서 이주 정책을 발전시켜왔지만, 여전히 이주자를 농촌남성들의 결혼압박과 한국의 저출산 위기를 해결하려는 대상으로 보는 경향이 있다. 그러한 결과로 인해 그동안 출신국에 따른 결혼이주민 간의 차이나 어려움을 이해하고 문제를 해결하려는 노력이 부족했다. 이주 정책의 주요 목표 중 하나는 한국으로 오는 다국적 이주자가 '안전한 이주'를 통해 자신들의 이주 목적을 실현하게 하는 것이다. 이를 실행하기 위해서는 이주자와 구성원이 각자 가지고 있는 사회적 불안감을 극복해야 한다. 극복 과정은 주류사회가 이주자들을 낯선 이방인이 아니라, 한 사회 내에서 동일한 구성원으로서 함께 생활해야 할 대상으로 인식함으로써 이주자의 삶의 상황에 대해 충분히 이해하는 것에서 시작한다. 이주자가 한국으로 온 이유는 대체로 자신들과 자녀들의 '더 나은 삶'에 대한 희망 때문일 것이다. '더 나은 삶'이 어떤 의미인지는 사람마다 차이가 있을 수 있지만, 대부분의 사람들에게 그것은 현재 자신의 환경보다는 미래에 좋은 환경을 가질 것이라는 꿈과 자녀들이 좋은 환경에서 교육을 받을 가능성이 있는 삶일 것이다. 실제로 이런 삶을 영위할 수 있는 환경이 주어질 경우 이주자는 자신들을 받아준 사회와 깊이 결속하게 될 것이다.

독일의 문화정책에서 '문화적 다양성'이 수용되기 시작한 것은 서구 다른 나라들에 비해 그다지 오래되지 않았다. 다문화주의, 문화적 상대주의에 대한 논의는 1960년대 미국의 문화인류학자들에 힘입어 캐나다, 미국, 호주, 뉴질랜드, 영국, 프랑스에서 본격화되었고, 문화정책으로도 유입되었다. 독일은 1980년대 말 장기체류 외국인과 관련하여 이민정책을 구체화하기 시작했고, 1990년 말에 이르러 더욱 확장된 개념으로 외국인정책을 공론화하기에 이르렀다. 오랜 진통 끝에 2005년부터 발효된 「이민법」에 의해 독일은 이민국가임을 인정했고, 이를 기점으로 문화정책에서 상호문화주의가 공공연한 논의 대상이 되었다.

고상두(2014)는 이주민의 사회통합목표를 달성하기 위한 독일 베를린의 7가지 행동강령을 소개하면서 고용과 교육을 통한 통합은 사회·경제적 부문에, 국제도시적 매력과 문화적 다양성 촉진 그리고 상호문화적 개방을 통한 통합은 사회·문화적 부문에, 이주민의 참여와 지위향상을 위한 통합은 법·정치적 부문에 해당하는 정책이라고 분류하고 있다. 그러므로 베를린 이주민 정책의 특징은 사회·경제 부문에서는 동화주의, 그리고 사회·문화 및 법·정치 부문에서는 상호문화주의라는 성격을 가지고 있다고 주장한다.

한국보다 먼저 다문화사회 진입 현상을 경험한 독일의 문화적 영역에서의 사회통합정책은 우리나라에 시사하는 바가 많다. 문화적 다양성을 경험하고 대규모 노동인구 유입이 일어났던 독일을 사례로 상호문화적 사회통합정책이 어떻게 시행되고 있는지 살펴볼 필요가 있다.

독일은 1970년대에 사회문제로 등장한 외국인 자녀에 대한 교육정책의 일환으로 '외국인교육(Ausländerpädagogik)'을 실시했다. 이는 외국인 자녀 또는 다른 문화권 출신 아이들을 위한 교육이다. 이 프로그램은 다른 문화적 배경을 지닌 청소년들을 독일학교와 사회에 동화시키는 데 목적을 두고 있다. 그러나 민족적·문화적 소수자에게 동화를 일방적으로 강요했던 외국인교육 프로그램은 목표했던 바와는 다르게 독일 내에서 여러 민족의 문화적 다양성을 인정하려는 방향으로 선회했다. 동화주의교육 프로그램에 대한 대안으로 타문화의 고유성과 상이성을 인정하고 이해하는 상호문화교육 프로그램이 제시된 것이다(오영훈, 2009).

1980년대 중반 독일에서 상호문화교육은 '다문화사회에서의 상호문화교육'이라는 새로운 관점에서 폭넓게 논의되었다. 이러한 논의는 이주노동자 자녀의 교육에 대한 질적인 전환을 촉구하는 입장에서 문화와 언어교육을 강조하고 있다. 21세기 다문화사회에서 상호문화교육의 목적은 주류사회와 소수집단 구성원 간 평등과 상호인정의 원칙이 통용되고, 이것을 공동체 삶의 기본가치로 삼는 데 있다. 상호인정은 한 사회의 다수가 주도하는 문화가 문화적 소수집단에게 다름을 묵인하거나 관대하게 대하는 시혜 차원을 의미하지는 않는다. 인정은 주도적 문화 및 생활방식이 소수자의 민족적·세계관적 차이에 따른 문화적 다양성'이 있는 그대로 존중하고 수용한다는 것을 의미한다(정영근, 2007). 다시 말하면, 상호문화교육은 다수문화와 소수문화라는 문화의 경계 짓기를 넘어 사회 안팎에 존재하는 모든 문화가 동등한 지위로 존중받고, 상호관계가 성립되며, 또 다른 문화가 창발될 수 있는 근간을 이루기 위한 교육이어야 한다는 것이다.

세계화는 정치·경제상의 단순한 과정이 아니라, 일종의 복잡한 사회문화적 현상이다. 세계화는 국가 간 국경이 사라지고 문화 간 접촉이 빈번해짐에 따라 정신적·물질적 교류를 넘어 사회문화적인 영역까지 확대되었다. 독일은 세계화로 인해 노동이주와 사회문화적 상호교류가 증가하는 사회현실에 직면했고, 개인의 문화의식을 키우는 교육뿐만 아니라 한 사회 안에서 다양한 문화권 사람들이 평화롭게 공존하는 공동체를 구축하려는 의식과 능력을 길러주는 교육에 대처했다(정영근, 2011). 그렇기 때문에 독일의 상호문화교육은 외국인교육의 정체 단계를 거쳐 사회통합과 타문화의 차이와 이해와 공존을 위한 다문화성을 강조하는 단계로 발전했고, 이제 타자와의 만남과 관계를 통한 상호작용을 강조하는 상호문화주의의 단계로 발전했다.

독일의 베를린 발도르프 학교의 경우 상호문화교육의 상호문화주의 확산을 위한 다양한 교육 프로그램을 제공한다. 이 학교에서는 독일어, 터키어, 아랍어 등 어떤 배경이든 관계없이 모든 문화와 언어 그룹을 수용한다. 학교생활에서는 서로 다른 전통과 음악 및 종교 행사를 개최하여 학생들의 모국어를 언제든지 환영한다. 또한 모든 종교 공동체의 정당성을 인식하고, 가능한 한 학교 수업에서 이들의 문화 관련 관습을 고려하여 각각의 공동체 구성원을 용인하고 있다. 그러나 학교에서는 이러한 공동체를 대표하는 세계관을 대변하지는 않는다. 학교는 무슬림도 아니고 유대인도, 기독교도 아니기 때문이다. 교사는 순수하게 교육학적인 관점에서 학생들에게 '종교'라는 주제를 다룬다. 이러한 방법을 통해 모든 학생은 개인의 보편적이고 문화적인 가치를 뛰어넘는 세계관과 가치관에 대한 감각을 키운다.

학교에서는 모든 학생에게 서로 간의 만남을 통해 타인을 이해할 기회를 제공하고자 노력한다. 학교는 모든 문화에 개방적일 뿐만 아니라 모든 사회계층에도 열려 있다. 학교는 경제적으로 취약한 학생들을 교육하고, 중산층과 서민층 두 계층의 구성원이 각각의 인종과 경제력에 관계없이 자신의 사회적 입장을 존중하도록 가르치고 있다. 이 학교의 초등학교 과정의 구체적인 교육과정을 살펴보면 다음과 같다.

6세의 나이에 아이는 학교에 입학할 준비를 한다. 대부분의 아이들은 이 시기에 자신이 처한 환경에 대해 생각할 수 있다. 아이들은 세상에 뛰어드는 연습을 함으로써 서로 잘 어울리는 방법을 터득할 수 있으며, 서로에게 강한 친화력을 갖게 될 것이다. 이런 방법을 통해 아이들은 일반적인 사람들과의 만남 혹은 다른 문화권 또는 다른 나라 동화 속의 이미지를 직접적으로 체험할 수 있다.

2학년은 최초로 갈등하는 시기다. 교사는 의도적으로 적절한 역할 모델을 활용하여 학생의 고집과 편견을 예방한다. 우화와 성스러운 전설 간의 긴장감은 모든 문화 전반에 걸쳐 나타나므로 교사는 수업에서 이러한 것을 활용하기도 한다. 그리고 이 시기는 학생들이 독일어를 능숙하게 구사해야 한다.

3학년은 아직 국적을 잘 인식하지 못하는 시기다. 그래서 교사는 이 시기에 학생들에게 세계의 다양성을 보여줄 필요가 있다. 이 시기의 주요 목표는 동료와의 만남을 제공하고, 세계와의 만남을 조성하는 데 있다. 그래서 학생들에게 시공간을 넘나드는 다양한 이야기를 제공한다. 여러 종교의 창조 신화를 통해 세계의 다양성을 알려주며, 사회와 자연 과목을 통해 학생들에게 창조적인 아이디어를 개발할 수 있도록 도와준다. 3학년 말이 되면 학생들은 자신의 생각을 과감히 표현한다. 정신적 갈등 시기를 경험할 수 있는 이 시기에는 전 세계에 알려진 신화들을 통해 각 나라 신의 존재의미를 알게 함으로써 전 세계가 생각하는 것보다 안전하다는 생각을 심어준다.

4학년은 더 의식적으로 자신과 상대방을 새로운 관계로 설정하는 시기다. 이 시기에는 학생들이 환경에 '새롭게' 적응한다. 향토연구 수업을 통해 '고향(고국)이란 무엇을 의미하는가?', '고향의 변화가 심리적으로나 표면적으로 어떤 영향을 미치는가?', '나는 이것에 대해 어떻게 생각하는가?' 등을 질문한다. 이 수업은 다른 지역 출신 학생들의 참여를 통해 세계와 관계하는 모든 주제가 교실에서 다뤄지게 된다. 고향의 생성 과정에 대한 향토연구와 역사연구에서 학교 주변의 여러 지역을 방문하거나 소풍을 다녀옴으로써 학생들에게 고향의 감정을 일깨워주기도 한다. 또한 일반 시민이 대중교통을 어떻게 하면 쉽게 이용할 수 있는지에 대한 실제적인 훈련도 시킨다. 예술 분야에서는 전 세계의 상호문화적 장식술이 어떻게 서로 영향을 끼쳤는지도 논의할 수 있다. 기본적으로 학생들은 이 시기에 당연하게 생각하는 모든 존재와 새로운 관계를 설정하려고 추구한다. 이전에 당연하다고 이해했던 모든 모습은 후에 다시 한 번 정체성으로 '통합'하기 위해 의식적으로 현상을 고찰하고 이해하려 한다.

5학년에서는 구성원 간의 상호돌봄 같은 주제가 등장한다. 학생들에게 중요한 것이 무엇인지를 판단하게 하며, 인간에 대해 성찰할 수 있도록 한다. 예를 들어 무엇을 만드는 공작수업에서 일반적인 만드는 활동을 뛰어넘어 세상에서의 유용성이나 새로운 아이디어를 찾도록 유도한다. 이러한 활동을 통해 학생의 가치관이 고착화되지 않도록 하기 위해서다.

발도르프 학교는 개방적이고 다양한 문화적 가치를 인정하는 학교다. 문화의 다양성을 인정하고 소수민족이나 소수집단에게도 개방적이나. 이러한 문화적 가치의 인정이나 개방성은 상호문화교육과 밀접한 관계가 있다. 베를린 발도르프 학교를 '상호문화적 발도르프 학교'라고 하는 이유가 여기에 있다.

상호문화라는 것은 다양한 문화를 구성하고 있는 각 개인의 '만남'과 '관계'가 역동적으로 이루어지는 것을 의미한다. 이러한 역동성은 나와 타자를 동시에 표현하며, 타자와의 만남은 언제든지 '나' 자신이 구축한 세계 안에서 스스로의 성찰에 의해 이루어진다. 교육적인 측면에서 스스로 성찰한다는 것은 타자와 낯섦을 이해하고자 하는 노력이자 자기 자신을 이해할 기회다(Holzbrecher, 2004). 다시 말하면, 상호문화교육은 타자의 문화를 이해하고 인정하기에 앞서 타자와의 만남을 중시한다. 따라서 상호문화교육의 근간은 타자의 문화를 먼저 배우는 것이라기보다는 타인과의 만남을 먼저 가져서 관계를 형성하는 데 있다.

장한업(2014)은 상호문화교육의 목표를 "모든 학생을 대상으로 그들 주위의 문화에 대한 이해를 증진시켜 편견을 줄이고, 그들로 하여금 인종주의 · 파벌 · 문화적 불평등에 대해 비판적 시각을 가지게 하며, 민족 중심주의에서 벗어나 교류하도록 하는 것"으로 설정했다. 이러한 '타인과의 만남과 관계형성'이 상호문화교육의 핵심이다.

상호문화교육은 이민자의 다양한 언어와 문화가 우리나라의 문화 · 언어와 한데 어울려 우리 사회를 더욱 풍요롭게 하는 데 이바지할 수 있을 것이다. 따라서 다문화교육을 상호문화교육으로 전환하여 교육과정 속에서 다양한 주제를 특정한 관점으로만 바라보며 단순히 정보를 제공하는 객체로만 다루는 것이 아니라, 독일 베를린의 발도르프 학교처럼 다양한 관점에서 다른 문화와 세계를 각기 고유한 주체로 인정할 필요가 있다. 또한 이민자가정 자녀들을 대상으로 그들의 모국어와 모국의 문화를 보존하고 발전시킬 수 있도록 학교현장에서 노력해야 한다. 동시에 한국가정 자녀들은 다른 나라의 언어를 제2 외국어로 배우고, 다른 문화와 만나고 경험함으로써 모두 한 공동체의 구성원으로 공존할 수 있는 세계시민의 역량을 강화해야 할 것이다(오영훈, 2009).

따라서 우리의 다문화교육도 이제 타자에 대한 차이의 인정과 이해를 넘어 문화가 상호적이고 침투하여 만남으로써 스스로 성찰하고 적극적이고 역동적으로 실천할 수 있는 상호문화교육으로 전환할 필요가 있다. 다름과 차이의 인정을 넘어선 상호문화 간의 역동적인 만남과 관계를 강조할 수 있는 상호문화교육이 다문화사회로 진입하고 있는 한국 사회에서 필요한 이유이기도 하다.

이제 한국문화는 일방향적으로 강조하는 동화주의적 다문화주의 사회통합정책을 넘어설 수 있는 문화 정책이 요구된다. 바로 상호문화교육을 통해 다양한 문화가 공존할 수 있으며, 동시에 새로운 문화가 창조될 수 있는 사회통합정책이 필요한 시점이다.

2.
사회제도적 사회통합정책 모형

　　다문화 구성원은 정주국에서 다문화 생활세계를 형성해나가는 데 문화적응과 구조적 적응을 해나간다. 문화적응은 언어, 문화 등 인지정 서적 영역에서의 적응을 말하며, 구조적 적응은 교육, 경제, 인권, 복지 등 사회제도적 영역에서의 적응을 말하는 개념이다.

　　다음에서는 교육 및 경제, 인권 등 사회제도적 영역에서의 다문화 구 성원의 생활세계 형성을 위한 사회통합정책 모형을 제시해보고자 한다.

1) 교육 영역

　　다문화 구성원이 정주하고자 하는 곳에서 정착할 때 가장 기본이 되 는 것은 교육 및 경제활동에 대한 지원정책으로서 사회적 포용을 위한 사회통합정책이다. 초국적 이주가 활발하게 이루어지고 있는 현대사회에서 이는 세계의 많은 국가들이 공통적으로 해결해야 할 상황이다. 이주민을 미리 경험한 유럽과 북미를 중심으로 교육과 경제활동 측면에서의 다양한 사회통합정책이 시행되어오고 있다.

사회통합을 위한 여러 노력에 대한 연구 동향을 살펴볼 때 독일의 사례(한상우, 2010; 성상환, 2009; 오영훈, 2009; 최충옥, 2009; 김상무, 2010; 최영미, 2015; 김상무, 2016; 김태희, 2017)가 가장 많았고, 다음으로 캐나다 사례(강휘원, 2009; 최충옥, 2009; 배상식 · 장혼성, 2014)가 뒤를 이었다. 그 밖에 스리랑카의 종족 및 지역 갈등을 사례로 한 교육정책의 역할(곽숙희, 2004), 네덜란드를 중심으로 한 유럽의 다문화정책 패러다임과 교육의 변화(안지영, 2014), 그리고 다문화 사회에 일찍이 진입한 국외 사례를 중심으로 그 동향을 연구한 결과들이 있다. 이 연구들이 의미하는 바를 구체적으로 살펴보면 다음과 같다.

최충옥(2009)은 일찍이 다인종 · 다문화 국가가 된 외국의 다문화교육정책 동향을 살펴보고, 우리나라 다문화교육에 대한 시사점을 알아보기 위한 연구를 진행했다. 이에 미국, 캐나다, 호주, 독일, 영국, 아일랜드 등 영미권 · 유럽권의 여러 나라에서 사회정책 유형과 다문화교육정책 동향과 특징을 살피고 한국 사회의 이민정책과 다문화교육정책 변화에 대한 시사점을 찾아내어 제시하고 있다.

최영미(2015)는 독일 이주민 자녀 사회통합에 관한 연구를 진행하여 사회통합을 위해 가장 중요한 것은 이들의 교육성취에 관한 것으로 보았다. 특히 이들 교육에서 '부모'의 역할을 강조하고 있으며, 부모의 자녀 교육에 대한 정보 · 교육 · 네트워크 활성화 방안 등에 대한 구체적인 사례, 즉 헤센주의 통합모델 시범지역을 제시하면서 학부모의 자발적이고 능동적인 참여를 이끌어낼 수 있다는 다양한 가능성을 제시했다. 이는 한국의 이주민 자녀 교육정책에 좋은 사례가 될 수 있음을 시사한다.

김상무(2016)는 독일의 이주민자녀 통합을 위한 담론을 분석하기 위해 '국가통합실행계획(2011)'을 중심으로 한 연방정부의 교육정책 문헌들을 살펴보았다. 그 결과 독일의 이주민 자녀 통합을 위한 교육정책으로 언어, 교육, 직업교육, 노동시장, 사회적 삶에 대한 참여가 통합을 가능하게 하는 전제조건인 것으로 분석했다. 이때 교육을 개인적 공유와 발달 가능성의 문을 여는 열쇠로 보고, 이주배경과 관계없이 모든 아동과 청소년에게 균등한 기회를 제공하며, 이를 가능하게 하는 사회구조 변화를 가져오게 해야 한다는 시사점을 제공했다.

김태희(2017)는 한국보다 먼저 이주민을 받아들였던 독일 사례를 통해 단순히 부족한 노동력을 메우기 위한 임기응변식 정책은 이주민이 증가할수록 편익보다 공공지출의 부담, 이질적 문화 간 갈등, 이주민의 빈곤화로 인한 사회적 일탈 증가 등의 사회문제를 해결하기 위한 비용을 유발한다는 것을 제시했다. 이에 다문화가정 배경을 가진 이주민에게 우리 사회 구성원 모두 관심을 가지고 그들이 한국 사회에 잘 적응할 수 있도록 교육, 노동, 문화 등에서 소외와 차별, 폭력으로부터 보호될 수 있는 제도가 마련되어야 함을 촉구하고 있다.

배상식·장흔성(2014)은 세계에서 가장 먼저 다문화주의를 국가이념으로 채택한 캐나다의 다문화교육정책에 대해 도덕적 함의를 짚어보았다. 그 결과 다문화교육정책에서 가장 핵심적인 것으로 간주되는 인권 존중, 배려, 공존, 봉사활동 등의 가치 덕목에 주목했으며, 이러한 가치를 학교교육에서 사회적 통합을 위한 다양한 교육 프로그램으로 활용하고 있었다. 이는 다문화사회에 진입한 한국 사회의 민족적·문화적 다양성을 존중함과 동시에 사회를 통합해야 하는 국가적 과제에 직면해 있는 한국 사회에 다문화교육에 대한 가치 교육이 중요하다는 것을 시사하고 있다.

곽숙희(2004)는 스리랑카가 네덜란드와 영국의 식민지를 경험하고 독립한 이후 종족 및 지역갈등을 해소하기 위해 교육정책과 언어정책을 중심으로 그 연관성을 검토했다. 그 결과 사회적·문화적·인종적·언어적 다양성을 존중하고 인정하는 교육정책이 중요함을 주장했다.

안지영(2014)은 한국보다 훨씬 이전부터 다문화사회를 경험해온 유럽의 다문화정책에 대한 담론을 네덜란드 중심으로 살펴보았다. 다문화를 경험하는 모든 나라의 논쟁적 화두는 다양성과 보편성 중 무게중심을 어디에 두어야 하는가에 대한 고민이다. 이때 네덜란드 역시 이러한 고민과 함께 '다문화주의 모델'을 시작했으나, 오히려 이주민을 분리시키고 그들의 정체성을 이질화시키는 부작용을 낳았다고 판단했다. 이러한 사회적 맥락에서 네덜란드는 '시민통합 모델'로 그 패러다임을 바꾸면서 이민자를 보호받아야 하는 '집단'으로 여기기보다 사회통합을 위해 노력하는 시민으로서 '개인'의 의무를 강조했다. 또한 이민자에 대한 차별을 금지함과 동시에 사회경제적으로 노동시장에 적극적으로 참여하고, 네덜란드의 언어, 역사, 문화, 가치를 배워야 할 책임을 부과했으며, 학교교육에서도 '시민권 교육'에 초점을 맞춘 상호문화교육을 통해 다문화사회 참여를 위한 아이들을 준비시키는 교육을 강조했다.

이처럼 사회통합을 위한 여러 나라의 다문화교육 정책 측면에서 살펴보면, 교육정책과 언어정책은 이분될 수 없다는 것을 알 수 있다. 또한 한 분야에서의 노력만으로 사회통합은 이루어질 수 없으며, 정치적·사회적·경제적 측면 모두 맞물려 있고, 사회구성원 모두의 합의를 이끌어낼 수 있는 정책이어야 한다는 것을 알 수 있다. 이에 교육정책을 통해 사회통합을 이끌어내고자 노력했고 이미 경험한 국가 중 다수의 연구가 이루어졌던 독일과 캐나다의 교육정책에 대해 고찰해보고자 한다.

(1) 독일의 사례

독일의 사회통합정책은 독일어교육에서 출발한다. 다문화인이 현지 언어에 유창하면 그만큼 현지인과의 간격도 좁혀지고, 독일사회의 교육·노동·복지의 혜택도 편리하게 누릴 수 있으며, 취업 기회도 많아지기 때문이다. 독일은 이주자 자녀들의 교육 수준이 독일인보다 낮은 것이 사회통합에 큰 걸림돌이 된다는 사실에 주목했다. 특히 터키 이주민의 경우 낮은 교육 수준으로 다른 국가 이민자에 비해 실업률이 가장 높고, 가장 낮은 임금을 받는 근로자 수가 가장 많다. 이민자 수에서 가장 많은 터키 이민자가 사회 저소득층 집단에 머무르면서 이들 중 41%가 '독일에서 환영받지 못한다'고 느끼고 있다. 이는 독일에 이주한 사람들의 90%가 '독일 사람처럼 대우받고 있다'고 느끼는 것과 큰 차이를 보이는 것이다(이종희, 2012). 이에 독일이 2011년도 언어교육과정에 투입한 예산은 224만 유로로 다문화인 10만여 명을 통합과정교육에 참여하도록 했는데, 독일의 문화와 역사 등의 배경지식을 제공하는 적용과정을 포함하여 의무수업만 900시간에 달하며 문맹, 여성, 청소년 등을 위한 특별 언어지도까지 더하면 최대 1,200시간으로 늘어났을 만큼 사회통합과정에 매우 적극적이다.

한편, 독일 정부는 사회통합을 위해 언어교육뿐만 아니라 이민자 가정의 청소년과 여성들을 대상으로 직업교육을 확대하고 있으며 이들을 위한 일자리 창출에도 노력하고 있다. 독일은 국적 취득요건도 완화하면서까지 이민자의 후손을 자국민으로 받아들이고 있으며, 사회통합을 목적으로 이주배경을 지닌 학생들과 학부모들에게 사회생활의 기본이 되는 독일어를 습득하도록 유도하고 있다. 그뿐만 아니라 학교에서 다문화 시민교육을 주도하면서 학부모, 교육 행정가, 교사 등을 대상으로 다문화 교육을 실시하고 있다. 특히 다문화가정 자녀들이 더불어 살아가는 시민으로 성장하도록 하기 위해 시민교육 차원에서 다문화 교육 정책을 실시하고 있다(장준호, 2011).

독일 여성 내무부장관은 2010년 초부터 2012년 초까지 진행된 외국인 상황에 대한 아홉 번째 보고서에서 다문화인의 학력이 신장되었다고 밝혔다. 이는 법률개정으로 외국이주민의 학력인정과 법률적 독립성을 인정함으로써 언어와 일자리, 직업교육, 학력에서 더 좋은 결과를 가져올 수 있었다고 보는 것이다. 독일의 전체 인구수는 감소했으나 외국이주민 수효는 증가했고, 오늘날에는 외국이주민의 절반이 독일시민권을 가지게 되었다. 아울러 독일연방가족부는 '더 강하게 일찍부터 기회를'이라는 프로그램을 통해 2011년부터 2014년까지 400만 유로를 4천 개 주요 보육시설과 다문화 어린이들의 언어촉진을 위해 투자했다. 따라서 독일 다문화사회통합정책에서 중요한 점은 다문화인과 청소년의 성공적인 사회적응에 필요한 언어능력과 진로교육의 배양에 있다고 본다(김영란, 2012: 44-46).

최근 연구에 따르면 독일 내 미등록이주아동 수는 1천 명에서 3만 명으로 추산된다. 독일에서 학교/교육입법은 연방주의 권한이고, 주에 따라서는 6~15세까지 9~10년간 의무교육 형태를 유지하고 있다. 미등록이주청소년의 취학 관련 법제도는 연방주에 따라 명시적으로 금지하는 등 각 연방주에 따라 다르다. 독일 「이민법」 제87조는 모든 행정기

관은 학교이사회를 포함한 미등록다문화인을 이민청에 신고해야 할 의
무를 부과하고 있지만, 제23조에 명시된 고충으로는 생계, 긴급한 개인
적·인도주의적 근거 등 독일에 계속적인 체류가 필요한 경우로 인정되
면 체류를 허가했다. 2009년에는 내무부장관의 제안으로 미등록이주아
동의 취학을 인정해야 한다는 합의가 확산되고 있으며, 연방주마다 「이
민법」을 제한적으로 해석하거나 변경조치 등을 통해 체류자격에 관계없
는 교육권의 실질적 보장을 위해 노력하고 있다(국가인권위원회, 2010: 12-13).

(2) 캐나다의 사례

캐나다는 국가이념으로 다문화주의를 공식적으로 밝힌 이후 연방정
부나 주정부의 교육부에서도 이러한 특성을 꾸준하게 반영해오고 있다.
즉 연방정부, 주정부 및 시정부는 각각의 다문화정책을 수행하면서 주별
로 상황과 요구에 맞는 다문화교육을 실시하고 있다.

첫 번째로 캐나다의 다문화교육정책에서는 가장 우선적으로 '인권
교육'을 중요시하고 있다(배상식·장흔성, 2014: 192-193). 예를 들면, 온타리오
주는 다른 주에 비해 비유럽인의 인구분포율이 매우 높으며, 특히 흑인
을 중심으로 인종차별에 대한 불만과 개선 요구가 매우 강했다. 이에 온
타리오 주정부는 1979년부터 다문화교육을 시행하기 시작했고, 각 교육
청이 다문화교육과정을 새롭게 개발하도록 주문하기도 했다. 그리고 온
타리오주 교육부는 그동안 다양한 논의를 거쳐 2009년 '온타리오 평등
및 포용 교육 전략'을 발표했는데, 여기서는 다문화주의, 인권, 다양성
등이 캐나다가 추구하는 근본가치임에도 아직도 차별이 발생하고 있다

고 강조한다. 현재 캐나다에서는 인간의 가장 기본 권리인 '인권에 관한 문제'가 학생들의 학교생활에서도 심각하게 대두하고 있다. 한국 사회도 학교폭력 문제가 심각한 것처럼 캐나다 사회에서도 따돌림이나 자살 같은 학교폭력 문제를 해결하기 위해 정부 차원에서 다양한 노력이 진행되고 있다.

두 번째로 다문화주의를 표방하는 캐나다의 경우에는 무엇보다 타인과 더불어 공존하고 배려하는 교육을 중시한다. 왜냐하면 다문화주의는 모든 사회구성원의 인종적 혹은 문화적 차이를 배제하지 않고 다양성을 인정하며, 개인 혹은 집단의 문화나 사상적 신념을 배려하고 존중하는 것을 원칙으로 삼고 있기 때문이다. 팽(Pang)은 타인을 위한 '배려'가 정의와 공정을 이끌어낼 수 있다고 주장한 바 있으며, 이러한 주장은 지역사회나 공동체에서는 '배려'라는 가치 덕목이 정의나 공정보다 우선되어야 함을 강조한다. 그리고 '배려'는 인간이 가진 기본 능력인 동시에 다문화교육의 핵심요소라고 할 수 있다(추병완, 2011a: 4-5). 캐나다 밴쿠버시의 스탠리 공원에는 "모든 존재는 공존할 수 있다"라는 푯말이 있다. 이것은 외면적으로는 인간과 여타 동물과의 공존을 의미하는 것이지만, 내면적으로는 캐나다의 다문화주의정책을 대변하는 의미이기도 하다(배상식·장흔성, 2014: 197).

세 번째로 캐나다 사회에서는 '정직' 또한 매우 중요한 가치 덕목으로 여기고 있다. 한국 사회의 구조와 달리 캐나다에서는 '정직'이라는 덕목이 구조적 지원시스템을 통해 자연스럽게 지켜지도록 유도되고 있다. 예를 들면, 병원에서 간호사가 행정적인 실수를 했을 경우, 한국 사회에서는 간호사에 대한 문책이나 질책이 따르는 경우가 흔한 편이다. 하지만 캐나다에서는 상담을 통해 간호사의 실수에 대한 원인을 우선적으로 파악한다. 즉 간호사의 실수가 업무 과다로 인한 것인지 아니면 건강상의 문제로 인한 것인지 등을 우선적으로 파악해서 업무가 과다할 경우에는 업무량을 줄여주고, 건강상의 문제일 경우에는 휴가를 주는 것이 일반적인 절차다. 이처럼 캐나다에서는 간호사의 실수를 질책의 대상으로 여기지 않고 원인 파악과 지원을 위한 절차로 여겨 스스로 실수를 정직하게 말하게 하고 그 원인을 함께 고민하는 과정을 갖는다.

네 번째로 캐나다 사회에서 '자원봉사활동'은 사회적으로 매우 중요하게 평가하는 덕목이다. 왜냐하면 공동체를 위한 개인의 기여 정도를 진학이나 취업에서 중요한 잣대로 간주하고 있기 때문이다. 실제로 공동체에 대한 기여 정도에 따라 진학과 취업의 결과가 달라지기도 하는데, 이는 개인의 인성과 사회적 태도를 평가하는 기준으로 삼기 때문이다. 특히 미국식 자본주의와 거리를 두고 주요 기간산업을 공기업화하고 있을 뿐만 아니라 사회서비스 제도가 매우 발달해 있는 캐나다에서 대기업이나 공기업에 취업하기 위해서는 반드시 지역사회나 공동체에 직접 기여한 경험이 요구되고 있다(최혜자, 2013: 137).

(3) 교육 영역에서의 사회통합정책 제안

이렇게 독일과 캐나다의 사례를 바탕으로 한국 사회의 사회통합정책으로서 교육정책을 제안하면 다음과 같다.

독일은 2000년 새로운 「국적법」을 마련해서 혈통주의에서 출생지주의로 입법 정책을 전환했다는 점, 시민사회의 통합과 관련하여 다문화정책을 개선하고 있다는 점, 학교교육정책, 노동시장정책, 시민문화 참여

정책 등과 같은 공공적 담론을 만들어나가고 있다는 점, 사회통합이 필요하다는 관점에서 사회통합을 위한 다문화 교육정책을 개발하고 있다는 점 등은 한국 다문화 교육정책에서 고려해야 할 사항들이다. 특히 혈통주의를 고수하던 독일 정부가 사회통합을 목적으로 다문화정책에 변화를 준 배경과 과정은 우리나라 다문화 교육정책의 방향을 설정하는 데 고려되어야 한다(김정희, 2013: 77-78).

캐나다는 다문화주의를 선포한 이후 지속적으로 사회에 존재하는 다양한 민족의 전통과 유산을 학교 교육과정 안으로 끌어들여 상호 간의 이해를 도모하고자 했고, 민족적 · 인종적 소수자가 학교 및 사회에서 차별받지 않도록 철저한 평등 및 배려교육을 시행해오고 있다. 더욱이 캐나다는 '다문화'를 이주민만의 문제로 보지 않고 캐나다인 모두의 문제로 보는 시각에 기초해 있으며, 사회구성원 모두 다문화주의의 수혜자라는 생각을 가지고 있다. 그리하여 자신의 문화와 다양성이 존중받고 있다는 그들의 경험은 다시 타인의 문화와 다양성을 존중하는 태도를 갖도록 노력하고 있다.

이처럼 국외의 사례를 통해 성공적인 사회통합은 자국인과 이민자가 함께 일상생활 속에서 풀어나가야 할 과제로서 교육정책을 통한 가치와 정체성 형성, 언어교육을 통한 소통, 진로교육, 다문화주의에 대한 민주시민교육 등이 함께 지속적으로 이루어질 때 가능함을 알 수 있다. 이에 한국 사회에서 다문화 구성원의 정착을 돕고, 다문화사회 구성원으로서 정주민의 인식 수준을 높이기 위해 다음과 같은 교육정책 내용을 제안하고자 한다.

첫째, 상호문화인으로서의 정체성 교육이다. 초국적 이주로 인해 다양한 만남과 관계 속에서 다문화 구성원은 상호작용을 강요받는다. 그 때문에 다문화 구성원은 이 과정에서 상호문화적 정체성 형성을 통해 자신의 고유의 문화적 정체성을 유지하거나 새로운 문화적 정체성을 창조하기도 한다. 따라서 다문화사회 진입을 돕기 위해 상호문화인으로서의 정체성 교육이 우선되어야 할 것이다.

둘째, 상호문화 의사소통 능력 함양 교육이다. 이는 상호문화인에게 필수적으로 요구되는 상호문화역량으로, 상호침투와 정체성 시도를 위한 필수적인 역량이다. 이에 상호문화 의사소통 능력 함양을 목표로 교육프로그램 개발, 정규교육과정 편성, 정주민 및 이주민 대상 맞춤형 교육 실시 등 다양한 측면에서 교육적 차원의 정책이 지원되어야 할 것이다.

셋째, 세계시민성 함양이다. 세계시민성은 모국과 정주국을 넘나드는 초국적 정체성을 가지고 살아가야 하는 다문화 구성원이 갖추어야 할 민주시민의식이라 할 수 있다. 이에 세계시민교육을 위한 제 차원의 교육적 정책들이 있어야 할 것이다.

이러한 다문화 시대 교육정책을 통해 사회적 포용과 통합 그리고 응집을 기대할 수 있을 것이다.

2) 경제 영역

교육정책과 함께 다문화 구성원의 구조적 적응의 기본이 되는 것이 바로 경제적 적응이다. 고든(Gordon, 1964)은 "이주자는 사회적 적응과 경제적 적응을 통해 주류사회에 구조적으로 적응한다"고 말했다. 이혜림(2018)에 의하면, 대부분의 이주자는 삶의 질 향상을 추구하며, 특별한 자본금 없이 이주를 결정한다. 중국계 결혼이주여성의 경우 경제적 안정과 더 나은 삶을 위해 한국으로 이주하는 경우가 많다. 하지만 이주자의 경우 경제적 지위에서 평가절하되어 실제 능력에 비해 낮은 경제적 지위를 획득하는 경향을 갖고 있다(Basilio, Bauer & Kramer, 2017; Borjas, 2006; Chiswick, 1978; Chiswick, Lee & Miller, 2006). 이는 이주자가 한국 사회에 적응하는 데 스트레스로 작용한다. 보르하스(Borjas, 2006)에 의하면, 이러한 이주자에 대한 불공평한 대우는 이주자의 자녀 세대에서도 동일하게 나타난다.

특히, 본 연구는 결혼이주여성에게 초점을 맞추어 경제적 적응 양상을 고찰하여 사회통합정책 모형을 제시하고자 했다. 이주자 중 결혼이주여성의 경우 경제적 적응은 한국 사회 적응과 관계가 깊다(설동훈 외, 2005; 박능후·선남이, 2010). 설동훈(2005)은 결혼이주여성의 경제적 적응의 지표로 그들의 취업 여부와 가구소득 수준을 들었다. 결혼이주여성의 경제적 적응 수준은 그들의 안정적인 한국 내 생활세계 형성에 필수적인 요소다. 박능후·선남이(2010)도 결혼이주여성의 취업 수준이 한국 사회에 적응하는 데 긍정적인 영향을 미친다고 했다. 이를 통해 결혼이주여성의 경제적 적응은 한국 사회에 적응하기 위해 중요한 부분이라 할 수 있다.

이혜자(2016)는 결혼이주여성의 경제활동 의미를 다음과 같이 정리했다. 첫째, 결혼이주여성의 경제활동을 통한 소득은 가정의 소득 증대로 이어진다. 둘째, 결혼이주여성은 경제활동을 통해 자기만족도가 향상되고, 이를 통해 삶의 만족도가 높아진다. 셋째, 결혼이주여성의 경제활동은 사회통합과 정적인 관련성을 가지고 있다.

이와 같이 이주민에게 경제활동은 생활 유지를 위한 근간이 되는 활동영역이다. 하지만 지금까지 한국 사회의 경제지원 정책은 통제 일변도의 동화주의적 정책이 지속되고 있다. 김태환(2013)도 동일한 맥락에서

"한국 사회의 이민정책이 외국인 노동자를 통제하고 배제하는 정책이었으며, 주류사회 편입만 강제하고 있다"고 하면서 일종의 폭력적인 정책이라 주장했다. 김수연(2011)도 결혼이주여성의 경우 대한민국 국적 취득 이후에도 여전히 사회의 편견과 차별로 인해 취업 및 경제활동에 제약을 받고 있다고 했다.

유진희(2014)에 따르면 결혼이주여성의 고용률은 크게 증가하고 있으나, 실제로 이들이 참여하고 있는 일자리는 대부분 일용직 또는 계약직으로 질적 수준이 열악한 실정이다. 또한, 결혼이주여성의 월평균 가구소득도 200만 원 이하인 경우가 과반을 차지하고 있다. 그리고 이들의 경제력 인식 수준도 상당히 낮은 편이었다. 이에 이주민의 경제적응과 수준 향상은 다문화사회 통합에서 중요한 부분이라 할 수 있다.

이러한 결혼이주여성에 대한 경제지원 정책을 보면 법무부, 여성가족부, 고용노동부 주관 직능교육 지원책들이 있으며, 여기에는 결혼이민여성 인턴제, 직업교육 훈련, 취업지원 사업, 취업성공 패키지, 이중언어 강사 양성 사업, 다문화 IT 방문지도 등이 있다. 하지만 백은숙(2015)에 따르면 결혼이주여성을 위한 이러한 지원정책이 실효성을 거두기 위해서는 이들의 학력, 전문성 수준을 고려한 맞춤형 지원정책을 시행해야 할 필요가 있다. 그리고 결혼이주여성의 일자리 유형에는 생계형, 사회 참여형, 우선 고용형, 사회통합형, 창업 등으로 구분할 수 있다. 그러나 이러한 다양한 유형 중에서도 가장 중요한 부분은 정규직처럼 지속성 있게 근로의 안정성을 확보하는 문제다.

본 연구 진행 결과 결혼이주여성과의 인터뷰에서도 결혼이주여성을 위한 다양한 직업교육의 혜택과 지원정책이 시행되고 있는 것이 사실이었으나, 정규직 일자리를 찾는 데 대부분 어려움을 갖고 있었다. 한 연구 참여자의 경우에는 정규직을 구하기까지 10년 이상이 걸리기도 했다.

1차 연도 연구를 통해 진행된 중국계 결혼이주여성과의 심층인터뷰 결과 이들은 한국 사회의 주류사회 경제활동 진입 여부에 따라 다른 문화적응 양상을 보였다. 이러한 문화적응 수준은 그들이 한국 사회에서 안정적으로 생활세계를 형성하는 데 큰 영향을 미치고 있었다. 또한, 이들의 경제활동 참여에 다양한 영향 요인이 있었는데, 그 주요 요인은 다음과 같았다. 첫째, 남편과 가족의 지원, 둘째, 결혼이주여성의 학업 등 직업 관련 교육 수준, 셋째, 언어적 능력 등 문화적응 수준, 넷째, 양육문제, 다섯째, 직업교육 지원정책 및 정보 습득이 그 주요 요인이었다.

본 연구에서는 다문화사회 구성원의 안정적인 생활세계 형성을 돕기 위한 경제정책으로 다음과 같이 제안하고자 한다.

우선 경제정책은 사회통합정책의 3가지 층위 중 사회적 포용정책이 되어야 한다. 곧, 경제활동은 다문화사회 구성원의 생활세계 형성의 기초가 되며, 그들이 한국 사회에서 살아가기 위한 필수적인 요소다. 다문화사회 구성원은 이주 초기에 적응하는 데 다양한 어려움을 느끼며 살아가고 있다. 이에 경제활동을 위한 전제조건으로 이주민의 문화적응을 위한 시혜적 정책 지원이 요구된다. 문화적응의 요소 중 언어능력 향상이 가장 중요한 부분이며, 경제활동 시작을 위한 기초 가구소득 지원, 양육 지원 등이 병행되어야 한다.

둘째, 이주민을 위한 맞춤형 직업교육이 필요하다. 그들의 문화적응 수준과 학업 등의 직업전문성 수준, 직업 희망 등에 따른 수준별 맞춤형 직업교육 지원이 시행되어야 할 것이다.

셋째, 다양한 직업체험 및 인턴제를 통한 직업 적응교육이 필요하다. 직업 적응교육에는 직업에 대한 전문성 향상과 더불어 대인관계 능력 향상이 동반되어야 한다.

넷째, 이주민에 대한 차별과 편견을 배제한 전문 직업인으로서의 대우와 고용 기회를 확대해야 한다. 결혼이주여성의 예에서처럼 이주민에 대해 저임금·저숙련 노동자라는 차별과 편견은 이주민의 직업 선택 기회와 정규직 전환의 걸림돌이 되고 있다.

사회통합을 위해서는 사회적 포용과 통합의 단계를 거쳐 사회적 응집으로 나아가야 하지만, 경제정책에서는 사회적으로 포용할 수 있는 시혜적 차원의 사회통합정책이 필요한 상황이다. 이에 정부와 지자체, 기업의 관심과 협력적 네트워크 구성을 통해 한국 사회의 다문화사회 진입과 발전을 도모해야 할 것이다.

3) 인권 영역

(1) 이주민 인권

한국 사회는 다양한 다문화인이 출현하면서 새로운 인권에 대한 담론이 형성되기 시작했다. 기존의 인권 영역에 포함되지 않았던 이주노동자와 결혼이주여성 등 소수자의 인권이 새로운 쟁점으로 부각되기 시작했다. 단일민족이라는 인종과 민족적 동질성이 강했던 한국은 1990년대부터 지속적으로 증가한 외국인 노동자와 결혼이주여성이 새로운 사회 구성원으로 자리 잡으면서 소수인종이나 민족집단에 대한 새로운 문제에 직면하고 있다(김영순, 2016). 급격히 증가한 소수자는 주류집단인 한국인의 부당한 처우에 대해 민감하게 반응하기 시작했으나 국민의 의식수준이 이를 따라가지 못하다 보니 다양한 문제가 발생하고 있다. 특히 이주민은 내국인과 다른 법적 지위 때문에 인권의 사각지대에 놓일 때가 많다. 그러므로 이주민에 대한 인권은 우리 사회가 이주민을 어떤 시각으로 바라보아야 하는지에 대한 근본적인 문제에서 출발해야 한다.

법무부(2018)가 발표한 2018년 3월 현재 체류 중인 외국인은 220만 명을 넘어섰다. 이는 전체 인구의 약 4%에 해당한다. 이들을 체류유형별로 살펴보면 단기체류 외국인 64만 8,094명, 취업자격 외국인 58만 2,535명, 결혼이민자 15만 6,439명, 유학생 15만 1명, 외국국적동포 41만 8,003명, 불법체류 외국인 20만 2,973명, 난민 5,261명으로 나타났다. 국내 인구증가율이 감소되는 현시점에 이주민은 지속적으로 증가하고 있으며, 2020년에는 전체의 5%를 예상한다.

날로 증가하는 이주민은 차별과 소외로 인해 자신들의 권리를 보장받기 위해 안산의 국경없는마을이나 대림동의 조선족마을 등을 형성하기 시작했다. 이렇게 이주민으로 구성된 마을은 다수 정주민에게 불안을 조성하기도 하고 위협적인 존재로 다가오기도 한다. 그러므로 이러한 사회현상에서 나타날 수 있는 문제들을 예방하기 위해서는 이들을 사회의 한 구성원으로 인정하고 통합할 수 있는 구조와 체제, 사회 분위기를 조성해야 한다.

한국에 체류하는 다문화인은 한국생활에 적응하기 위해 우리말과 문화를 익히는 어려움은 물론 결혼 후 자녀를 양육하거나 사업장에 적응하는 과정에서 많은 어려움에 직면하게 된다. 개인적인 어려움은 시간이 지나면 극복할 수 있지만, 배타적인 사회 분위기에서 다름을 인정받지 못하거나 자신의 문화를 존중받지 못하고 이방인으로 무시당하거나 배척당하는 환경에 살아갈 때 가장 힘들다고 한다. 모든 사람이 인간으로서 행복할 권리와 최소한 보장되어야 하는 기본권과 자유권은 이주민 역시 보편적인 인권의 주체라는 점은 다른 여지가 있을 수 없다. 이주자가 이주사회의 한 구성원으로, 또 인권의 주체로 인정받기는 결코 쉽지 않다. 그러다 보니 한국 내에 거주하는 이주민 역시 다양한 영역에서 인권침해의 대상이 되고 있다. 특히 국가가 인권의 주체를 국민으로 제한하다 보니 한국국적이 없는 이주민은 기본적인 권리도 제대로 보장받지 못하고 주변화되는 상황이다. 그러므로 인권은 국민으로부터 인간으로 확장되어야 하는 것이 가장 큰 과제다.

따라서 본 연구에서는 이주민 인권문제 해결을 위해 국제규범에서 규정하고 있는 이주민 인권에 대해 살펴보고, 국내외 이주민인권정책을 통해 한국 사회의 이주민 인권보호를 위해 나아가야 할 방향을 모색하고자 한다.

(2) 인권에 대한 국제규범

'인권'의 사전적 의미는 "인간으로서 마땅히 가져야 할 권리"다. 「세계인권선언」 제1조에는 "모든 사람은 태어날 때부터 자유롭고 존엄하며 평등하다"고 명시되어 있으며, 제2조에서는 "모든 사람은 인종, 피부색, 성, 언어, 종교 등 어떠한 이유로도 차별받지 않으며 인권선언에 나와 있는 모든 권리와 자유를 누릴 자격이 있다"고 했다. 이처럼 인권은 모든 인간이 기본적 자유를 누리고 인간다운 생활을 보장받기 위해 요구하는 권리다. 특정한 인간에게 부여하는 권리가 아니라 모든 인간에게 차별 없이 공정하게 부여되는 보편적인 권리다. 그러므로 인종이나 성별, 종교, 국적, 직업, 신념, 사상 등에 관계없이 인간의 존엄성을 바탕으로 어디서나 인정되어야 할 권리다.

오늘날 인권이란 인간의 존엄성, 자유, 평등, 정의와 같이 자유권에 대한 전통적인 인권에서 더 나아가 정치적이고 시민적인 권리, 생존과 관련되는 경제적이고 사회적인 권리 등을 포괄하는 보편적 권리로서 지구상의 모든 인류에게 적용되는 공통의 권리라 할 수 있다. 프랑스 법학자 바삭(Vasak)은 1972년 새로운 인권으로 '제3세대 인권'을 주장하면서 건강한 환경을 요구할 권리, 깨끗한 물을 요구할 권리, 깨끗한 공기를 요구할 권리, 그리고 평화권을 제시했다. 1977년에는 제3세대 인권을 발전권, 환경권, 평화권 및 인류공동유산에 대한 소유권을 수정했고, 1979년 의사소통권을 추가했다. 이처럼 현대의 인권은 자유권은 물론 정치권과 사회복지권을 포함하여 환경권과 의사소통권 등 인권의 범위가 시민의 권리로 확대되었다. 그러다 보니 인권의 내용과 대상이 다양해지고 있다. 우리나라는 인권에 대해 「헌법」 제2조 1항에서 "인권은 헌법과 기타 법률에서 보장하거나 대한민국이 가입하고 비준한 국제인권조약과 국제관습법에서 인정하는 인간으로서의 존엄과 가치, 자유와 권리를 말한다"고 정의하고 있다. 이를 실천하기 위해 국가인권위원회를 국가기관으로 설립하고 국민의 인권 보호와 향상을 위한 업무를 수행하고 있다. 이처럼 헌법 역시 인권을 기본권으로 규정하고 국민의 인간으로서 존엄과 가치, 행복추구권에 대해 국가가 이를 책임져야 한다고 규정하고 있다.

그럼에도 모든 국민이 가져야 할 권리가 어떤 특정한 개인이나 집단에게는 인정되지 않거나 위협당하는 경우가 있다. 그러한 관점에서 다문화인의 인권과 권리에 대해 논하고자 한다.

국제인권규범은 유엔헌장에서 시작한다. 인권법 측면에서 유엔헌장(1945)은 "기본적 인권, 인간의 존엄과 가치, 여성과 남성의 평등한 권리에 대한 신념을 재확인"(전문)하고, 유엔의 목적 중 하나로 "인종, 성별, 언어, 종교와 관계없이 모든 인간의 인권과 기본적 자유의 존중을 증진하기 위한 국제협력 달성"(제1조 3항)을 규정함으로써 유엔을 중심으로 한 국제사회에서의 인권 논의의 확고한 토대를 마련했다. 국제연합헌장은 평화유지와 인권의 보장이 서로 관계가 있음을 인정하고 인권의 존중과 향상을 국제연합의 목적으로 선언했다. 국제연합헌장은 인권을 국제화했을 뿐만 아니라 인권조약의 성문화를 통해 법적 권한과 의무를 부과하고 인권 관련 제도를 창설하여 인권의 의무를 성실히 준수할 것을 촉구했다. 그러나 인권과 기본적 자유의 존중을 준수할 실질적인 조치를 마련하지 못했다.

또한 「세계인권선언」은 제2차 세계대전 중 인류의 야만적인 범죄에 대한 성찰을 계기로 개인의 자유와 권리를 진술한 문서로서 "모든 인간의 기본적 권리를 존중해야 한다"는 유엔헌장의 취지를 반영하여 유엔 인권위원회에서 작성되었다. 국제연합헌장 기초자들이 경제사회이사회를 통해 인권과 기본적 자유를 존중·촉진·준수할 수 있는 최선의 방법을 논의하기 위해 특별위원회를 구성하고, 인권위원회의 활동으로 인해 1948년 12월 10일 국제연합 총회에서 「세계인권선언」이 채택되었다. 「세계인권선언」은 제1조와 제2조에서 "모든 사람은 태어나면서부터 자유롭고 그 존엄과 권리에 있어 평등하다. 그리고 모든 인간은 인종, 피부색, 성, 언어, 종교, 정치상 혹은 기타의 의견, 민족적 혹은 사회적 출신의 차이, 재산, 출생, 기타 지위의 차별 없이 이 선언에 열거한 모든 권리와 자유를 향유한다"고 규정했다. 이에 따른 구체적 권리로는 시민적·정치적 권리와 경제적·사회적·문화적 권리를 제3조부터 제27조까지 규정하고 있다. 또한 제28조부터 제30조까지 인간의 권리와 자유가 실현될 수 있도록 사회적·국제적 질서를 누릴 권리가 있음을 인정하고 모든 사람은 사회에 대한 의무와 책임을 진다고 강조했다. 그러나 「세계인권선언」은 개인의 자유와 안전 그리고 육체적·정신적 보전에 대한 권리에 대해 국가가 간섭하지 않는 소극적 의무를 부과했다.

이렇게 「세계인권선언」은 국가에 소극적인 입장을 취하여 「국제인권규약」을 작성하게 되었다. 「국제인권규약」은 「세계인권선언」에 기초하여 1966년 작성하여 국제연합총회에서 채택했다. 1966년 "경제적·사회적·문화적 권리에 관한 국제규약(ICESCR: Internation Convenant on Economic, Social and Cultural Rights)"인 A규약과 "시민적·정치적 권리에 관한 국제규약(ICCPR: Internation Convenant on Civil and Political Rights)"인 B규약이 UN총회에서 채택되었고, 이들 규약은 35개국의 비준을 완료한 1976년 발효했다. 「세계인권선언」이 국가에 소극적인 의무만을 강조했다면 「국제인권규약」은 조약의 형식을 갖추고 법적 구속력을 취하고 있다.

「국제인권규약」에서 채택하고 발효한 경제적·사회적·문화적 권리는 31개조로 구성되어 있으며 노동조건, 단결권, 사회보장, 가족의 보호, 생활수준의 확보 및 건강, 교육, 문화생활에 관해 규정하고 차별 없이 실현되도록 규정했다. 경제적 권리는 적당한 생활수준을 획득하고 유지할 권리, 배고픔으로부터 자유로울 권리, 적당한 식량·의복·주거를 포함하는 적당한 생활수준에 대한 권리, 노동권, 공정하고 유리한 노동조건에 대한 권리, 노동조합을 형성하고 가입할 권리, 파업할 권리다. 또한 사회적 권리는 사회보장에 대한 권리, 가족에 대한 보호, 아동의 권리, 육체적·정신적 건강에 대한 권리이며 문화적 권리는 교육권, 문화적 생활에 참여할 권리, 자유로운 과학적 진보로부터 이익을 향유할 권리, 소수자의 권리다.

또한 시민적·정치적 권리는 35개조로 구성하고 있으며 주요 내용은 생명권, 고문 또는 잔혹하고 비인도적인 또는 굴욕적인 취급, 형벌로부터의 자유, 노예 및 노예거래로부터의 자유, 신체의 자유와 안전에 대한 권리, 피구금자의 인도적 처우에 대한 권리, 채무구금으로부터의 자유, 이동 및 거주의 자유, 자의적 추방으로부터의 자유, 공정한 재판에 대한 권리, 소급형법의 금지, 법 앞에 인간으로 인정받을 권리, 사생활에 대한 권리, 사상, 양심 및 종교의 자유, 의견 및 표현의 자유, 전쟁 및 민족적, 인종적 또는 종교적 증오의 선동 금지, 집회의 자유, 결사의 자유, 혼인하고 가정을 이룰 권리, 공무 수행에 참여할 권리 및 투표, 피선 및 공공기관에 접근할 권리, 법 앞에 평등과 차별을 받지 않을 권리다. 이처럼 시민적·정치적 권리는 개인의 자유와 안전을 보호하고 육체적·정신적 안녕을 보전하는 것을 목적으로 하고 있다.

또한 주요 인권협약 외에도 「인종차별협약」, 「여성차별철폐협약」, 「고문방지협약」, 「아동권리협약」, 「장애인권리협약」, 「이주노동자권리협약」, 「강제실종협약」이 채택되어 여성과 아동 외에도 이주노동자, 강제실종자, 장애인과 같이 사회적 취약계층의 권리 보호를 위한 국제적 규범을 채택하여 발효하고 있다. 그 내용을 살펴보면 「인종차별협약」은 1965년 12월 21일 국제적으로 협약이 채택되어 1969년 1월 4일 발효되었으며, 우리나라는 1978년 12월 5일 가입하고 발효하기 시작했다. 「인종차별철폐협약」은 이민자의 지위와 상관없이 모든 시민에게 적용되어야 한다고 요구한다. 「인종차별철폐협약」 제1조 1항에서 "인종차별은 인종, 피부색, 가문 또는 민족이나 종족의 기원에 근거를 둔 어떠한 구별, 배척, 제한 또는 우선권을 말하며, 이는 정치, 경제, 사회, 문화 또는 기타 어떠한 공공생활 분야에서든 평등하게 인권이 보장되어야 한다"는 것이다.

「여성차별철폐협약」은 1979년 12월 18일 협약이 채택되고, 1981년 9월 3일부터 발효되었다. 우리나라는 1984년 12월 27일 가입했고, 1985년 1월 26일부터 발효되었다. 「여성차별철폐협약」은 여성의 평등권과 인간의 존엄성, 존중원칙을 강조하고 남녀가 실질적인 평등의 대상이 될 수 있도록 남녀평등에 관해 구체적인 권리보장과 모성보호 등에 관한 내용을 포함한다. 또한 남녀의 동등한 사회적 참여를 증진할 의무를 부과하고 있다.

「여성차별철폐협약」은 이주여성에 관해서도 여러 가지 조항을 포함하고 있다. 예를 들면 성매매여성에 대한 착취, 고용과 시민권 취득 시차별 철폐, 농촌지역에서의 여성차별 철폐 등을 포함하고 있어 한국에 거주하는 이주여성의 사례에 적용 가능한 조항이다. 현재 한국은 「여성차별철폐협약」에 가입되어 있다.

또한 「고문방지협약」은 1984년 12월 10일 채택되고, 1987년 6월 26일부터 발효되었다. 우리나라는 이 협약도 1995년 1월 9일에 가입하고, 1995년 2월 8일부터 발효되었다.

그리고 「아동권리협약」은 세계적으로 1989년 11월 20일 채택되고 1990년 9월 2일부터 발효되었으며, 우리나라는 1991년 11월 20일 가입하자마자 발효하기 시작했다. 「장애인권리협약」은 2006년 12월 13일 채택되고 2008년 5월 3일 발효되었는데, 우리나라는 2008년 12월 11일 가입하고 2009년 1월 10일부터 발효하기 시작했다. 「이주노동자권리협약」

은 1990년 12월 18일 채택하고 2003년 7월 1일 발효했으며, 「강제실종협약」은 2006년 12월 20일 채택하고 발효했으나 이 두 협약에 대해 우리나라는 가입되지 않은 상태다.

(3) 국내 이주민 인권정책 현황

우리나라 헌법에도 국제인권조약이나 국제관습법에서 인정하는 인권에 대해 규정하고 있다. 헌법 제2조 1항에서 "인간으로서의 존엄과 가치, 자유와 권리를 말한다"고 인권에 대해 정의하고 있다. 또한 제2조 4항에서는 평등권을 규정하고 합리적인 이유 없이 국적, 인종, 종교, 성별, 직업, 신념, 사상 등으로 차별하는 행위를 금지하고 있다. 또한 헌법 제10조에서는 "모든 국민은 인간으로서의 존엄과 가치를 가지며, 행복을 추구할 권리를 가진다"라고 규정하고 있다. 이처럼 헌법에 의해 보장된 인권은 인간의 생명, 신체, 재산, 양심, 종교적 신념에 대한 권리로 민주주의가 표방하는 권리라는 것을 알 수 있다. 또한 자유권을 통해 정신활동의 자유와 경제활동의 자유를 보장하고 종교의 자유는 신념을 넘어 사상의 자유로 확대되었다. 시민의 정치참여는 물론 언론, 출판, 집회, 결사의 자유까지 보장했다.

한국의 인권운동은 민주화운동에 대한 정치적 탄압으로 민간인 학살 및 탄압에 대한 규명을 위해 2000년 민주화운동으로 확산하기 시작했다. 민주화운동으로 인한 의문사 진상규명에 대한 법률이 제정되면서 군사독재기의 국가폭력에 의한 인권침해를 역사적으로 규명하면서 한국 사회의 인권보호 기반이 마련되었다. 2000년 이후 다양한 이민자가 우리

사회에 출현하면서 사회 취약계층에 대한 인권이 사회적 관심사로 부각되었다. 사회적 소수자 및 취약계층의 평등권과 생활권에 대해 능동적인 차원에서의 권리로 인권 개념이 확대되었다.

이렇게 헌법에도 규정하고 있고 시민운동으로 확대된 인권문제에 성공적으로 대처하기 위해 정부는 「국가인권위원회법」을 제정하여 국가인권위원회를 설치했다. 「국가인권위원회법」에서는 인권을 "「대한민국헌법」 및 법률에서 보장하거나 대한민국이 가입·비준한 국제인권조약 및 국제관습법에서 인정하는 인간으로서의 존엄과 가치 및 자유와 권리(제2조)"로 규정하고 있으며, '평등권 침해의 차별행위'로서 "합리적인 이유 없이 성별, 종교, 장애, 나이, 사회적 신분, 출신 지역(출생지, 등록기준지, 성년이 되기 전의 주된 거주지 등을 말한다), 출신 국가, 출신 민족, 용모 등 신체조건, 기혼·미혼·별거·이혼·사별·재혼·사실혼 등 혼인 여부, 임신 또는 출산, 가족 형태 또는 가족 상황, 인종, 피부색, 사상 또는 정치적 의견, 형의 효력이 실효된 전과(前科), 성적(性的) 지향, 학력, 병력(病歷) 등을 이유"로 하여 "특정한 사람을 우대·배제·구별하거나 불리하게 대우하는 행위"라고 규정하고 있다(제2조). 또한 이 법은 인권위의 구성, 업무, 권한 등을 규정하고 있으며(제2장/제3장), 인권침해에 대한 조사/구제 절차를 자세히 규정하고 있다(제4장).

이처럼 「국가인권위원회법」은 2001년 10월 국민의 인권 보호와 향상을 위해 국가인권위원회를 독립된 국가기구로 설립하여 한국 사회의 인권 전반을 관장하고 국제인권기준에 맞게 인권의 수준을 끌어올리기 위해 노력하고 있다. 국가인권위원회는 국가기관의 권력행사를 인권의 관점에서 감시하고 견제하는 역할을 수행할 뿐만 아니라 국가공권력에 의한 인권침해는 물론 국가기관, 공·사기업, 또는 민간에게 발생하는 모든 평등권 침해 및 차별행위에 대해 조사하고 구제하는 역할을 한다. 이렇게 국가인권위원회는 모든 국민은 물론 사회적 소수자인 장애인, 여성, 아동, 이주민, 성적 소수자, 병력자의 차별배제 및 사회적 권리를 보장하기 위해 국가인권기본정책을 수립했다.

국가인권정책기본계획은 국가인권정책의 청사진으로 인권과 관련된 법, 제도 관행의 개선을 목표로 하는 범국가적인 인권정책 종합계획이다. 2001년 5월 21일 UN 경제적 · 사회적 · 문화적 권리위원회는 경제적 · 사회적 · 문화적 권리에 관한 국제규약에 대한 한국 정부의 제2차 국가보고서를 심의한 후 비엔나선언 및 행동계획에 따라 국가인권정책기본계획을 작성할 것을 권고했다. 한국 정부는 1차 국가인권정책기본계획(2007~2011)을 제정하여 국민에게 배포했다.

제1차 국가인권정책기본계획은 총 6장으로 구성되었다. 먼저 1장 서론에서는 국가인권정책기본계획의 과정과 평가로 구성하여 국가인권정책 이행 및 자체평가와 법률적 · 제도적 개선사항, 정책관행 인식의 변화와 시설, 예산, 수혜인원 등 실질적 개선 내역으로 구성했다. 2장 시민적 · 정치적 권리의 보호와 증진에서는 생명권, 신체의 자유, 거주이전의 자유, 인격권 및 프라이버시권, 사상과 양심 및 종교의 자유, 언론 · 출판 · 집회 · 결사의 자유, 참정권, 권익 피해의 구제를 위한 권리를 분류했다. 3장 경제적 · 사회적 · 문화적 권리의 보호와 증진에서는 교육을 받을 권리, 근로의 권리, 근로권, 경제활동에 관한 권리, 인간다운 생활을 할 권리, 건강 · 보건 및 환경권, 문화예술 등에 관한 권리, 가족생활 등에 관한 권리로 구성했다. 4장 사회적 약자 및 소수자의 인권에서는 여성, 아동 · 청소년, 장애인, 노인, 범죄 피해자, 외국인, 재외동포, 난민, 새터인, 병력자 및 성적 소수자로 구분하여 진행사항과 이행사항에 대해 제시했다. 5장 인권교육과 인권관련 국내외 협력 및 국제인권규범의 시행에서는 인권교육, 인권관련 국내외 협력, 국제인권규범의 이행으로 구분했고, 6장 국가인권정책기본계획 운영에서는 국가인권정책기본계획 이행과 모니터링, 향후 평가에 대해 언급했다.

제2차 국가인권정책기본계획(2012~2016)을 수립하고 이민자 사회통합프로그램을 확대했다. 사회통합프로그램 운영기관의 확대 및 찾아가는 서비스를 확대하고 이민자의 자발적 참여를 높이기 위해 사회통합프로그램 이수자에게 체류허가 등에 대한 혜택을 제공했다. 또 외국인 근로자를 위한 언어 및 상담지원을 위해 유관기관 간 네트워크를 구축하고 내실 있는 상담서비스 제공과 상담사의 상담능력 제고를 위한 교육과 홍보를 강화했다. 또한 사회통합에 이주민 문화지원정책의 중요성을 인지하여 제도화를 위한 법적 근거를 마련하고자 했고, 다문화가족의 사회통합 지원을 위해 다문화가족 정착 및 자녀양육에 대한 지원과 국제결혼 중개업 관리 강화 및 현지 사전교육의 내실화를 추진하고자 했다. 더욱이 농어촌지역 다문화가족 정착을 지원하기 위해 지역 농협을 활용한 농어촌 밀착형 다문화가족 지원을 확대했다. 그리고 외국인 성매매 피해자 및 결혼이민자의 가정폭력과 성폭력 예방을 위해 이주여성 긴급지원센터나 성매매피해 이주여성에게 다국어로 지원하기도 하고 이주여성보호 시설에 운영을 지원하여 결혼이주민여성에 대한 가정폭력 피해의 재발을 방지하고 가정폭력 예방을 위한 홍보를 했다. 마지막으로 「북한이탈주민의 보호 및 정착지원에 관한 법률」을 마련했다.

또한 2016년 7월에는 제3차 국가인권정책기본계획(2017~2021) 권고 확정안을 발표했다. 제3차 국가인권정책기본계획 권고안에서는 먼저 국가인권정책기본계획에 대한 권고 개요를 설명하고 사회적 약자 및 취약계층의 인권보호 대상을 장애인, 비정규직 근로자, 이주민, 난민, 여성, 아동청소년, 노인, 병력자, 군인 및 의경, 시설생활인, 성적 소수자, 재외동포, 범죄 피해자, 북한인권 등 사회적 소수자나 취약계층의 범위를 확대했다. 그리고 인권증진을 위한 인프라 구축을 강조했다. 기존의 시민적·정치적 권리보호에 신체의 자유, 참정권, 언론·출판·집회·결사의 자유, 정보인권, 양심 및 종교의 자유, 학문예술의 자유, 거주이전의 자유, 생명권 등 더욱 포괄했다. 경제적·사회적·문화적 권리증진에서도 사회보장권과 근로의 권리, 근로3권, 건강권, 주거권, 교육권, 문화권, 환경권을 포괄하여 인권교육을 학교와 공직종사자, 시민사회로 강화했다.

이처럼 국가인권정책기본계획은 국민의 삶의 질 및 기준의 향상과 함께 국가결속력 강화를 위해 법제도의 강화는 물론 정부와 국민 간의 신뢰성 향상, 국가의 국제적 신임을 강화하는 데 있다. 한국이 다문화사회로 진입하여 이주민이 전체 인구의 4%를 넘어서면서 국가인권위원회는 이주민에 대한 다수인의 인식 부족과 정책의 중복적 수행을 피하기 위해 이주인권 가이드라인을 구축했다.

이주인권 가이드라인은 이주노동자, 결혼이주민 이주아동, 난민 및 무국적자, 재외동포, 미등록 이주민의 인권보호 강화 및 인종차별 예방, 외국인에 대한 인식 제고의 7개 영역으로 마련되었다. 그에 대한 주요 내용은 다음과 같다.

첫째, 외국인 노동자의 고용허가 기간 만료 후 사용자 동의 등이 있을 때 재입국 절차를 간소화한다. 현재 고용허가제는 고용허가 기간을 최초 고용 시 3년, 재고용 시 1년 10개월, 최장 4년 10개월로 제한하는 단기순환정책을 원칙으로 운영하고 있다. 체류기간 만료자 중 체류기간

동안 국내법을 준수하고 기존 사용자의 동의가 있는 경우 등에는 재입국 절차 등을 간소화한다.

둘째, 결혼이주여성의 안정적 정착 지원 정책으로, 증가하는 결혼 이주민에 대한 인종적 편견과 선입견 없이 안정적으로 정착할 수 있도록 지원하는 것을 당면과제로 삼고 인신매매 논란 방지를 위한「결혼중개업법」의 효과적 이행조치 마련과 가정폭력으로부터의 인권보호 강화, 이주여성의 사회보장 등 사회안전망 구축 등을 제시했다.

셋째, 미등록 이주아동의 경우 교육은 물론 건강권도 위협받고 있음을 확인하고 미등록 이주아동을 포함한 이주아동 교육권 보장이 필요함을 인식했다. 또 중도입국 청소년의 학업에 대한 어려움과 새로운 언어를 배우는 것부터 학교에 입학하는 과정, 입학 후의 학업 스트레스, 친구 등 대인관계 문제 등이 중도입국 청소년에게 많은 영향을 미치는 것으로 파악됨으로써 이주아동의 교육권 보장을 비롯해 미등록 이주아동에 대한 단속·구금 금지, 부모 없이 한국에 남은 아동에 대한 사회복지 체계 마련 등의 내용을 포함하고 있다.

넷째, 2011년「난민법」이 제정되어 난민심사 절차가 정비되고 난민인정 신청자에 대한 기초적 지원방안 등이 마련되었으나, 난민인정 신청자에 대한 지원 대책이 마련되어 있지 않다. 그러므로 향후 시행령 개정 등을 통해 난민 신청자에 대한 실질적인 지원 대책을 마련했다.

다섯째, 미등록 이주민은 날이 갈수록 증가하고 있으며 대부분 체류기간을 초과해 미등록 상태다. 이들에 대한 단속의 불가피성은 인정되나 미등록 이주민 단속 과정에서 인권침해 예방 대책이 필요함을 인식하고 인권의 가이드라인을 정했다.

마지막으로 한국에 체류하고 있는 외국인은 200만이 넘어섰고,

180개국 사람들이 한국에서 체류하고 있다. 그러므로 소수자의 인종차별에 대한 문제의식과 다문화사회에서의 다양성에 대한 포용이 부족한 실정이다. 그러므로 인종차별 금지 등을 위한 제도가 마련되어야 하며, 공무원 및 내국인에 대한 인식변화와 이주민 인권교육 강화 등의 내용이 포함되어야 한다.

이와 같이 한국 정부는 이주민의 안정적 정착을 위한 기반조성을 위해 시스템 구축을 하고자 노력하고 있다.

(4) 사회통합정책으로서의 이주민 인권정책 방향

한국인의 대부분은 반만년 역사를 가진 단일민족이라는 자긍심으로 살아가고 있다. 이는 혈통을 중시하는 인종적 순혈주의가 만들어낸 국민의 정체성이고 문화정체성이다. 그래서인지 국민의 다문화수용성은 매우 낮은 편이다. 2012년 여성가족부가 조사한 국민의 다문화수용성에서 "혈통을 중시한다"는 답변이 87%를 차지했다. 스웨덴 30%, 미국 55%, 일본 72%인 데 반해 한국은 최고점을 찍고 있다. 국민의 정서가 이렇다 보니 다양한 인종과 공존하는 것에 부정적일 수밖에 없었다. 이러한 국민의 인식을 높이기 위해 정부는 2007년부터 이주민 인권보호를 포함한 '국가인권정책기본계획', 2008년부터 '외국인정책기본계획'과 '다문화가족정책기본계획' 등을 5개년 단위 국가계획으로 수립하여 추진하고 있다. 그러나 현재의 이주민 정책은 이주노동자에 대해서는 고용허가제를 통한 단기순환정책을 펼치고 있으며, 결혼이주여성에 대해서는 동화를 통한 통합을 이루고자 한다. 또한 미등록 이주노동자에 대해서는 아직도 강제추방으로 일관하고 있다. 이러다 보니 이주민의 일부 대상에 대해서만 통합정책을 펼치고 있고, 그 외에는 배제되어 있는 실정이다. 현재 결혼이주여성 관련 정책은 「다문화가족지원법」의 대상이 되는 한국인과 결혼한 외국인 여성과 한국 귀화자, 그리고 그 가족으로 한정하고 있다. 이러한 정책대상이 되는 이주여성은 30% 정도이고, 나머지 70%는 정책대상에서 제외되고 있는 실정이다.

또한 국내 체류 중인 이주민은 대한민국 정부가 체결한 국제법의 원칙에 따라 기본권을 보장받아야 함에도 현재 이주민 관련 법들은 「재한외국인처우기본법」, 「외국인근로자의 고용 등에 관한 법률」, 「다문화가족지원법」 등 대상별 그룹으로 개별화되어 있어 전체적인 통합 방향 속에서 각각의 법률이 재정비될 필요가 있다.

이주민이 최소한 인간으로서 갖추어야 할 기본권, 자유권, 사회권 측면에서 살펴보면 많은 이주노동자가 부적절한 숙소와 난방 및 온수 사용 제한 등으로 인해 기본적인 주거권을 보장받지 못하는 경우가 많다. 특히 여성노동자의 경우 안전을 고려하지 않은 채 숙소를 제공하는 사례가 많다. 더불어 농어촌 지역의 노동자는 비닐하우스에서 주거하는 등 열악한 상황에 처한 경우가 많다. 그러므로 이주민의 기본권보장을 위해 인간다운 거주환경을 마련해야 하며, 폭력피해 이주여성의 경우 주거지원은 물론 자립할 수 있도록 지원이 필요한 실정이다. 또한 이주민의 건강권도 확보되어야 한다. 이주민은 언어소통 문제로 인해 의료시스템이 잘 정비되어 있음에도 병원 이용에 어려움이 있다. 특히 결혼이주여성은 임신, 출산, 육아와 관련된 필수적인 진료나 예방접종에 대한 정보 제공이 부족하여 미등록 이주민인 경우 신분상의 제약 때문에 더욱 의료 서비스를 제공받지 못하고 있다. 그리고 많은 이주노동자가 노동권을 보장받지 못하고 있다. 이주여성은 비자문제 및 고용기관의 복잡한 계약절차 때문에 심리적으로 안정성을 보장받지 못하기도 하고, 외국인 노동자는 고용주와의 관계로 인해 불법체류자로 전락하기도 하여 직업선택의 자유가 침해되는 사례가 많이 나타난다. 따라서 이주노동자의 노동권 안정을 위해 전문적인 상담을 제공하고, 상담 절차를 간소화하여 이주민의 체류안정성과 노동권을 보장해주어야 한다.

무엇보다 중요한 것은 이주민이 자립역량을 갖추도록 해야 한다. 이주민은 임금체불 및 산재의 위험이나 신분상의 이유 때문에 경제적으로 악순환이 되풀이되고 있다. 외국인 노동자에게 임금이나 산재처리에서 정당한 권리를 주장할 수 있는 체계를 마련해주어야 할 뿐만 아니라 권리를 보장받을 수 있도록 역량을 강화해야 한다. 또한 결혼이주여성에게는 한국어교육은 물론 직업교육, 취업알선프로그램 등을 제공하여 자립역량을 강화해야 한다.

이처럼 이주민을 우리 다수자가 포용함으로써 나와 다른 이질적 요소에 대해 개방적인 태도를 갖추고 끊임없이 수용과 이해가 이루어질 때 한국 사회는 기대하지 않은 다양한 부문에서 효과가 나타날 수 있다. 한 사회의 성숙도는 그 사회구성원의 개방성에 따라 가늠할 수 있다. 이주민에 대한 사회구성원의 따뜻한 시선과 함께 이주민을 차별하지 않고 시민적 권리를 부여하며 더불어 살아갈 수 있도록 포용한다면 그 사회야말로 세계시민을 지향하는 사회로 발전할 수 있을 것이다.

10장

이주민 생애사 기반
문화적응 연구방법

1.
생애사 연구의 필요성

본 연구에서는 현재 한국 사회에 거주 중인 다문화 구성원(결혼이주민, 외국인 노동자, 외국인 유학생, 재외동포 등)으로부터 한국에서 어떻게 살아가고 있는지, 즉 어떤 생활세계를 형성하며 살아가고 있는지에 대해 듣고자 했다. 본 연구는 이를 통해 이들이 한국 사회에 적응하면서 살아가는 데 주요 현안으로 삼고 있는 문제는 무엇인지, 한국 사회가 더 나은 사회로 발전하기 위해 거쳐야 할 관문에는 어떤 것들이 있는지 살피고자 한다. 지금까지의 다문화정책이 다문화 구성원에게 우리와 한 목소리를 내야 한다는 강요로 일관해온 것을 반성적으로 성찰하고, 장차 다양한 목소리가 조화를 이루며 존재할 수 있도록 사회통합적 지향을 가진 정책을 수립할 필요가 있다고 본다. 즉, 본 연구는 실제 삶의 현장에서 궁극적으로 다문화 구성원과의 공존을 도모하고 문화 다양성을 존중하는 구체적 대안을 모색하려는 시도로서 의의를 지닌다고 할 수 있다.

이를 위해 본 연구는 현재 한국에서 살고 있는 이주민 개개인의 개별적이고 특수한 삶에서 출발하여 일반적이고 보편적인 이주민의 생애사를 고찰하는 데까지 나아가고자 한다. 이는 한국 사회를 비롯해 다문화사회로의 이행을 경험하고 있는 세계 각국의 사회 현상을 이해하고 공존을 화두로 네트워크를 형성해가는 데 긴요한 마중물이 될 것이다. 그리고 이러한 연구는 기왕의 선행연구에서 생애사 연구가 '다양한 사회문제를 개인의 삶이라는 렌즈를 통해 탐구'하려는 목적을 가지고 수행된다는 점에 주목해볼 때, 연구방법으로 생애사 연구와 동궤에 있다고 할 수 있다(김영천·한광웅, 2012). 본 연구는 다문화 구성원의 생애사 및 생활세계를 조사하고 그들의 생생한 현장 경험담을 듣기 위해 심층면담을 수행했고, 이를 자료로 집적하고 분석하는 틀을 마련하고자 했다.

대부분의 생애사 연구는 연구 대상을 설정하고, 심층면담 등의 연구 방법을 활용하여 자료를 수집하고 정리한 다음 그 자료에서 의미를 추출하는 과정으로 이루어진다. 생애사는 그 자체로 서사성을 가지고 있으므로(석희정, 2013) 이로 인해 생애사 연구에서도 그 서사성을 어떻게 분석할 것인가 하는 방법론의 중요성이 강조되고 있다. 이는 서사물의 형식 및 내용에 주목하여 의미를 분석하고자 하는 서사학의 방법론과도 상통하는 측면이 있다.* 즉, 생애사 연구는 공통적으로 개인의 일생을 연대기적으로 배열하고 그 속에서 개별적이고 특별한 서사적 구조와 의미를 찾아내려는 시도로 이루어진다. 그리고 개인의 경험에서 나온 일반성과 보편

---

* 일례로 프랑스의 경우, 서사물은 연속된 시간의 흐름을 기반으로 하고, 그에 따라 관계에서의 대립이나 갈등이 해결되는 과정을 다룬다고 보았다. 또한 그 과정은 추상적이기보다 구체적이어야 서사성이 높다고 할 수 있고, 이때 서사는 정향성을 가지고 진행된다. 정향성은 서사의 의미를 분석하는 데 중요하게 다루어야 할 특성이라 할 수 있다. 간략하게 정리한 것이기는 하지만, 이를 통해서도 한 인물이 살아가는 동안의 시간이 연속적으로 진행되고, 그 과정에서 벌어지는 사건들을 그 인물이 어떻게 의미화하고 있는가 등을 중요하게 보는 생애사 연구는 서사학 연구와 상통하는 지점이 있다 할 수 있다. 제랄드 프랭스 지음, 최상규 옮김(1999), 『서사학이란 무엇인가: 서사물의 형식과 기능』, 예림기획, 223~247쪽.

성을 통해 전체 사회의 속성 또는 특성을 파악하고자 한다. 그 목적은 연구 영역별로 주목하는 바가 무엇인가에 따라 나뉜다고 볼 수 있다.

생애사 연구는 연구 영역에 따라 ① 교육적 측면, ② 사회 · 복지제도적 측면, ③ 서사구조 및 의미적 측면, ④ 연구방법 심화 및 이론적 측면 등으로 세분화할 수 있다. 교육적 측면에서 생애사 연구는 개인의 생애 과정에서 학습 방법과 의미에 대한 고찰이 이루어지고(권재경 · 김남규, 2016; 김대욱, 2016; 박성희, 2016; 이병준, 2010; 차현주, 2016; 최라영 · 조미경, 2016 등), 사회 · 복지제도적 측면에서는 개인의 경험을 통해 사회 · 복지제도의 현황을 파악하고 새로운 대안 정책을 제안한다(남순현, 2016; 석영미 · 이병준, 2016; 석희정, 2013; 이명우 · 박정애, 2015; 전보영 · 조희선, 2016; 정민자 · 문혜선, 2012; 한경혜, 2004 등). 서사구조 및 의미적 측면에 관한 연구는 가장 보편적인 생애사 연구 분야로, 대부분의 생애사 연구가 여기에 속한다. 즉, 생애사의 서사구조를 파악하고 그에 대한 의미를 분석하여 한 개인의 생애에 어떠한 의미를 부여하는가에 따라 사회 · 제도 및 교육, 복지 정책의 방향성을 결정하게 되므로 생애사 연구의 가장 기본적인 틀이 된다고 볼 수 있다. 그렇기 때문에 특정 학문 영역에 국한하지 않고 폭넓게 수행된 연구이기도 하다(강영미, 2015; 기미양, 2011; 김경섭, 2012; 김정경, 2010, 2011, 2013; 김정민 · 최연실, 2014; 나승만, 1998; 박소연, 2017; 박현숙, 2015; 배은경, 2008; 신동혼, 2011; 양민숙 · 이동훈, 2017; 양영자, 2008, 2011; 오마리아, 2009; 오마리아 · 김하나, 2009; 윤택림, 2010; 이정기, 2017; 임경희 · 박경용, 2015; 천혜숙, 2007; 최원오, 2011; 표인주, 2011; 한정훈, 2013; 홍영숙, 2018 등). 또한 생애사 조사 및 자료 수집 방법에 대한 제언이나 분석 방법의 심화 등을 제안하며 이를 사례 분석에 적용하는 연구도 적층되어왔다(김영천 · 한광웅, 2012; 마경희 · 이순미, 2012; 민성은 · 최성호 · 김영천, 2017; 신동혼, 2009; 양영자, 2013; 이동성, 2013; 이희영, 2005; 최인혁 · 이영학, 2015; 한신갑 · 이상직, 2017 등).

이 밖에도 사회적으로 특수하고 소수인 대상의 생애사를 연구하여 이들에 대한 사회적 이해와 관심을 촉구하기도 한다. 특히 한국 사회의 다문화 구성원으로서 재외동포나 다문화가정 등에 대한 연구가 활발하게 이루어지고 있다(고가영, 2008; 김순남, 2014; 김승주, 2016; 김영숙·이근무·윤재영, 2012; 김영순·임지혜·정경희·박봉수, 2014; 김영순·최희, 2017; 두문영·조진경, 2017; 박경용, 2014; 석영미·이병준, 2016; 우명숙·이나영, 2013; 이해영, 2005; 이효선, 2010; 조진경·김영순, 2016; 황영삼, 2008 등).

이처럼 선행연구에서 생애사 연구는 그 자체로 어떤 대상에 대한 이해를 심화하기도 하고, 실효성 있는 사회 정책을 수립하는 등의 실천적 연구로 나아가기 위한 초석이 되기도 한다. 본 연구에서 수행하는 생애사 연구는 단계적으로 이 두 가지를 모두 아우른다. 한국 사회에서 함께 살아가고 있는 구성원으로서 다문화 구성원의 삶을 이해하고 포용하기 위해 구체적이고 실질적인 사회 정책 수립을 제안한다. 즉, 본 연구에서는 다문화 구성원의 실제 삶을 통해 한국 사회에 어떠한 문제가 있고, 그와 관련하여 시행하고 있는 대책이 실효성을 거두고 있는가를 점검한다. 또한 실질적인 도움을 주기 위해 어떻게 수정하고 보완해나가야 하는가에 대한 방향을 제시하고자 한다.

2.
생애사 서술 모형의 필요성

본 연구가 제시하고자 하는 사회통합정책의 실효성을 위해 다문화 구성원의 생애에 대한 이해가 필요하다. 다문화 구성원의 생애에 대한 고찰을 기반으로 구성원 간의 반목과 갈등을 해소하고 화합과 공존의 길을 모색하고자 한다. 본 연구는 다문화 구성원의 삶에 대한 이해를 심화시키기 위해 그들의 생애 과정을 문화적응의 관점에서 분석하고자 한다. 문화적응은 베리(1990)가 개인이나 집단이 기존에 소속된 사회의 문화에서 벗어나 새로운 문화를 가진 사회로 진입하면서 필연적으로 겪어야 하는 과정을 정체성과 문화 수용 여부로 범주화한 관점이다. 다문화 구성원이 한국 사회에 적응해나가고 있는 과정을 살피고, 그 과정에서 나타나는 정체성의 변화 또는 강화가 문화 수용에 어떻게 반영되는가에 대해 분석하고자 한다. 이를 위해 본 연구에서는 다문화 구성원의 생애 과정에 대해 일관적으로 적용 가능한 분석 틀을 제시했다. 즉, 문화적응의 관점에서 다문화 구성원의 생애사 서술 모형을 설계하여 분석에 적용한 것이다.

이를 위해 다문화 구성원의 문화적응 과정을 다음과 같이 정리했다. 첫째, 어떤 이주의 목적 또는 계기를 가지고 이주했는가? 둘째, 이주 후 새로운 환경에 대한 탐색과 더불어 적응을 어렵게 하는 난관을 무엇으로 파악했는가? 셋째, 한국 사회의 적응을 위해 어떠한 대응 방식을 취했는 가?, 즉 어떤 문화적응 전략을 수립했는가? 마지막으로 실생활에서 이를 적용하여 새롭게 맞닥뜨리는 경험에 유효한 전략인지에 대해 어떤 판단을 내리고 있는가다. 이들은 현실 대응에 유효하다고 판단되면 이를 강화하고, 의도치 않은 새로운 경험을 하게 되면 전략을 수정하는 방향으로 나아가고 있다.

　　이를 통해 문화적응 전략은 첫째, 연구 참여자 스스로 사회적 존재로서 어떤 정체성을 가진 존재로 인식하고 있는가? 둘째, 자신과 한국 사회의 관계를 어떻게 설정하고 있는가? 셋째, 이에 대한 대응으로 어떤 태도와 행동을 드러내고 있는가? 등의 문제를 다루고자 했다.

　　본 연구는 이처럼 여러 다양한 생애 과정에 대해 일관되게 적용할 수 있는 분석 틀을 마련했다.

3.
생애사 서술 모형의 실제

연구 참여자들의 문화적응 과정과 전략에 대해 분석하여 〈표 4-2〉와
같은 방법으로 생애사를 서술했다.

〈표 4-2〉 다문화 구성원의 생애사 서술 모형

(1) 문화적응 생애담 요약
(2) 문화적응의 내러티브

가. 이주 계기 및 이주 초기의 상황
     -한국으로 이주를 결심한 계기
     -이주 목적에 따른 한국에서의 생활공간 및 활동 영역
     -이주 목적에 따른 한국에서의 대인관계 형성

나. 문화적응 전략 1, 2   -한국 사회에서 살아가면서 어려움으로 인식하는 문제와 그에 대한 대응 방식
다. 희망하는 미래상   -한국 사회에 인지정서적 또는 사회제도적으로 변화를 기대하는 영역
(3) 연구 참여자의 특성(정체성 및 대응 방식, 이를 통한 사회제도에 대한 제언 총정리)

먼저, '(1) 문화적응 생애담'은 연구 참여자가 현재의 삶을 기준으로 과거에서부터 현재에 이르기까지 삶의 과정을 서술한 내용을 연구 참여자 스스로 의미를 부여한 핵심어를 중심으로 서술했다.

다음으로, '(2) 문화적응의 내러티브'는 총 세 부분으로 세분화했다. 첫째, 이주 계기 및 초기 상황에 대한 부분, 둘째, 실생활에서 문화적응이 필요하다고 인식하는 문제와 그에 대한 대응 방식, 셋째, 한국 사회의 변화에 대한 기대다.

마지막으로, '(3) 연구 참여자의 특성'은 문화적응 과정에서 나타나는 연구 참여자의 개별적이고 특수한 인지정서적 특성을 기반으로 다문화 구성원의 삶의 질을 개선하는 데 도움이 될 수 있는 사회제도적 통합 정책의 대안을 제시했다.

이러한 생애사 서술 모형을 토대로 본고에 이어 간행되는 사회통합 총서 2권에 각 연구 참여자의 생애사를 담았다. 그 구체적인 예로 다음에서는 문화적응 양상을 중심으로 중국계 결혼이주여성 5명, 노동자 2명, 유학생 3명의 사례를 분석한 내용 가운데 각 1명의 생애사 서술 모형을 제시했다. 이들 사례는 중국계 결혼이주여성 연구 참여자 08, 노동자 연구 참여자 02, 유학생 연구 참여자 05로, 총서 2권에서 이주 유형별 첫 순서에 자리한다.*

총서 2권에 서술한 순서대로 결혼이주여성, 노동자, 유학생 사례는 다음과 같다.

---

* 본 연구는 연구 참여자를 이주 유형에 따라 결혼이주, 노동이주, 유학이주로 구분하여 결혼이주 35명, 노동이주 15명, 유학이주 15명을 인터뷰했다. 이에 따라 결혼이주여성의 사례를 구분하기 위해 01~35번까지 연번을 부여했고, 노동자와 유학생 사례에도 01~15번까지 연번을 부여했다. 인적 사항 관련 내용은 총서 2권에 기술했다.

연구 참여자 08(결혼이주여성)의 분석 사례

(1) 문화적응 생애담 요약

연구 참여자 08은 중국 흑룡강 출신의 30대 후반 조선족 여성이다. 중국 내 직업은 고등학교에서 유아교육을 전공하고 졸업 후 2년 정도 유치원 교사로 근무한 경험이 있다. 2008년에 국제결혼중개업체를 통해 한국 남자를 만나 결혼하여 한국으로 이주했다. 슬하에는 초등학교에 다니는 아들이 있다.

— 중략 —

(2) 문화적응의 내러티브

가. 한국으로 이주를 결심한 계기: 경제적 여건 개선을 위한 국제결혼

연구 참여자 08은 중국에서 직업 교육을 위주로 하는 직업고등학교에서 유아교육을 전공했다. 그리고 고등학교 졸업 후 2003년부터 2004년까지 유치원에서 2년 정도 보육교사로 일했다. 그러던 중 한국 남자와 결혼한 후 한국으로 이주하여 사는 한 친구의 경우를 보게 되었다. 그 친구는 친정 부모님까지 한국으로 초청했다. 친구를 중심으로 중국에서 한국으로의 가족 이동이 이루어진 것이다. 그리고 그 후 친정 부모님까지 한국에서 일자리를 구하게 되면서 그 친구의 경제 사정은 중국에 있을 때보다 나아졌다.

— 중략 —

나. 문화적응 전략 1: 새롭게 맺은 가족 관계에서 다름은 인정하고
옳고 그름은 구별하기

연구 참여자 08은 2008년부터 한국에서의 결혼생활을 시작했다. 그리고 2009년 아들을 얻었다. 연구 참여자는 아들이 갓난아기일 때부터 자격증 시험을 준비하고 취업 상담을 받는 등 적극적으로 구직 활동을 해왔다. 사회활동에 대한 참여 의지가 강한 편이고, 어떤 문제가 발생하면 해결책을 모색하기 위해 집 밖으로 나가려고 하는 외향적인 성향이 강하다. 연구 참여자의 이러한 특성은 한국에서 새롭게 맺은 가족 관계에서의 갈등이나 한국 사회 정주민과의 갈등을 해결하는 데서도 공통적으로 나타난다.

— 중략 —

다. 문화적응 전략 2: 있는 그대로의 모습으로 한국 사회 구성원 되기

앞에서는 연구 참여자 08이 가족의 일원으로서 시어머니나 남편과도 대등하게 관계를 맺는 주체로 거듭나는 과정을 살폈다. 다음으로는 연구 참여자가 집 밖을 나서서 다른 한국 사회의 구성원과 어떻게 관계를 맺어가고 있는지 살피고자 한다. 이는 그 자신이 한국 사회 구성원으로 어떻게 살아왔고, 또 살아가기를 원하는지와 밀접한 관련이 있다.

연구 참여자가 한국 사회의 구성원으로서 스스로를 어떻게 규정하고 있는지는 아들과의 관계를 통해 드러난다. 연구 참여자의 아들은 엄마가 결혼이주여성이라는 것에 대해 감추려고 하지 않는다. 오히려 적극적으로 엄마가 모국어인 중국어로 자신과 대화해주기를 원하기도 한다.

— 중략 —

라. 희망하는 미래상: 자녀 교육과 취업 상담 지원

연구 참여자 08은 한국 사회가 사회제도적 측면에서 개선되기를 바라는 점이 있다. 개인의 힘으로는 바꾸기 어려우므로 사회가 나서주어야 한다고 생각하는 문제로, 첫째 한국은 자녀 교육을 개인이 부담해야 하는 부분이 큰데, 경제적으로 상황이 여의치 않은 결혼이주여성에게 이는 큰 부담이므로 사회의 지원이 필요하다는 것이다.

> "왜냐하면 특기라면, 어쨌든 경제적인 어려움이다 보니까 내가 애한테 이런 특기가 있는데 가려면 비싸고 학비 같은 것도 학원비도 가려면 얼마나 비싸요. 그런 지원이 안 되다 보니까 그냥 넘어가는 것 같아요."

둘째는 결혼이주여성이 사회적 역량을 발휘할 수 있도록 기회가 주어졌으면 좋겠다는 것이다. 이를 위해 복지 차원에서 취업 또는 창업 지원이 이루어지기를 바라고 있다.

> "글로벌 시대라고 하지만 글로벌에 대한 이 말을 살려서 이주 여성들이 한국에서 잘 정착하고 그리고 뭔가를 이주 여성들이 할 수 있는 자리를 마련해주고 우리 아이들이 생활을 어떻게든 잘 해나갈 수 있는 자기 아이들의 꿈이 미래다 보니까 아이들의 꿈이 펼쳐질 수 있는 자리를 마련해주었으면 해요." (*"하나는 결혼이주 여성이 잘할 수 있는 뭔가를 마련하고 하나는 자녀들의 이야기를 했잖아요. 그러면 구체적으로 무엇을 어떻게 해주면 좋을까요?"*) "일단은 취업이라고 할까요? 아니면 창업할 수 있으면 창업할 수 있는 기회를 지원을 해준

다든지 이런 부분들. 물론 거의 경제적이 대부분이니까 그런 경제적 어려움을 덜어줄 수 있는 뭔가 이분들의 능력을…." ("돈을 주는 것이 아니라 자기가 가지고 있는 능력을 살릴 수 있는 기회를 주라는 것이죠?")
"네."

— 중략 —

(3) 연구 참여자의 특성

연구 참여자 08이 한국 사회 적응 과정에서 보이는 인지정서적 특징을 정리하면 다음과 같다.

첫째, 한국 사회의 구성원으로서 살아가기 위해 결혼이주여성으로서의 정체성을 감추려고 하지 않는다. 오히려 스스로에 대해 중국과 한국의 언어·문화를 동시에 섭렵하고 있는 글로벌 인재라고 평가하고, 이와 같은 능력을 발휘하여 한국 사회에 기여할 수 있는 실천적 방안을 모색하는 데 적극적이다.

둘째, 자신을 한국 사회의 구성원으로서 안전과 보호를 보장받을 권리가 있는 존재로 인식하고 있다. 이는 남편으로부터 부당한 폭력을 당하는 경우나 자신의 자녀가 학교에서 부당한 폭력을 당하는 경우 자신을 적극적으로 방어하는 것에서 드러난다. 이러한 일들은 폭력을 행사하는 당사자에게 귀책사유가 있으므로 당사자의 잘못을 교정하는 방향으로 문제를 해결해야 한다고 보는 것이다.

셋째, 한 개인으로서 해결하기 어려운 문제는 공동체를 구성하여 공동 대응한다. 특히 어떤 기관에 시정을 요구하거나, 사회적 인식을 바꾸어야 하는 문제는 공동 대응이 훨씬 효과적이다.

— 중략 —

이를 종합해보면, 연구 참여자는 문화적응 유형 가운데 '상호문화인'에 해당한다고 볼 수 있다. 새롭게 관계를 맺는 한국 사회의 문화를 이해하고 수용하면서 자신이 본래 가지고 있던 문화적 정체성을 소중하게 지키며 유지하는 전략을 취하고 있기 때문이다.

마지막으로 연구 참여자의 경험에서 한국 사회의 사회제도적 개선점을 찾아보면 다음과 같다.

첫째, 다문화가정 자녀에 대한 부모의 모국 언어 및 문화에 대한 교육 환경 개선에 대한 기대다. 연구 참여자는 자신의 모국 정체성이 자녀에게 전수되기를 원한다. 이를 위해서는 사회제도적 측면에서 자녀 교육과 관련한 교육복지 서비스의 구체적 대안 마련이 필요하다.

둘째, 결혼이주여성을 대상으로 하는 심리 및 복지상담 서비스 개선에 대한 기대다. 상담사의 자질과 역량 강화에 대한 관리가 필요하고, 프로그램 자체의 질적 개선도 필요하다. 또한 연구 참여자의 경험에 비추어볼 때, 현재의 가정폭력 관리 시스템으로는 피해를 당한 이주여성이 심리적 안정을 취하기 어렵게 되어 있으므로 이에 대한 사회제도적 정비도 필요하다.

연구 참여자 02(외국인 노동자)의 분석 사례

(1) 문화적응 생애담 요약

연구 참여자 02는 중국 연길 출신으로 40대 중반의 조선족 여성이다. 고향에서 고등학교를 졸업하고, 책 표지 디자이너로 약 25년 동안 일한 경험이 있다. 그러다가 2014년 동포방문(C-3-8) 비자를 받아 한국에 입국했고, 6주간 기술 교육을 받은 후 방문취업(H-2) 비자로 바꾸었다. 연구 참여자는 오빠를 비롯한 주위 사람들이 먼저 한국으로 이주해서 경제활동을 하는 것을 보고 중국에서 경제활동을 하는 것보다 더 많은 돈을 벌 수 있다는 사실을 깨달았다. 그래서 가족은 연길에 두고 연구 참여자만 돈을 벌기 위해 한국에 왔다. 연구 참여자에게는 현재 고등학교 2학년에 재학 중인 아들이 있는데, 한국에서 10년 동안 일해서 번 돈은 아들의 교육비로 사용할 예정이다.

— 중략 —

(2) 문화적응의 내러티브

가. 한국으로 이주를 결심한 계기: 경제적 여건 개선을 위한 노동이주

연구 참여자 02가 한국으로 노동이주를 결심한 데는 경제적인 이유가 크게 작용했다. 중국에서 고등학교를 졸업하자마자 책 표지 디자이너로 취업했다. 디자이너 일을 25년 정도 했고, 팀장 정도의 사회적 지위에까지 올라갔으나 한국에서 일하는 것보다 많은 돈을 벌기 어려웠다. 이는 연구 참여자보다 먼저 중국에서 한국으로 노동이주한 주위 사람들을 통해 알게 되었다. 연구 참여자는 아들을 대학교에 보내는 데 필요한 비용을 벌기 위해서도 한국으로 노동이주하는 편이 더 유리하다는 생각을 하게 되었다. 또한 마침 책 표지 디자인 일에 싫증이 나기도 했다고 한다.

— 중략 —

나. 문화적응 전략 1: 경제적 이익을 위해 인내하며 재외동포로서의 정체성 활용하기

연구 참여자 02는 2014년에 산업연수생의 신분으로 뚜렷한 목표를 갖고 한국으로 온 이주노동자다. 중국에서는 한 분야에서 꾸준히 일한 경력도 있고, 사무직이었으므로 근로환경, 사회적 지위 등도 안정되어 있었다. 무엇보다 가족들과 함께 생활할 수 있었다. 그러나 한국에서 일하는 것만큼 돈을 벌 수 없었다. 연구 참여자는 가족과 떨어져 살아야 하고, 근로환경, 사회적 지위도 보장되지 않는 육체노동을 하는 것을 감수하고서라도 더 많은 돈을 벌기 위해 한국으로 온 것이다.

연구 참여자가 한국에서 돈을 벌기 위해서는 경제활동과 체류가 가능한 신분을 취득하는 것이었다. 연구 참여자는 한국 정부에서 재외동포로 인정하고 있는 조선족이므로 다른 중국계 노동자보다 안정적인 신분 취득이 용이했다. 연구 참여자는 재외동포를 대상으로 하는 동포방문(C-3-8) 비자로 한국에 입국했다. 그리고 6주간 전문 기술 교육을 받아 수료증을 취득한 후 방문취업(H-2) 비자를 받았다. 그런데 최종적으로는 유효 기간이 짧은 방문취업 비자보다 비교적 유효 기간이 긴 동포(F-4) 비자를 받고자 했다. 동포 비자는 중국과 한국을 오갈 때 따로 구비해야 하는 서류가 없고, 중국에 있는 가족을 한국으로 초청하는 것도 가능하여 가족들과도 자주 만날 수 있기 때문이다. 무엇보다 동포

비자를 취득하고 나면 기간에 구애받지 않고 자유로운 경제활동을 할
수 있었다.

— 중략 —

다. 문화적응 전략 2: 노동자끼리 소통하는 창구 활용하기

연구 참여자 02는 자신이 활용할 수 있는 이중적 정체성에 대해 명
확하게 인식하고 있다. 재외동포로서 한국 사회에서 제공하는 편의를
이용하기 위해 동포 비자를 받으려고 노력했다. 이는 일정 정도의 기간
을 인내해야 얻을 수 있는 것이다. 또한 연구 참여자는 자신의 또 다른
정체성, 즉 중국인이자 노동자로서의 정체성을 드러내기도 한다. 중국
계 노동자들과 근로환경과 관련한 정보를 교환하기 위해 미디어 환경
을 적극적으로 활용하고 있다.

— 중략 —

라. 희망하는 미래상: 4대 보험 제도와 재외동포에 대한 사회복지 제도
개선

연구 참여자 02가 한국 사회에 거주하며 그리는 미래상은 크게 두
가지인 것으로 판단된다. 첫째, 4대 보험, 특히 국민연금제도의 개선이
고, 둘째, 재외동포에 대한 사회복지 제도의 개선이다.

연구 참여자는 중국 국적을 가지고 있으므로 55세 이상이 되면 중국
에서 국민연금의 수혜를 받을 수 있다. 그런데 한국에서 4대 보험은 노
동자의 의사와 상관없이 임금의 일정 비율을 납부하도록 되어 있다. 따
라서 연구 참여자는 국민연금을 중국과 한국에 이중으로 납부하게 된
다. 그런데 이마저도 사업장으로부터 4대 보험료를 제한 임금을 지급

받았으나 정작 4대 보험에 미가입되어 있었다는 사실을 뒤늦게 알게
되기도 한다.

— 중략 —

(3) 연구 참여자의 특징

연구 참여자 02가 한국 사회 적응 과정에서 보이는 인지정서적 특징
을 정리하면 다음과 같다.

첫째, 경제적 이익 창출을 최우선 목표로 삼고 이를 위해 현재의 삶
을 다소 희생시킨다. 미래에 더욱 안락하고 풍족한 삶을 살기 위해 지
금 당장 좀 힘들게 살더라도 이를 감수하려고 한다. 현재 삶의 질보다
미래의 가치를 더 중요하게 여기는 가치지향적인 삶의 태도를 가지고
있다고 볼 수 있다.

둘째, 삶의 편의를 위해 재외동포로서의 정체성과 중국인으로서의
정체성을 모두 활용한다. 비자 취득에서 한국 사회가 재외동포에게 제
공하는 신분 취득에 대한 편의를 적극적으로 활용한다. 또한 중국계 노
동자들과 입장을 같이하며 사업장에서 자신을 한국인과 다른 존재로
규정한다. 미디어를 통한 정보 공유의 장에서도 이를 적극적으로 활용
한다.

이를 종합해보면, 연구 참여자는 문화적응의 유형 가운데 베리(Ber-
ry)의 유형 분류에 따르면 '분리'에 해당한다고 볼 수 있다. 다문화사회
이주민 유형에서는 '응화인'에 속한다. 연구 참여자는 한국 사회 정주
민과 자신이 속한 중국계 노동자 집단의 경계를 확실히 구분하고 있다.
한국 사회 정주민을 자신과는 다른 타인으로 보고, 자신은 중국계 노동
자와 함께 행동하고자 한다. 중국계 노동자들이 연구 참여자의 주 활동

영역의 다수를 차지하므로 집단 구성원과 공유할 수 있는 중국계 노동자로서의 정체성을 유지하고 있는 것으로 보인다. 이로써 연구 참여자는 한국 사회에서의 문화적응 전략으로 '분리'를 취하고 있다고 볼 수 있다.

마지막으로 연구 참여자의 경험에서 한국 사회의 사회제도적 개선점을 찾아보면 다음과 같다.

첫째, 국민연금 같은 사회보장제도의 혜택을 받지 못하는 외국인 노동자에 대한 제도적 고민이 필요해 보인다. 우선 사업장에서 외국인 노동자가 자신의 4대 보험 가입 여부를 확인할 수 있어야 할 것이다. 현재는 사업장에서 노동자에게 4대 보험료를 제한 임금을 주면서 정작 보험료를 미납하거나 4대 보험에 가입하지 않은 경우가 발생해도 피해를 입은 외국인 노동자를 구제할 방안이 미비하다.

둘째, 연구 참여자의 자녀처럼 재외동포 자녀의 경우, 중도입국 청소년처럼 교육복지 서비스를 받을 수 있도록 하는 방안을 고민할 필요가 있다. 재외동포의 한국 사회 유입률이 높아 그들의 자녀가 교육복지 서비스의 대상에서 제외되지 않도록 담당 기관을 지정하고 관련 프로그램을 운영하도록 해야 할 것이다.

연구 참여자 05(외국인 유학생)의 분석 사례

(1) 문화적응 생애담 요약

연구 참여자 05는 중국 연길 출신으로 30대 중반의 조선족 여성이다. 2009년 중국에 있는 대학교에서 한 · 중 언어 비교로 석사학위를 취득했다. 그리고 6년 동안 중국 대학에서 학생들에게 한국어를 가르쳤다. 그런데 대학 강의를 하다 보니 전공 공부를 더 해야겠다는 생각을 하게 되었고, 이를 위해 한국으로 유학을 왔다. 연구 참여자는 결혼해서 남편과 자녀가 있는데, 가족은 모두 중국에서 생활하고 있고 연구 참여자만 한국으로 건너와 생활하고 있다.

— 중략 —

(2) 문화적응의 내러티브

가. 한국으로 이주를 결심한 계기: 전문적 지식 습득을 위한 유학이주

연구 참여자 05는 한국으로 유학 오기 전 6년 동안 중국에 있는 대학에서 학생들을 가르쳤다. 그러면서 중국에서 학생들을 가르치며 사는 삶 자체에 불만을 가진 것은 아니었다. 학생들을 가르치는 일이 육체적으로 힘들거나 시간에 쫓기거나 하지 않았으므로 가족과 함께 충분한 시간을 보내는 일상을 즐겼다.

— 중략 —

나. 문화적응 전략 1: 자랑스러운 중국인으로서의 정체성을 기반으로 외국인 유학생들과 정서적 유대관계 구축하기

연구 참여자 05는 자신이 조선족이어서 유학 초기에 언어로 인한 어려움은 크지 않을 것으로 예상했다고 한다. 그런데 일상생활에서부터 학교생활에 이르기까지 가장 큰 고민을 하게 하는 것이 언어였다.

"근데 와서 보니깐 첫날부터 '오-' 되게 당황스러웠어요. 이렇게 어려운가. 제가 하나도 모르는 분야구나. 그런 걸 느끼고 되게 스트레스 받고 그랬었어요. 그리고 언어는 통한다고 생각을 했거든요. 근데 여기 와서, 한국의 언어가 외래어가 그렇게 많은지 생각 못했어요, 일상생활에. 저희 같은 경우에는 중국에서도 저희는 '조선어'라고 하거든요. 한자어하고 고유어를 되게 많이 쓰고. 외래어는 한국하고 비교를 하면 작은 비중이잖아요. 그렇게 많이 모르는 상태고. 저도 영어를 공부한 적이 없어서. 여기 와서 제일 어려운 게 외래어. 커피숍 시켜도. 작은 것, 중간 것, 큰 것, 이것마저도 다 외래어니깐 이해를 못하겠고. 수업 중에도 가끔 영어, 전문 영어 같은 경우에는 외래어가 많으니깐 이해를 못하겠고. 또 조선족이지만 중국에서는 조선어를 잘 안 했어요. 거의 다 중국어로 하고 사고도 중국어로 하고. 여기 와서 한국어를 하면서 번역을 해야 되어요. 머릿속에서 생각을 하고 한국어로 번역을 해야 되는 상황이기 때문에 좀 맥락 같은 걸 잘 이해를 못할 때가 많아요. 이렇게 얘기를 할 때, 이게 어떤지 파악을 못하는 경우가 좀 많아요. 문화 쪽이랑 다른 거겠죠. 같은 언어를 사용하고 있지만, 언어적 문화도 좀 다른 거 아닌가. 그런 것 때문에 좀 힘들고 전공이 조금 달라서 많이 힘들었던 것 같아요."

연구 참여자는 고향에서 사용하는 조선어와 한국에서 사용하는 한국어가 자신이 생각했던 것처럼 유사하지 않다는 것에 당황스러웠다고 한다. 이는 스트레스가 될 정도였다. 조선어에는 한자어와 고유어가 많은 데 비해 한국어에는 외래어가 많다. 또한 연구 참여자는 자신의 가계도를 보면 할머니는 조선 사람이고 할아버지는 중국 사람이었다고 하면서 중국인으로서의 혈통이 강하다는 것을 강조한다. 부모님은 물론 모두 중국에서 태어났고, 자신도 마찬가지여서 중국에서도 조선어보다 중국어를 더 많이 사용하는 가정환경에서 생활했다는 것이다. 연구 참여자는 그래서 자신은 조선어보다 중국어 사용이 더 익숙했던 데다 조선어와 한국어 사용자의 언어적 정체성마저 달라 한국어가 더 낯설고 어려웠다고 보는 것이다.

— 중략 —

다. 문화적응 전략 2: 한국과 중국의 매개자로서 성실하게 살아가기

연구 참여자 05는 조선족과 중국인에게 향하는 한국 사회의 부정적 인식에 대해 자신을 향한 것이라고 여긴다. 이를 통해 연구 참여자가 가지고 있는 정체성이 무엇인지를 확인할 수 있다. 연구 참여자는 재외동포로서의 정체성과 중국인으로서의 정체성을 모두 고수하고 있다.

("한국 사람들이 직접적으로 이런 중국 사람들에 대해 안 좋은 이미지를 막 얘기한 적도 있었어요?") "직접적으로 얘기한 적은 없었는데 제가 요즘 알바를 하거든요. 알바를 하면서 한국의 학생들한테 얘기를 한 적

이 있었어요. 저 「범죄도시」도 봤고 「청년경찰」도 봤어요. 저 2개를 보고 되게 충격을 받았어요. 그전에는 워낙 주변에서 그렇게 얘기를 해주는 사람도 없고, 한국의 선배님들도 이렇게 얘기를 안 해주니깐, 중국의 조선족이 한국에서 이미지가 어떻다는 걸 잘 몰랐어요. 그냥. 같은 민족이구나 하고 되게 좋았는데. 다들 잘 해주니깐 전 되게 좋았는데. 그 영화 때문에 저 충격 받았거든요. 왜 영화에서 이미지를 그렇게까지 부각하는 건지. (중략) 전국적으로 영화를 하고, 학생들도, 대학생들도, 고등학생들도 볼 거 아니에요. 그럼 그 학생들은 중국의 조선족은 이렇다고 생각하지 않을까요? 저는 그게 걱정이 돼요. 그래서 제가 가르치는 학생들은 대학생인데 제가 물어봤어요. 「범죄도시」 봤냐고. 「청년경찰」 봤냐? 어떻게 생각하냐?' 물어봤는데 이미지가 두 개. '하나는 조선족은 무섭다.' 또 하나는 '대림동은 무섭다.' 이렇게 나온 거예요. 요렇게 나온 거예요. 그래서 저는 웃기는 말로 저는 고민이라고. 저 조선족인데 한국에 있어야 되나, 말아야 되나, 되게 농담으로 했는데. 교수님 그게 아니라고. 자기도 영화를 보고 받아들이는 사람도 있겠지만 그냥 영화로 받아들이는 학생들도 있고, 그렇게 생각 안 해도 된다고, 저한테 그렇게 얘기를 하더라고요. (중략) 왜 굳이 중국의 조선족을 이렇게 이미지화시켰는지 그런 글도 본 적이 있어 그게 되게 궁금해요."

한국 사회는 조선족으로 대표되는 재한 동포에 대해 상호 모순되는 두 가지 태도를 취한다. 하나는 역사를 공유한 한 민족으로서 재외동포를 위하는 태도를 취하는 것이고, 다른 하나는 경제적 가치를 최우선으로

하여 낙후된 지역 출신으로 저평가하며 경시하는 태도를 취하는 것이다.

— 중략 —

라. 희망하는 미래상: 미디어에 대한 비판적 인식 갖기, 다름에 대해 수 용하는 태도 갖기

연구 참여자 05가 한국 사회에 거주하며 그리는 미래상은 크게 두 가지인 것으로 판단된다. 첫째, 미디어가 조선족이나 중국인에 대해 왜 곡하지 못하도록 하는 것보다 한국인이 그에 대해 비판적인 인식을 갖는 것이 더 중요하다고 여기며 이에 대한 개선이 필요하다고 본다. 이는 미디어를 통해 다루어지는 이미지가 왜곡되어 있다는 확신, 즉 조선 족과 중국인의 실상이 그와 다르다는 확신에 기반을 둔 것이다. 또한 이는 한국 사회의 전반적인 인식 개선을 통해 가능한 것이므로 더욱 근본적인 대안이라고 할 수 있다.

— 중략 —

(3) 연구 참여자의 특징

연구 참여자 05가 한국 사회 적응 과정에서 보이는 인지정서적 특징을 정리하면 다음과 같다.

첫째, 스스로를 어떤 어려움이든 극복할 수 있는 존재로 인식하고 있다. 한국 사회에서 중국인이나 조선족을 향한 편견에 마주해도 자신에게 자부심이 있어 주눅 들지 않고 잘못을 바로잡기 위해 노력하는 태도를 보인다. 이는 스스로에 대해 무시당할 만한 존재가 아니라는 확신을 가지고 있기에 가능한 것이라 할 수 있다. 또한 이러한 인식은 연구 참여자가 대안을 모색해나가려는 의지의 원동력이 되고 있다.

둘째, 오늘보다 더 나은 미래를 꿈꾸고 삶을 통해 실현시키는 실천적 태도를 가지고 있다. 이와 같은 태도로 인해 연구 참여자의 삶은 현재에 안주하지 않고 변화하고 성장해나가는 여정이 되고 있다고 볼 수 있다.

이를 종합해보면, 연구 참여자는 문화적응의 유형 가운데 '상호문화인'에 해당한다고 볼 수 있다. 연구 참여자는 중국인으로서의 정체성, 조선족으로서의 정체성을 소중하게 여기며 이를 유지하려 노력하고 있다. 그 가운데 한국 사회 정주민과의 공생을 도모하며 한데 어우러져 살아나갈 수 있는 방법에 대해 모색하는 문화적응 전략을 취하고 있어 '상호문화인'의 특징을 보여준다고 할 수 있다.

마지막으로 연구 참여자의 경험에서 한국 사회의 사회제도적 개선점을 찾아보면 다음과 같다.

미디어에서 조선족이나 중국인의 편향된 이미지를 다룰 때는 특정 사건이나 작품에 국한됨을 명시하는 제도를 마련할 필요가 있다. 미디어가 사회에 미치는 파급력을 고려할 때 특히 부정적인 인식을 조장할 가능성이 있는 작품의 허구성을 강조하여 이로 인해 피해자가 발생하는 것을 미연에 방지하는 효과를 거둘 수 있을 것이다.

이처럼 각 분석 사례는 크게 (1) 문화적응 생애담 요약, (2) 문화적응 전략, (3) 연구 참여자의 특징으로 구성된다. 세부 항목과 내용은 연구 참여자의 특성에 맞게 조정했다. 특히 '(3) 연구 참여자의 특징'은 각 사례의 소결에 해당하는 부분으로, 이를 통해 중국계 이주민의 문화적응 양상 유형을 종합적으로 살필 수 있도록 했다.

11장

다문화 생활세계
디지털 아카이브

1.
서론

'에스노그래피(ethnography)'는 문화를 연구하는 학문인 인류학의 한 분야로, 일상생활이라는 맥락 속에서 사람들을 관찰하고 대화를 나누는 등의 조사 방법을 통해 연구자가 연구 대상자인 사람들의 관점으로 그들이 속한 사회를 관찰함으로써 그 사회의 사회적·문화적 현상을 연구하는 방법이다. 이러한 에스노그래피 연구에서 연구자는 기본적으로 조사 대상자의 일상생활을 관찰하거나 조사 대상자와 대화를 나눔으로써 일상 속에서 실제로 일어나는 사회적·문화적 현상들을 필드 데이터로 기록하고, 이 기록을 토대로 자신의 깊이 있는 지식과 풍부한 통찰력에 기인한 정성적인 분석을 함으로써 사회적·문화적 현상을 더 잘 이해할 수 있도록 설명하고자 한다. 따라서 정성적인 연구방법을 채택하고 있는 에스노그래피 연구에서 연구자의 정성적 분석 결과의 근거를 제공하는 필드 데이터를 수집·축적·관리하는 것은 정성적 분석 결과에 대한 근거를 명확히 증거로서 보존하고 후속 연구를 위한 필드 데이터를 공유하기 위해 꼭 필요하다.

'다문화 생활세계 아카이브'는 연구재단의 "에스노그래피를 활용한 다문화 구성원의 생활세계 디지털 아카이브 구축" 과제의 일환으로 추진되고 있다. 이 과제는 우리 사회 다문화 구성원의 다양한 사회적·문화적 현상을 이해하고 설명하려는 방법으로 에스노그래피를 활용한다. 다문화 생활세계 아카이브는 에스노그래피의 연구 과정에서 수집되는 우리나라 다문화 구성원의 생활세계와 관련한 다양한 사람의 기억을 디지털 아카이브의 플랫폼을 통해 축적함으로써 그들의 기억을 영구적으로 보존한다. 이것은 결국 후속 세대와 연구자들이 디지털 아카이브에 보존된 그들의 기억에 접근할 수 있도록 하여 다문화 구성원의 생활세계를 다양한 관점으로 이해하고, 연구하고, 재생산할 수 있도록 하는 데 주된 목적이 있다. 좀 더 구체적으로 다문화 구성원의 생활세계 연구 과정에서 수집되는 다문화 구성원의 이야기를 포함한 다양한 필드 데이터 및 관련 연구자료를 수집·관리·보존·공유하기 위한 목적으로 디지털 아카이브로 구축하고자 한다. 이에 이 글에서는 '다문화 생활세계 아카이브'의 필요성과 구축·활용 방안에 대해 논의하고자 한다.

2.
디지털 아카이브와 에스노그래피

'아카이브(archive)'는 집정관(행정장관)이 머무르는 사무실 또는 관사를 의미하는 그리스어 '아케이온(arkeion)'에서 유래된 말로서, 주로 공공기록을 보관하는 장소라는 뜻으로 사용되었는데, 이는 아케이온에 중요한 행정 문서가 보존되어 있었기 때문이다. 하지만 서구에서 근대국가가 발전하면서 아카이브는 단지 공공기록을 보존한다는 제한적 개념에서 국가적·사회적 기억의 저장소를 의미하는 공적 아카이브로 그 개념이 확대되어 인식되기 시작했다. 최근에는 이처럼 확대된 아카이브의 개념이 국가나 정부 같은 공적 기관에서 생산되는 공공기록물(국가적 기억)을 넘어서 보통 사람들이 생산해내는 다양한 기록물(사회적 기억)로 그 적용 범위가 확대되고 있다. 이러한 맥락에서 아카이브는 "자신들의 기억을 기록하고 보존하려는 사람들과 그러한 기억을 이용하려는 사람들 사이에 의사소통을 위한 열린 공간"으로 인식되고 있다.

최근에는 인터넷 환경의 발달과 디지털 기술의 발전으로 인해 온라인상에 아카이브를 구축하는 디지털 아카이브에 대한 관심이 높아지고 있다. 디지털 아카이브는 처음부터 디지털로 만들어진 자료(born digital material)와 디지털로 변환한 자료(digitized material) 같은 디지털 형태의 기록물을 보존·관리·이용할 수 있도록 하는데, 이 과정에서 디지털 기술이 제공하는 다양한 장점을 적극적으로 활용할 수 있다는 특징이 있다. 예를 들어, 디지털 형태의 기록물은 아날로그 형태의 기록물과 비교해볼 때, 디지털 자료의 이용에 따른 자료 훼손에 대한 염려가 전혀 없다. 또한, 정보검색 기술을 접목하여 디지털 기록물의 내용을 검색할 수 있으며, 이용자들은 온라인을 통해 언제 어디서든지 보존된 디지털 기록물에 접근하여 이용할 수 있는 장점이 있다. 또한, 자료 보존을 위한 별도의 물리적 공간이 필요하지 않으므로 그에 따른 경제적인 이점이 있다. 이에 본 연구에서는 우리 사회 다문화 구성원의 생활세계에 관한 다양한 형태의 기록(문서, 사진, 동영상, 음성 등)을 디지털 형태로 작성 또는 변환하고 이에 활용 가능한 디지털 기술을 접목하여 그 보존·관리·이용을 극대화할 수 있도록 디지털 아카이브의 형태로 '다문화 생활세계 아카이브'를 구축하고자 한다.

본 연구에서는 연구자가 연구 대상자인 다문화 구성원의 관점으로 우리 사회를 관찰하기 위해 현장에서 다문화 구성원을 면담하고, 관련 자료를 수집하고, 그 기록을 정리하고 분석하여 다양한 사회적·문화적 의미를 해석한다. 이 과정에서 다문화 구성원에 대한 기록은 현재 우리 사회 다문화 구성원의 이주 역사, 생활, 문화 등 생활세계에 대한 기록이라는 점에서 다문화 구성원 개인만의 기억이 아니라 우리 사회 전체의 사회적 기억의 한 부분으로서 보존하여 후세대에 전승할 만한 역사적·문화적 가치가 있다. 또한, 연구의 수행과정에서 연구자에 의해 추가로 생산되는 다양한 연구자료는 도출된 연구 결과에 대한 근거를 제시하는 증거자료와 후속 연구자를 위한 연구자료로서의 가치를 지니고 있다. 특히 이와 같은 자료는 다문화 구성원에 관한 연구를 진행하고자 하는 후속 연구자에게는 매우 귀중한 자료가 될 수 있으며, 이를 재사용함으로써 관련 분야의 연구 활성화에 이바지할 수 있다.

3.
디지털 아카이브 구축 요건 및 과정

앞에서 소개한 대로 디지털 아카이브는 디지털 형태로 담겨 있는 기록물을 디지털 저장공간에 저장하고 보존함과 아울러 이용자가 보존된 자료에 접근하여 이용할 수 있도록 하는 기능을 수행한다. 이러한 기능을 수행하는 디지털 아카이브는 얼핏 매우 단순해 보이지만, 디지털 아카이브의 경제성, 효율성, 활용성, 지속 가능성을 담보하기 위해서는 최대한 관련 표준을 수용하여 구축하는 것이 반드시 필요하다.

본 연구에서는 다문화 생활세계 아카이브를 디지털 아카이브 형태로 구축하기 위해 우선 오픈소스 소프트웨어에 관심을 두었다. 오픈소스 소프트웨어(Open Source Software; OSS, 공개형 소프트웨어)는 "소프트웨어의 내용을 프로그래밍 언어로 나타낸 '소스코드'를 공개하여 누구나 개량·재배포할 수 있는 소프트웨어"를 말한다(공개SW포털, n.d.). 오픈소스 소프트웨어는 인터넷상에 공개되어 있고 누구나 무료로 내려받아 자신의 서버에 설치하여 사용할 수 있으므로 디지털 아카이브 플랫폼을 자체적으로 개발하거나 상용 디지털 아카이브 플랫폼을 구매하는 데 드는 비용을 절약

할 수 있어 그만큼 비용을 절감할 수 있는 장점이 있다. 또한 소프트웨어 소스가 공개되어 있으므로 특정 회사나 제품, 기술의 종속성을 탈피하여 시스템을 운영할 수 있으며 필요에 따라 공개된 소스를 검토 · 수정 · 보완 · 개발할 수 있는 특성이 있다.

디지털 아카이브는 일종의 콘텐츠 관리 시스템(Content Management System)인데, 오픈소스 소프트웨어 형태로 공개되어 있는 주요 디지털 아카이브 플랫폼 중에서 1차 후보로 선정된 것은 다음 〈표 4-3〉과 같다. DSpace는 MIT Libraries와 Hewlett Packard Labs가 공동으로 개발한 오픈소스 소프트웨어로, 주로 디지털 형태의 학술 출판물이나 연구 자원에 대한 수집 · 보존 · 관리와 이용자에게 제공하기 위해 개발되었다. DSpace는 다양한 종류의 디지털 콘텐츠를 관리할 수 있는 다양한 기술과 방법을 제공하고 있으며, 현재 6.x 버전까지 개발되고 많은 디지털 프로젝트에 사용되어 그 안정성과 신뢰성이 어느 정도 검증되어 있다. 현재

〈표 4-3〉 오픈소스 소프트웨어 디지털 아카이브 플랫폼

공개형 소프트웨어	개발 및 운영기관	라이선스	웹사이트
DSpace	MIT Libraries, Hewlett Packard Labs, DuraSpace	BSD open source license	http://www.dspace.org/
Fedora	University of Virginia, Cornell University	Apache License, Educational Community License	http://www.fedora-commons.org/
Omeka	Roy Rosenzweig Center for History, New Media, George Mason University	GNU General Public License	http://omeka.org/

는 비영리단체인 Duraspace에서 Fedora와 함께 운영 중이다(DSpace, n.d.). Fedora는 디지털 콘텐츠의 관리 및 보급을 위한 모듈식의 저장 시스템으로, 접근과 보존 둘 다를 위한 디지털 도서관이나 아카이브에 적합하도록 개발되었다. 역사, 문화, 과학 등 다양한 분야의 데이터로 구성된 광범위하고 복잡한 디지털 컬렉션에 대한 전문적 접근 서비스를 제공하는 데 특화된 시스템으로 전 세계의 학술 및 문화유산기관, 대학, 연구기관, 정부기관 등에서 이용되고 있다(Fedora, n.d.). Omeka는 조지메이슨 대학교(George Mason University)의 **Roy Rosenzweig Center**에서 개발한 온라인 디지털 컬렉션 지원 시스템으로 도서관, 박물관, 아카이브, 미술관의 컬렉션을 온라인상에 전시하기 위한 웹 출판 플랫폼으로서의 특징이 있다(Omeka, n.d.).

본 과제에서 요구되는 다문화 생활세계 아카이브를 구축하기 위해 〈표 4-3〉에 제시되어 있는 오픈소스 소프트웨어 디지털 아카이브 플랫폼 중에서 DSpace를 선정했는데, 이는 DSpace가 이미 전 세계의 많은 기관에서 채택되어 운영 중에 있어 그 안정성이 검증되어 있고, 오픈소스 소프트웨어의 수정 · 개발과 운영에 필요한 정보를 얻기 위한 커뮤니티 규모가 비교적 크게 형성되어 있으며, 무엇보다 DSpace에서 제공하는 콘텐츠 및 이용자 관리, 자료에 대한 접근 통제 등의 기능이 잘 구현되어 있기 때문이다.

다문화 생활세계 아카이브는 현재 인터넷에서 DSpace의 소스를 내려받아 인터넷에 연결된 서버에 설치하여 운영하고 있으며, 서버에 관한 기본 정보는 다음 〈표 4-4〉와 같다.

DSpace는 자료에 접근하는 이용자를 위한 커뮤니티를 만들 수 있도록 기능을 제공하는데, 이 기능을 활용해 각 커뮤니티에 접근하는 이용

공식 명칭	다문화 생활세계 아카이브	비고
주소	http://165.246.135.177:8080/xmlui http://ethno.ddns.net:8080/xmlui	영구 IP 주소 임시 도메인
홈페이지 타이틀	DSpace Repository	차후 소스코드 수정을 통해 내용 수정이 필요함
서버 사양	OS: Windows 10 CPU: Intel Core i5 RAM: 6 GB	

자를 통제할 수 있다. 각 커뮤니티 아래에는 또다시 하위 커뮤니티를 생성할 수 있는 기능이 제공되고 있어 특정 커뮤니티에 소속된 이용자를 대상으로 다시 하위 커뮤니티를 만들어서 커뮤니티에 대한 이용자의 접근 권한을 관리할 수 있다.

〔그림 4-2〕는 커뮤니티의 화면 구성을 보여주는데, 현재 '다문화 생활세계 아카이브 연구팀'이라는 커뮤니티 내에는 '생애담 요약', '연구성과물', '전사자료', '참고자료' 컬렉션이 생성되어 있으며, 각 컬렉션에는 본 과제의 연구 수행과정에서 생성되는 해당 자료가 등록 · 보존된다. 이렇게 등록된 자료는 화면 우측의 Search DSpace 도구와 Browse 도구를 통해 검색된다. 현재 생성되어 있는 커뮤니티와 컬렉션에 대한 일반인의 접근은 차단되어 있으며, 아카이브에 등록된 이용자 중에서 커뮤니티 관리자의 승인을 받은 이용자만 접근할 수 있게 설정되어 있다.

디지털 기록물을 저장 · 보존 · 관리하기 위해 일반 컴퓨터의 파일/폴더를 사용하지 않고 DSpace 같은 디지털 아카이브 플랫폼을 사용하는 이유는 디지털 기록물의 저장 · 보존 · 관리에 필요한 다양한 정보를 구

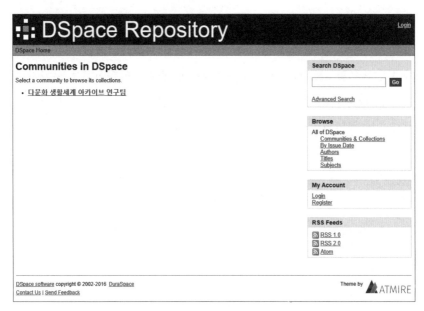

[그림 4-1] DSpace의 초기 홈페이지 화면

[그림 4-2] DSpace의 커뮤니티 화면

조화된 메타데이터를 사용하여 기술(description)함으로써 디지털 기록물의
식별성, 상호호환성, 접근성 등을 제고하기 위함이다. DSpace는 디지털
아카이브에 업로드되는 디지털 정보자원에 대한 메타데이터를 관리자의
필요에 따라 단순하게 입력하거나 추가 · 확장하여 사용하는 기능을 지
원하고 있다. 〈그림 4-3〉은 DSpace에 업로드된 전사자료에 대한 메타데

Metadata

Remove	Name	Value	Language
☐	dc. contributor. author	황, 해영	
☐	dc. date. accessioned	2018-06-12T01:37:03Z	
☐	dc. date. available	2018-06-12T01:37:03Z	
☐	dc. date. issued	2017-10-25	
☐	dc. description. abstract	-연구참여자는 1981년 중국 길림성 화룡시에서 나고 자람. -한국으로 이주한 후에는 중국에 거의 가지 않음. 16년 동안 남동생의 결혼으로 한 번 정도 방문. 먹고 사느라 바빠서 갈 틈이 없었다고 함. -1999년에 산업연수생으로 입국하여 회사에서 일하다가 2001년에 중국	ko_KR
☐	dc. description. provenance	Submitted by Jongdo Park (jdp23@inu.ac.kr) on 2018-06-12T01:37:03Z No. of bitstreams: 1 01_CHN_CHO_IMGW_01_F_미디어_교육_언어_차별.hwp: 106496	en
☐	dc. description. provenance	Made available in DSpace on 2018-06-12T01:37:03Z (GMT). No. of bitstreams: 1 01_CHN_CHO_IMGW_01_F_미디어_교육_언어_차별.hwp: 106496 bytes, checksum: 6fa015035bf5d630530424fbdba94098 (MD5)	en
☐	dc. identifier. uri	http://165.246.135.177:8080/xmlui/handle/123456789/8	

[그림 4-3] DSpace에서 메타데이터의 편집 화면

이터를 입력한 예다. 업로드된 디지털 기록물에 대한 정보를 상세히 기술하기 위해 기본적으로 더블린코어(DC) 메타데이터 세트를 사용하는데, 이는 웹에서 범용적으로 사용하도록 만들어진 메타데이터 표준이다. 이와 같은 메타데이터를 사용하여 디지털 기록물에 대한 정보를 상세히 기술하면 디지털 기록물을 효율적으로 관리·이용할 수 있게 된다. 본 연구에서는 자체적으로 더블린코어에서 정의하고 있지 않은 국가, 민족, 이주형태 등을 표현하기 위한 독자적인 코드를 사용하고 있는데, 이러한 코드를 메타데이터로 추가하기 위해서는 별도의 메타데이터 등록 화면

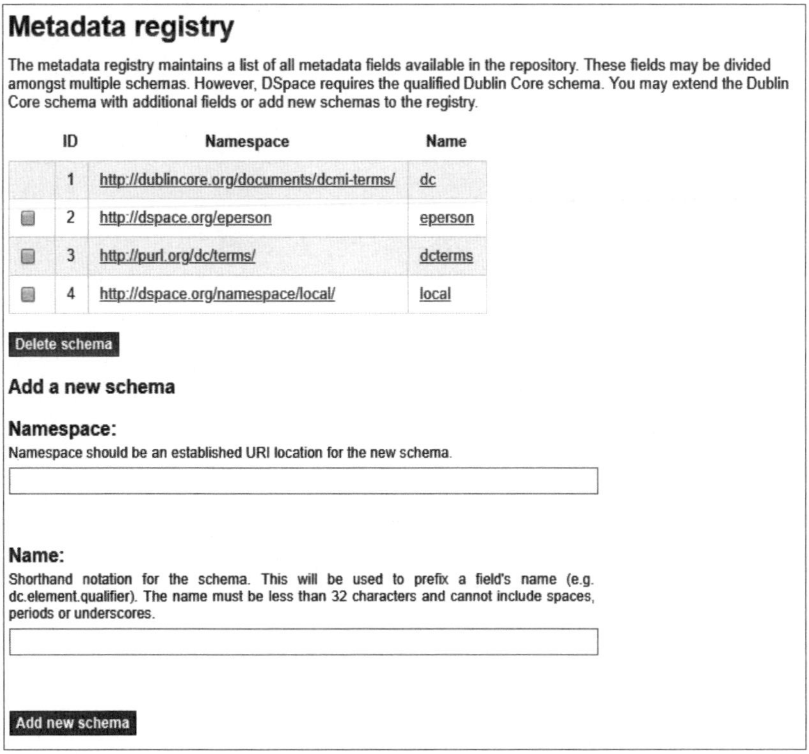

[그림 4-4] DSpace의 메타데이터 등록 화면

으로 가서 필요한 자체 메타데이터 요소를 등록함으로써 유연하게 확장하여 해당 자료에 대한 메타데이터를 기술할 수 있다.

4.
연구절차와 수집자료(컬렉션)의 종류

본 과제에서 연구자가 진행하는 일반적인 연구절차는 다음과 같다.

① 제보자 면담 → ② 전사자료 작성 → ③ 질적 분석 → ④ 생애담
요약자료 작성 → ⑤ 연구결과 정리 → ⑥ 연구결과 출판

첫째, 제보자 면담 단계에서는 제보자에게 동의를 구한 후 제보자
와의 면담 내용을 디지털 녹음기를 이용하여 녹음하는데, 이때 제보자
의 구술내용이 담긴 디지털 형태의 녹음자료가 생산된다. 둘째, 면담을
종료한 후 제보자와의 면담 결과로 생성된 녹음자료에 대한 전사자료가
2차에 걸쳐 생산되는데, 이는 텍스트 형태로 생산된다. 제보자의 구술 녹
음자료에 대한 전사자료의 품질을 보증하기 위해 서로 다른 전사자에 의
해 2차에 걸쳐 전사했다. 셋째, 연구자는 2차 전사자료를 토대로 질적 분
석을 하는데, 분석과정에서 질적 분석을 위한 코딩을 하게 되며 그 결과
2차 전사자료에 코드와 주석(annotation)이 추가된 전사자료가 생산된다. 넷

째, 2차에 걸쳐 수정·보완되어 만들어진 전사자료는 제보자의 구어적인 표현이 정제되지 않은 상태로 정리되어 있는데, 본 연구의 제보자는 다문화 구성원으로서 한국어 표현에 부자연스러움이 있으므로 본래의 문장 표현 그대로 읽기에는 어려움이 있어 다른 연구자에 의해 제보자의 표현을 다듬고 요약·정리하여 생애담 요약자료를 이야기 형태로 작성한다. 다섯째, 연구결과 정리 단계에서는 연구결과를 정리하고 종합하기 위해 다양한 관련 문헌을 수집하게 되는데, 이때 수집된 관련 문헌의 리스트는 다문화 주제에 관련한 주요 서지(bibliography)가 작성된다. 이렇게 생성된 다문화 주제 분야의 서지는 관련 연구자들이 해당 주제에 관한 문헌을 탐색할 수 있도록 돕는 정보탐색 도구로 활용될 수 있다. 마지막으로 연구결과물은 슬라이드 자료, 워크숍 자료, 학술저널 논문, 단행본 등 다양한 형태로 출판된다.

〈표 4-5〉 연구단계별 생산·수집자료

연구단계	생산·수집자료 유형
① 제보자 면담	녹음자료, 사진 등
② 전사자료 작성	텍스트: 1차 전사자료, 2차 전사자료
③ 질적 분석	텍스트: 주석이 추가된 전사자료
④ 생애담 요약자료 작성	텍스트: 생애담 요약자료
⑤ 연구결과 정리	텍스트: 서지(관련 참고문헌 리스트)
⑥ 연구결과 출판	연구결과물: 슬라이드 자료, 워크숍 자료, 학술저널 논문, 단행본 등

5.
후속연구

현재는 다문화 생활세계 아카이브를 위한 디지털 아카이브 플랫폼이 구축된 초기 단계다. 이후 사업에서 이어서 진행할 아카이브 구축 과정은 다음의 5가지 과정으로 요약할 수 있다.

① 자체 코딩을 위한 메타데이터 요소 정의 및 메타데이터 레지스터리 등록
② 에스노그래피 연구자료의 아카이브 구축에 필요한 일반 메타데이터 세트의 개발
③ 표준을 따르면서 오픈된 기술을 적용한 디지털 기록물의 생성 및 보존
④ 다문화 생활세계 아카이브를 위한 기록물 수집 정책의 개발
⑤ 외부 관련 정보원과의 연결

첫째, 자체적으로 코딩하기 위해 사용하는 요소들을 정리하고, 이

를 DSpace 내의 메타데이터 레지스트리에 등록하여 자료 식별과 검색에 필요한 코드를 구조화된 형태로 입력하여 검색에 활용할 수 있도록 해야 한다. 둘째, 이러한 과정을 통해 개발된 메타데이터 세트는 일반적인 에스노그래피 연구자료 기술에 필요한 메타데이터 모델로 제안할 수 있을 것이므로 이에 대한 연구를 추진할 필요가 있다. 셋째, 현재 생산되어 있는 디지털 기록물은 특정 응용프로그램에 종속된 형태의 파일 포맷(예: hwp 파일)으로 생성되어 있는데, 장기적인 관점에서 보면 특정 응용프로그램에 종속된 파일 포맷보다는 표준으로 채택된 파일 포맷으로 변환하여 자료를 보존하는 것이 좋다. 넷째, 다문화 생활세계 아카이브에는 다문화와 관련된 다양한 형태의 자료가 수집될 수 있는데, 장기적인 관점에서 다문화 생활세계 아카이브에서 수집하는 자료의 수집 범위를 명문화할 필요가 있다. 마지막으로, 디지털 아카이브는 인터넷상에서 다른 외부 정보원들과 서로 연결되어야 그 존재 가치가 생기며 더 많은 사람들이 이용할 수 있을 것이다. 따라서 다문화 생활세계 아카이브가 일반 이용자뿐만 아니라 외부의 다양한 기관에 의해 탐색되어 존재가 드러날 수 있도록 외부와 정보를 연결하는 방안을 연구하고 추진해야 할 것이다.

참고문헌

고가영(2008), 「우랄지역 원로 고려인들의 생애사 연구」, 『역사문화연구』 30, 51-86.

강순원(2011), 「다문화 교사교육에 있어서 '내러티브 탐구'가 지니는 의미: Grant & Sleeter의 교사교육 사례를 중심으로」, 『국제이해교육연구』 6(2), 1-30.

강영미(2015), 「필리핀 결혼이주여성의 '자기 복원' 생애사: 로젠탈의 내러티브 분석 접근」, 『한국사회복지질적연구』 9(1), 115-136.

강영안(1990), 「레비나스 철학에서 주체성과 타자」, 『철학과 현상학연구』 4, 243-263.

강원택 · 정병기(2006), 「이념갈등과 사회통합: 영국과 독일의 경험을 중심으로」, 『경제인문사회연구회 협동연구총서』.

강인애 · 장진혜(2009), 「커뮤니티 기반 다문화수업 모형 개발에 대한 연구: 초등학교 수업사례를 중심으로」, 『초등교육연구』 22(2), 71-97.

강휘원(2010), 「미국의 소수인종 통합정책 탐색: 교육, 복지, 언어정책을 중심으로」, 『한국정책연구』 10(1), 51-71.

_____(2009), 「다문화국가의 언어정책 비교와 한국에의 정책적 함의: 스위스와 캐나다 사례를 중심으로」, 한국행정학회 다문화 가족의 정착을 위한 거버넌스 구축 방안 학술대회.

고상두(2014), 「지방정부 수준의 외국인 이주민 정책: 베를린 사례를 중심으로」, 『국제정치논총』 54(1), 167-193

고상두 · 하명신(2012), 「독일 거주 이주민의 사회통합 유형: 터키, 이탈리아, 그리스 출신 이주민 집단의 비교분석」, 『국제정치논총』 52(5), 233-256.

고정은(2013), 「다문화교육 전문가 양성과정의 전문성에 대한 제언: 다문화사회 전문가 2급 양성과정과 한국어교원 양성과정을 중심으로」, 『다문화와 평화』 7(1), 97-123.

교육부(2016), 「교육기본통계」, 교육통계연보 자료.

구견서(2003), 「다문화주의의 이론적 체계」, 『현상과 인식』 27(3), 29-53.

구정화 · 박선웅(2011), 「다문화 시민성 함양을 위한 다문화교육의 목표 체계 구성」, 『시민교육연구』 43(3), 1-27.

국가인권위원회(2012), 이주 인권가이드라인.

권오현 · 모경환 · 황혜원 · 박주현 · 박정서 · 김은아 · 배가빈(2009), 「교사를 위한 다문화교육 연수 프로그램의 사례연구: 중앙다문화교육센터를 중심으로」, 『다문화교육 연구와 실천』 1, 15-36.

권재경 · 김남규(2016), 「두 평생교육학 교수의 생애전환에 관한 내러티브 연구」, 『평생교육 · HRD연구』 12(3), 31-56.

금혜성 · 임지혜(2010), 「독일 · 영국 · 한국의 다문화사회로의 이행과정 국제비교」, 『다문화사회연구』 3(2), 33-70.

기미양(2011), 「구술생애사에서 본 송옥자의 〈문경아리랑〉 재현」, 『구술사연구』 2(2), 11-53.

김경숙 · 공진희 · 이민경(2007), 「교사를 통해 본 다문화 가정 유아 부모의 특성과 유치원 교육 참여에 대한 질적 연구」, 『특수아동학회』 9(4), 311-335.

김경섭(2012), 「여성생애담으로서 시집살이담의 의의와 구연 양상」, 『겨레어문학』 48, 5-35.

김경아(2012), 「이주여성의 경제활동의지 결정요인분석: 이주여성의 정책인지수준과 지역사회다문화태도 인식을 중심으로」, 『한국지방정부학회지』 16(1), 381-409.

김나연(2011), 「다문화가족의 사회통합정책에 관한 연구」, 동아대학교 석사학위논문.

김남국(2004), 「영국과 프랑스에서 정치와 종교: 루시디 사건과 헤드스카프 논쟁을 중심으로」, 『국제정치논총』 44(4), 341-362.

김대욱(2016), 「생애과정관점에서 본 한 사립유치원 원장의 교직생애」, 『열린교육연구』 24(1), 385-406.

김동석(2010), 「스왓(SWOT) 분석 틀에 의한 학교경영 현실진단과 혁신가능성 탐색」, 『교육연구』 18(2), 23-61.

김범춘(2014), 「다문화사회의 소통 패러다임으로서 레비나스의 타자성」, 『통일인문학』 57, 161-191.

김복래(2009), 「프랑스, 영국, 미국의 다문화주의에 대한 비교고찰: 삼국의 이민통합정책을 중심으로」, 『유럽연구』 27(1), 207-235.

김상무(2010), 「독일의 상호문화교육정책이 다문화교육정책에 주는 시사점」, 『교육사상연구』 24(3), 65-89.

_____(2015), 「독일 상호문화교육정책의 현황과 이론적 기초에 관한 연구」, 『교육사상연구』 29(1), 25-46.

김선미(2000), 「다문화 교육의 개념과 사회과 적용에 따른 문제」, 『사회과교육학연구』 1(4), 63-81.

김선아(2010), 「반성적 교사: 미술교사 전문성 개발을 위한 방안 모색」, 『미술교육논총』 24(1), 27-50.

김성수 · 박치완(2008), 「영국의 다문화성향과 다문화주의」, 『EU연구』 23, 65-88.

김성숙(2001), 「홀리스틱 교육관점에서의 슈타이너 '교육예술'」, 『홀리스틱교육연구』 5(1), 53-67.

김수연(2011), 「다문화가정의 사회적응 실태분석과 정부지원정책 방안」, 경기대학교 박사학위논문.

김순남(2014), 「이주여성들의 결혼, 이혼의 과정을 통해서 본 삶의 불확실성과 생애지도의 재구성」, 『한국여성학』 30(4), 189-231.

김승주(2016), 「생애사 연구를 통한 베트남 결혼이주여성 삶의 재구성: 성공사례를 중심으로」, 『가족과 문화』 28(4), 91-130.

김영구(2016), 「중국 소수민족 이중언어 교육정책의 지향에 대한 연구: 서부 대개발 이후 신장위구르자치구의 상황 변화에 대한 분석을 중심으로」, 『현대중국연구』 17(2), 1-35.

김영숙 · 이근무 · 윤재영(2012), 「화교노인의 생애사 재구성을 통해 본 화교의 정체성」, 『사회복지연구』 43(1), 『한국사회복지연구회』, 179-202.

김영순 외(2017), 『처음 만나는 다문화교육』, 북코리아.

김영순(2013), 「다문화사회에서 공존하는 방법: 민주주의와 학교 다문화교육의 관계」, 학습자중심교과교육학회 학술대회, 3-15.

김영순 · 임지혜 · 정경희 · 박봉수(2014), 「결혼이주여성의 초국적 유대관계에 나타난 정체성 협상의 커뮤니케이션」, 『커뮤니케이션 이론』 10(3), 36-96.

김영순 · 최희(2017), 「고려인 여성 Y의 생애 과정에 나타난 한국인의 문화유전자」, 『한국민족문화』 64, 309-342.

김영옥(2007), 「다문화사회의 유아교육과정 방향 탐색」, 『미래유아교육학회』 14(3), 46-68.

_____(2013), 『타자에 대한 환대와 상호인정, 우리 모두 조금 낯선 사람들』, 파주: 오월의 봄.

김영천 · 한광웅(2012), 「질적 연구방법으로 생애사연구의 성격과 의의」, 『교육문화연구』 18(3), 인하대 교육연구소, 5-43.

김연숙(2000), 「레비나스 타자윤리의 선진유가적 이해」, 『유교사상연구』 14, 537-568.

김용찬(2007), 「영국의 다문화주의 담론과 정책」, 『민족연구』 30, 157-158.

_____(2008), 「서유럽국가 이주민 통합정책의 수렴경향에 관한 연구: 영국, 프랑스, 독일 사례분석」, 『대한정치학회보』 16(1), 102-103.

김이경 외(2004), 「교사평가시스템연구, PR2004-08(기본연구 보고서)」, 한국교육개발원.

김정경(2010), 「여성 생애담의 자기생애 의미화 방식 연구: 자리매김과 자기반성적 언술을 중심으로」,『한국고전여성문학연구』21, 291-318.

_____(2011),「여성 생애담에 나타난 고난의 의미화 방식 연구: 호남지역 공방살이 이야기를 중심으로-」,『구비문학연구』32, 181-214.

_____(2013),「노년기 여성 생애담의 죽음의 의미화 양상 연구: 서사구조와의 상관성을 중심으로」,『한국고전여성문학연구』27, 283-320.

김정규(2010),「미국, 캐나다, 호주의 다문화주의 비교연구」,『사회이론』37, 159-203.

김정민·최연실(2014),「50대 만학도 여성의 생애사 연구: 삶의 영역, 전환점과 적응을 중심으로」,『한국심리학회지: 여성』19(1), 1-29.

김종석(1984),「미국 다문화교육의 이론적 고찰」,『미국학논문집』5, 35-60.

김종훈(2014),「다문화교육 분야의 교사 관련 연구동향 분석: 현황과 향후 과제를 중심으로」,『다문화교육연구』7(4), 81-100.

김진철·장봉석(2010),「초등 예비 교사의 다문화 태도와 다문화 효능감에 대한 연구」,『시민교육연구』42(3), 39-60.

김진희(2011),「영국의 중도입국 다문화가정 학생을 위한 교육지원체계」,『다문화교육연구』4(2), 43-72.

_____(2011),「Self-study를 통한 실천공동체의 학습문화」,『교육문화연구』17(3), 59-86.

김태원(2012),「글로컬 생활세계로서의 다문화사회」,『다문화와 인간』1(1), 63-89.

_____(2012),「다문화사회의 통합을 위한 패러다임으로서의 유럽 상호문화주의에 대한 이론적 탐색」,『유럽사회문화』9, 179-213.

_____(2014),「생활세계와 이방인으로서의 결혼이주민」,『현대사회와 다문화』4(1), 1-26.

김태환(2013),「한국 이민정책의 이중성: 이주노동자와 여성결혼이민자정책을 중심으로」, 강원대학교 박사학위논문.

김한종(2006),「다문화사회의 역사교육: 캐나다 BC 주의 경우」,『역사교육연구』1(4), 7-46.

김현미(2013),『누가 100퍼센트 한국인인가, 우리 모두 조금 낯선 사람들』, 파주: 오월의 봄.

김현주(2016),「한국과 프랑스의 사회통합정책 비교연구」,『프랑스문화연구』33, 189-212.

김향은(2007),「다문화 부모교육의 현황과 과제: 학교중심 다문화 부모교육을 중심으로」,『문화예술교육연구』2(2), 33-44.

김홍매(2011),「한국과 일본의 국제이주정책 비교: '노동력' 이주를 중심으로」, 전남대학교 박사학위논문.

김희석(2017),「다문화시대의 사회통합에 관한 연구: SNS를 활용한 사회자본 형성을 중심으로」, 동국대학교 박사학위논문.

나승만(1998), 「민요 소리꾼의 생애담 조사와 사례 분석: 서남해 도서지역 민요 소리꾼 생애담 조사를 중심으로」, 『구비문학연구』 7, 165-186.

나장함(2010), 「다문화 교육 관련 다양한 접근법에 대한 분석: 이론과 교육과정 변형을 중심으로」, 『사회과교육』 49(4), 97-119.

나카지마 카즈코 편저(2010), 『이중언어와 다언어의 교육: 캐나다·미국·일본의 연구와 실천』, 한글파크.

남경희(2014), 「일본의 다문화공생 추진과 거점으로서 지역 및 학교」, 『한국초등교육』 25(4), 17-32.

남순현(2016), 「남성노인의 일과 여가에 대한 생애사 연구」, 『사회복지실천과연구』 13(2), 71-108.

남종호(2004), 『중국 속의 소수민족: 조선족』, 서울: 깊은샘.

_____(2005), 「중국 소수민족 정책과 조선족 사회변화」, 『역사문화연구』 23, 211-252.

노대명(2009), 「사회통합의 현황과 향후 정책과제」, 『보건복지포럼』 150, 6-19.

노선하(2006), 「초등사회과에서 다문화교육을 위한 교수·학습 방안에 관한 연구」, 『초등사회과교육』 18(1), 152-174.

독일 베를린 발도르프 학교 홈페이지(http://berlin.interkulturellewaldorfschule.org/de/)

두문영·조진경(2017), 「중국결혼이주여성의 문화적응에 관한 생애사 연구」, 『여성학연구』 27(1), 109-141.

레기영짱(2016), 「상호문화주의 관점에서 본 베트남의 문화다양성 교육에 대한 연구」, 인하대학교 석사학위논문.

마경희·이순미(2012), 「라이프코스 자료 수집 방법으로서 생애사 달력(Life History Calender)」, 『사회과학연구』 36(2), 271-292.

명진(2016), 「한국과 일본의 이주민 사회통합정책 비교 연구」, 전남대학교 박사학위논문.

모경환, 황혜원(2007), 「사회과교사의 다문화교육에 대한 인식과 교사교육의 과제」, 『한국교원교육연구』 24(2), 199-219.

문영석(2005), 「캐나다 이민정책에 대한 분석과 전망」, 『국제지역연구』 14(1), 79-108.

민성은·최성호·김영천(2017), 「생애사 연구의 개념적 모형에 대한 이론적 탐색」, 『교육문화연구』 23(1), 인하대 교육연구소, 465-500.

박경용(2014), 「조선족 디아스포라 구술생애사 연구 현황과 방법」, 『아태연구』 21(1), 71-108.

박귀선·남상준(2009), 「다문화교육의 개념에 대한 초등교사의 인식」, 『교원교육』 25(3), 108-129.

박남수(2007), 「초등학교 교사들의 다문화교육에 대한 인식과 실천」, 『사회과교육연구』 14(1), 213-232.

박능후 · 선남이(2010), 「국제결혼이주여성의 취업이 한국사회 적응에 미치는 영향」, 『민족연구』 41, 120-144.

박미숙(2013), 「중등학교 다문화담당교사의 전문성에 관한 연구」, 『교육문화연구』 19(1), 57-82.

박선경(2013), 「행군마을의 평생학습공동체 성장과정에서 나타난 학습 생태적 특성」, 『교육종합연구』 11(4), 293-314.

박선영(2006), 「영국의 시민교육과 다문화주의」, 『미래청소년학회』 3(1), 41-68.

박성혁 · 성상환(2008), 「우리나라 다문화교육정책 추진현황, 과제 및 성과 분석 연구」, 『교육연구와 실천』 72, 19-60.

박성혁 · 모경환 · 김명정(2009), 「다문화 군대와 다문화교육의 필요성」, 『다문화교육연구와 실천』 1, 1-14.

박성희(2016), 「노인 자서전쓰기에 나타난 생애사 학습의 의의」, 『질적탐구』 2(1), 181-204.

박소연(2017), 「북한 이탈여성의 생애사 재구성: 주체사상에서 벗어나 자본주의 사상의 미망으로」, 『한국사회복지질적연구』 11(2), 한국사회복지질적연구학회, 5-30.

박수정(2015), 「학교 내 교사학습모임의 형성과 확산에 관한 연구」, 충남대학교 박사학위논문.

박수정 · 김미정(2015), 「교원 역량 강화에 대한 교원의 인식 분석: 세종특별자치시 교육청을 중심으로」, 『한국교원교육연구』 32(3), 163-186.

박영자(2012), 「다문화시대 한반도 통일 · 통합의 가치 및 정책 방향: '상호문화주의' 시각과 교훈을 중심으로」, 『국제관계연구』 17(1), 299-333.

박윤경(2007), 「민족 및 인종 편견 감소를 위한 초등 다문화교육: 아동 문학을 활용한 간접 접촉」, 『초등사회과교육』 18(2), 27-45.

박재영(2008), 「유럽 다문화사회의 문화충돌: 영국 · 프랑스 · 독일을 중심으로」, 『다문화콘텐츠연구』 5, 107-138.

박종대(2017), 「한국 다문화교육 정책 사례 및 발전 방안 연구: 상호문화주의를 대안으로」, 한국외국어대학교 박사학위논문.

박진경(2012), 「한국의 다문화주의와 다문화정책의 선택적 적용」, 『한국정책학회보』 19(3), 259-288.

박진경 · 임동진(2012), 「다문화주의와 사회통합: 캐나다와 호주를 중심으로」, 『한국정책학회보』 21(2), 123-151.

박철희(2007), 「다문화 교육의 관점에 기초한 초등 사회 · 도덕 교과서 내용에 대한 비판적 고찰」, 『교육사회학연구』 17(1), 109-129.

박현숙(2015), 「좌익가문 여성의 삶을 통해 본 통합서사: 수동댁 전쟁체험담을 중심으로」, 『통일인문학』 64, 51-85.

배상식 · 장흔성(2014), 「캐나다의 다문화교육정책에서 나타나는 도덕교육적 함의」, 『초등도덕교육』 44, 181-214.

배은경(2008), 「시베리아 과학자 김파벨 가족의 구술 생애사 연구」, 『역사문화연구』 30, 87-117.

법무부(2018), 「법무부 제3차 외국인정책 기본계획」, 출입국 · 외국인정책본부.

법무부 출입국 · 외국인정책본부(2010), 『다문화문가 2급 양성교재』, p.409-410.

━━━━(2015), 『다문화사회전문가 보수교육 및 이수교육 교재』.

Tổng cục thống kê và UNICEF (2006), Điều tra đánh giá các mục tiêu trẻ em và phụ nữ Việt Nam 2006. (베트남 통계청과 UNICEF / 아동과 여성 목표 평가 조사)

베트남 법문서 홈페이지 참조: https://thuvienphapluat.vn/van-ban/Giao-duc/Quyet-dinh-1008-QD-TTg-tang-cuong-tieng-Viet-tre-mam-non-hoc-sinh-tieu-hoc-vung-dan-toc-thieu-so-2016-313574.aspx

베트남 교육부의 이중언어 교육 프로그램 보고서. https://www.unicef.org/vietnam/vi/Tomtatchuongtrinh_vie-final.pdf

변종헌(2013), 「다문화사회에서의 갈등해결교육: 상호문화주의적 접근」, 『윤리교육연구』 32, 33-57.

석영미 · 이병준(2016), 「결혼이주여성 원어민 강사의 생애사 연구」, 『다문화교육연구』 9(2), 147-171.

석현호(2000), 「국제이주이론: 기존이론의 평가와 행위체계론적 접근의 제안」, 『한국인구학』 23(2), 5-37.

석희정(2013), 「재혼여성노인의 정체성 상실과 재구성: 서사적 생애사 재구성 작업을 통해 본 정체성의 이중구조 탐색」, 『사회복지정책』 40(4), 189-217.

설동훈(2017), 「한국 내 이주민의 권리 보장: 동향과 쟁점」, 『월간 복지동향』 1(230), 5-13.

설동훈 · 윤홍식(2008), 「여성결혼이민자의 사회경제적 적응과 복지정책의 과제: 출신국가와 거주지역에 따른 상이성을 중심으로」, 『한국사회보장학회』 24(2), 109-133.

성동기(2001), 「우즈벡 다민족정책과 민족주의」, 『재외한인연구』 11(1), 99-129.

송석원(2010), 「일본에서의 이주민 통합과 참정권」, 『민족연구』 42, 4-33.

신동흔(2009), 「여성 생애담의 성격과 조사연구의 방향: 시집살이 이야기를 중심으로」, 『통일인문학』 47, 117-132.

━━━━(2011), 「시집살이담의 담화적 특성과 의의: '가슴 저린 기억'에서 만나는 문학과 역사」, 『구비문학연구』 32, 1-36.

심미경(2016), 「미국 다문화 정책이 한국 다문화사회통합정책과 다문화교육 개선에 주는 시사점」, 『학습자중심교과교육연구』 16(3), 441-460.

양기호(2009), 「일본의 다문화 거버넌스와 한국에의 함의」, 『숙명여자대학교 다문화사회연구』 2(1), 135-160.

양민숙 · 이동훈(2017), 「북한이탈여성의 생애사 연구」, 『한국콘텐츠학회논문지』 17(10), 120-139.

양영자(2008), 「농촌노인부부의 삶에 나타난 '생애사적 진행과정구조'의 재구성」, 『한국사회복지학』 60(1), 127-157.

_____(2011), 「생애사 재구성: 남성노인의 생애사를 중심으로」, 『사회복지연구』 42(2), 275-302.

_____(2013), 「내러티브: 생애사 인터뷰 분석의 실제」, 『한국사회복지학』 65(1), 271-298.

엄기욱(2009), 「일본거주 외국인 영주자의 사회복지 수급권에 관한 연구」, 『보건사회연구』 29(1), 82-110.

여성가족부(2018), 「여성가족부 제3차 다문화가족정책 기본 계획안」.

_____(2018), 「2018년 다문화가족지원 사업안내」.

오마리아(2009), 「농촌 여성노인 K의 생애구술에 드러난 젠더 불평등 경험과 극복을 위한 노력」, 『미디어, 젠더 & 문화』 12, 129-163.

오마리아 · 김하나(2009), 「전북농촌 여성노인 A의 생애구술에서 드러난 삶의 원동력」, 『한국콘텐츠학회논문지』 9(9), 295-303.

오민석(2014), 「일본 다문화정책의 변천과정: 다문화공생의 시점을 중심으로」, 『비교교육연구』 24(4), 101-128.

오정은(2015), 「프랑스의 미성년 이민자 정책 현황과 전망」, 『통합유럽연구』 6(2), 31-59.

우명숙 · 이나영(2013), 「'조선족' 기혼여성의 초국적 이주와 생애과정 변동」, 『한국사회학』 47(5), 139-169.

윤인진(2006), 「사회통합을 위한 한국어 교육 정책, 한국어의 미래를 위한 제1차 토론회」, 3-15.

_____(2007), 「국가주도 다문화주의와 시민주도 다문화주의, 한국사회학회 기타간행물」, 통권, 251-291.

_____(2008), 「한국적 다문화주의의 전개와 특성」, 『한국사회학』 42(2), 72-103.

_____(2012), 「디아스포라와 초국가주의의 고전 및 현대 연구 검토」, 『재외한국인연구』, 28(1), 7-47.

윤택림 (2004), 『문화와 역사를 위한 질적연구 방법론』, 아르케.

_____(2010), 「여성은 쓰고 말 할 수 있는가: 여성 구술 생애사 연구의 쟁점과 방법론적 논의」, 『여성학논집』 27(2), 77-111.

이동성(2013), 「생애사 연구방법론의 이론적 배경과 분석방법에 대한 탐구」, 『초등교육연구』 26(2), 71-96.

이명우 · 박정애(2015), 「교통사고로 배우자 사별을 경험한 중년여성의 트라우마 이해: Rosenthal의 내러티브: 생애사 인터뷰 분석」, 『특수교육재활과학연구』 54(2), 227-254.

이병준(2010), 「평생학습연구에 있어서의 교육학적 생애사 접근」, 『평생교육학연구』 16(1), 91-113.

이정기(2017), 「장애 여성 노인 C의 생애사와 죽음에 대한 그의 시선」, 『신학과 사회』 14, 219-261.

이지영(2012), 「일본의 이주자정책이 여성이주에 미치는 영향: 출입국관리정책, 이주노동자정책, 통합정책을 중심으로」, 『국제정치론집』 52(2), 257-287.

이해영(2005), 「한국 이주 경험을 통해 본 중국 조선족 기혼여성의 정체성 변화」, 『여성학논집』 22(2), 107-143.

이효선(2010), 「한국 거주 외국인 노동자들의 생애발달에 관한 질적 사례 연구: F.Schultze의 생애사 연구를 중심으로」, 『인간발달연구』 17(1), 49-84.

이희영(2005), 「사회학 방법론으로서의 생애사 재구성」, 『한국사회학』 39(3), 120-148.

인태정(2006), 「영국 인도인 디아스포라의 형성배경과 특징」, 『인도연구』 11(2), 207-237.

임경택 · 설동훈(2006), 「일본의 결혼이민자 복지정책」, 『지역사회학』 7(2), 5-68.

임경희 · 박경용(2015), 「젠더, 지역 공간, 구술생애사 글쓰기」, 『인문사회과학연구』 16(2), 1-38.

서덕희(2007), 「어윤치미크에게 말 걸기: 한 · 몽골 여성과의 만남을 통해 본 다문화교육」, 『교육인류학연구』 10(2), 233-267.

송형주(2015), 「세계화 시대 이주여성과 이민정책」, 고려대학교 박사학위논문.

신현태 · 정우열 · 유근환(2012), 「다문화사회와 사회통합에 관한 탐색적 연구: 주요국과 한국의 다문화정책 비교를 중심으로」, 『한국지방자치연구』 13(4), 177-200.

안희은(2015), 「상호문화주의에 기반한 한국어교육 정책 연구」, 부산대학교 박사학위논문.

염철현(2008), 「미국의 이중언어 교육법 변천과정에 대한 고찰」, 『비교교육연구』 18(3), 103-122.

오성배(2005), 「코시안(Kosian), 아동의 성장과 환경에 관한 사례 연구」, 『한국교육』 32(3), 61-83.

─────(2006), 「한국 사회의 소수 민족, '코시안'(Kosian)아동의 사례를 통한 다문화 교육의 방향 탐색」, 『교육사회학연구』 16(4), 137-157.

오영숙(2013), 「다문화인의 인권과 사회통합정책에 관한 연구: 한국과 독일의 제도비교를 중심으로」, 한영신학대학교 박사학위논문.

오영인(2012), 「미국 이중언어 교육정책과 이민자들: 1968년 이중언어 교육법과 1970년대 개정안을 중심으로」, 『미국사연구』 35, 161-190.

오영훈(2009), 「다문화교육으로서 상호문화교육: 독일의 상호문화교육을 중심으로」, 『교육문화연구』 15(2), 27-44.

우정길(2007), 「마틴 부버: 대화철학과 대화교육학의 임계점에 관하여」, 『교육철학』 40, 139-161.

_____(2009), 「타자의 타자성과 교육학 지식: 레비나스의 타자성 철학에 대한 교육학적 소고」, 『교육철학』 45, 151-174.

유네스코 아시아 · 태평양 국제이해교육원: 권재일 · 서덕희 · 서현정 · 이태주 · 조용환 · 한건수 · 한경구 · 한준상 · 황병하 · 김광형 · 정경화(2008), 『다문화사회의 이해: 다문화 교육의 현실과 전망』, 파주: 동녘.

윤경 · 최일선 · 함승환 · 허창수 · 황매향(2012), 『다문화교육의 이해와 실천』, 서울: 학지사.

윤태진(2015), 「캐나다 이중언어 정책의 이상과 현실」, 『언어학 연구』 36, 245-264.

원진숙(2014), 「다문화 시대 우리 사회의 언어 소수자 자녀를 위한 언어 교육 정책」, 『우리말연구』 39, 25-57.

_____(2015), 「2012 한국어 교육과정의 성격과 KSL 프로그램 운영 방안」, 『국어교육』 149, 207-240.

_____(2016), 「이중언어강사와의 협력적 교수에 기반한 KSL 프로그램 운영 방안 연구」, 『국제한국어교육』 2(2), 259-292.

이로미 · 장서영(2010), 「다문화국가 이민자 정착 정책 및 지원 서비스 분석: 미국과 캐나다 사례를 중심으로」, 『국제지역연구』 14(1), 179-208.

이민경(2007), 「프랑스 다문화교육의 배경과 쟁점」, 『교육과정평가연구』 10(2), 53-76.

이병준 · 한현우(2016), 「상호문화역량의 개념 및 구성요소에 관한 연구」, 『문화예술교육연구』 11(6), 1-24.

이용균(2013), 「초국가적 이주 연구의 발전과 한계: 발생학적 이해와 미래 연구 방향」, 『한국도시지리학회지』 16(1), 37-55.

이용승(2004), 「외국인 노동자정책 국제비교: 제2부 외국; 호주: 다문화주의 발전과 양질의 노동인력 수입」, 『민족연구』 12, 96-108.

_____(2007), 「독일의 다문화 가족 정책」, 『민족연구』 31, 113-129.

_____(2009), 「다문화주의 정책유형 결정요인 분석: 미국과 캐나다를 중심으로」, 고려대학교 박사학위논문.

_____(2014), 「국제 이주의 동기에 관한 연구」, 『디아스포라연구』 8(1), 119-144.

이용일(2007), 「이민과 다문화 사회로의 도전: 독일의 이민자 사회통합과 한국적 함의」, 『서양사론』 92, 219-254.

_____(2009), 「다문화시대 고전으로서 짐멜의 이방이 새로 읽기: 새로운 역사적 이민연구의 단초」, 『독일연구』 18, 179-209.

이유진(2009), 「캐나다의 이민자 통합정책 레짐에 대한 연구: 온타리오 주를 중심으로」,

『다문화사회연구』 2(1), 5-187.

이윤식(2000), 「교원의 전문성 심화를 위한 연수 · 연구실적 학점화」, 『한국교원교육연구』 17(2), 25-58.

이정은(2017), 「다문화주의와 상호문화주의의 대결: 한국적 적용을 위한 연구」, 『시대와 철학』 28(1), 191-234.

이종열 · 범령령(2009), 「다문화시대의 언어정책: 중국의 소수민족어문정책을 중심으로」, 『한국정책연구』 9(3), 41-57.

이화도(2011), 「상호문화성에 근거한 다문화교육의 이해」, 『비교교육연구』 21(5), 171-193.

이현숙(2014), 「사회통합프로그램 운영 현황과 활성화 방안 연구: 서울 제2거점 기관 참여자를 중심으로」, 선문대학교 일반대학원 석사학위논문.

이현주(2014), 「초 · 중등교사의 다문화교육 인식과 경험에 대한 내러티브 탐구」, 『교육의 이론과 실천』 19(2), 75-95.

_____(2017), 「초국가 시대의 역사, 인종, 젠더」, 『영어영문학21』 30(4), 461-466.

이혜림(2018), 「결혼이주여성의 문화적응과 사회 · 경제적 참여에 관한 연구」, 성균관대학교 국정전문대학원 박사학위논문.

임동진(2011), 「다문화정책 실태분석 및 개선방안 연구」, 2011년 한국행정연구원 기본연구과제 연구보고서.

임영심(2007), 「유아기 다문화 교육의 방향과 방법」, 『교구교육』 23(3), 157-172.

장미혜 · 김영옥 · 김민정 · 이민주(2008), 「다민족 · 다문화사회로의 이행을 위한 정책 패러다임 구축(Ⅱ): 다문화 역량 증진을 위한 정책 · 사회적 실천 현황과 발전 방향」, 서울: 한국여성정책연구원.

장인실(2003), 「다문화교육이 한국 교사 교육과정 개혁에 주는 시사점」, 『교육과정연구』 21(3), 409-431.

장인실 · 차경희(2012), 「한국 다문화교육의 연구동향 분석: Bennett 이론에 근거하여」, 『한국교육학연구』 18(1), 283-302.

장인실 · 김경근 · 모경환 · 민병곤 · 박성혁 · 박철희 · 성상환 · 오은순 · 이윤정 · 정문성 · 차경희 · 장한업(2014), 『이제는 상호문화교육이다』, 파주: 교육과학사.

장한업(2014), 『이제는 상호문화교육이다』, 교육과학사.

_____(2016), 「상호문화교육의 철학적 기반에 대한 고찰: 상호주관성과 상호문화성을 중심으로」, 『교육의 이론과 실천』 21(2), 33-54.

전병운 · 정은혜(2013), 「중등 특수교사의 학습기회와 사회적지지 및 교육 신념이 수업전문성에 미치는 영향」, 『한국교원교육연구』 30(4), 237-258.

전보영 · 조희선(2016), 「부모의 이혼을 경험한 30~40대 기혼여성의 생애사 연구」, 『한국가정관리학회지』 34(4), 51-75.

전형권(2006), 「우즈베키스탄의 민족정책과 고려인 디아스포라 정체성」, 『슬라브학보』 21(2), 351-380.

_____(2007), 「국제이주이론의 관점에서 본 노동디아스포라의 성격」, 전남대학교 세계한상문화연구단 국제학술회의, 95-130.

_____(2008), 「국제이주에 대한 이론적 재검토: 디아스포라 현상의 통합모형 접근」, 『한국동북아논총』 49, 259-284.

정기섭(2009), 「독일의 사회통합을 위한 이주 외국인 자녀의 교육지원 현황 및 시사점 분석」, 『교육의 이론과 실천』 14(2), 105-134.

_____(2011), 「지속가능발전교육의 관점에서 본 상호문화역량」, 『교육의 이론과 실천』 16(3), 133-149.

정민자 · 문혜선(2012), 「이혼과정에 관한 가족생애사적 사례연구」, 『가족과상담』 2(2), 75-93.

정영근(2001), 「세계화시대 상호문화교육의 목표와 과제: 한국의 세계화교육에 대한 반성적 고찰」, 『한독교육학연구』 6(1), 1-20.

_____(2006), 「상호문화교육의 일반교육학적 고찰」, 『교육철학』 37, 29-42.

_____(2007), 「'사이'의 세기와 상호문화교육」, 『교육의 이론과 실천』 12(1), 257-272.

_____(2011), 「독일 초등학교의 상호문화교육: 교육 내용, 교수방법 및 교육 프로그램을 중심으로」, 『교육의 이론과 실천』 16(2), 55-77.

정영근 · 한영란(2006), 「다문화사회의 학교와 상호문화교육의 필요성」, 『교육연구』, 1-18.

정지현(2009), 「변혁적 수준의 다문화 유아교사교육을 위한 교사의 참조체계 변화에 관한 질적 연구」, 『열린유아교육연구』 14(6), 225-252.

정창호(2011), 「독일의 상호문화교육과 타자의 문제」, 『교육의 이론과 실천』 16(1), 75-102.

제랄드 프랑스 지음, 최상규 옮김(1999), 『서사학이란 무엇인가: 서사물의 형식과 기능』, 예림기획, 223-247.

조남건(2010), 「캐나다 속의 프랑스 문화, 퀘벡」, 『국토 345』, 68-73.

조영철(2018), 「공립 다문화 대안학교 교사의 상호문화교육 경험에 관한 내러티브 탐색」, 인하대학교 박사학위논문.

조응태(2006), 「국제결혼 가정 자녀를 위한 다문화 도덕 교육」, 『한국도덕교육학연구회』, 41-67.

조진경 · 김영순(2016), 「고등학교 영어수업에 참여한 중국계 중도입국청소년의 정체성 협상 과정과 특성」, 『한국교육문제연구』 34(4), 213-233.

조현상(2009), 「결혼이주여성 노동력 활용방안에 관한 연구」, 『원광대학교 대학원 논문집』 42,

87-103.

조해정(2016), 「상호문화철학으로 읽는 플라톤과 나가르주나: 플라톤의 『에우티프론』과 나가르주나의 『중론』을 중심으로」, 부산대학교 박사학위논문.

주광순(2016), 「상호문화철학의 비전」, 『대동철학』 76, 268-289.

차현주(2016), 「대학 교수의 생애사 연구」, 『한국융합학회논문지』 7(5), 227-235.

천혜숙(2007), 「농촌 여성 생애담의 문학담론적 특성」, 『한국고전여성문학연구』 15, 283-324.

최관경(2007), 「다문화 시대의 삶과 교육의 과제: 무엇을 위한 다문화교육인가」, 『한국교육사상연구회』 37, 1-20.

최동주(2009), 「영국의 이민 관련 제도와 다문화사회통합을 위한 정책」, 『다문화사회연구』 2(1), 93-133.

최라영 · 조미경(2016), 「원로 교수의 생애사적 성찰과 학습 탐색」, 『질적탐구』 2(1), 97-125.

최병두(2010), 「일본 '다문화공생' 정책과 지역사회의 지원활동」, 『국토지리학회지』 44(3), 301-325.

_____(2011), 「초국적 이주와 다문화사회에 관한 학제적 · 통합적 연구를 위하여」, 『현대사회와 다문화』 1, 1-33.

_____(2012), 「동아시아 국제 노동이주: 전개과정과 일반적 특성」, 『현대사회와 다문화』 2(2), 361-394.

_____(2012), 「초국적 이주자의 권리와 환대」, 『한국공간환경학회 학술대회 논문집』 1, 1-16.

_____(2017), 「관계이론에서 행위자-네트워크이론으로」, 『현대사회와 다문화』 7(1), 1-47.

최승은(2015), 「상호문화교육의 관점에서 본 초등교사의 음악교육 경험에 관한 연구」, 인하대학교 박사학위논문.

최원오(2011), 「여성생애담의 이야기화 과정, 그 가능성과 한계」, 『구비문학연구』 32, 37-72.

최은희(2010), 「공공부문 실천공동체(CoP) 활동의 전개과정 및 영향요인 탐색: A지방교육청 공동체를 중심으로」, 고려대학교 박사학위논문.

최인혁 · 이영학(2015), 「생애사 연구에 기반을 둔 개인 기록화 연구」, 『한국기록관리학회지』 15(4), 49-76.

최재식(2006), 「상호문화성의 현상학: 문화중심주의를 넘어 상호문화주의로」, 『철학과 현상학 연구』 30, 1-30.

최충옥(2009), 「외국의 다문화교육정책 동향과 시사점」, 『비교교육연구』 19(2), 175-191.

최충옥 · 모경환(2007), 「경기도 초 · 중등 교사들의 다문화적 효능감에 대한 조사 연구」, 『시민교육연구』 39(4), 163-182.

최현덕(2009), 「경계와 상호문화성: 상호문화 철학의 기본 과제」, 『코기토』 1(66), 301-329.

출입국 · 외국인정책본부(2011), 『다문화사회전문가 2급 양성과정 교재 I』, 법무부 출입국 · 외국인정책본부 사회통합과.

표인주(2011), 「무당 생애담의 서사성과 의미: 이경화 무당을 중심으로」, 『한국민속학』 54(1), 343-375.

한경구 · 설동훈 · 이철우 · 이충훈 · 이혜경 · 정기선 · 한건수(2012), 「해외 각 국의 이민정책 추진체계연구」, 법무부: 대한민국.

한경구 · 한건수(2007), 「다문화사회 개념과 한국사회 다문화 담론에 대한 성찰」, 『한국사회학회 사회학대회 논문집』, 20-36.

한경혜(2004), 「생애사 연구를 통한 노년기 삶의 이해」, 『한국노년학』 24(4), 87-106.

한관종(2006), 「영화를 활용한 사회과에서의 다문화 수업 방안」, 『사회과교육연구』 13(3), 147-166.

한석실(2007), 「다문화시대 유아교사교육의 방향 모색」, 『미래유아교육학회』 14(1), 29-53.

한승준(2008), 「동화주의모델의 위기론과 다문화주의 대안론」, 한국행정학회 학술발표논문집, 2008(6), 97-126.

한승준 · 오승은 · 정준호 · 최무현(2009), 「아시아국가의 다문화사회 형성과정과 정책추진체계 연구」, 서울: 한국여성정책연구원.

한숭희(2006), 『평생학습론: 평생학습사회의 교육학』 제2판, 서울: 학지사.

한신갑 · 이상직(2017), 「생애사 연구의 자료기반 확장: 생애사 시간표를 활용한 구술 생애사 자료의 조직 및 분석」, 『조사연구』 18(2), 99-136.

한정훈(2013), 「구술생애담, 기억의 재현과 주체의 복원」, 『감성연구』 6(1), 169-208.

허영록(1998), 「자유 발도르프 학교의 교육과정과 내용: 초등교육과정에 해당하는 저학년과 중학년(1학년-8학년)을 중심으로」, 『홀리스틱교육실천연구』 2(1), 49-53.

허종국(2006), 「21세기 중국 민족정책의 특징과 전망: 서부 대개발 위주로」, 『사회과학연구』 22(2), 283-311.

홍성우(2017), 「트럼프 행정부의 이민정책: 최근 서명한 행정명령의 주요 내용과 진행 상황」, 『국제노동브리프』 3월호, 41-50.

홍영숙(2018), 「군 휴학 경험과 관련한 한 남자 대학생의 살아내는 이야기 탐구: 경험의 시간성을 축으로」, 『교육문화연구』 24(2), 139-157.

황영삼(2008), 「고려인 학자 박 보리스 드리트리에비치 교수의 구술생애사: 중앙아시아 및 시베리아 생활 시기를 중심으로」, 『역사문화연구』 30, 3-50.

石源華(2000),『中國共産黨援助朝鮮獨立運動紀事』, 中國社會科學出版社.

山脇啓造(2006), 「多文化共生社會に向けて」, 『自治フォーラム』, 10-15.

日比野繚也香(2013), 「今後の日本における多文化共生政策についての一考察」, 『政治學研究』 49號, 223-224.

總務省(2006), 「多文化共生の推進に關する研究會報告書―地域における多文化共生の推進に 向けて」.

Abdalldh-Pretceille (2004), L'education interculturelle, 장한업 역(2010), 『유럽의 상호문화교육』, 서울: 한울.

Adorno (1958), Einleitung in die Musiksoziologie, Gesammelte Schriften Bd. 14. Frankfurt am Main: Suhrkamp.

_____ (1997), Philosophie der neunen Musik, 문병호 역(2012), 『신음악의 철학』, 서울: 세창출판사.

Adriaanse, C. C. M. (2007), Measuring residential satisfaction: a residential environmental satisfaction scale (RESS), Journal of housing and the built environment, 22(3): 287-304.

Alba, Richard & Nee, Victor (1997), Rethinking Assimilation Theory for a New Era of Immigration, The International Migration Review, 31(4): 826-874.

_____ (2009), "Chapter two: Assimilation Theory, Old and New," in Remaking the American Mainstream: Assimilation and Contemporary Immigration, Harvard University Press, pp 17-66.

Alejandro Portes (1999), Conclusion: Towards a new world – the origins and effects of transnational activities, Ethnic and Racial Studies, 22:2, 463-477.

Banks, J. & Banks, C. (2007), Multicultural education: issues and perspectives, MA: Allyn and Bacon.

Banks, J. A. & Banks, C. A. (Ed.)(2004), Handbook of Rearch on Multicultural Education, San Francisco: Jossey-Bass.

Basilio, L., Bauer, T. K. & Kramer, A. (2017), Transferability of human capital and immigrant assimilation: An analysis for Germany, Labour, 31(3): 245-264.

Banting & Kymlicka (eds.)(2010), Canadian Multiculturalism: Global Anxieties and Debates, British Journal of Canadian Studies, 23.

Berry, J. W. (1990), Psychology of acculturation: Understanding individuals moving between cultures. In R. Brislin (Ed), Applied cross-cultural psychology, Newbury

Park, CA: Sage, 232-253.

_____ (1997), Immigration, acculturation, and adaptation, Applied psychology, 46(1): 5-34.

_____ (2001), A psychology of immigration, Journal of social issues, 57(3): 615-631.

_____ (2005), Acculturation: Living successfully in two cultures, International journal of intercultural relations, 29(6): 697-712.

Berry, J. W., & Sam, D. L. (1997), Acculturation and adaptation. Handbook of cross-cultural psychology, 3(2), 291-326.

Berry, J. W., Kim, U., Power, S., Young, M., & Bujaki, M. (1989), Acculturation attitudes in plural societies. Applied psychology, 38(2), 185-206.

Berry, J. W., Phinney, J. S., Sam, D. L., & Vedder, P. (2006), Immigrant youth: Acculturation, identity, and adaptation. Applied psychology, 55(3), 303-332.

Beck, Ulrich (1997), Was ist Globalisierung?, Frankfurt am Main: Suhrkamp.

Berry, J. W. & Sabatier, C. (2010), Acculturation, discrimination, and adaptation among second generation immigrant youth in Montreal and Paris, International journal of intercultural relations, 34(3): 191-207.

Berry, J. W., Kim, U., Power, S., Young, M. & Bujaki, M. (1989), Acculturation attitudes in plural societies, Applied psychology, 38(2): 185-206.

Bellanca, J. (1995), Designing professional development for change, A systemic approach. IRI/Skylight Publishing, Inc.

Bennett, C. I. (2003), Comprehensive multicultural education: Theory and practice(5th ed.). Boston, MA: Allyn and Bacon.

Bennett, M. J. (2004), Becoming interculturally competent. In J. Wurzel. (Ed.), Toward multiculturalism: A reader in multicultural education(2nd ed., pp.62-77). Newton, MA: Intercultural Resource Corporation.

Bennett, J. (2008), Transformative training: Designing Programs for Culture Learning, In Comtemporary Leardership and intercultural Competence: Understanding and Utilizing Cultural Diversity to build successful Organization, ed. M. A. Moodian. 95-110, Thousand Oaks. CA: Sage.

Benton, M. (1985), *Promoting Racial Harmony*, Cambridge: Cambridge University Press,

Bierbaum, H. & Bunger, C. (2007), Bildung-Wissenschaft-Engagement, Beunruhigung durch Bildungstheorie? Eine Diskussion via E-Mail. In Bierbaum, H. ua. (Hg.): Nachdenken in Widerspruchen: Gernot Koneffkes Kritik burgerlicher Padagogik.

Wetzlar: Buches der Pandora.

Bourdieu, P. & Passeron, J. C. (1977), Reproduction in Education, Society and Culture, Beverly Hills, Calif.: Sage.

Borjas, G. J. (2006), Making it in America: Social mobility in the immigrant population, The Future of Children, 16(2): 55-71.

Bourhis, R. Y., Moise, L. C., Perreault, S. & Senecal, S. (1997), Towards an interactive acculturation model: A social psychological approach, International journal of psychology, 32(6): 369-386.

Bourdieu, P. (1974), The School as a Conservative Force: Scholastic and cultural inequalities, Contemporary research in the sociology of education, 32, 46.

_____ (1977), Cultural Reproduction and Social Reproduction, In Karabel, J. and Halsey, A. H. Power and Ideology in Education, New York: Oxford University Press. 487-511.

Bowman, W. D. (1998), Philosophical perspectives on music, New York: Oxford University Press.

Bovingdon, Gardner (2010), *The Uyghurs: Strangers in Their Own Land*, NY: Columbia University Press.

Brecher, J. & Costello, T. (1994), Global Village, Global Pillage: Economic Reconstruction from the Bottom, Boston: South End Press.

Brown, J S. & Duguid, P. (1991), Organization Learning Communities of Practice Toward a Unified View of Working, Learning, and Innovation. Organization Science, 2(1), 40-57.

Bohl, N. (1995), Professionally administered critical incident debriefings for police officers, In M. I. Kurke & E. M. Scrivner (Eds.), Police psychology into the 21st century, Washington, DC: APA Publishers.

Bruner, J. (1986), Actual minds, possible worlds, Cambridge, MA: Harvard University Press.

Buber, M. (1947), Between Man and Man, 남정길 역(1991),『사람과 사람 사이』, 서울: 현대사상사.

Buber, M.(1962) Ten Rungs: Collected Hasidic Sayings. 강선보 · 고미숙 옮김(2009), 『열계단 영혼을 위한 깨달음의 길』, 대한기독교서회.

_____ (1964), Reden uber Erziehung, 우정길 역(2010),『교육강연집』, 서울: 지식을 만드는 지식.

_____ (1979), Ich und Du, 10, Auflage, Heidelberg: Lambert Schneider.

_____ (1997), Teaching and Assessing Intercultural Communicative Competence, Clevedon: Multilingual Matters.

Carlo, M. de (1998), L'interculturel, 장한업 역(2011), 『상호문화 이해하기: 개념과 활용』, 파주: 한울.

Caroline B. Brettell, James F. Hollifield (eds.)(2007), Migration Theory: Talking across Disciplines, 2nd edn (New York and London: Routledge.

Castles, Stephen and Mark J. Miller (2003), The Age of Migration, Osvrti, prikazi, recenzije, Polit. misao Vol.36 No.2 (Hampshire: Palgrave Macmillan)

Chen, G. & Starosta, W. (1999), A Review of the Concept of Intercultural Awareness, Human Communication, 2. 27-54.

Chiswick, B. R. (1978), The effect of Americanization on the earnings of foreign-born men, Journal of political Economy, 86(5): 897-921.

Chiswick, B. R., Lee, Y. L. & Miller, P. W. (2006), Immigrants' Language Skills and Visa Category1, International Migration Review, 40(2): 419-450.

Collis, B. & Margaryan, A. (2004), Applying activity theory to computer-supported collaborative learning and work-based activities in corporate settings, Educational Technology Research and Development, 52(4), 38-52.

Clandinin, D. J. & Connelly, F. M. (2000), Narrative inquiry: Experience and story in qualitative research, CA: Jossey-Bass.

Clarke, Michael (2007), *China's Internal Security Dilemma and the Great Western Development*, Ethnic Asian Studies Review, 31.

Coombs, P. & Ahmed, M. (1974), Attacking rural poverty: How nonformal education can help, Baltimore: Johns Hopkins University Press.

Connelly, F. M. & Clandinin, D. J. (1988), Teachers as curriculum planners: Narratives of experiences, NY: Teachers College Press.

Creswell, J. W. (2013), Qualitative inquiry and research design: Choosing among five traditions (3rd edition), Los Angeles, CA: SAGE Publications.

Deardorff, D. (2006), The Identification and Assessment of Intercultural Competence as a Student Outcome of Internationalization at Institutions of Higher Education in the United States, Journal of Studies in International Education. 10. 241-266.

Dorais, M. (2002), *Immigration and Integration through a Social Cohesion Perspective*, *Horizon*, 5(2).

Duke, D. L. (1990), Setting goals for professional development, Educational Leadership. 47(8), 71-75.

Dwyer, Arienne (2005), *The Xinjiang Conflict: Uyghur Identity, Language Policy, and Political Discourse*, Washington, D.C.: East-West Center.

Edward Burnett Tylor (1871), Primitive Culture: Researches Into the Development of Mythology, Philosophy, Religion, Art, and Custom, London: John Murray.

Engeström, Y. (1987), Learning by expanding: An activity-theoretical approach to developmental research, Helsinki: Orienta-Konsultit.

_____ (1999), Innovative learning in work teams: Analyzing cycles of knowledge creation in practice, In Engeström, Y., Miettinem, R. & Punamäki, R. L. (Eds.), Perspectives on activity theory, 377-404. Cambridge: Cambridge University Press.

_____ (2000), Activity theory as a framework for analyzing and redesigning work, Ergonomics, 43(7), 960-974.

_____ (2001), Expansive learning at work: Toward an activity.

Feiman-Nemser, S. (2001), From preparation to practice: Designing a continuum to strengthen and sustain teaching, Teachers College Record, 103(6), 1013-1055.

Fullan, M. (1995), The limits and the potential of professional development, In T. R. Guskey & M. Huberman (Eds.), Professional development in education: New paradigms and practices(pp. 253-267). New York. Teachers College Press.

Garrick, J. (1998), Informal learning in the workplace: Unmasking human resource development, Londan: Routledge.

Gordon, Milton (1964), "Chapter 3: The nature of assimilation" in Assimilation in American Life, New York: Oxford University Press. pp. 60-83.

Gorski, P., Davis, S. & Reiter, A. (2012), Self-efficacy and multicultural teacher education in the United States: The factors that influence who feels qualified to be a multicultural teacher educator, Multicultural Perspectives, 14(4), 220-228.

Gorski, P. (2013), Cultivating social justice teachers: How teacher educators have helped students overcome cognitive bottlenecks and learn critical social justice concepts, Sterling, VA: Stylus.

Giroux, H. A. (1983), Theories of Reproduction and Resistance in the New Sociology of Education: A Critical Analysis, Harvard Educational Review, 53(3), 257-293.

_____ (1983), Theory and Resistance in Education: A Pedagogy for the Opposition, London: Heinemann.

_____ (1988), Teachers as Intellectuals: Toward a Critical Pedagogy of Learning, 이경숙 역(2001), 『교사는 지성인이다』, 서울: 아침이슬.

Guyton, B. & Wesche (2005), The Multicultural Efficacy Scale: Decelopoment, Item Selection, and Reliability, Mticultural Perspective, 7(4), 21-29.

Habermas(1987), Philosophy as Stand-In and Interpreter, 296-317 in Kenneth Baynes, James Bohman, and Thomas McCarthy (eds.). After Philosophy, Cambridge, MA: The MIT Press.

Holsti, O. R. (1969), Content analysis for the social sciences and humanities, Reading, MA: Addison-Wesley Pub. Co.

Holzbrecher, A. (2004), Interkulturelle Padagogik, 정기섭 외 역(2014), 『상호문화교육의 이해: 교사를 위한 교수-학습방법』, 성남: 북코리아.

Honneth. A. (1992), Kampf um Anerkennung, 문성훈 · 이현재 역(2011), 『인정투쟁: 사회적 갈등의 도덕적 형식론』, 서울: 사월의 책.

Heinz Antor (2006), Multikulturalismus, Interkulturalitaet und Transkulturalitaet: Perspektiven fuer interdisziplinaere Forschung und Lehre, in Inter-und Transkulturelle Studien, Theoretische Grundlagen und interdisziplinaere Praxis, Heidelberg: Universitaetsverlag Winter.

Huberman, M. (1995), Working with life-history narratives, In H. McEwan, K. Egan (Eds.), Narrative in teaching, learning and research, New York, NY: Teachers College Press.

Jenks, C., Lee, J. & Kanpol, B. (2001), Approaches to multicultural education in preservice teacher education: Philosophical frameworks and models for teaching, The Urban Review, 33(2), 87-105.

Johnson, K. E. & Golombek, P. R. (2002), Teachers' narrative inquiry as professional development, New York, NY: Cambridge University Press.

Karimov I. A. (1993), Building the future: Uzbekistan-its own model for transition to a market economy, Uzbekiston Publishers.

_____ (1998), Uzbekistan on the Threshold of the Twenty-first Century: Challenges to Stability and Progress, St. Martin's Press.

Kincheloe, J. L. and Steinberg, S. R. (1997), Changing multiculturalism, Buckingham: Open University Press.

Kivisto, P. (1995), Americans All: Race and Ethnic Relations in Historical, Structural, and Comparative Perspective, Belmont, CA: Wadsworth.

Krippendorff, K. (1980), Content analysis: An introduction to its methodology, Newbury Park, CA: Sage Publications.

Kwame Anthony Appiah (1994), Identity, Authencity, Survival: Multicultural Societies and Social Reproduction, in Multiculturalism: Examining the Politics of Recognition, Amy Gutsman, Princton: Princeton University Press.

Kymlicka, Will (1996), 장동진 외 역, 『다문화주의 시민권』, 파주: 동명사.

_____ (2002). Contemporary Political Philosophy(2nd ed.). Oxford: Oxford University Press.

Ladson-Billings, G. (1995), Toward a theory of culturally relevant pedagogy, American Educational Research Journal, 32(3), 465-491.

LaFromboise, T., Coleman, H. & Gerton, J. (1993), Psychological impact of biculturalism: Evidence and theory, Psychological Bulletin, 114, 395-412.

Leont'ev, A. N. (1981), Problems of the Development of the Mind, Moscow: Progress.

Levin, S. (2012), *Assimilation, multiculturalism, and colorblindness*, Journal of Experimental Social Psychology, 48(1), 207-230.

Levinas, E. (1974), Autrement qu'etre ou au-dela de l'essence, 김연숙 · 박한표 역(2010), 『존재와 다르게』, 서울: 인간과 사랑.

_____ (1979), Le temps et l'autre, 강영안 역(1997), 『시간과 타자』, 서울: 문예출판사.

_____ (1991), Ethique et infini, 양명수 역(2005), 『윤리와 무한』, 서울: 다산글방.

Little, J. W. (1990), The persistence of privacy: Autonomy and initiative in teachers' professional relations, Teacher College Record, 91(4), 509-536.

_____ (1993), Teacher's professional development in a climate of educational reform, Educational Evaluation and Policy Analysis, 15(2), 129-159.

Lowy, Michael (1977), *Marxism and National Question, Robin Blackburn ed*, Revolution and class Struggle: A Reader in Marxist Politics(New York: fontana), 배종문 엮음(1986), 『마르크스주의와 민족문제』, 서울: 한울.

Lusting, M. & Koester, J. (2013), Intercultural Competence Interpersonal Communication across Cultures, 7th ed. Pearson.

Marsick, V. J. & Watkins, K. E. (2001), Informal and incidental learning in workplace, London and Newyork: Routledge.

Martin, P & Widgren, J. (1996), *International Migration: A Global Challenge*, Population Bulletin, 51(1): 1-48.

Masgoret, A.-M., & Ward, C. (2006), Culture learning approach to acculturation. In D. L. Sam & J. W. Berry (Eds.), The Cambridge handbook of acculturation psychology(pp. 58-77). New York, NY, US: Cambridge University Press.

Mackerras, Colin (2006), *"Ethnic Minorities" Critical Issues in Contemporary China*,

Czeslaw Tubilewicz ed., NY: Routledge.

Massey, Douglas S. & Arango, Joaquin & Hugo, Graeme & Kouaouci, Ali & Pellegrinoand, Adela & J. Edward Taylor (1993), Theories of International Migration: A Review and Appraisal, Population and Development Review, 19(3), 431-466.

_____ (1998), Worlds in Motion: Understanding International Migration at the End of the Millennium, New York: Oxfod University Press.

Massey, Douglas S., Durand, Jorge, Malone, N.J.(2002), Beyond Smoke and Mirrors: Mexican Immigration in an Era of Economic Integration, Russell Sage Foundation, New York.

Massey, Douglas S. & Durand, Jorge(2006), Crossing the Border: Research from the Mexcian Migration Project, Russell Sage Foundation.

McLaren, P. (1994), Revolutionary Multiculturalism, Boulder, CO: Westview Press.

_____ (1995), White terror and oppositional agencyMulticultural Education, Critical Pedagogy, and the Politics of Difference(pp. 33-70). New York: State University of New York Press.: Towards a critical multiculturalism. In Sleeter, C. & McLaren, P. (Eds.),

Melnick, S. & Zeichner, K. (1998), Teacher education's responsibility to address diversity issues: Enhancing institutional capacity, Theory into Practice, 37(2), 88-95.

Ministry of Higher and Secondary Specialized Education of the Republic of Uzbekistan: http://edu.uz

Moll, L. C. (1990), Vygotsky's zone of proximal development: Rethinking its instructional implications, Journal for the Study of Education and Development , 13(51-52), 157-168.

Nee, V. & Alba, R. (2004), Toward a New Definition in Tamar Jacoby ed. *Reinventing the Melting Pot: The New Immigrants and What it Means to be American*, New York: Basic Books.

Nieto, S. (2004), Affirming diversity: the sociopolitical context of multicultural education(4th ed.), Boston: Allyn an Bacon.

Paige, R. M. (Ed).(1993), Education for the Intercultural Experience, Yarmouth, ME: Intercultural Press.

Penner, J, S. (1999), Teacher and principal perceptions of factors influencing teachers' decisions to participate in professional development, Dissertation Abstracts International. (UMI NO. 9929289).

Phinney, J. & Decich-Navarro, M. (1997), Variations in bicultural identification among American and Mexican American adolescents, Journal of Research on Adolescence, 7, 3-32.

Porcher, L. (1984), Glanz und Elend des Interkulturellen, in: Migration, Bildungspolitik und Pagagogik, Essen: Landau.

Powell, E. (1969), *Enoch Powell on Immigration*, London: Sphere.

Prairie Global Management (2008), http://ww.cic.gc.ca

Ral Fornet-Betancourt (2001), Kulturen zwischen Tradition und Innovation, Stehen wir am Ende der traditionellen Kulturen?, Frankfurt am Main · London: Iko-Verlag.

Ral Fornet-Betancourt (2002), Zur interkulturellen Transformation der Philosophie in Lateinamerika, Frankfurt am Main · London: Iko-Verlag.

Ram Adhar Mall & H. Huelsmann (1989), Die drei Geburtsorte der Philosophie, China, Indien, Europa, Bonn: Bubier.

Ram Adhar Mall (1999), Toward a Theory and Practice of an 'Analogous' Intercultural Hermeneutics", in Chinese Thought in a Global Context: A Dialogue between Chinese and Western Philosophical Approaches, K. H. Pohl, Leiden · Boston · Köln: Brill

Ram Adhar Mall (2006), Nagarjunas Philosophie interkulturell gelesen, Traugott Bautz.

Redfield, R., Linton, R., & Herskovits, M. J. (1936), Memorandum for the study of acculturation, American anthropologist, 38(1): 149-152.

Ricoeur, P. (1990), Soi-meme comme un autre, 김웅권 역(2006), 『타자로서의 자기 자신』, 서울: 동문선.

Rosenholt, S. J. (1989), Teachers Workplace: The Social Organization of schools, New York: Longman.

_____ (1989), Workplace conditions that affect teacher quality and commitment: Implications for teacher induction programs, The Elementary School Journal, 89(4), 420-439.

Sam, D. L. & Berry, J. W. (2010), Acculturation when individuals and groups of different cultural backgrounds meet, Perspectives on Psychological Science, 5(4): 472-481.

Seeberg, V. (2012), Enhancing cross-cultural competence in multicultural global learning, *International Journal of Multicultural Education*, 14(3), 57-73.

Senge, P. M.(2014), The Fifth Discipline, 강혜정 역(2014), 『학습하는 조직』, 서울: ㈜에이지이십일.

Simmel, G. (1992), Soziologie: Untersuchungen uber die Formen der Vergesellschaftung, Frankfurt am Main: Suhrkamp.

Siskin, L. S. (1991), Departments as different worlds: Subject subcultures in secondary schools, Educational Administration Quarterly, 27(2), 134-160.

Sleeter, C. and Grant, C. (1987), An analysis of multicultural education in the United States, Harvard Educational Review. 57(4). pp.421-444.

_____ (2003), Making Choices for Multicultural Education: Five Approaches to Race, Class, and Gender(4th ed.). Hoboken, NJ: John Wiley & Sons.

Stark, O., Bloom, E. D. (1985), The New Economics of Labor Migration. The American Economic Review, 75 (2): 173-178.

Stark, O. (1991), The migration of labour, Cambridge: Basic Blackwell.

Susan Moller Okin (1999), Is Multiculturalism Bad for Women?, Princeton: Princeton University Press.

Swann, L. (1985), *Education for All: The Report of the Committee of Inquiry into the Education Children from Ethnic Minority Groups*, London: Cmnd 9453, HMSO.

Taylor, C. (1992), Multiculturalism and the politics of recognition, Princeton: Princeton University Press.

Taylor, J. E. (1999), The new economics of labor migration and the role of remittances in the migration process. International Migration, 37 (1): 63-88.

Vertovec, S. (2004), Migrant Transnationalism and Modes of Transformation, International Migration Review, 38: 970-1001.

Vertovec, Steven (1999), Conceiving and researching transnationalism, Ethnic and Racial Studies, 22(2), 447-462.

_____ (2007), Super-diversity and its mplications, Ethnic and Racial Studies, 30(6), 1024-1054.

_____ (2011), Conceiving and researching transnationalism, Ethnic and Racial Studies, 22: 2, 447-462.

Walzer, M. (1999), On Toleration, New Haven: Yale University Press, 송진우 역(2004), 『관용에 대하여』, 미토.

Ward, C., Bochner, S. & Furnham, A. (2001), The psychology of culture shock, Routledge.

Watts, R. (2002), *Senghor's Prefaces between the Colonial and Postcolonial, Research in African Literatures*, 33(4), 76-87.

Wieviorka, M. (1998), *Is Multiculturalism the Solution? Ethnic and Racial Studies*, Vol. 21, No. 5, 881–910.

Wilhelm Heitmeyer(1997), Was treibt die Gesellschaft auseinander? Bundesrepublik Deutschland: Auf dem Weg von der Konsens–zur Konfliktgesellschaft. Bd. 1, Frankfurt/M.: Suhrkamp.

Wolfgang Welsch (2000), Transkulturalitaet. Die veraenderte Verfassung heutiger Kulturen, Jahrbuch Deutsch als Fremdsprache, 26, 327–351.

찾아보기

ㄱ

가족 요인 86

가족의 구조 87

가족의 기능 87

개인 요인 81

결혼이민자 100

경계인 114

경제 · 사회문화적 사회통합정책 184

규범적 통합 155

글로벌리제이션 34

글로컬 다문화사회 15

글로컬 다문화 생활세계 64

글로컬리제이션 36

기본사업 프로그램 192

ㄴ

나이 81

노동시장분절 이론 131

ㄷ

다문화가족지원사업의 기본사업 내용 194

다문화가족지원센터 191

다문화 공간 145

다문화사회 공간 126

다문화 생활세계 62

다문화 생활세계 디지털 아카이브 427

다문화성 51

다문화주의 51

다문화주의 모델 169

독일 249

동화 유형 77

동화인 115

동화주의 모델 167

ㅁ

문화적응 73

문화적응 영향요인 81

미국 209

민족 정체성 82

ㅂ

베트남 307

분리 유형 78

ㅅ

사회경제적 지위 83

사회공간적 규모에 따른 이주이론 143

사회적 관계 44, 84

사회적 융합 23

사회적 응집 23

사회적 통합 89, 155

사회적 포용 23

사회정체성 이론 96

사회제도적 사회통합정책 모형 370

사회제도적 영역 70

상호문화성 56

상호문화인 115

상호문화주의 175

상호문화주의 모델 176

상호작용 336

생애사 서술 모형 406

생애사 연구 402

생활세계 21

세계체계 이론 132

세계체계 이론은 132

세계화 63

신경제학 이론 130

신고전경제학 이론 129

ㅇ

아카이브 430

언어 82

에스노그래피 428

역사-구조적 접근 이론 132

영국 237

외국인 노동자 102

외국인 유학생 107

우즈베키스탄 317

응화인 114

이방인 43

이주네트워크 이론 133

이주 이론 126

이주체계 이론 133

이중노동시장 이론 131

인지정서적 사회통합정책 모형 342

인지정서적 영역으로서의 다문화 생활세계다
        70

일본 292

ㅈ

재외동포 109

정책 요인 88

정체성 92

정체성 시도 92

정체성 협상 95
주변인 115
주변화 115
중국 279

차별 경험의 인식 85
차별적 배제 모델 164
초국가주의 140
초국가주의 이론 142
초국적 이주 41
초문화성 49

캐나다 221

통합 유형 77
특성화사업 프로그램 195

ㅍ

프랑스 265

저자소개

김영순(金永洵) kimysoon@inha.ac.kr

베를린자유대학교에서 문화학, 교육학, 언어학 등을 수학하고 문화학 박사학위를 받았다. 이후 경북대학교 중등교육연구소 연구교수를 거쳐 인하대학교 사범대학 사회교육과와 동 대학원 다문화학과에서 다문화 이론 및 다문화교육에 관한 연구와 강의를 수행하고 있다. 인하대학교 아시아다문화융합연구소 소장, 전국 대학원생 질적연구방법론 캠프 촌장, BK21 글로컬다문화교육연구단 단장, 탈북다문화멘토링 사업단 단장을 맡고 있다. 대표 저서로서는 『다문화사회와 공존의 인문학』, 『다문화교육용어사전』, 『처음 만나는 다문화교육』, 『다문화사회와 공존의 인문학』, 『다문화교육의 이론과 이론가들』, 『질적연구의 즐거움』 등이 있으며, 공동번역서로는 『다문화교육과 인간관계』, 『민주주의와 다문화교육』, 『교사를 위한 다문화교육』, 『언어, 문화 그리고 비판적 다문화교육』, 『상호문화교육의 이해』 등이 있다.

조영철(曺永喆) tem2000@hanmail.net

경인교육대학교에서 학사학위를 받고, 인하대학교에서 문화경영학, 다문화교육학 등을 수학하고 교육학 박사학위를 받았다. 인천광역시교육청 소속 초등교사로 약 15년간 근무한 후 현재 인하대학교 아시아다문화융합연구소에서 연구교수 일을 수행하고 있다. 공립학교 초등교사 및 연구원으로서 '공립다문화대안학교 체제 및 운영 연구', '지속가능발전교육 수업모델 개발', '세계시민교육 연계 지속가능발전교육 중장기 정책연구' 등 다문화교육, 상호문화교육, 이주민 연구를 수행해오고 있다. 대표 공저로는 『미래를 걷는 아이들』, 『다문화교육 용어사전』, 『처음 만나는 다문화교육』 등이 있다.

김정희(金正喜) lovebird0110@hanmail.net

건국대학교에서 국어국문학, 문학치료학 등을 수학하고 문학 박사학위를 받았다. 건국대학교 서사와문학치료연구소의 연구원을 거쳐 현재는 인하대학교 아시아다문화융합연구소의 전임연구원으로 사람 공부, 인생 공부를 계속하고 있다. 공저로 『문학치료 서사사전(설화편)』 1, 2, 3권, 『영화와 원작의 서사적 거리』, 『문학치료를 위한 정동장애 및 신체화장애 서사지도』, 『문학치료를 위한 성격장애 서사지도』, 『행복한 삶과 문학치료』 등이 있고, 박사논문으로 『남녀관계의 위기와 지속에 대한 서사지도 구축과 문학치료 활용 연구』가 있으며, 사회통합을 위한 한국사회 이주민의 생애담에 지속적인 관심을 갖고 「재한 중국동포 유학생의 문화적응 과정을 통해 본 정체성 협상과 그 의미」 등의 논문을 발표했다.

정지현(鄭智賢) oxy59j@hanmail.net

인하대학교 교육대학원 외국어로서의한국어학과에서 석사학위를 취득하고, 동 대학교 일반대학원 다문화교육 전공으로 교육학 박사학위를 취득했다. 현재 인하대학교 언어교육원에서 학문목적 외국인 학습자를 대상으로 한국어를 강의하고 있다. 또한 법무부의 다문화사회전문가, 여성가족부의 다문화이해교육 전문 강사로 활동하고 있다. 다문화 리터러시 교육과 관련하여 다수의 논문이 있으며, 공저로는 『다문화교육 용어사전』, 『다문화교육의 이론과 적용』, 『새인하한국어 주교재 1』, 『새인하한국어 익힘책 1』, 『새인하한국어 주교재 2』, 『새인하한국어 익힘책 2』, 『처음 만나는 다문화교육』, 『질적연구의 즐거움』, 『사할린 한인들의 다양한 삶과 그 이야기』 등이 있다.

박봉수(朴奉秀) wuligaqi@naver.com

인하대학교에서 다문화학과 다문화교육을 수학하고, 『영주귀국 사할린 한인의 내러티브』로 교육학 박사학위를 받았다. 인하대학교 아시아다문화융합연구소의 전임연구원을 거쳐 현재는 디아스포라연구소 소장으로 우리 사회에 거주하는 이주민의 낮은 목소리를 세상 밖으로 드러내는 데 지원하고 있다. 한국연구재단에서 주관한 '지속가능발전교육 활용 다문화가정자녀 케어시스템에 관한 융합적 연구'와 'BK21+' 등의 연구프로젝트에 참여했다. 주요 논문으로 「사할린 영주귀국자의 통과의례에 나타난 고향의 의미」, 「사할린 영주귀국 노인의 자원봉사활동 경험과 의미」 등이 있으며, 주요 공저로는 『다문화교육 용어사전』, 『다문화교육연구의 이론과 적용』, 『사할린 한인의 노스텔지어 이야기 탐구』, 『사할린 한인들의 다양한 삶과 그 이야기』 등이 있다.

오영훈(鳴榮勳) ohy10106@hotmail.com

독일 레겐스부르크대학교에서 언어학으로 석사와 박사학위를 취득하여 호남신학대학교 교양학부 강의전담교수를 거쳐 현재 인하대 교육대학원 다문화교육에서 다문화 이론 및 다문화교육에 관한 연구와 강의를 수행하고 있다. 논문으로는 「다문화국제학교 설립 및 운영에 관한 연구」, 「상호문화역량 강화를 위한 다문화 멘토링 캠프 프로그램 개발」, 「다문화대안학교 특성화 교과과정 분석 연구」, 「교육연극을 활용한 상호문화교육의 이해」 등 다문화교육 관련 논문들이 다수 있으며, 저서로는 『처음 만나는 다문화교육』, 『다문화 대안학교의 실천과 모색』, 『다문화사회교육론』, 『다문화교육 용어사전』 등이 있다. 역서로는 『언어, 문화 그리고 비판적 다문화교육』, 『상호문화교육의 이해』, 『교사를 위한 다문화교육』 등이 있다.

손영화(孫永和) drsonn2@inha.ac.kr

한양대학교에서 상법, 경제법 등을 수학하고 법학 박사학위를 받았다. 이후 명지대학교 지식경제연구소 연구교수를 거쳐 인하대학교 법학전문대학원에서 공정거래법, 소비자법 등에 관한 연구와 강의를 수행하고 있다. 한국국제문화교류학회, 한국경제법학회, 한국상사판례학회, 한국기업법학회, 한국법정책학회, 한양법학회 등의 부회장을 맡고 있다. 인하대학교 경쟁법센터 센터장도 맡고 있다. 대표 저서로서는 『창업과 법』, 『법의 통섭(공저)』, 『주식회사법대계(공저)』, 『자본시장법 주석서(공저)』, 『기업범죄연구(공저)』, 『인터넷과 법』 등이 있으며, 학술논문으로는 「회사분할과 부정당업자 제재처분의 승계 여부」, 「자회사의 부실에 대한 지원과 모회사 이사의 책임」, 「국내·외 인권정책을 통한 이주민 인권보호의 방향 모색(공저)」, 「외국인 노동자에 대한 법정책의 연구: 인권침해의 방지 및 사회통합을 중심으로」 등이 있다.

박종도(朴鍾道) jdp23@inu.ac.kr

2013년 미국 University of Pittsburgh의 School of Information Sciences에서 "Auto-mated Question Triage for Social Reference: A Study of Adopting Decision Factors from Digital Reference"라는 주제의 논문으로 문헌정보학 박사학위를 받았다. 이후 중앙대학교와 숙명여자대학교 등에서 강의를 계속하다가 2016년부터 현재까지 인천대학교 사회과학대학 문헌정보학과에 교수로 재직하고 있다. 대학에서는 정보학과 정보처리, 목록에 관한 강의를 담당하고 있으며, 커뮤니티 기반의 레퍼런스 서비스인 소셜 레퍼런스 환경에서 이용자 간의 협업에 관한 연구를 수행하고 있다. 본 과제에서는 아카이브 구축을 담당하고 있으며, 지속 가능한 아카이브의 설계 및 구축과 연구자 간의 협업 플랫폼 개발에 관심과 노력을 기울이고 있다.

이미정(李美貞) pro03@daum.net

인하대학교 대학원 문화경영학과에서 문학 박사학위를 취득했으며, 인하대학교 문화경영심리연구소와 교육연구소 전임연구원, 인하대학교 BK21 플러스사업단 연구교수로 활동했다. 현재 인하대학교 교육연구소 연구교수로 재직하고 있으며, 다문화교육과 관련된 다수의 저서, 연구 및 프로젝트에 참여하고 있다. 대표적으로 한국연구재단 '도서지역 결혼이주여성의 문화적응에 관한 연구', '지속가능발전교육 활용 다문화가정자녀 케어 시스템에 관한 융합적 연구', '글로컬 다문화멘토링 시스템 연구' 등 다수의 연구에 참여했다. 공저로는 『다문화교육총서 1, 2, 3』, 『다문화교육 용어 사전』 등이 있고, 공역으로는 『다문화교육과 인간관계』, 『민주주의와 다문화교육』, 『교사를 위한 다문화교육』, 『언어, 문화 그리고 비판적 다문화교육』 등이 있다.

정경희(鄭京憙) jungkh414@naver.com

인하대학교 대학원에서 사회교육을 전공했으며, 『대안학교장의 실천적 지식에 관한 생애사 연구』로 교육학 박사학위를 받았다. 이후 동국대학교 교육연구원의 박사후과정을 거쳐 현재 인하대학교 사회교육과에서 강의교수로 재직하고 있으며, 다문화교육의 이해, 미래교육에 관한 강의와 연구를 수행하고 있다. 또한 한국연구재단에서 주관한 '지속가능발전교육 활용 다문화가정자녀 케어시스템에 관한 융합적 연구'와 '초국적 사회관계망을 활용한 멘토링의 융합연구' 등의 연구프로젝트에 참여했다. 주요 공저로는 『다문화교육 용어사전』, 『청소년을 위한 사회 · 문화 핵심키워드 200』, 『질적연구의 즐거움』 등이 있다.

박미숙(朴美淑) parkmisuk@inha.ac.kr

인하대학교 일반대학원에서 다문화교육을 전공했으며, 『대학생들의 사회적 실천과정에 대하여 근거이론』으로 박사학위를 받았다. 현재는 인하대학교 BK21+ 다문화교육사업팀의 연구교수로 재직 중이며, 다문화교육 및 정책과 관련한 연구를 수행하고 있다. 또한 한국국제문화교류학회 편집국장 및 한국다문화교육연구학회 총무이사로 활동하고 있다. 주요 연구로 결혼이주여성, 외국인노동자, 외국인유학생 관련 30여 편의 소논문을 게재했으며, 공저로는 『다문화교육 용어사전』, 『다문화교육연구의 경향과 쟁점』, 『사할린 한인의 노스텔지어 이야기탐구』, 『사할린 한인의 다양한 삶과 그 이야기』 등이 있다.